U0815307

一个人，遇见一本书

战争特典 019

主编 宋毅

毅品文

上杉謙信

上杉谦信

秋风 著

日本战国时代的『军神』
一统越后的『越后之龙』
一生杀伐征战背负屠戮之名
却又廉直无私清净无邪
宿敌武田信玄称之为『日本无双的名将』

TopBook 饕书客

陕西新华出版传媒集团
陕西人民出版社

图书在版编目（CIP）数据

上杉谦信 / 秋风著. — 西安 : 陕西人民出版社, 2021.6（战争特典）
ISBN 978-7-224-14180-1

Ⅰ. ①上… Ⅱ. ①秋… Ⅲ. ①上杉谦信–传记 Ⅳ. ①K833.135.2

中国版本图书馆CIP数据核字（2021）第113539号

出 品 人：赵小峰
总 策 划：刘景巍
出版统筹：关宁　韩琳
策划编辑：王凌　晏藜
责任编辑：王倩　张启阳
封面设计：哲峰
内文设计：李阳

战争特典：上杉谦信

作　　者　秋风
丛书主编　宋毅
出版发行　陕西新华出版传媒集团　陕西人民出版社
（西安北大街147号　邮编：710003）
印　　刷　陕西金和印务有限公司
开　　本　787毫米 × 1092毫米　1/16
印　　张　24.25
字　　数　330千字
版　　次　2021年6月第1版
印　　次　2021年6月第1次印刷
书　　号　ISBN 978-7-224-14180-1
定　　价　78.00元

PREFACE

前/言

日本战国史是指发生在15世纪到17世纪的日本内战史，这一段历史与我国的战国、三国历史一样精彩，是群雄逐鹿争霸的历史。上杉谦信（1530~1578）是日本战国时代的越后大名、关东管领，被后人称呼为“军神”“越后之龙”，是一位非常有名气的历史人物，在我国也有很高知名度。传说上杉谦信尊奉室町幕府，守护旧有的统治秩序，一生只为大义而战，绝不为私欲而发兵。他在短暂的四十余年生命中，与黑田秀忠、长尾政景、武田信玄、北条氏康、芦名盛氏、本庄繁长、越中胜兴寺、越中瑞泉寺、加贺一向一揆、椎名康胤、神保长职、神保氏张、能登畠山氏、织田信长、横濑成繁、小田氏治、佐野昌纲、千叶胤富等多方势力交战，历经无数场战斗。这些经历让他的一生充满了传奇色彩，为后人所仰慕。

近十几年来，受日本游戏、大河剧、电影等因素的影响，我国也有了许多日本战国史爱好者，他们对上杉谦信这一重要的历史人物充满兴趣。然而，国内有关上杉谦信的传记却屈指可数，只有多年前译介的日本历史小说作家海音寺潮五郎所著的《天与地·上杉谦信》。但此书并非严谨的历史传记，而且只涵盖了天文年间的越后内乱到永禄年间的川中岛战争。所以笔者著此书，动机正如江户时代的加贺藩史学家富田景周在《越登贺三州志·来因概览》当中所说的那样：“以为当我世不谋此举，后逾失古传。”

过去，记录日本古代、中世战争的历史读物，被称为“军记”。但一直以来，有关此专题，却鲜有质量上乘的作品，只有《信长公记》等少数军记能够称得上是“良质军记”。至于上杉谦信的军记，虽然数量并不少，有《北越军记》《北越军谈》

《越后军记》等数十部作品，但后人附会编造的内容居多。本书以纪事本末体的体裁记录上杉谦信的战史，旨在还原上杉谦信最为真实的战斗历程，彻底摒弃过去那些虚构的故事。日本战国，重在一个“战”字，而上杉谦信又是后人眼中的日本战国“军神”，本书也重点体现了日本“战”国的性质。

CONTENTS

目/录

第五章 关东战国史（下）

——上杉谦信对决武田信玄、北条氏政

第六章 北陆战国史

——上杉谦信对决武田信玄、织田信长

第七章 传说与史实的分界

——上杉谦信战史详考

第一章

越后战国史

上杉谦信平定越后战记

长尾虎千代诞生

公元 1530 年，是明世宗嘉靖九年，大明王朝风平浪静，并没有发生什么大事。在明朝历史上留下盛名的抗倭名将戚继光，这时候也不过才两岁。在彼岸的岛国日本，这时是后奈良天皇享禄三年，日本正处在其历史上最动荡不安的战国时代。

日本当时一共分为六十六个分国，其中有一个分国叫作越后。它位于日本北部，是沿着日本海海岸线的一个狭长分国，北起念珠关，南迄“亲不知”，属于很大的一个分国，仅次于陆奥、出羽、信浓。越后在地理上可以细分为上越、中越、下越，一共辖有七个郡。上越有颈城郡，中越有鱼沼郡、古志郡、三岛郡、刈羽郡，下越有蒲原郡、岩舟郡（今岩船郡）。在上越的颈城郡，有座山城名叫春日山城，右邻巍峨耸立的妙高山脉，左接一片汪洋的日本海，往前望去则是辽阔的颈城平原，诚为当年的名胜。享禄三年的正月二十一日，在春日山城内一个婴儿呱呱坠地，这正是本书的主人公——上杉谦信。在北国春日山城这一名胜之地，诞下了这日后的战国英豪，用肥前名儒古贺侗庵的话来说，这正是“北州秀灵产斯人”。

上杉谦信的父亲是越后守护代长尾为景，母亲是越后栖吉城城主长尾肥前守的女儿。因为上杉谦信出生在虎年，所以幼名叫作长尾虎千代。天文十二年（1543），十三岁的长尾虎千代元服，改名为长尾景虎。天文二十二年（1553），二十三岁的长尾景虎从临济宗大德寺得到了“宗心”的法号，又改称长尾宗心。但到了弘治二年（1556），他又恢复了长尾景虎的名字。后来到了永禄四年（1561）三月，三十一岁的长尾景虎继承关东管领山内上杉氏的名迹，又改名为上杉政虎。同年十二月，上杉政虎受领室町幕府将军足利义辉的偏讳，再度改名为上杉辉虎。到了元龟元年（1570），四十岁的上杉辉虎出家，法号“不识庵谦信”，从此以后才有了人所共知的上杉谦信这一称谓。为了便于叙述，本书一律称呼为上杉谦信。

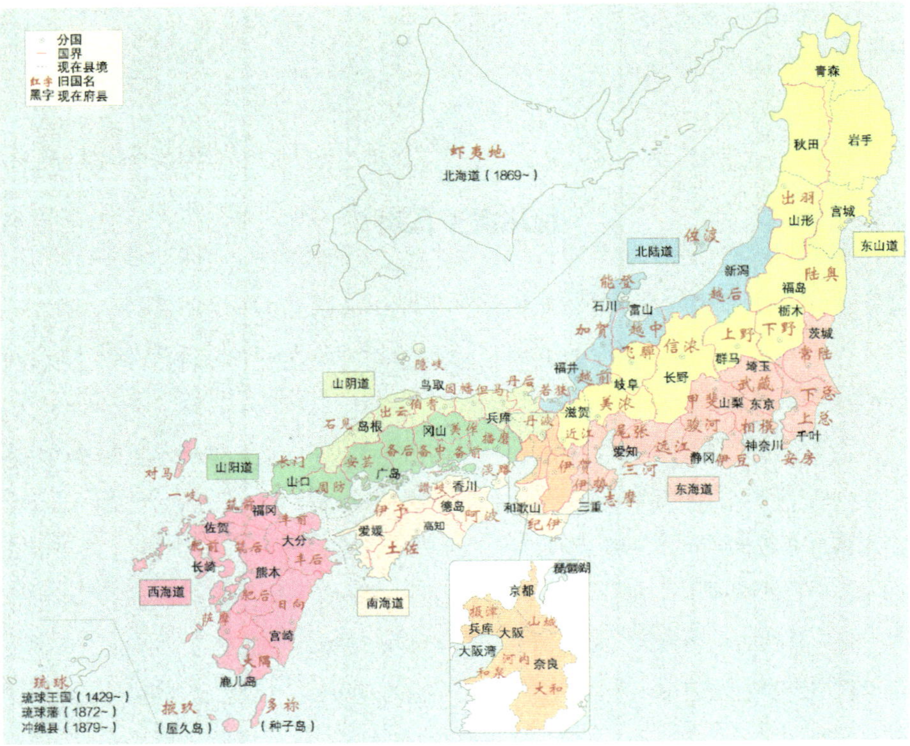

○ 日本分国图

从长尾虎千代到上杉谦信，从长尾氏成为上杉氏，上杉谦信的称谓之所以历经如此多的变化，这还要从两氏千丝万缕的关系说起。在室町时代前期，日本分裂为南北朝，室町幕府的首任将军足利尊氏拥立北朝朝廷对抗南朝朝廷。当时的越后是南朝的地盘，足利尊氏为此派遣他的亲戚上杉宪显进入越后讨伐南朝势力，上杉氏的被官长尾景忠也随上杉宪显一同前去征伐。在扫荡了南朝势力以后，上杉宪显回到了自己的本据地关东，但将自己的一个儿子上杉宪荣留在了越后。此后，上杉宪显成为关东管领山内上杉氏的始祖，而上杉宪荣则成为越后上杉氏的始祖。长尾景忠也随上杉宪显回到了关东，但将自己的弟弟长尾景恒留在了越后辅佐上杉宪荣。此后，长尾景忠成为关东白井长尾氏、足利长尾氏的始祖，而长尾景恒则成为越后长尾氏的始祖。越后长尾氏繁衍下去，又分成了五支，分别是以上越颈城郡府内为本据的府内长尾氏、以中越古志郡栖吉城为本据的古志长尾氏（又称为栖吉长尾氏）、以中越古志郡高城（又称为老曾城、古川城、下田城、下田夏城）为本据的下田长尾氏、以中越鱼沼郡上田城为本据的上田长尾氏、以下越蒲原郡三条城为本据的三条长尾氏。

上杉谦信的父亲长尾为景出自府内长尾氏，母亲虎御前则出自古志长尾氏。到了天文二十一年（1552），关东管领山内上杉氏受到关东大名后北条氏的侵略，逃亡到越后，投靠府内长尾氏。之后府内长尾氏为山内上杉氏出兵关东，在此过

○ 越后地图

程中继承了山内上杉氏的名迹，也被称为越后上杉氏。这时候正牌的越后上杉氏已经绝嗣，为了区别于正牌的越后上杉氏，继承关东山内上杉氏名迹的越后府内长尾氏，又称为越后长尾上杉氏，或者简称长尾上杉氏。再到了江户时代，越后长尾上杉氏移封至出羽米泽，便又改称为米泽上杉氏。这便是上杉谦信的家系由来，也是他从长尾氏改称为上杉氏的经过。

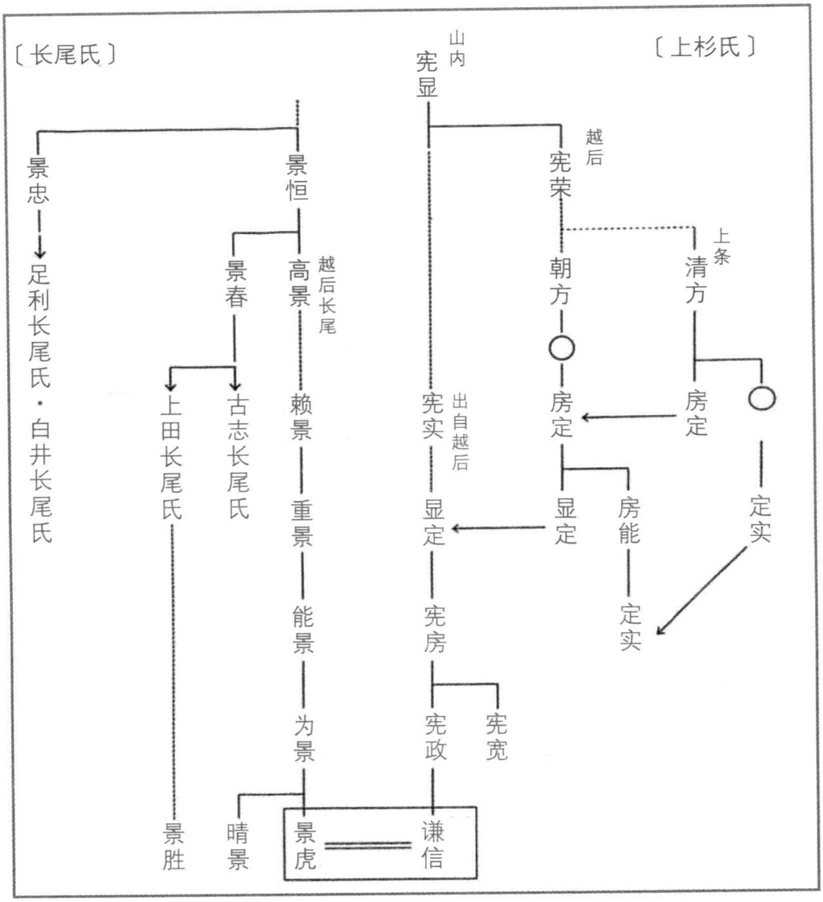

○ 长尾氏、上杉氏世系图

越后上杉氏衰落

越后上杉氏作为上杉宪荣的后裔，自室町时代以来世袭越后守护一职，治理着越后。守护是分国的最高权力者，守护代是分国内仅次于守护的统治者，作为长尾景恒后裔的越后府内长尾氏世袭越后守护代一职，在军事、政务上辅佐越后守护上杉氏。为区别开越后的其他长尾氏，越后府内长尾氏又可以称为越后守护代长尾氏。府内长尾氏原来和越后上杉氏一同居住在府内，后来府内长尾氏在邻近之地新造了钵之峰城，也就是赫赫有名的春日山城，就迁往此城。

虽然在政治秩序上，是由越后守护上杉氏治理越后，但是在越后国内，国人领主林立，越后守护向心力不强。在日本战国时代，支配一个分国或者数个分国，再或者支配一个分国内的数个郡的，称之为战国大名，越后守护上杉氏便是战国大名。而支配的领地在战国大名之下的，就是地方上的国人领主，在习惯上又可以称为国众、国人、国人众，除了支配的领地比战国大名要小外，其他方面与战国大名并无太大差别，相当于是

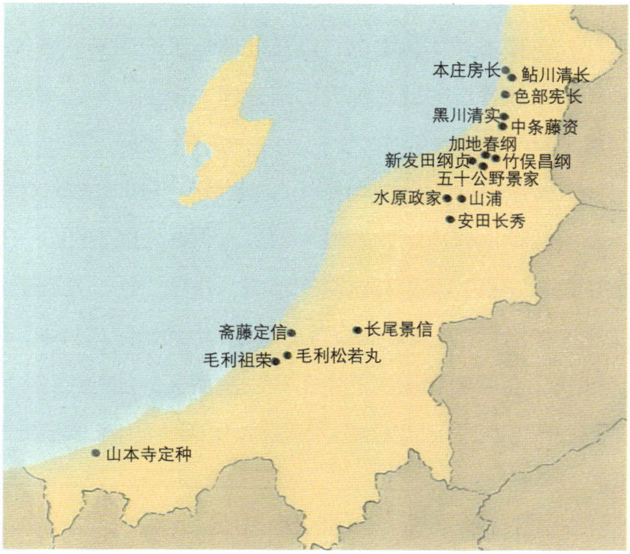

○ 上杉谦信诞生时期割据于越后的国人领主

○ 日本战国时代，越后阿贺野川以北的国人领主

割据一隅的地方豪族。

在室町末期，日本社会进入了动荡不已的战国时代，此时的越后守护上杉房能为扩大守护权力，在明应七年（1498）推行废除越后各郡的“郡司不入权”的政策，意在强化守护权力，削弱地方上各国人领主的权力。所谓的郡司，是指守护以郡为单位设置的代官，负责征收郡内直辖地的年贡、课征公田段钱（日本中世的一种税收）、向守护提起诉讼或者传达文书，以及处理辖区内的其他各种事务。顾名思义，所谓的郡司不入权，指的就是郡内的部分国人领主、寺社有权拒绝郡司介入他们领地的特权，享有极高的自治权。上杉房能宣布废除“郡司不入权”，自然不被所有越后国人领主支持，立刻就遭到了越后阿贺野川以北的国人领主们的强烈反弹。

越后阿贺野川以北的国人领主，简称为阿贺北众，他们居住在阿贺野川以北的下越岩舟郡、蒲原郡这两个郡内，是独立性非常强的地方豪族。因为阿贺野川又称作扬河，所以阿贺北众也可以称为扬北众。这其中，有岩舟郡小船庄的本庄氏、色部氏，蒲原郡奥山庄的中条氏、黑川氏，加地庄的加地氏、新发田氏，白河庄的安田氏、水原氏，以及鲇川氏、竹俣氏、五十公野氏、山浦氏、下条氏、大川氏、垂水氏等等。

阿贺北众割据越后的时间相当早，在守护上杉氏、守护代长尾氏进入越后的一百三十多年前，也就是在镰仓时代，就已经在当地扎下根了。相对于后来者的越后守护上杉氏，阿贺北众更能称得上是越后的土著，因而对守护并不打心底服从。即便是阿贺北众内部，也存在着矛盾，如中条氏当主中条定资和黑川氏当主黑川赖实，他们的地盘相互挨着，住得非常近，互争地盘的时间非常长，谁也不服气谁。互争不下的中条氏、黑川氏只能以越后守护上杉氏作为法庭，请求裁夺。当时的越后守护还是上杉房能之父上杉房定，他偏袒了曾在关东出阵中立下过战功的中条定资，将相关的争议地区裁决给了中条氏，这引起了黑川赖实的极度不满。上杉房定时期的这一举措，留下了后遗症，直接影响到了后来的上杉房能实行改革。当上杉房能宣布废除“郡司不入权”之后，更加激化了之前已经存在的矛盾。

长期积累下来的矛盾，终于在明应九年（1500）八月爆发，与越后守护上杉氏关系冷淡的本庄氏当主本庄时长联合同样抱持不满的黑川赖实，为反抗上杉房能推行废除“郡司不入权”而发起了大规模的暴动。上杉房能动员起越后国内的被官、国人，以重臣斋藤赖信、平子朝政、发智六郎右卫门为大将，向阿贺野川以北进击，试图平息这一场骚乱。中条氏当主中条定资过去因为受了越后守护上杉氏的恩惠，所以在立场上亲近越后守护，选择帮助守护军，与其一同攻打本庄氏、黑川氏。在中条定资的接应下，守护军越过胎田川，进入黑川领。但黑川赖实却举兵阻断了守护军的退路，本庄时长也越过荒川南下，与黑川军一同完成了对守护军的包围。在黑川氏、本庄氏的围困之下，守护军陷入大不利的境地，以中条氏领主中条定资战死、守护军万死一生突出重围的败局收场。

自上杉房能镇压阿贺北众暴乱的战争失败以后，其权威一落千丈，废除“郡司不入权”反而带来了一系列的麻烦。而改革失败的上杉房能，在后世也遭受了后人泼的一些污水，如《编年上杉家记稿》评价他“苛政多”，布施秀治《上杉谦信传》也评价他当政时期“多失政之处，民望失坠之，上杉家自此渐倾衰颓”。

长尾为景的崛起

上杉房能时代的越后守护代，是上杉谦信的祖父长尾能景，他在上杉房能镇压阿贺北众失败以后，仍然尽力辅佐守护，使越后上杉氏不至于顷刻间倾颓。永正元年（1504），上杉房能响应关东管领山内上杉氏当主上杉显定之请，在越后领内动员了两千骑兵、一万步兵，与长尾能景一同出阵关东，帮助山内上杉氏对抗与其为敌的扇谷上杉氏。上杉显定的生父是前任越后上杉氏当主上杉房定，显定被房定过继给了前任关东管领山内上杉氏当主上杉房显做养子，所以上杉显定实际上便是上杉房能的亲哥哥。在永正二年（1505）的立河原之战中，上杉房能、长尾能景帮助上杉显定成功打败了扇谷上杉军，随后便意气风发返回了越后，似乎这样一来能洗刷过去镇压阿贺北众失败的耻辱。但到了永正三年（1506），意想不到的事发生了，长尾能景在这一年应越中守护畠山尚庆之请，出兵越中讨伐加贺一向一揆，但加贺一向一揆伙同越中国众神保庆宗、游佐氏，在般若野之战击杀了能景，使能景身死郊野。

长尾能景一死，越后失去稳定大局的人物，立刻发生了内乱性质的五十岚氏、石田氏之乱，刚继承越后守护代之位的长尾能景之子长尾为景火速平乱，越后国内诸将为表示祝贺，纷纷向上杉房能献上太刀庆祝平息这一动乱。但长尾为景与其父长尾能景作风不同，他完全不把上杉房能放在眼里，两人因此反目成仇，大打出手。永正四年（1507），上杉房能被长尾为景打败，仓皇逃走，想设法去投靠其兄长上杉显定。但在逃亡至越后天水越时，上杉房能被长尾为景的追兵给追上，为免受其辱上杉房能自杀身亡。上杉房能败亡以后，越后守护上杉家声威大衰，被长尾为景拥立的新任越后守护上杉定实无力统御部下，作为守护代的长尾为景便摄行国事，权威日重。越后守护代的权力也因此凌驾于越后守护之上，越后守护的权力形同虚设，实际上已经被长尾为景架空。越后上杉氏自此以后便成了府内长尾氏的傀儡。

在上杉房能败死以后，一直保持相当独立性的阿贺北众继续与长尾为景政权抗争，形成以本庄氏当主本庄时长、色部氏当主色部昌长、竹俣氏当主竹俣清纲这三人为领导核心的反抗势力，举兵反抗府内长尾氏。但并非所有的阿贺北众都是站在长尾为景政权的对立面，拥护为景的还有中条氏当主中条藤资（中条定资之子）、筑地氏当主筑地忠基、安田氏当主安田长秀。在以越后守护上杉定实的名义发出的号令下，长尾为景针对反对派的阿贺北众展开还击。永正四年九月，长尾为景率领中条、筑地、安田联军逼近本庄时长的本据本庄城，于次月攻陷此城，混战中就连本庄时长的长子本庄弥次郎也战死了。见大势已去的本庄时长只能选择投降府内长尾军，之后便心力交瘁地退位隐居，将本庄氏的家督位置让给了其次子本庄房长。

值得注意的是有一种说法，在江户时期的史料《越登贺三州志》当中记载，长尾为景曾与“上杉房长”于明应二年（1493）六月二十八日在越后展开激战。这一位“上杉房长”，在战前的史料集《越佐史料》中将其解释为是本庄房长，认为是长尾为景与本庄房长在这一期间交战。但这在时间上存在明显的不合理性，无论长尾为景还是本庄房长，当时都还未活跃于历史舞台。《越登贺三州志》是江户时代的宽政年间由加贺藩家臣富田景周编纂的史料，其成书时间距离战国时代结束已经过去了数百年，此书中多虚妄之言，总体来说史料价值较低。有关长尾为景与本庄房长在明应二年的交战，《越登贺三州志》的说法就完全是错误的。在这一年，越后的守护代还是长尾为景的父亲长尾能景，并非长尾为景，军事上轮不到为景做主。长尾为景就任越后守护代，是该年的十三年之后了。而历史上，也不存在“上杉房长”这个人。估计是由于宽政时期的学者区别不清，所以将时间与人名全部都记错了。长尾为景与本庄氏发生正面冲突，其实只有永正四年这一次。

永正五年（1508），长尾为景打败了仍在坚持反抗的色部氏、竹俣氏，平定了阿贺野川以北的骚乱。但到了永正六年（1509），战乱又起，关东管领山内上杉氏当主上杉显定以替其弟上杉房能报仇的名义杀入越后，一度将长尾为景从越后驱逐，占据并支配了越后。长尾为景带着越后守护上杉定实逃亡到了越中，一年以后又卷土重来，在长森原之战将上杉显定杀死，重新回归了越后。虽然回到了越后，但越后国内的反对派和邻国的敌对方还是此起彼伏，一次次向长尾为景袭来。在此后的多年中，长尾为景不得不南征北讨，转战于越后、越中、信浓，共经历了一百多场战斗，多年间征战不休。

永正九年（1512），被长尾为景架空的越后守护上杉定实想夺回自己的权力，而下越蒲原郡的三条长尾氏当主长尾俊景在立场上倾向于越后守护，就带兵杀向中越鱼沼郡，攻击在立场上倾向于府内长尾氏的上田长尾氏当主长尾房长。但长尾为景驰赴来援，斩杀了长尾俊景，动乱遂告平定。上杉定实私下为长尾俊景的死叹惋，结果进一步遭到了长尾为景的监视。永正十年（1513），仍想夺回实权的上杉定实又暗中授意越后颈城郡的国人领主宇佐美房忠，促使其举兵对抗长尾为景，但最后还是被为景镇压。宇佐美房忠在战败后自杀身亡，他的儿子宇佐美定满逃走，窥伺着时机寻找长尾为景复仇。

在多年的征伐中，长尾为景最大的战果是在永正十七年（1520）的越中出阵中杀死了越中国众神保庆宗，报了杀父之仇，并在次年从越中守护畠山尚庆处受领越中新川郡守护代，将府内长尾家的势力扩展到了越中新川郡。但长尾为景无暇管治越中新川郡，又在此设置了一个代官，委任越中出身的国众椎名长常代为治理。在椎名长常之后，又由椎名长常的儿子椎名康胤继续担任越中新川郡的代官。守护代的代官，又称为眼代（武家委任的守护代代官）、目代（公家委任的守护代代官），或者又代、小守护代。

在上杉谦信出生的享禄三年（1530），越后又发生了上条定兼（又称上条定宪）之乱，刈羽郡上条城城主上条定兼对长尾为景打起反旗，此次动乱持续了多年。因为动乱从享禄年间一直延续到天文年间，所以又被称为“享禄·天文之乱”。天文五年（1536），与长尾为景有杀父之仇的宇佐美定满已经成长起来，他依附上条定兼，与长尾为景在越后的三分一原交战。长尾为景依靠芦泽弥四郎、山村藤藏、平子右马允编成的骑马队在此战击败了宇佐美定满军，但随后却节节败退，逃到越后守护上杉定实所在的府内苦苦守城。最后，还是依靠越后守护上杉定实出面调解，才让对方罢手。长尾为景经此一战后终于心灰意冷，退下了府内长尾家的家督位置，将家督让给了自己的嫡子长尾晴景，但他仍然在背后掌握实际权力。长尾晴景幼名道一，是上杉谦信的异母兄。

有关长尾晴景的生年问题，在日本史学界一直悬而未决，存在着多种相差比较大的说法。《北越军记》认为长尾晴景出生在永正五年（1508），《长尾氏系图》《出羽米泽上杉家谱》二书认为长尾晴景出生在大永六年（1526），《实隆公记》则认为长尾晴景出生在大永七年（1527）。以上几种说法中，《实隆公记》是第一手史料，笔者认为这一记录是正确的，长尾晴景只比长尾景虎大了三岁，继承府内长尾家家督的时候只有九岁。

上杉谦信与性情柔顺的长尾晴景不同，他的母亲虎御前在他四岁时就去世了，此后谦信就逐渐养成了刚强的性格。年幼的谦信爱听各种战争故事，喜欢提着把木刀和同伴们玩战争游戏，不甘落后于人。他还喜欢玩弄城池模型，在模型上操演如何排兵布阵、攻陷城池，在很小的时候就表现出了对战争的浓厚兴趣。

○ 上杉谦信度过幼年时期的林泉寺

七岁时，上杉谦信被送到了越后的曹洞宗林泉寺，交由住持天室光育抚养。天室光育才德兼备，是一位很有才学的僧人。据《武边咄闻书》记载，幼小的谦信虽然聪明伶俐，但胆子很大，不听为景的话，屡次悖逆为景之意，因而被送到了寺院中。在此之后，谦信的幼年时代便在林泉寺度过。当时禅林的规矩非常严格，晓钟昏鼓，定时作息，一言一行都有刻板的规定，谦信就在幽邃闲寂的禅林中磨炼了心智，锻炼了自己。他在天室光育的抚育下，学会了书写和阅读文字，对于日本的古典文学也有所涉猎。谦信常以源平合战时期的大将源义经为自己的榜样，苦练枪术、马术、箭术这些军事技能。

长尾为景的死亡

天文十年（1541）十二月二十四日，一生征战不休、经历过一百余战的长尾为景病逝，将越后的摊子丢给了嫡子长尾晴景。这一年长尾晴景才十四岁，上杉谦信更是只有十一岁。趁着长尾为景新丧，之前与长尾为景不睦的上条定兼余党又趁乱袭来，府内长尾家的处境非常艰难。在林泉寺的谦信回到了春日山城，他强忍着悲痛，披上铠甲，随军护送亡父长尾为景的灵柩下葬。四岁时失去母亲，十一岁时失去父亲，上杉谦信的童年可以说是非常不幸。

与悲惨的史实大相径庭的是，在江户时代的史料《续本朝通鉴》当中，记载了“上杉谦信夺国战争”这一传说。这则传说中的上杉谦信年幼时就是个野心十足的人，他在父亲长尾为景死后，立即击败其兄长尾晴景、姐夫长尾政景，篡夺了越后的实权。据该书记载，此事件经过如下：

天文十一年（1542），长尾为景出兵攻打越中、加贺的一向一揆。越中一向一揆非常狡狯，他们事先得知为景即将攻来的消息，将计就计，在道路上挖好陷阱，等待长尾为景陷入埋伏。为了确保为景中招，越中一向一揆主动接触他，假意说：

“我辈愿意投降贵军，并作为前驱，引导贵军攻入加贺。”长尾为景轻信了这一番话，在越中一向一揆的带领下，率领军队行进到了越中旃檀野，此处正是一向一揆暗中布置了陷阱的地方。没有任何防备的长尾军，人马一齐陷入了陷阱之内，遭到一向一揆的疯狂击刺，悉数战死。长尾为景留下了两个儿子，长子长尾晴景，次子上杉谦信。谦信在这一年才十二岁，但他性情凶暴，为景生前为了防止他作乱，特意将他赶往越后古志郡。

长尾为景战死后，长子长尾晴景继承了越后府内长尾家的家督之位。但次子上杉谦信既对为景的死没有丝毫伤痛，也不顺从其兄，反而变得肆无忌惮，准备趁着这个机会除掉兄长，夺取越后。察觉到弟弟谦信有异图的长尾晴景先发制人，领兵攻打古志郡。谦信的侍从们慌张地把这个消息告诉了他，但谦信怡然自得，不为所动；等到敌军已有一半越过山，逼近古志郡时，侍从们又紧张地告诉了谦信。这时，谦信突然一跃而起，和本庄美作守（本庄实乃）、吉江织部、鬼小岛弥太郎等六七名家臣出城迎敌，在战场上横冲直撞，大破敌军，杀死了长尾晴景。在杀死兄长后，上杉谦信也就成了越后国主，但由于得国不正，国人们对他都不服，时起反抗，最终将他赶出了越后。得不到越后国人支持的谦信把自己乔装打扮成僧人模样，前往关东、陆奥游历，为自己的东山再起做准备。

天文十二年（1543）年底，十三岁的上杉谦信率领两千兵力杀回越后，欲夺回越后的执政权。上杉谦信的姐夫长尾政景闻讯，出动八千兵力拦截谦信归国，可尽管占据比较明显的兵力优势，长尾政景还是被谦信打败了。谦信在成功杀入越后境内以后，为了站稳脚跟，不断与长尾政景爆发军事冲突。在厮杀了两年以后，长尾政景势穷，已不再是谦信的对手，不得已投降了谦信。但上杉谦信始终猜忌姐夫，又畏惧其勇猛，最后还是将他诛杀。在父亲长尾为景、兄长长尾晴景、姐夫长尾政景相继死亡后，上杉谦信消除了所有外在威胁，真正成为越后国主。此时是天文十四年（1545），上杉谦信时年不过十五岁。

《续本朝通鉴》当中塑造的上杉谦信，更加接近古典历史小说中的凶狠的打手，与真实的历史形象存在很大偏差。书中把上杉谦信与其父长尾为景的经历混淆了，才衍生出如此怪诞的传说。真实的历史是这样的：上杉谦信的祖父，也就是长尾为景的父亲长尾能景，在永正三年（1506）征讨越中时败给了一向一揆并战死。长尾为景在父亲死后的第二年，追杀越后守护上杉房能使其败亡，夺取了越后的实权。但到了永正六年（1509），关东管领上杉显定声言替上杉房能报仇，率大军袭来并占据了越后，实力不敌的长尾为景逃亡到越中，等待时机卷土重来。次年，长尾为景杀回越后，在长森原之战中击杀了上杉显定，又夺回了越后的实权。以这一系列历史事实，与《续本朝通鉴》当中记载的上杉谦信夺国经历相对照，不难发现两者具有高度雷同之处。故而可以断定，"上杉谦信夺国战争"这一传说，只不过是后世将长尾为景的经历附会到了其子上杉谦信身上，造成了误传。

上杉谦信的初阵

长尾为景既死，年轻的长尾晴景性情柔弱，又体弱多病，因此近邻的领主们都轻慢欺侮他，府内长尾家的权威受到挑战。但长尾晴景还是想要有一番作为，振兴府内长尾家。天文十二年（1543）八月，十六岁的长尾晴景任命十三岁的弟弟上杉谦信为古志郡司，派他进入古志郡的栃尾城，由府内长尾家的家臣本庄实乃辅佐，镇压中越、下越的反对势力。上杉谦信在同月十五日元服，完成了成人礼，此后便在这艰险的战国乱世，开始了他的征战历程。长尾晴景时代的越后历史，就是一部青年人的成长史。

近邻的领主既不将长尾晴景放在眼里，更不会把更加幼小的上杉谦信当回事，他们欺负其年幼，相率来攻，包围了栃尾城。但初出江湖的上杉谦信丝毫不紧张，他沉着应对，激励城内士卒，与近邻的领主厮杀鏖战，大败这些轻狂之徒。此战便是上杉谦信的初阵，即"栃尾城之战"。初次指挥作战的上杉谦信成功守住了栃尾城，打退了前来侵略的近邻领主。在多年后的弘治二年（1556），上杉谦信在写给长庆寺的书信中是如此回忆栃尾城之战的："我幼年之时，就失去了父亲，后来被派遣到了古志郡。近邻怀有异心之徒看我年纪尚小，便轻视欺侮于我，从四方攻向枥尾城。昔越王勾践有范蠡辅佐，故能一雪会稽之耻，而我当时年幼，没有任何外援力量的帮助，只能在困苦中发愤图强，勤修弓箭之业，并凭借父祖之余威，才得以在此战得胜，杀死凶徒不知其数。此后，始得以再兴我之家族。”

但有关上杉谦信的初阵，也笼罩着疑云。例如，在天文十二年时前来攻击枥尾城的敌人，没有明确的对象，只能模糊地认定为是“近邻的领主”。大正六年（1917）出版的布施秀治所著《上杉谦信传》对此记录道：“谦信入古志郡枥尾城，诸将欺侮其年幼，相率来攻；谦信邀击，大败之。”也搞不清入侵的是哪些人，只能模糊地说是“诸将”。这些欺侮上杉谦信的“近邻的领主”究竟是谁，由哪些人构成，语焉不详，没人能够说得清楚。

黑田秀忠之叛乱

中越古志郡的枥尾城之战甫一结束，旋即又爆发了黑田秀忠之乱。黑田秀忠是越后守护上杉氏的谱代家臣，是上杉房能以来的老臣，同时也是中越三岛郡新山城、下越蒲原郡黑泷城的城主，领地横跨中越、下越。在长尾为景死后，黑田秀忠与府内长尾氏的矛盾就公开化了，甚至公然举兵反抗长尾晴景。与黑田秀忠一同作乱的，还有居住在下越蒲原郡三条城的三条长尾氏当主长尾长景。三条长尾氏和府内长尾氏虽然都是长尾景恒的后裔，同出自越后长尾氏，但立场却截然不同，三条长尾氏更倾向于越后守护上杉氏。早在长尾为景时期的永正九年（1512），越后就因此发生过内乱性质的长尾俊景之乱。

天文十三年（1544）正月，长尾长景、黑田秀忠组成联军，入寇上杉谦信所在的中越古志郡枥尾城。不过这一次，上杉谦信不再是以一己之力迎击敌人。病恹恹的长尾晴景终于拿出了府内长尾氏当主的气魄，他亲自带领一千援军驰援枥尾城。加上枥尾城内原有的两千守军，一共有三千兵力。而敌对的黑田秀忠、长尾长景联军，则共有六千兵力。三千枥尾城守军分为两队，谦信和晴景各领一队，出城守前后二门，谦信守后门，晴景守前门。

当时大雪覆地，积雪四五尺，寒风刺骨。上杉谦信传令士兵们用焚烧木头、喝酒的方式取暖，保持战斗力。未几，黑田秀忠、长尾长景联军趋近枥尾城，长尾长景负责攻前门，黑田秀忠负责攻后门。枥尾城后门对面有一条河流，黑田秀忠将要渡河而来，诸将请求立刻出击，但上杉谦信制止道："敌军气锐，未可。"等一些敌军渡河上岸后，诸将又请求出击，但谦信仍然制止道："渡者未过半，未可。"等剩下的敌军全都涉入河水中准备渡河时，上杉谦信果断下令进突敌阵。新涉入河水的敌兵置身于寒冷的水流之中，手足皆冻，既无法挥枪作战，又不能立刻掉头逃走，遂在上杉谦信军的冲击下大败。敌军溺死者不计其数，先锋户尾因幡、松尾八郎皆战死，黑田秀忠好不容易才逃出生天，仓皇撤离了战场。

攻破后门之敌后，上杉谦信听到前门战酣、喊声震天，意识到战局不利，便又冲向前门，去驱逐前门的长尾长景，命家臣本庄实乃疾击其后方。长尾长景军未料到谦信有此举，部队仓皇溃散，完全失控。长尾长景为此震怒，亲自拿起枪战斗，一连杀死了数名敌兵，上杉谦信的将士们未能抵挡。有一名叫作塚田某的谦信军士兵，伪装成长尾长景军的败兵，随从其后，长尾长景没有丝毫察觉。塚田趁长尾长景不注意，趁机刺中长尾长景的腋下，将其杀死。至此，长尾军悉数散去，上杉谦信指挥的第二次枥尾城之战又告胜利。

在长尾长景战死后，黑田秀忠于同年九月再次入寇中越古志郡枥尾城。此次，向上杉谦信派出援军的是越后守护上杉军、府内长尾军，以及下越的国人领主安田长秀、小川长资。早在永正四年（1507），安田长秀就帮助过长尾为景，对抗下越其他领主如本庄氏、色部氏、竹俣氏等。小川长资是本庄氏当主本庄房长的弟弟，但他从本庄房长手中夺走了本庄家的实权，此时本庄家的政令皆出小川长资之手，小川长资主政下的本庄家也偏向于府内长尾家。

这次枥尾城之战的具体经过不甚明了，但最后的结果是上杉谦信主导下的越后联军打败了黑田秀忠。这一时期，为了镇抚越后国内，长尾晴景将被长尾为景架空的越后守护上杉定实重新抬了出来主持越后的大局。上杉谦信便将黑田秀忠执送到越后守护上杉定实所在的府内，要求守护对其惩处。黑田秀忠为表示谢罪

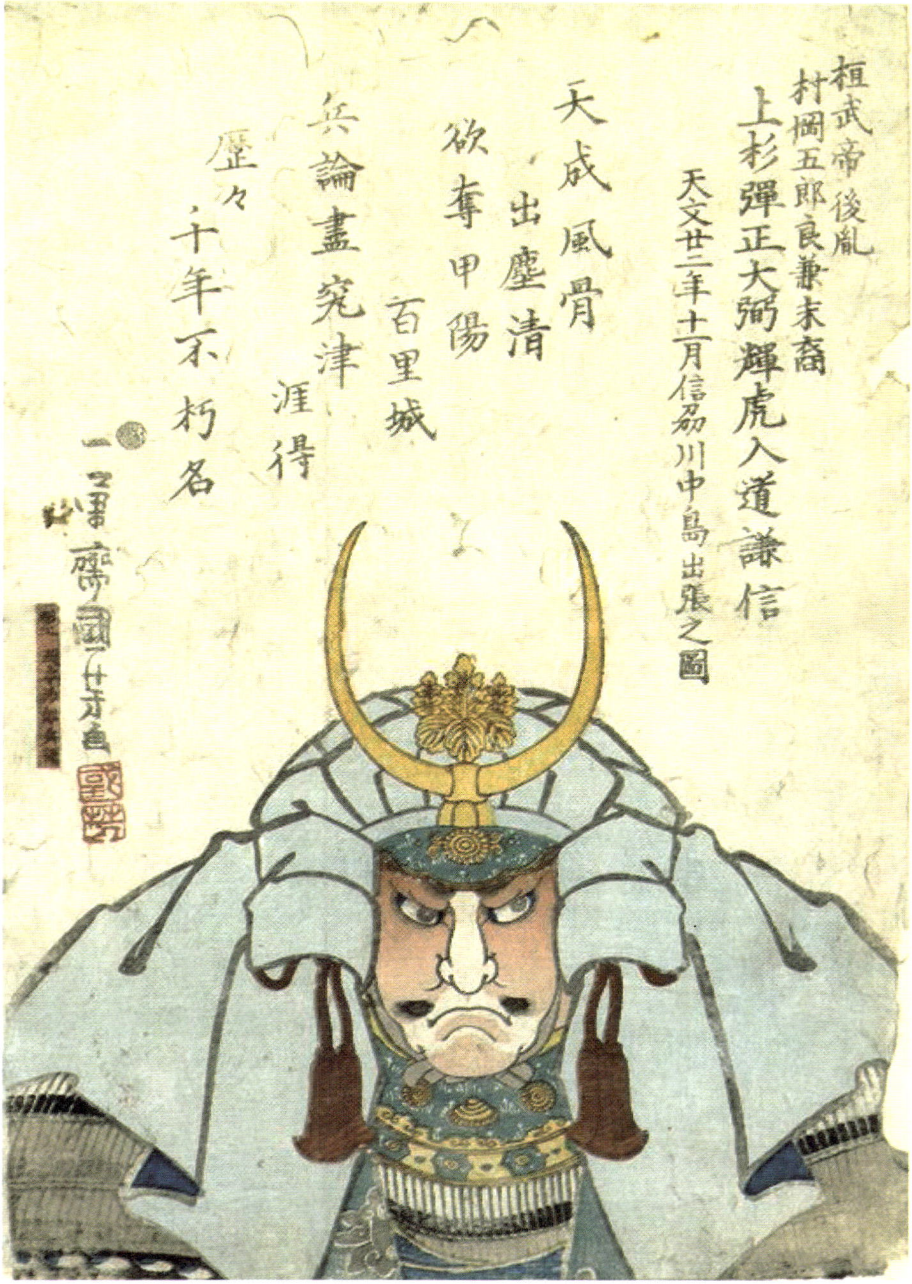

上杉弹正大弼辉虎入道谦信

剃光了自己头发，不断恳求上杉定实饶命，提出自己愿意出奔他国，不再抛头露面。由于黑田秀忠自己本身便是越后守护上杉氏的谱代家臣，所以上杉定实放过了他。在得到守护承诺后，黑田秀忠进入了越后鱼沼郡妻有庄，在此蛰居避世，后又移至同郡的节黑城隐居。因为镇压黑田秀忠有功，上杉定实向下越的国人领主安田长秀发放了一份知行状，加封给了他相应的领地，长尾晴景也随之发给其一份副状。在这一年，长尾晴景十七岁，上杉谦信十四岁，都还非常年轻。

到了天文十四年（1545）十月，黑田秀忠故态复萌，回到了自己的本据，再次举兵作乱。上杉谦信为此非常愤怒，从枥尾城驱至府内，说服了越后上杉氏的家臣桃井氏同意诛伐黑田秀忠，又写信给村山次郎右卫门，寻求越后其他诸将的支持，要求他们一同协助平乱。在越后诸将相继表态支持上杉谦信后，越后守护上杉定实也只好顺水推舟，同意了谦信诛伐黑田秀忠的要求。天文十五年（1546）二月，上杉谦信再次与下越的安田长秀、小川长资组成联军，向黑田秀忠发起征讨，在内应的帮助之下攻陷了黑田氏的中越三岛郡新山城、下越蒲原郡黑泷城，逼迫黑田秀忠切腹自杀，并将黑田一族全部杀死，一个活口都没有留下，彻底铲除了后患。连绵三年之久的黑田秀忠之乱，至此方得以终结，越后再告平静。

黑田秀忠之乱在历史上也留下了许多疑点，例如黑田之乱究竟在哪一年发生，就有很多种说法。《上越市史·资料编》认为发生在天文十三、十四年，《越佐史料》认为发生在天文十四、十五年，《上杉氏年表·增补改订版》《上越市史·通史编》认为发生在天文十三、十四、十五年，《越后过去名簿》认为发生在天文十七、十八年。而关于黑田秀忠之乱的具体细节，也充斥着与事实有很大出入的传说。例如，关于黑田秀忠的身份，就存在着荒谬的传闻。比较典型的是《北越军记》的记载，声称黑田秀忠的父亲胎田常陆介（或作昭田常陆介）本是越前朝仓氏的家臣，父子二人在文龟年间从越前奔赴越后，投靠越后守护代长尾为景，年轻英俊的黑田秀忠很受为景喜爱；在长尾为景死后，胎田常陆介、黑田秀忠父子在越后大举作乱，但是最后都被上杉谦信镇压了。

大正时代的史家伊佐早谦在《辽豕论》一书中对这一传说有过强烈批判，他认为胎田常陆介这个人的事迹在同时代的史料中根本毫无记载，全部都是《北越军记》捏造出来的，是此书的作者在纸上创作的人偶。自此以后，一般严谨性的历史著作，都不再提胎田常陆介这一号人物了。黑田秀忠之乱的细节在历史上留下的可靠记载不多，可靠的只有上杉谦信留存下来的三通文书。

上杉谦信借助平定黑田秀忠之乱，向越后国内的国人领主们宣告了自己的力量，这使越后的各个国人领主不再敢轻视府内长尾氏，并且预感到将会有一个有所作为的越后国主出现。这一年，长尾晴景十九岁，上杉谦信十六岁。

长尾晴景的隐退

上杉谦信在四年的征战中，将越后中越、下越的反对势力逐一平定，越后国内诸国人领主相继归附，似乎越后将进入一个较长时间的安稳期。但这个时候，府内长尾家的当主长尾晴景由于害怕弟弟上杉谦信对自己产生威胁，与其有了嫌隙。长尾晴景、上杉谦信兄弟二人此后相互对立，在天文十六年（1547）、天文十七年（1548）两年间发生了残酷的权力斗争。

在越后府内长尾氏内乱期间，越后的其他两家长尾氏各自站队，上田长尾氏支持长尾晴景，古志长尾氏支持上杉谦信。最后，经过越后守护上杉定实出面调停，长尾晴景同意退下府内长尾家的家督位置，与其弟上杉谦信结为父子关系，将府内长尾家的家督让渡给谦信。随后，上杉谦信在天文十七年十二月底进入春日山城，接替长尾晴景成为新一任的府内长尾氏家督，又迁往府内，恢复了府内作为守护代长尾氏本据的地位，此后便长期居住在府内。但这一权力过渡是逐步进行的，并不是一下子完全移交到上杉谦信手中，直到次年，长尾晴景仍在行使府内长尾家当主的一定权力，给家臣、寺社下发过安堵状、知行状。在权力完全过渡到手中后，上杉谦信就承袭了其父长尾为景的老路子，再一次将越后守护上杉定实架空，绕过了越后守护，意图使府内长尾氏直接支配越后国政。后人言上杉谦信乃日本战国时代的大义化身，其实不然。

后人猜测，在府内长尾氏的家督过渡期间，长尾晴景、上杉谦信兄弟二人很可能发生过军事冲突，但这在第一手史料中没有详细记载。不过，江户时代的军记《北越军记》《甲越春秋》中记录了长尾晴景、上杉谦信为争夺家督位置而大打出手的“米山合战”，其经过如下：

继承越后府内长尾家家督的长尾晴景体弱多病，却又沉湎女色、懒于政务、不恤士卒，自越后守护上杉定实以下都很反感他。而与之相对的则是弟弟上杉谦信骁勇有武略，屡次立下战功，越后国人都密谋拥戴他，取代长尾晴景的位置。长尾晴景听到了这些消息，感到很不安，主动召集兵力对谦信开衅。听说兄长要对自己动武之后，上杉谦信私下泣诉道：“我们家何其艰辛！我父为景，兵败越中，身死于郊野。现在家兄又有此举，我实在不忍心与他交手。”谦信打算剃发出家，以此打消晴景的念头。上杉谦信的近臣宇佐美定行（宇佐美定满在军记中的名字）知道了他有这个想法，连忙劝谏说：“为国家者，义不顾亲。杀兄而取天下之事，自古早已有之。在本朝有绥靖天皇为之，在异邦则有唐太宗行之。如今晴景不能治理国务，猜忌至亲，欲加杀害，与他相抗又有什么错？”这一番话让谦信幡然醒悟，使他坚定了意志，对晴景也起了杀心。于是上杉谦信一边修缮城郭，一边加紧训练士卒，积极备战。

天文十六年（1547）四月，长尾晴景派上田长尾氏当主长尾政景率领五千人马对上杉谦信所在的古志郡枥尾城展开攻击。长尾政景进抵枥尾城下，宇佐美定行按捺不住，就要出城作战。但谦信登高眺望观察敌情，察觉了异常，立即制止他道：“敌军远来，却没有携带辎重，不像是要对我们做长久围攻的样子，不久肯定自行退军；等敌军退去后，我们进行追击，就能一举将其击破。”到了这一天的夜半时分，长尾政景果然领军退去，早已在窥探时机的谦信冲出城门，与家臣们对政景军发起疯狂追击。长尾政景不敌上杉谦信，一直逃窜到了柿崎下滨。此时正赶上长尾晴景亲自带了一万人马过来支援，在柿崎下滨列阵以待。乘着战胜的余威，上杉谦信带兵六千，一直追杀到柿崎下滨，与长尾晴景亲率的一万余士卒再战。谦信激励属下奋战，麾下的宇佐美定行、本庄庆秀（本庄实乃在军记中的名字）也不断冲击晴景军，使得敌军再次败走。战败的长尾晴景、长尾政景带领着残兵溃卒，逃到了米山，打算越过米山逃回府内。

谦信尾随其后，一直追击到米山之下。但行军至此，谦信突然按兵不动，对麾下将士们说：“我要睡觉，全军移往附近民舍，暂行休整。”宇佐美定行想不通谦信为何突然停止攻势，请求立即追击败走的晴景军，但谦信没有同意。过了不久，长尾晴景军已经陆陆续续有一半越过米山，这时候谦信突然下令，全军对正在逃亡的晴景军发起猛攻，结果又一次大破敌军。宇佐美定行这时候才领会到谦信的战术，赞叹道：“主公您真是用兵如神！敌军陷入死地，我军强行攻击他们的话，他们会背水一战，说不定会让我军也蒙受损失。而主公您听任他们越过米山逃走，在他们懈怠毫无防备的时候，出其不意发起攻击，一举将其击败，实在是高招！主公您尚年少，就有如此应变能力，非我辈能及！”

上杉谦信在米山合战大破长尾晴景军以后，率军直捣长尾晴景所在的本据府内，将其重重包围。这时候周边诸城皆属意谦信，因此都不肯出兵救援晴景。府内的士气一天比一天低，以至于军心终于瓦解。最终，长尾政景出城投降了谦信，而长尾晴景在绝境之中，于城内切腹自尽。战后，上杉谦信将讨伐兄长的事情经过详细报告给了越后守护上杉定实，随后还兵枥尾城。这时连上杉定实也不得不感叹：“蛟龙一旦得风云，终非池中之物也。”之后，谦信在事实上成为越后国主。

以上，便是《北越军记》《甲越春秋》中所记载的长尾晴景、上杉谦信两兄弟大打出手的“米山合战”。自《北越军记》成书后一直到明治时代，人们都普遍将书中的描写当作历史事实，认定是上杉谦信弑兄篡位，杀害了长尾晴景。最早对这一论断提出反对意见的，是江户时代的米泽上杉家，其编纂的《谦信公御年谱》《上杉家谱》两书的基本史源就是《北越军记》，对于其中的很多记载都照收不误，唯独对于这一段历史有不同讲述。《谦信公御年谱》说长尾晴景多病，消极怠政，没有人望，而上杉谦信颇得众望，于是府内长尾家一群老臣撺掇夺权，胁迫长尾晴景退位，让位给谦信。但照此说来，两兄弟也没有兵戈相向的必要了。《上杉家谱》则说是长尾晴景在直江实纲等老臣的劝谏下，让位给上杉谦信的；同样没有说兄弟兵戎相见、谦信弑兄夺权。但这种声音在江户时代还是微弱的，当时的主流认识还是认为上杉谦信做了大逆不道之事。

直到大正时代，米泽上杉家的末代家臣伊佐早谦才在其所著的《辽豕论》一书中，以其深厚的史学功底对上杉谦信“弑兄夺权”的传说进行了系统的批判。

伊佐早谦认为“米山合战”只不过是《越后军记》《北越军记》《宇佐美系图》等上杉系军记捏造出来的假说，这些书中的细节都充斥了错讹、矛盾之处。例如书中记录的上杉谦信与长尾政景、长尾晴景交战的地点，从实际的地理角度考虑是不可能发生打斗的；从府内向枥尾城进发，行军距离约需两天时间，一去一回要四天，长尾政景率兵五千攻打枥尾城，不可能连一点辎重都不携带；而声称长尾晴景遭谦信逼迫，在府内切腹自杀，更是属于画蛇添足之笔，因为有不少史料可以证明晴景在这之后仍然存活。《北越军记》等军记史料称长尾晴景在天文十六年兵败自杀，但在原始的文书史料中，有晴景在天文十七年（1548）下发给赏泉寺住持长夫和尚的安堵状，天文十八年（1549）晴景给山村右京亮下发的知行状。这些记录都充分说明了《北越军记》所写的上杉谦信逼迫长尾晴景自杀从而夺取家督之位是不正确的。

虽然在大正时代就已经破除了上杉谦信弑兄的传说，但在近年出版的《上杉氏年表·增补改订版》《上越市史·通史编》中，却又谨慎地重新提起了《北越军记》的这一说法，认为上杉谦信与长尾晴景可能确实因为争夺权力而发生过交战，但并没有晴景兵败自杀一事，最后只是经过上杉定实调停，长尾晴景较为和平地把家督之位让渡给了谦信。因此，也可以退一步认为，在平定黑田秀忠之乱以后，权威日盛的上杉谦信引起了其兄晴景的猜忌，两人确实围绕越后府内长尾氏家督位置的争夺发生过交战，只不过这交战的地点，并不是传说当中的“米山”“柿崎下滨”等地方，而且长尾晴景也没有兵败自杀。在内战中获得胜利的谦信，最终经过越后守护上杉定实的调停，取代了其兄长尾晴景，成为新一代的府内长尾家家督。

长尾政景之叛乱

上杉定实在天文十九年（1550）二月十六日寂寥地死去，法名永德院殿天仲玄清。由于上杉谦信事先就与京都的室町幕府建立了良好的关系，在上杉定实死后第二天，第十三代室町幕府将军足利义辉就给予上杉谦信使用白伞袋和毛毡鞍覆的特权，这相当于是承认了上杉谦信身为越后国主的地位。上杉定实一生绝大部分时间都是府内长尾氏的傀儡，长尾为景和上杉谦信时期全然将他架空，只有长尾晴景倚重他。由于上杉定实没有子嗣，所以越后上杉氏自此绝嗣。虽然上杉谦信在若干年后继承了关东管领山内上杉氏的名迹，也称为越后上杉氏，但并非正统，为以示区别，这一支称为越后长尾上杉氏。

在上杉谦信主政下的府内长尾氏政权，依旧有反对势力存在，那就是在长尾晴景、上杉谦信兄弟二人内讧过程中帮助长尾晴景的上田长尾氏当主长尾政景（前当主长尾房长之子）。天文十八年（1549）六月，上杉谦信向长尾政景提出了索取人质的要求，但遭到了政景的拒绝，两家的对立公开。上杉谦信通过外交手段策反了长尾政景方的宇佐美定满，孤立了长尾政景，但政景还是不肯屈服。宇佐美定满是越后颈城郡的领主，与上杉谦信的父亲长尾为景有杀父之仇，后来党附反抗府内长尾氏的越后上条城城主上条定兼，在三分一原和长尾为景打过一场十分激烈的恶战。他在上条定兼死后又投靠了上田长尾氏的长尾政景，但最后又成为府内长尾氏的上杉谦信一党。在近世的各种上杉系军记中，将宇佐美定满塑造成了上杉谦信非常重要的军师，为谦信竭尽忠诚，甚至传说他配合上杉谦信实施了暗杀长尾政景的计划。但其实历史上宇佐美定满并没有这么重要，但没有任何可靠的第一手史料能够证明他是谦信的心腹。在被谦信策反以后，宇佐美定满的名字就很少在可靠的文献中出现了。

○ 长尾政景夫妻画像

天文二十年（1551）正月十五日，上杉谦信对长尾政景动武，派兵攻打长尾政景的部将发智长芳的居城，长尾政景为了解救发智长芳，派遣部将金子尚纲前往支援，但此后的经过及结果皆不明了。之后，上杉谦信扩大战线，对长尾政景发起一连串攻势。同月十八日，宇佐美定满与长尾政景的部将穴泽新右卫门尉交战，杀死了敌方将领佐藤彦八郎的父、祖。同月下旬，上杉谦信军攻陷了长尾政景方的要塞古志郡松村。二月二十一日，长尾政景军攻向上杉谦信方的鱼沼郡上野城，但被谦信的家臣上野家成、中条玄蕃允击退。三月十四日，上杉谦信又派兵攻打长尾政景的部将发智长芳的居城，但未能将其攻克，于是在当天撤退。府内长尾氏、上田长尾氏双方又陷入了长时间对峙。在长期的拉锯战中，长尾政景军渐落下风，上杉谦信再次向长尾政景提出了将其弟弟押为人质的要求，但仍被长尾政景拒绝。

同年七月，上杉谦信表示了自己将亲自出阵，相当于给长尾政景下了最后通牒。长尾政景到这个时候方才屈服，与上杉谦信议和，上田长尾氏自此从属于府内长尾氏。上杉谦信为了笼络长尾政景，也将自己的姐姐嫁给了他，后来上杉谦信的姐姐与长尾政景生下了长尾义景、长尾显景（后来的上杉景胜）两个儿子。

长尾政景之乱平定后，越后的内乱终于告一段落，上杉谦信开始走上越后国主之路。在这一年，他才二十一岁。

天文年间的越后内乱在世间流传下的众多传说中，在江户时代的早期是将上杉谦信描绘成一个相当具有政治野心，并不惜逼死亲生兄弟、夺取家督位置的枭雄，这与现在人们普遍认知中谦信大义凛然的英雄形象是截然不同的。这也说明了上杉谦信的形象是层层演变而来的，并不是一成不变的。

○ 月冈芳年绘上杉谦信画像

野尻湖杀人事件

历史上，长尾政景最后不明不白地死去。关于他的死因，流传最广的是上杉谦信与宇佐美定满进行密谋，在野尻湖将其溺死的传说，《北越军记》对这一传说也有详细的记载：

永禄七年（1564）七月，上杉谦信终于下定决心要除去长尾政景，于是与直江实纲、斋藤朝信、色部胜长这三位信得过的家臣密议，又单独召见了信浓野尻城城主宇佐美定满机密相谈，屏人而语，一直谈到了次日清晨。在这次谈话结束后，宇佐美定满就回到了其居城信浓野尻城。五天之后，他盛情邀请长尾政景到野尻城旁边的野尻湖钓鱼。长尾政景欣然赴约，并且带上了自己的两个儿子长尾义景、长尾显景一同前去。

七月五日，宇佐美定满邀长尾政景同坐一艘小船泛舟湖上，他事先将船底凿空了一部分，用一块木板将被凿空的部分遮盖住；当船行进到湖中央时，宇佐美定满将木板抽去，湖水逐渐浸没船只，他自己则死死地抓住长尾政景，两人一同沉入湖底，同归于尽。长尾政景带来的随从们在岸上看到这一幕情景，都非常愤怒，准备杀尽宇佐美定满一族，但定满的家臣们劫持了政景的两个儿子义景、显景作为人质，使政景的随从们不敢轻易动手。附近将士听闻事件，都赶过来劝谕，冲突才得以化解。

事后，上杉谦信将责任全部推卸到了宇佐美定满身上，不仅将宇佐美一族的城邑全部没收，还把定满的儿子逐出了家门，以安抚上田长尾氏的遗臣。谦信又把政景的两个遗子长尾义景、长尾显景收为养子，仍旧将他们安置在政景的原领地，也就是上田长尾一族的根据地越后鱼沼郡上田庄。但谦信顾虑到上田庄与信浓、上野交界，是军事重地，而义景、显景年纪尚幼，不能当此重任，便派家臣宫岛三河守、栗林次郎左卫门去辅助义景、显景，共守上田庄。这实际上架空了上田长尾一族，谦信得以真正控制上田众。这样一来，上杉谦信通过宇佐美定满借刀杀人，不仅洗脱了自己谋杀姐夫的污名，还控制住了上田众，可谓一举两得。

○ 新潟县保坂润治所藏上杉谦信画像

《北越军记》中的这段故事，长久以来都被当作史实，但其在细节上有许多经不起推敲之处，比如军记中写到宇佐美定满当时已经七十六岁，而长尾政景还是壮年，死时才四十多岁，上杉谦信让一个七旬老朽单独对政景实施暗杀，未免过于草率。而且也很难想象，已经七十六岁的宇佐美定满能有足够的力气在船上紧紧抓住长尾政景，和他一同沉入湖中。

在江户时代，出羽米泽上杉家继承了越后上杉家，在其编纂的《谦信公御书集》《谦信公御年谱》这两部史书中，也记录了长尾政景野尻湖溺亡的事件，但两书都提到当时和宇佐美定满、长尾政景一同在船上的，还有政景的近臣关谷佐左卫门、国分彦五郎胤吉、内藤左近、卖间又次郎等人。如果七旬老朽宇佐美定满死死地抓住长尾政景，这几个政景的近臣又怎么可能不上去推开阻止？宇佐美定满一个老人，想必敌不过船上这么多的上田长尾氏近臣。而且，《谦信公御书集》《谦信公御年谱》对上杉谦信授意宇佐美定满暗杀长尾政景的说法，本身就刻意淡化了很多，只是说长尾政景与宇佐美定满泛舟野尻湖上“游宴”，喝得酩酊大醉，结果到了湖中心的时候船只颠簸不止，事发突然，船上的一干人全都落入湖中溺死了。按照这一种说法，则上杉谦信并未借刀杀害长尾政景，纯粹是一次意外事故。

《北越军记》的记录也是存在问题的。《北越军记》和《越后军记》两书都成书于江户时代，由冒姓宇佐美氏的军学者大关定佑编写的，但两书关于长尾政景死亡时间的记载却截然不同。《越后军记》成书在前，记载长尾政景死于天文二十二年（1554），宇佐美定满死于永禄七年（1564）十一月二十日，两人的死本来就毫不相干。但是到了后来成书的《北越军记》里，大关定佑就将两人的死串联了起来，修改成了上述的故事情节，使长尾政景、宇佐美定满双双于永禄七年七月五日毙命。大关定佑如此肆意改动也是有原因的，他当时仕官于纪州藩，为了往自己脸上贴金，不惜诡称自己是宇佐美定满的后代，冒充了宇佐美的姓氏，称自己为宇佐美定佑，捏造了定满的忠义事迹。编造野尻湖溺杀长尾政景事件，就是其中一个显著的例子。

就史实来说，到永禄七年时，上杉谦信已经不太可能会有诛除长尾政景的想法。两人虽然在天文二十年（1551）曾一度争斗过，但之后的关系，正如布施秀治的《上杉谦信传》当中所说“肝胆相照，以政景刚勇之姿，为谦信之手足”，已经从对立关系恢复到和睦、合作关系了。永禄六年（1563）年底，上杉谦信出阵关东，特意安排长尾政景留守越后，负责府内、春日山两城的防守，表现出了对他的极大信任。这样的情形，在更早的永禄四年、永禄五年时就有体现，当时谦信外征关东，皆以长尾政景留守越后。永禄七年四月，上杉谦信从关东归阵前，也写信慰劳长尾政景留守的功劳，亲密之情跃然纸上。两人的关系在这时候已经非常亲近，根本不可能在谦信回到越后的

○ 宇佐美定满

短短几个月之内，就发生暗杀政景事件。

但长尾政景的死，确实也给上杉谦信带来了许多便利。长尾政景死后，上杉谦信直接掌握了出兵关东的要道越后上田庄，不必再仰长尾政景鼻息，上田众也实际上被谦信所控制。失去了家主的上田众，被编入谦信的直属军团，成为谦信日后东征西讨的中坚力量。被长尾政景控制的上田银山，也落入了谦信手里，成为他的重要财源之一。

○ 新潟县常安寺所藏上杉谦信画像

渡海征服佐渡岛

佐渡岛是毗邻越后的一个岛屿，与越后在地理位置上非常贴近，岛上有着非常丰富的矿产资源，尤其是丰富的金矿、银矿，这些矿产资源对战国大名来说是很重要的。据说上杉谦信为了征服佐渡岛，也曾对其发动过侵攻。但佐渡岛上的战争传说，同样也是扑朔迷离。

据《北越军谈》记载，上杉谦信对佐渡岛发动的侵攻，始于天文十四年（1545）八月。当时府内长尾家的老臣劝说谦信道：“自去年七月以来，畿内、北国各地均遭到水灾破坏，潮水淹没了陆地，田野上都能浮起船只，民间愁苦。再加上风雨损害，农田歉收，钱粮困乏，国内空虚，士卒疲惫。佐渡岛区区一个海岛，但物产丰富，可以用来补充我越后的不足。佐渡岛原来不过就是我越后的附庸，只是后来被当地国人自行割据，但毕竟迟早还是要受到我越后支配的。当下时节，应及早对佐渡岛展开征伐，望公从速决断。”众长尾家臣们也同意这一项提议。

九月中旬，上杉谦信以家臣平田善次郎为水军大将，又命长尾带刀左卫门氏广、长尾彦次郎实景、长尾小四郎景征、长尾远江守藤景、千坂对马守宪清、大国修理亮赖久、山本寺伊予守常孝、柏崎日向守、唐崎左马助诸将从征，一共三千余将士，乘坐兵船，从越后三岛郡出云崎出发，渡海攻向佐渡岛。但进军途中，越后水军很不幸运地遭到了暴风雨的袭击，强风不断吹打着船帆，逆浪也让船桨不听使唤，水手们大感惊骇，都担心遭到大海的吞噬。好在这种恶劣的天气没多久就结束了，这才让船上的士卒们镇定下来，按照预定的计划朝着佐渡岛进军。佐渡岛上豪族林立，同时也有一向一揆的势力盘踞。面对越后水军的入侵，以下尾佐渡守、高阶师家、本间六郎太夫资久为首的佐渡一向一揆首领，驱使岛内的一向宗门徒与在佐渡岛登陆的越后军交战。但佐渡岛也并非人心合一、人人都一致对外，岛内的豪族泽根氏、潟上氏投靠了越后军，平田善次郎命令他们作为先锋协助作战。但这一次渡海侵攻作战并未取得理想的进展，平田、泽根、潟上联军与本间、高阶、下尾联军交战十多日，始终未分胜负，越后水军最后只能遗憾地扬帆起航，渡海返回了越后。

天文十五年（1546）四月，上杉谦信亲自出马，率领越后水军征伐佐渡岛。从征的将士或国人领主有长尾藤景、柿崎景家、河田亲章、栖吉长尾一党、新发田、加地、石川、竹股、色部、中条等。这一次越后军还特意携带了当时新兴起的一种武器——从葡萄牙传过来的铁炮。据柳成龙的《惩毖录》记载，日本军的铁炮射程在“数百步之外”，“能及于数百步，来如风暴，其不能当必矣”，具有很大的杀伤力。

越后军在佐渡登陆后，以铁炮打出的声音震慑敌人，佐渡人从未领教过铁炮的威力，听到这一种声音后都吓得失魂落魄，赶忙简单收拾家里的资财杂具，仓促逃往深山幽谷之中避难，连襁褓中的婴儿都舍弃不顾了。这一次侵攻相当顺利，作为主要反抗势力的下尾佐渡守、本间六郎太夫资久、羽茂三河守都向谦信投降，胜利的谦信归帆越后。

这便是《北越军谈》当中记载的天文十四年、十五年两场越后水军侵攻佐渡

○ 上杉谦信画像

岛的合战，但这不是实情。在当时，越后守护代还是长尾晴景，并不是上杉谦信，谦信没有权力做出外征佐渡岛的决策。在那两年，长尾晴景政权在越后的统治也并不十分稳固，并且几乎在同一时间发生了黑田秀忠之乱，不可能有余力外征佐渡。至于说在天文十五年的佐渡征讨战中越后军就使用上了铁炮，就更加夸张了。实际上铁炮在越后的普及率相当低，更不可能在如此早的时间就被运用于实战。据史料《上越市史·别编·上杉氏文书集》的记载，越后首次出现使用铁炮的记录是在永禄三年（1560），也就是在天文十五年（1546）的十四年后。因而，《北越军谈》中记录的两场发生于天文年间的佐渡征讨战，事实上是存有不小疑问的。

《北越军谈》还记录了另外一起征讨。元龟四年（1573）三月下旬，依附越后长尾上杉家的佐渡豪族羽茂三河守高持、泽根刑部丞广纲、潟上喜八郎利忠三人联名写信给上杉谦信，说佐渡下尾氏、本间氏起了反心，骄纵不法，恳请他速来征讨。前文已经提及过，下尾、本间两氏在天文十五年已经投降了谦信，这一次造反生乱实际上是上一次的战争余波。收到报告后，上杉谦信以上杉景胜、上条义春为先锋，率领新发田因幡守治长、山吉玄蕃允丰守、色部长门守、黑川丰前守、栗林肥前守、里见平四郎入道、里见兵部少辅、甘粕备后守、丸田伊豆守、下条骏河守、登坂式部少辅、岛津左京进胜久等众多将士，在同年四月声势浩大地进攻佐渡。在上杉军大张旗鼓的挞伐之下，下尾氏、本间氏虽然负隅顽抗，但是先后在小比叡山、川原田城战败，无奈之下还是投降了谦信，佐渡岛重新被平定。

《北越军谈》中记载的佐渡岛征讨战，一共发生了三次，时间分别在天文十四年、十五年和元龟四年。而在另外三部史书《北越军记》《米泽上杉家谱》《谦信公御年谱》中，却认为只在天正五年（1577）发生过一次佐渡战争。《北越军记》记录道，佐渡岛的泽根氏、潟上氏、羽茂氏、佐原田氏附庸于越后长尾上杉家，与谦信友好，但下尾佐渡守、本间山城守据守水畑城，不服从其统治。天正五年七月，上杉谦信为彻底征服佐渡，派黑川实为、山吉丰守、本庄美作守、色部修理、新发田重家诸将进行征讨，最后成功将逆寇荡平，悉取佐渡。《米泽上杉家谱》的记载大致相同，不过出兵佐渡的长尾上杉家将领只有黑川实为、新发田尾张守长敦，没有其他人等，在时间上也是当年四月而非七月。

《谦信公御年谱》的记载稍有不同，同时也是最详细的一个版本。根据该书记载，天正五年四月，佐渡岛的一向一揆大肆蜂起作乱。长尾上杉家在佐渡岛委任的代官，也就是佐渡所司代蓼沼右京亮，立即将这个消息向越后方面报告；同时他自己也很尽责，在援军尚未出动时，便以一己之力对抗一向一揆，奋起抵抗。但佐渡一向一揆皆是豪勇之辈，这让实力不敌他们的蓼沼右京亮败死于疆场。另一方面，上杉谦信也委派越后神洞城城主甘粕景继率领众多兵士前往佐渡岛平乱。

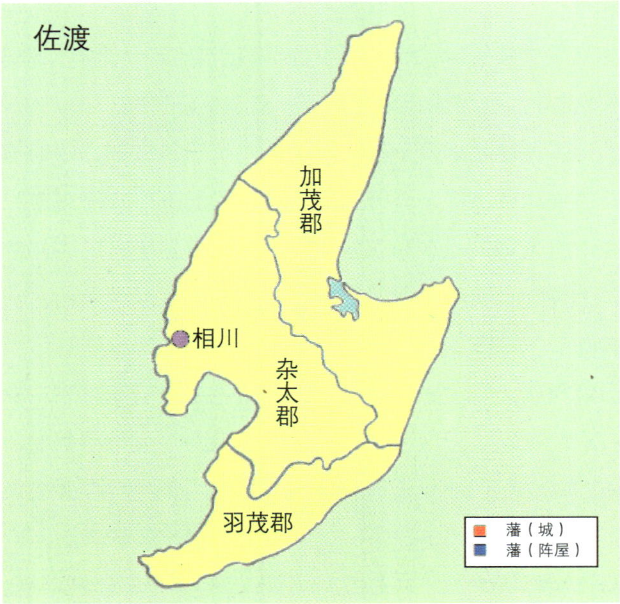

○ 佐渡地图

甘粕景继登陆佐渡岛后，立即对作乱的一揆宣布一项政策，称来降者皆予以赏赐，不降者则将尽皆杀戮，这一个口号很类似清太祖努尔哈赤提出的“顺者以德服，逆者以兵临”，可见古今中外的军事家，战术构想经常有相似之处。在这一项政策的作用下，加之甘粕景继本人出色的军事才能，这一次佐渡征讨取得了重大成功，作乱的佐渡岛一向一揆被悉数平定。受此影响，佐渡岛的诸多豪族，如羽茂城的本间太郎左卫门高信、吉田城的三川氏、杂太城的本间山城守、河原田城的本间孙太郎、太田城的本间太马守秀氏、倶慈城的本间与十郎、吉冈城的本间远江守、泽根对马守高秀、潟上弥太郎秀光等，皆降服了长尾上杉家。取得大捷的甘粕景继凯旋越后，上杉谦信也给予了他重赏。

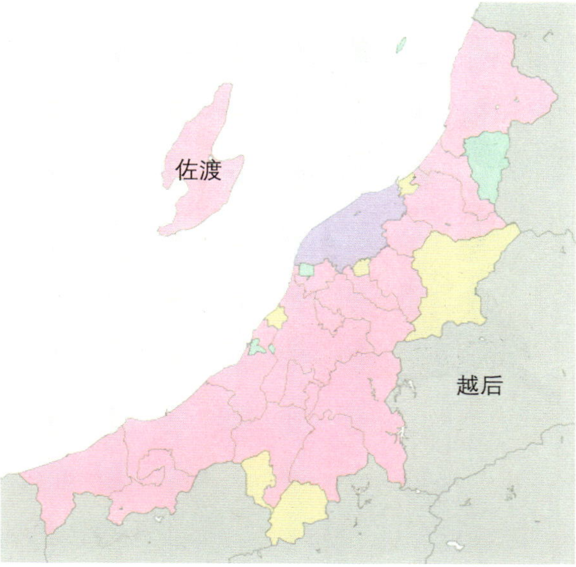

○ 佐渡岛位置示意图

虽然一共有六个征讨佐渡岛的合战记录，但是这些记录都来自不同系统的史料，并不能混为一谈，强行拼凑在一起。上杉谦信时期，是否对佐渡发动过战争，对佐渡岛的支配又到了何种程度，这些其实都是存在疑问的。《北越军记》记载羽茂三河守是长尾为景的侄婿，是谦信的“味方（日语，也就是自己这一方）”，一直相安无事。通过这一记载，似乎可以确认长尾上杉家通过羽茂三河守，在佐渡岛有着一定的统治权威，或者通过其间接支配佐渡。但在《北越军谈》中，这位羽茂三河守却曾与上杉谦信为敌，直到谦信在天文十五年亲自出马攻打佐渡后，才迫于武力投降了谦信。在《谦信公御年谱》中，更提到了这位羽茂三河守直到天正五年（1577），也就是上杉谦信死亡的前一年，才降服在长尾上杉家的势力之下，这就让《北越军记》的说法变得苍白无力了。换言之，长尾上杉家在佐渡岛一直缺乏己方势力，对当地豪族不能直接支配，在佐渡的影响力十分有限。

过去的一些旧说，认为上杉谦信时代控制了佐渡岛的金矿、银矿，例如佐和田町的鹤子银山、真野町的三川砂金山，成为长尾上杉家重要的财源。但从事实

○ 铁炮足轻

来看，谦信时代对佐渡岛根本就谈不上支配，更别说开发这些金矿、银矿。能够确认被谦信支配的，只有越后南鱼沼郡的上田银山，而那也已经是上田长尾氏当主长尾政景去世以后的事情了。从可靠的文献记录来看，直到天正十七年（1589），在上杉景胜攻杀上文提及的羽茂三河守以后，佐渡岛才纳入长尾上杉家的势力范围。至于开采岛上的金矿、银矿，则已经是德川幕府时代的事情了，而那时佐渡岛也已经成为幕府的直辖领了，长尾上杉氏也已移封至出羽。

第二章
信浓战国史
武田信玄对决上杉谦信

武田军入侵信浓

上杉谦信在天文二十年（1551）平定长尾政景之乱、成为越后国主之后，面临的挑战来自甲斐国的大名武田信玄。为了应对武田信玄的挑战，上杉谦信出兵北信浓，与武田信玄在川中岛对峙、交战五次，这便是日本历史上赫赫有名的“川中岛合战”。而武田信玄之所以会对上杉谦信构成威胁，引起后续的冲突，这还要从武田信玄成为甲斐国主、侵略信浓说起。

武田信玄在大永元年（1521）十一月三日出生于山国甲斐，是甲斐大名武田信虎的嫡子。天文元年（1532），武田信虎消灭了甲斐境内的敌对方势力，成功统一甲斐，由此成为甲斐国主。在统一甲斐以后，武田信虎便开始积极对外扩张，谋划向信浓进取。信浓国是毗邻甲斐国的一个分国，土地面积是甲斐的三倍，其下一共分十个郡，分别为佐久郡、伊那郡（分为上伊那郡、下伊那郡）、高井郡（分为上高井郡、下高井郡）、埴科郡、小县郡、水内郡、筑摩郡（分为东筑摩郡、西筑

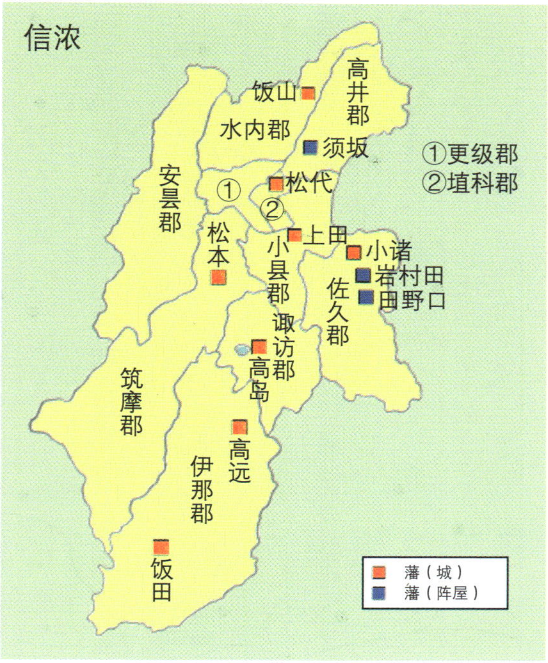

信浓区域图

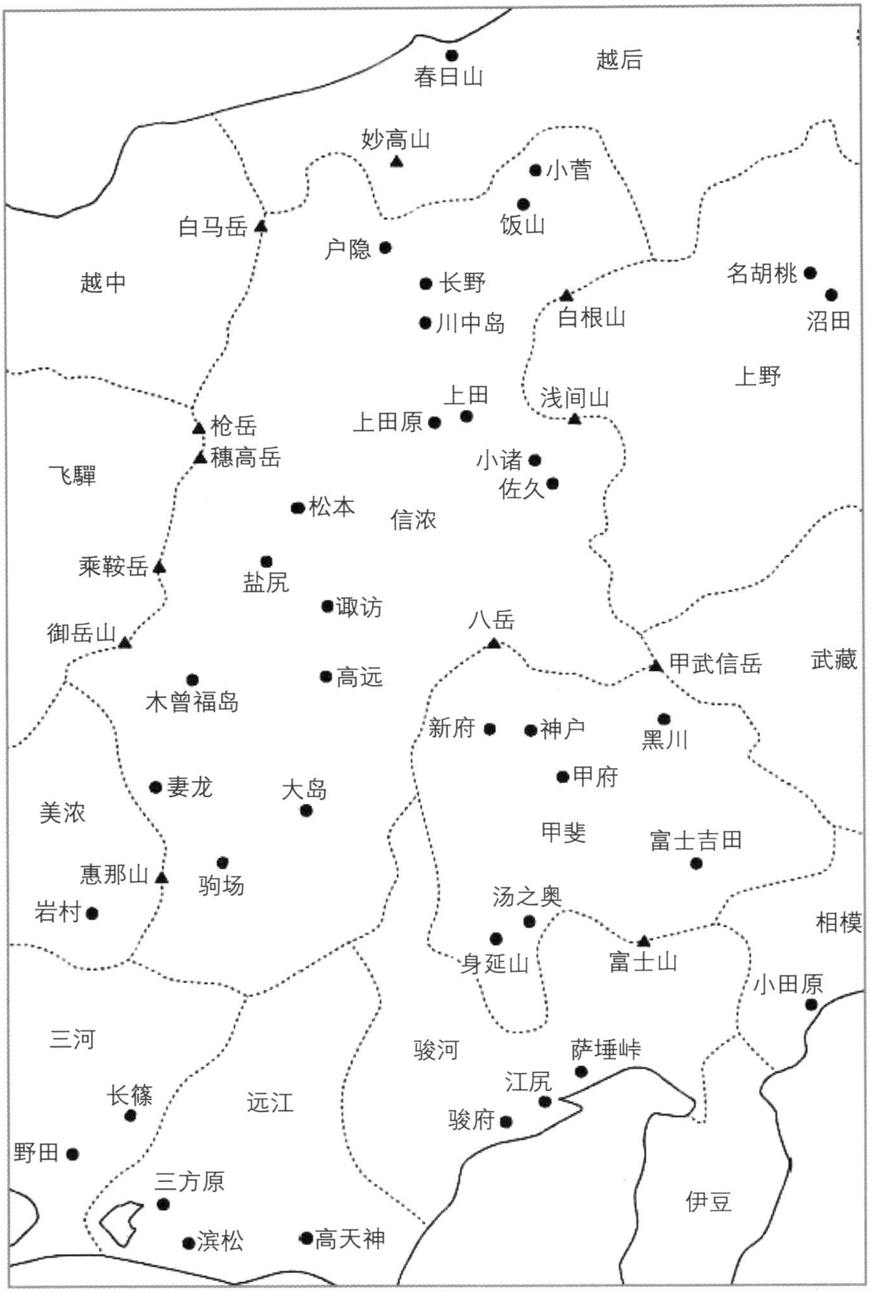
春日山
越后
妙高山
小菅
饭山
白马岳
户隐
越中
长野
川中岛
白根山
名胡桃
沼田
上野
上田
浅间山
上田原
枪岳
穗高岳
飞驒
小诸
佐久
松本
信浓
乘鞍岳
盐尻
诹访
御岳山
八岳
甲武信岳
武藏
木曾福岛
高远
新府
神户
黑川
甲府
妻龙
大岛
美浓
甲斐
富士吉田
惠那山
驹场
岩村
汤之奥
相模
身延山
富士山
小田原
三河
骏河
萨埵峠
江尻
长篠
远江
骏府
野田
三方原
伊豆
滨松
高天神

○ 信浓形势图

摩郡，西筑摩郡又被称为木曾郡）、更级郡、诹访郡、安昙郡（分为北安昙郡、南安昙郡），由众多的信浓大名、国众（地方豪族）割据。

天文九年（1540）五月，武田信虎以家臣坂垣信方为大将，大举侵入信浓佐久郡，一日之内连克三十六城，席卷了整个佐久郡（注释：武田信虎侵攻信浓佐久郡的年份，据《妙法寺记》、武田氏研究会《武田氏年表》是天文九年，而平山优《真田三代》则认为是天文十年）。七月，武田信虎将佐久郡的长洼城给予了诹访郡的国众诹访赖重，以此示好，谋求与诹访氏结成同盟关系。十一月三十日，武田信虎将女儿祢祢御料人嫁给诹访赖重，与诹访氏正式建立了攻守同盟，之后相互拜访，巩固了两家的同盟关系。诹访氏的另一个身份是信浓诹访大社上社的大祝，即祭祀诹访的地方神“诹访大明神”的神官，故又称诹访神氏。

天文十年（1541），以埴科郡葛尾城为本据的信浓大名村上义清与小县郡的国众海野栋纲交兵，连战不决，村上义清因此向武田信虎、诹访赖重发出了求援之请。五月，武田信虎、诹访赖重、村上义清组成联军，一同入侵信浓小县郡，武田信虎的嫡子武田信玄也随其父一同出阵。五月十三日，武田、诹访、村上联军攻克小县郡的尾山城，次日又攻陷海野平、祢津。海野栋纲不敌武田、诹访、村上联军，落败而逃，一直逃窜到了上野，去投靠身为关东管领的山内上杉氏当主上杉宪政。而在小县郡内，除了海野氏外，还有其他的国众，如真田氏、矢泽氏、祢津氏等，他们受到此次战乱的牵连，或丧失自身领地，被武田、诹访、村上联军兼并，或不得已归属在联军阵营之内。其中，真田氏的领地被村上氏兼并，真田氏的当主真田幸纲也和海野栋纲一样逃亡到了上野，去投靠山内上杉氏的从属国众上野箕轮城城主长野业正。矢泽氏当主矢泽赖纲、祢津氏当主祢津元直，则选择低头屈服于武田、诹访、村上联军，因而得以继续留在当地，其中矢泽氏归属了村上义清，祢津氏归属了诹访赖重。

同年六月四日，获胜凯旋的武田信虎、武田信玄父子回到了甲斐的本据甲府，但是胜利的喜悦过去未久，武田家内部就发生了权力更迭。六月十四日，武田信虎前往骏河骏府，拜访女婿骏河大名今川义元，意图强化与今川义元的同盟关系。不料，在两天后的十六日，武田信玄就派遣足轻封锁了甲斐、骏河的国境，阻止武田信虎归国，此举相当于流放了信虎。同月二十八日，武田信玄在甲斐踯躅崎馆举行了继承武田家家督的仪式，正式取代武田信虎成为甲斐国主。而武田信玄之所以会流放武田信虎，据《盐山向岳禅庵小年代记》的记载，是因为武田信虎有诸多恶行，“信虎平生恶逆无道，国中人民、牛马畜类共愁恼也”，受到甲斐领民的一致厌恶。当时东日本发生了非常严重的饥荒灾情，甲斐国内也有许多人饿死，而武田信虎又连年出兵，使甲斐领内愈加疲敝，更引起甲斐社会各阶层对他的反感。再加之种种原因，才有了这一幕。但不管怎么样，武田信虎被流放之后，甲斐领民皆奔走相告，大为喜悦。

而武田信玄在流放武田信虎以后，很快就迎来了来自关东管领山内上杉氏当主上杉宪政在军事上的挑战。同年七月，上杉宪政应流亡在上野的信浓小县郡国众海野栋纲之请，派遣关东诸将率领三千骑出兵信浓，帮助海野栋纲收复在信浓小县郡的失地。据《大日本编年史》的记载，此时“武田、村上二氏惧，不肯出”。面对山内上杉军的入侵，武田信玄和村上义清都感到畏惧，因此不敢迎击，只能任由山内上杉军践踏武田、村上二氏在信浓小县郡的领地。据武田氏研究会《武田氏年表》推测，武田军在五月占领的小县郡大半领地，在此期间很可能都已经丧失。由于武田、村上二氏皆因畏惧而未能出兵，因此只能由诹访赖重独自迎战山内上杉军。七月四日，诹访赖重出阵小县郡的长洼领，与山内上杉军在此展开对峙。但是，仅凭诹访赖重一己之力，难以与山内上杉军相持，于是诹访赖重便向山内上杉军提出了议和的要求。

山内上杉军立即同意了这一要求，与其和解，因为此时在山内上杉氏的领国上野发生了内乱。原来，在上杉宪政派遣关东三千骑侵入信浓以后，山内上杉氏统领下的上野、武藏国众就爆发了内部冲突，上野国众赤石城城主那波宗俊、厩桥城城主长野贤忠、桐生城城主桐生助纲、忍城城主成田亲泰，武藏国众深谷城城主上杉宪贤组成统一战线，与上野国众新田金山城城主横濑成繁对抗。同时，相模大名北条氏康也很可能在同一时间向北方扩张，对山内上杉氏的盟友扇谷上杉氏的领国进行侵攻。顾虑到这两点，上杉宪政及时指示出兵信浓的山内上杉军撤军归国，结束在信浓的军事行动。山内上杉军在与诹访赖重完成议和后，又在信浓佐久郡的芦田乡大肆劫掠了一番，随后就撤兵回到了上野。佐久郡芦田乡的领主芦田信守因为躲避山内上杉军的劫掠而避难出逃，他的儿子逃亡到了诹访赖

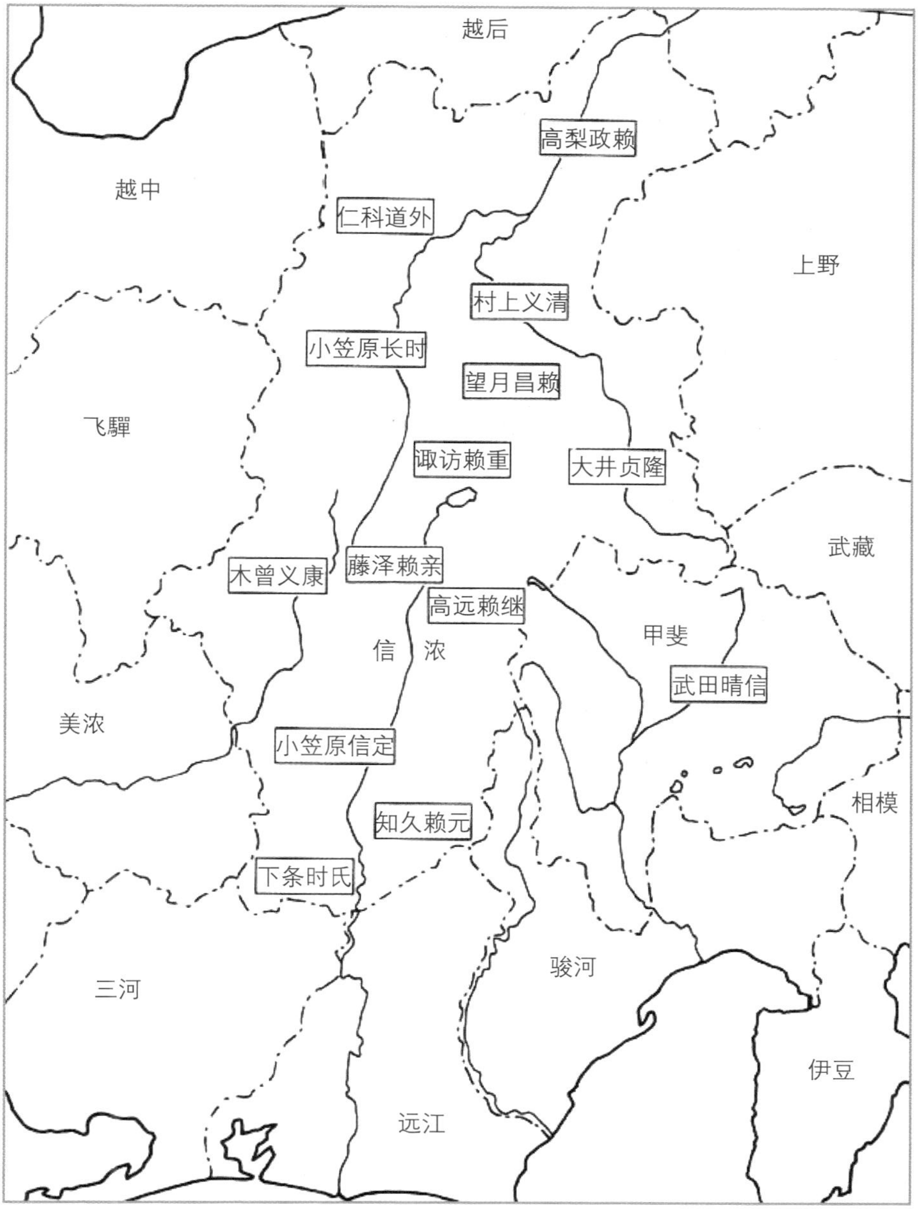
越后
越中
高梨政赖
仁科道外
上野
村上义清
小笠原长时
望月昌赖
飞驒
诹访赖重
大井贞隆
武藏
木曾义康
藤泽赖亲
高远赖继
甲斐
信 浓
武田晴信
美浓
小笠原信定
相模
知久赖元
下条时氏
三河
骏河
伊豆
远江

○ 信浓势力图

○ 武田信玄

重处，诹访赖重于是趁机兼并了佐久郡芦田乡，使芦田氏成为家臣。随着山内上杉军的撤退，海野栋纲回归信浓的愿望也破灭了，海野一族在上野逐渐没落。

虽然诹访赖重与山内上杉军议和，使其从信浓退兵，但是连年的出兵也让诹访赖重的势力进入急剧衰退期。据平山优《武田信玄》记载，“当时的诹访氏，历经天文六年及天文八年与小笠原长时的抗争，天文九年和天文十年联合武田信虎攻打佐久郡大井氏、小县郡海野氏，连年的出兵使领内疲敝，又饱受天文十年的大饥荒煎熬”；笹本正治《甲信的战国史》也记载说：“赖重连年动兵，领内疲敝，人人叛心”；史料《守矢氏记录》则记载说：“诹访氏自府内、长洼二役以来，劳于军旅，士马凋敝”。可见，因为连续多年的出兵，以及长洼之役单独迎战山内上杉军，让诹访赖重的势力遭受重创。

雪上加霜的是，此时诹访郡内的各国众皆对诹访赖重表明了敌对的态度，诹访大社上社的权祝（辅佐大祝的神官）矢岛满清、诹访大社下社的金刺氏、诹访赖重的叔父诹访满陵，以及居住在诹访湖西边地域的诹访郡西方众，纷纷与诹访赖重发生了对立。而出自诹访一族的信浓上伊那郡国众高远城城主高远赖继，更是准备除掉诹访赖重，取代其成为诹访家的惣领（一族的首长）、诹访大社上社的大祝。随着诹访赖重的势衰，武田信玄此时也萌生了进图信浓诹访郡的念头。于是，甲斐大名武田信玄、信浓诹访郡和上伊那郡的反诹访赖重派国众这几股势力一拍即合，开始携手合作打倒诹访赖重。武田信玄与高远赖继达成秘密协议，

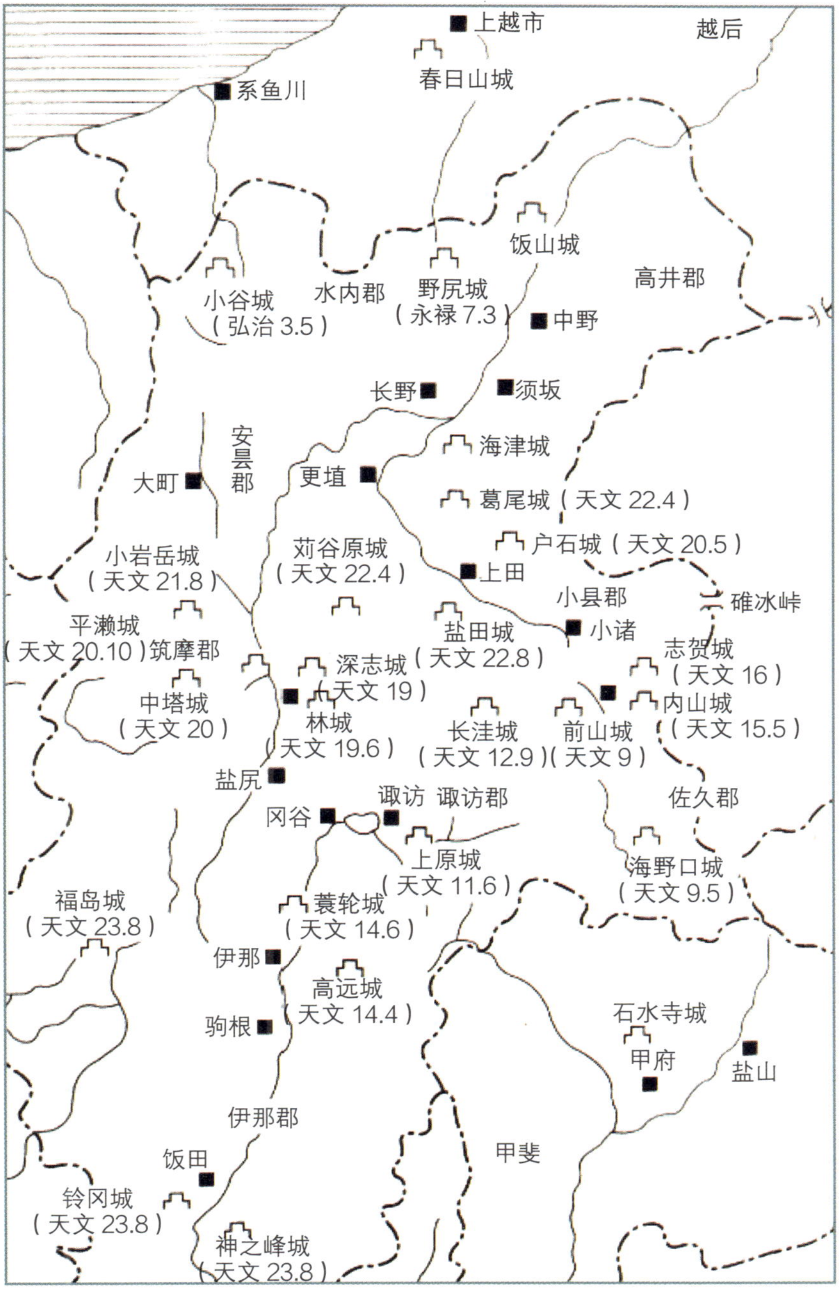
上越市
越后
春日山城
系鱼川
饭山城
高井郡
小谷城
（弘治 3.5）
水内郡
野尻城
（永禄 7.3）
中野
长野
须坂
海津城
安昙郡
大町
更埴
葛尾城（天文 22.4）
户石城（天文 20.5）
小岩岳城
（天文 21.8）
苅谷原城
（天文 22.4）
上田
小县郡
碓冰峠
平濑城
（天文 20.10）
筑摩郡
盐田城
（天文 22.8）
小诸
志贺城
（天文 16）
深志城
（天文 19）
内山城
（天文 15.5）
中塔城
（天文 20）
林城
（天文 19.6）
长洼城
（天文 12.9）
前山城
（天文 9）
盐尻
诹访
诹访郡
佐久郡
冈谷
上原城
（天文 11.6）
海野口城
（天文 9.5）
福岛城
（天文 23.8）
蓑轮城
（天文 14.6）
伊那
高远城
（天文 14.4）
石水寺城
驹根
甲府
盐山
伊那郡
甲斐
饭田
铃冈城
（天文 23.8）
神之峰城
（天文 23.8）

○ 信浓城池地图

一旦灭亡诹访赖重，就以诹访郡的宫川为界，宫川以东划归武田氏，宫川以西划归高远氏。

天文十一年（1542）六月底，武田信玄在甲斐境内集结重兵，大举侵入信浓诹访郡，布阵于御射山。武田氏与诹访氏自武田信虎时代以来的同盟关系，至此自动宣告破除。而陷入四面楚歌境地的诹访赖重能够拿出的兵力实在有限，主城上原城内仅仅只有骑马武者三百五十骑、足轻七八百人，加起来才一千多人。七月一日，诹访赖重带领这一千多人的队伍，出阵犬射原（又称犬射马场），在此和武田大军对峙。据诹访赖重派出去侦察敌情的斥候回报，武田军一共有二千骑兵、二万足轻，总兵力达到二万二千人。不过，这一数字有严重误报的可能，武田信玄在当时不可能拉出这么多人马。诹访赖重的部将们劝谏诹访赖重在当晚夜袭武田军，认为只有这样才可能有一丝胜算，但诹访赖重拒绝了这一提议。七月二日，上伊那郡国众高远城城主高远赖继响应武田信玄出兵，越过杖突峠侵入了诹访郡，在安国寺门前的大町放火，直逼诹访赖重的本城上原城，城内剩下的守军相继逃亡。布阵于犬射原的诹访赖重部将们畏惧武田、高远军前后夹击，因为这将会彻底歼灭诹访军，因此他们立即劝谏诹访赖重退保诹访郡的桑原城。诹访赖重怒斥道："事既如此，唯有枕城而死耳！"执意不听从劝告。诸将再三苦苦劝谏，并强拉诹访赖重上马，才终于说服了他，一同逃到了桑原城。

武田信玄见诹访赖重撤军，随即率军追击，在占领了上原城后，又向诹访赖重所在的桑原城进击。在武田军进抵桑原城之前，诹访赖重为了稳定城内守军的军心，便在夜晚出城巡视，但是这一举动却被城内守军误解为诹访赖重弃城逃亡了。等诹访赖重巡视回来时，发现桑原城内人去城空，所剩无几，只有他的弟弟大祝赖实和二十多人还坚持留守在城内。面对这一情况，诹访赖重没有退缩，还是与这剩下的二十多人坚守到了天明。次日清晨，先前逃走的桑原城守城将士们听说诹访赖重还在城内，才陆续回到了城里。同日，武田信玄率军进抵桑原城下，诹访赖重、大祝赖实兄弟欲提刀出城作战，但武田信玄派人与诹访赖重交涉，假意声称诹访赖重只要出城投降武田军，他就会退兵返回甲斐。身处绝境的诹访赖重天真地相信了比他年轻的武田信玄的谎言，甚至还打算借助武田信玄之手干掉高远赖继，于是和弟弟大祝赖实在七月四日出城投降了武田军。但等待兄弟二人的，却是残酷的屠刀。武田信玄随即命令押解诹访赖重、大祝赖实二人到甲斐甲府的东光寺监禁，并且在七月二十一日命令他们切腹自尽，兄弟二人的生命就此告终，诹访赖重时年仅二十六岁。

诹访氏灭亡以后，武田信玄与高远赖继按照先前的协议，分割诹访郡的领地。以宫川为界，宫川以西的诹访郡领地划归高远赖继，宫川以东的诹访郡领地划归武田信玄。但高远赖继得陇望蜀，他不满足眼前的成果，希望能进一步吞并全部诹访郡，以及成为诹访家的惣领。九月十日，高远赖继与信浓上伊那郡的国众福与城城主藤泽赖亲、上伊那郡的土豪集团春近众联合，组编成联军，一同举兵对武田信玄发难。同日，高远赖继率领联军越过宫川，侵入宫川以东的武田领诹访郡，随后攻破上原城，并控制了诹访大社上、下两社，完全占据了武田信玄支配下的诹访赖重旧领。武田信玄闻讯大怒，指派家臣板垣信方率领先遣队，在九月十一日先行进入信浓诹访郡迎战高远赖继，他自己则在此后的九月十九日亲自出马。此次出阵，武田信玄还特意拥立了诹访赖重的遗子寅王丸进入诹访郡，占据了出兵的大义名分。寅王丸是诹访赖重和武田信玄的妹妹祢祢御料人所生，当年四月出生，其时才不过五个月大。

当武田信玄、高远赖继在诹访郡相持时，诹访郡的国众也各自站队。诹访赖重的叔父诹访满陵支持武田信玄，诹访大社上社的权祝矢岛满清则支持高远赖继。九月二十五日，武田信玄与高远赖继为了争夺诹访郡的支配权，在安国寺前的宫川附近展开激烈会战。两军从下午二时开打，一直打到傍晚六时，最终还是武田军占据了优势并大破高远军，一共杀死了敌军七八百人，也有一说称杀死了千余人。战败的高远赖继丢失了其占据的全部诹访郡领地，逃窜到了他在上伊那郡的本城高远城。而支持高远赖继的矢岛满清受到牵连，亦战败逃走。高远赖继逃走后，武田信玄夺回了之前陷落的诹访郡领地，并任命诹访满陵的第三子诹访赖忠继承了诹访大社上社的大祝，让诹访大社上社的神长官守矢赖真辅佐诹访赖忠。

安顿好诹访郡的事务后，武田信玄又趁势对高远赖继所在的信浓上伊那郡展开侵攻。九月二十六日，武田信玄的家臣驹井政武先行侵入上伊那郡，先是在藤泽口一带放火，之后又出兵攻打先前帮助高远赖继的上伊那郡国众福与城城主藤泽赖亲，在同月二十八日将其降伏。至九月二十九日，武田家臣板垣信方继驹井政武之后，也率军侵入上伊那郡，并与驹井政武合兵，一同对上伊那郡的国众展开讨伐。在此期间，武田军一共杀了三千多伊那众武士，取得了极大的战果（注释：《妙法寺记》将此战时间记录为天文十一年七月，在时间上有误。而《武田氏年表》将此战放在十月以后，则是正确的）。十月七日，诹访郡西方众的矢岛氏、花冈氏停止了对武田信玄的抵抗，宣布从属武田家，武田信玄由此压制了诹访郡全郡，并将武田家在信浓的势力延伸到上伊那郡的一部分。此时，武田家在信浓的支配领域，有诹访郡全郡，佐久郡、小县郡、上伊那郡各一部分。

信浓侵攻的深入

天文十二年（1543）五月，武田信玄下令修筑诹访郡上原城，并任命家臣板垣信方为诹访郡代，在此城坐镇，正式开始了武田家对信浓诹访郡的统治。同年九月九日，武田信玄从甲斐甲府出阵，再次对信浓展开军事行动，他率军进入信浓佐久郡，前往讨伐佐久郡国众长洼城城主大井贞隆。原先，信浓佐久郡大井乡出身的大井贞隆支配长洼城，但武田信虎在天文九年发起的佐久郡侵攻中将长洼城攻克，大井贞隆落难而逃。之后武田信虎将长洼城给予了诹访赖重。在诹访赖重被武田信玄灭亡以后，长洼城本可由武田氏直接管辖，但这时候作为原城主的大井贞隆又回到了长洼城内，因此招致了武田信玄的讨伐。

九月十七日，武田信玄进抵佐久郡长洼城外，开始攻城。两天以后，武田信玄攻克长洼城，俘虏城主大井贞隆，随后命令家臣驹井政武与曾根某将其护送至甲斐甲府看管。次日，武田信玄又进兵攻打佐久郡的另一国众望月城城主望月昌赖。面对武田军的侵攻，望月一族无力抵抗，死伤大半，望月城最终也宣告陷落，作为望月氏当主的望月昌赖被武田信玄流放。而原先从属了诹访赖重的佐久郡芦田城城主芦田信守，在这时候也迫于形势从属了武田信玄。此次佐久郡侵攻，武田信玄大获全胜，陆续压制大井贞隆、望月昌赖、芦田信守，随后便在十月一日凯旋，回师甲斐甲府，结束了征程。

天文十三年（1544），原先已经投降武田军的信浓上伊那郡国众福与城城主藤泽赖亲叛变，对武田信玄举起了反旗，武田信玄为此在十月十六日出阵信浓上伊那郡，前往讨伐藤泽赖亲。十月二十九日，武田军先阵攻向福与城的前卫城荒神山城，在周边村落纵火。十一月二日，武田信玄与藤泽赖亲在“松岛前”地区展开会战，不分胜负，藤泽赖亲又得到了同在上伊那郡的高远城城主高远赖继的援助，致使武田军失利。因为降雪之期将近，武田信玄便停止了对藤泽赖亲的攻击，退回诹访郡上原城，随后撤兵回归甲斐甲府。藤泽赖亲在武田信玄退兵之后，与高远赖继联合，在十二月八日夜晚杀入武田家领下的诹访郡，在郡内纵火掳掠，报复武田信玄。这一年对武田信玄来说可谓是流年不利，不仅在军事上受挫，而且甲斐粮食歉收，出现了非常严重的饥荒灾情，许多人饿死。

天文十四年（1545）四月，武田信玄再度出阵信浓上伊那郡，决意打倒去年未能平定的藤泽赖亲、高远赖继。四月十七日，高远赖继弃高远城逃亡，武田信玄在次日入城，占领了高远城（注释：高远赖继在后来出仕武田家，再后来又趁武田信玄在天文十七年的上田原之战失败回归高远城，最终在天文二十一年正月二十七日于高远城内切腹自尽）。拿下高远城后，武田信玄在四月二十日向福与城发兵，攻打藤泽赖亲。为了救援藤泽赖亲，身为其义兄的信浓守护大名府中小笠原氏当主小笠原长时亲自出马，从本据东筑摩郡信府（林城）出阵，进入上伊那郡福与城北方的龙崎城，与藤泽赖亲联手，对武田信玄形成掎角之势。而身为小笠原长时弟弟的下伊那郡国众铃冈城城主小笠原信定，以及下伊那郡的另一个国众神之峰城城主知久赖元，也向藤泽赖亲派遣了援军，帮助其守城。在藤泽赖亲得到小笠原长时、小笠原信定、知久赖元等援军帮助的情况下，武田信玄对福与城的攻打变得相当被动。据《二木寿斋记》记载，自四月至六月，武田信玄包围福与城长达两个月，但藤泽赖亲婴城固守，武田军难以将其攻陷。同时，福与城守军主动出城与武田军交战，日夜战斗，藤泽赖亲的部将藤泽治部、大泉上总擅长射箭，射伤了许多武田军士卒，令武田军付出了较大的伤亡。

五月二十一日，武田信玄命家臣今井信甫、小山田信有率领一支别动队，攻打小笠原长时所在的龙崎城，被武田信玄任命为诹访郡代的板垣信方在随后也参与到了攻打龙崎城的队伍当中。在此前后，下伊那郡的国众因为与小笠原长时的意见发生冲突而径自离去，使得战场上只剩下小笠原长时、藤泽赖亲。二十二日，武田信玄的弟弟武田信繁会同骏河今川家、相模北条家派出的援军一共三百人，进入了信浓上伊那郡，前来支援武田信玄。武田军在得到援军后开始有力反击，六月一日板垣信方攻陷龙崎城，小笠原长时弃城逃走，藤泽赖亲失去了唯一外援，至此大势已定。六月十日，藤泽赖亲通过武田家的家臣今井信甫、小山田信有、穴山信友居中调停，向武田信玄献上誓书和人质，再次投降了武田军，之后一把火烧毁了福与城，退出此城。随着高远赖继的逃亡、藤泽赖亲的投降，武田信玄成功平定了上伊那郡，占领了此郡。而另一方面，小笠原长时自上伊那郡龙崎城败走后，逃回了其本据东筑摩郡信府。武田信玄乘胜追击，进阵于东筑摩郡的盐尻岭，对小笠原长时施加压力。之后武田军迫近信府，在桔梗原之战再次击败小笠原长时，后于六月十七日凯旋，回师甲斐甲府。

一年后的天文十五年（1546），武田信玄尽发甲斐领内之军，再度侵入信浓佐久郡，攻向佐久郡国众大井贞清的内山城。大井贞清是佐久郡国众长洼城城主大井贞隆的儿子，自大井贞隆在天文十二年被武田军俘虏以后，他以内山城为据点继续反抗武田军，因而此次遭到了武田信玄的讨伐。武田信玄在五月九日包围了内山城，经过十余日的攻城、对峙，以同意释放大井贞清之父大井贞隆作为交换条件，换取了大井贞清在五月二十日开城投降。七月，武田信玄任命家臣上原伊贺守（后改名为小山田虎满）作为内山城新城主，治理此城。

武田信玄降伏内山城的大井贞清以后，信浓佐久郡内仍然残留众多反抗武田家的势力，光是大井一族就仍有许多人，例如大井氏一门众的小诸城（小室城）城主大井高政、岩尾城城主大井弹正忠、耳井城城主大井某，以及作为大井氏家臣的依田一族（注释：平山优《真田三代》认为依田氏即芦田氏）、志贺城城主笠原清繁等。

为了平定佐久郡的反武田势力，武田信玄在天文十六年（1547）再次展开对信浓的军事行动。闰七月九日，武田军先阵大井三河守从甲斐出阵，先行进入信浓佐久郡。同月十三日，武田信玄亲自出阵，进入佐久郡樱井山布阵。武田军此次的首要进攻目标，是身为大井氏家臣的志贺城城主笠原清繁。关东管领山内上杉氏统领下的上野国众菅原城城主高田宪赖是笠原清繁的亲族，他见笠原清繁有难，便和其子高田右卫门佐一同从上野出阵，进入信浓佐久郡志贺城帮助笠原清繁一同守城。同样身为大井氏家臣的依田一族，见笠原清繁面临危机，也进入志贺城内帮助笠原清繁守城。而关东管领山内上杉氏当主上杉宪政也再次介入了信浓的抗争，他以家臣金井秀景为援军大将，使其率领上田氏、萩谷氏、深谷上杉氏、木部氏、白仓氏、安中氏、和田氏、后闲氏、大户氏、三之仓氏、大胡氏、山上氏、尻高氏等关东国众联军进入信浓佐久郡，帮助笠原清繁一同抵抗武田信玄。金井秀景率领下的关东国众联军进入信浓后，在小田井原布阵，对笠原清繁展开侧面支援。

闰七月二十四日，武田信玄开始攻打志贺城，他命人切断了通往城内的汲道，令城内守军饮水短缺。但笠原清繁、高田宪赖在这样的困境中，仍然坚守志贺城长达十余日，不肯屈服于武田军。八月六日，武田信玄命板垣信方、甘利虎泰、横田高松、多田三八诸将率领别动队，前往攻击布阵在小田井原的山内上杉军，打响了小田井原之战。战斗从早上六点开打，一直打到了下午四点，最终武田军取得决定性的胜利，杀死山内上杉军将领十四五人、杂兵三千余人，歼灭了其有生力量。战败的山内上杉军残部落荒而逃，直接逃窜回了上野。关东管领山内上杉氏在天文十五年的武藏河越之战中被关东大名北条氏康击败，受到重创，经过此次小田井原之战的败北以后，更是元气大伤，此后彻底衰落。

武田军在小田井原之战获胜后，将战死的三千山内上杉军首级悉数割取，放在志贺城下，意图对志贺城守军造成心理上的震慑。此举果然令志贺城守军的士气极大动摇，一下子就失去了斗志。八月十一日，武田信玄对志贺城发起总攻，终于将此城攻陷，城主笠原清繁父子、高田宪赖父子、依田氏一族以下三百人尽皆战死。得胜的武田信玄登上城头废墟，举行了庆祝胜利的仪式。武田信玄将笠原清繁的妻子作为战利品赐给了家臣小山田信有为妾，又大肆掳掠城内的男女老幼，将他们押解回甲斐，以二到十贯不等的价格卖掉，上演了一幕幕人间惨剧。

信浓侵攻的挫折

在灭亡佐久郡志贺城的笠原清繁以后，武田家在信浓的势力范围与信浓大名村上义清的势力范围相接，武田、村上两家虽然在武田信虎时代联合入侵过信浓小县郡，但如今壤地相接，也不可避免地发生了冲突。村上义清在信浓的支配领域，以埴科郡、更级郡为中心，兼有一部分高井郡、小县郡、水内郡、佐久郡、诹访郡、东筑摩郡的领域，是整个信浓最大的大名（注释：村上义清在信浓的支配领域范围，据布施秀治《上杉谦信传》、武田氏研究会《武田氏年表》）。

天文十七年（1548）二月一日，武田信玄冒着大雪出阵信浓，布阵于小县郡的上田原，寻求与村上义清决战。次日，村上义清从本据埴科郡葛尾城出阵，与武田信玄隔着千曲川对峙。二月十四日，武田、村上两军发生激烈交战，由于武田军不适应于在大雪天气作战，最终一败涂地，甲斐士兵战死者甚众，板垣信方、甘利虎泰、才间河内守、初鹿野传右卫门尉等武田家有力武将皆在是役中战死。就连武田信玄本人，也在激战中被村上军砍伤手，从中可见武田军在此战中非常被动。不幸中的万幸是，由于武田家臣小山田信有的领内平日降雪比较多，因而小山田信有善于应对这一恶劣的天气，在小山田信有的奋战之下，武田军终于挣脱险境，得以逃离战场。三月二十六日，武田信玄率领败兵返回了甲斐甲府，结束了这一次不体面的信浓出阵。此战就是上田原之战，是武田信玄一生当中第一次大败仗。据《妙法寺记》记载，由于甲斐士兵在上田原之战中死伤众多，使得甲斐国人愁怨，陷入抑郁的情绪中。在丧命的武田家将领中，板垣信方是武田信玄任命的信浓诹访郡郡代，他战死之后，这一位置暂时空缺，武田信玄便任命板垣信方的弟弟住室玄蕃允继承了诹访郡郡代。

一个非常值得注意的现象是，武田系军记《甲阳军鉴》，在立场上是替武田家说话的，此书为了掩饰武田信玄在上田原之战的失利，做了完全颠倒是非的描述，将上田原之战描写成了一场武田信玄击溃村上义清的大胜仗。经过《甲阳军鉴》的作者一番曲笔改写后，上田原之战被改得面目全非，其经过变成了以下这样：

武田信玄率领一万五千人出阵信浓，与村上义清所率领的七千余骑相持于上田原。武田信玄以家臣板垣信方为前军，击破了村上义清。板垣信方乘胜追击，与后方的大部队隔了一大段距离。初战得胜的板垣信方变得轻敌，开始清点已经斩获的村上军首级，不再设守备。结果村上义清侦察到了板垣信方松懈的情况，整军来袭，村上军士卒挺枪击刺，一举击杀了没有防备的板垣信方。杀死板垣信方后，村上义清继续进军，攻向武田军的大部队。但武田家臣饭富虎昌、小山田信有从旁进击，再度击破了村上义清。在已经落败的情况之下，村上义清率领村上军锐卒数百骑决一死战，驰向武田军的本阵，但武田家臣马场信春、内藤昌丰又击溃了这一支村上军。村上义清仍然不依不饶，单骑冲入武田军的本阵之中，杀到了武田信玄面前，与信玄在马上交刃。但这时村上义清突然坠马，后续赶到的村上军士卒急忙护他逃窜而去。脱离了险境的武田信玄立即反击，派家臣诸角虎定、真田幸纲断绝了村上军的归路，最终斩首村上军二千九百余级。战败的村上义清逃窜到了深山荒野之中，之后又逃亡到了越后。

在《甲阳军鉴》作者的笔下，原本武田信玄被村上义清打得丢盔弃甲、损兵折将的上田原之战，反倒变成了武田信玄大胜村上义清的辉煌的大胜仗，甚至还说村上义清因此逃到深山荒野之中，还一直逃窜到了越后。这一个替武田信玄隐讳的说法，完全是在颠倒是非，与事实大有出入。不过，从《甲阳军鉴》对上田原之战的篡改上，还是能够看出，武田系军记的作者认识到了武田信玄这一场惨败的严重性，因此不敢秉笔直书，而是虚构了大量与事实完全相反的故事。

虽然《甲阳军鉴》所述上田原之战的经过、结果都不是事实，但是在军记作品广泛流传的江户时代，《甲阳军鉴》的说法成为主流，误导了许多后来的史书，包括村上家的系图也未能幸免。《村上系图》《信阳杂志》《续本朝通鉴》《续日本史》《日本外史》等史书，都沿袭了这一错误的说法，认为武田信玄在上田原之战打败了村上义清，使得这一完全颠倒是非的说法，反倒成了江户时代的主流说法。直到实证史学兴起的明治时代，在太政官修史局编纂官方正史《大日本编年史》时，才参校当时的第一手记录，还原了武田信玄在上田原之战惨败于村上义清的事实真相，在此后才逐渐成为定说。从这一情况也可以看出，《甲阳军鉴》的作者篡改事实真相，对后世的影响是非常大的，误说在几百年后才被推翻。

话说回来，自武田信玄在上田原之战败走以后，小笠原长时、村上义清策反了先前被迫倒向武田信玄的信浓上伊那郡国众藤泽赖亲，又联合了身为小笠原长时舅舅的信浓安昙郡国众仁科道外，小笠原、村上、藤泽、仁科四氏组成联军，在四月五日侵入武田氏领下的诹访郡下宫，焚掠周围的村落。四月二十五日，小笠原、村上、藤泽、仁科联军又侵入武田家在佐久郡的支配领域，攻打武田家臣上原伊贺守所在的内山城，将此城放火烧毁大半，又攻陷武田家在佐久郡的前山城。此后联军解散，各回本据。六月十日，小笠原长时单独对武田家的诹访郡下宫展开侵攻，但是被诹访郡的武装村民击败，小笠原军的马廻众（注释：即亲卫队）十七骑、杂兵百余人战死，就连小笠原长时本人也在此战中受了两处手伤，为此遭到了诹访郡的神长官守矢赖真的嘲笑。但守矢赖真得意没多久，小笠原长时就在七月十日策反了先前已经投降武田信玄的诹访郡西方众的矢岛、花冈二氏，促使他们攻入武田氏领下的上诹访郡。守矢赖真大惧，逃亡到了诹访郡郡代住室玄蕃允所在的上原城。

次日，收到这一消息的武田信玄立即从甲斐甲府出阵，出兵信浓诹访郡，而矢岛、花冈二氏在此期间也停止了叛乱。诹访郡西方众暂时偃旗息鼓后，武田信玄直接发兵扑向小笠原长时所在的东筑摩郡，小笠原长时为抵御武田军，率领五千人的部队在东筑摩郡的盐尻岭一带布阵。七月十九日早上六时，武田信玄率军急袭，一举打败了布阵于盐尻岭的小笠原长时军，杀死敌军一千余人。被武田信玄打得大败的小笠原长时落荒而逃，一直逃窜到了本据信府。击败小笠原长时以后，武田信玄杀向诹访郡西方众的支配领域，在他们的领地纵火，以报复他们之前的行为。随后，武田信玄在七月二十五日回到诹访郡上原城，后又撤军回到了甲斐甲府。

进入八月，武田信玄继续经略信浓佐久郡，试图完成征服佐久郡的战略目标。八月十八日，武田家臣小山田信有进兵攻打南佐久郡国众田口良能的田口城。但先前在上田原之战击败武田信玄的村上义清介入佐久郡的抗争，他纠合持反武田立场的佐久郡诸国众，一同奔赴救援田口城，截断了小山田信有的退路。武田信玄闻讯，立即于九月出阵信浓，前往迎击村上义清、佐久郡国众联军。在武田信玄进军途中的九月八日，先前被村上义清、小笠原长时策反的上伊那郡国众藤泽赖亲，通过武田家臣穴山信友再度从属了武田家。九月十一日，武田信玄冒着大雨进兵，收复了之前被村上、小笠原、藤泽、仁科联军攻陷的佐久郡前山城，杀死城内的敌军数百人。受此影响，佐久郡周边的十三座敌城相继自动陷落，被武田军一一拿下。九月十二日，武田信玄进兵田口城，迎战村上义清、佐久郡国众联军，将敌军打得大败，村上义清落荒而逃，佐久郡国众联军则战死五千人之众。战后，武田信玄大肆掳掠佐久郡的男女人口，于九月二十八日归阵诹访郡上原城，后又返回甲斐甲府。

过了将近一年后的天文十八年（1549）八月，武田信玄再度出阵信浓佐久郡，攻打佐久郡的反武田的国众，先后在御立井、平原城放火。笹本正治《甲信的战国史》一书认为武田信玄通过此次军事行动，已将佐久郡纳入武田家势力范围之内。但是这一说法有误，武田信玄对佐久郡的征服仍旧不完整，在佐久郡内仍然有大量反武田的国众。

天文十九年（1550）四月二十二日，武田信玄通过家臣驹井高政策反了作为小笠原长时舅舅的信浓安昙郡国众仁科道外，使其站在了自己一方。剪除小笠原长时的一臂后，武田信玄在同年七月对小笠原长时所在的信浓东筑摩郡发起全面侵攻，意图灭亡小笠原氏。在武田信玄的攻打之下，东筑摩郡的大城、深志城、冈田城、桐源城、山家城五城的守城将领皆在夜间仓皇出奔，致使五城自动陷落于武田家之手。岛立、浅间二城的守将则主动开城投降了武田军。其余山家氏、三村入道等小笠原家臣也相继被策反，仁科道外也在这时直接出仕武田家了。见大势已去的小笠原长时只能舍弃其本据信府逃走，逃到了家臣二木重高的南安昙郡中塔城寻求避难。随后，武田信玄接收了小笠原氏的本据信府，为根绝后患而将其捣毁，又加固了深志城，将此城作为武田家在信浓中央部的一大据点。

一个非常有趣的现象是，为了掩饰小笠原长时的失利，小笠原方立场的史料《二木寿斋记》编造了小笠原长时在天文十九年三月打败武田信玄的野野宫之战，称小笠原军斩得武田军首级三百；又编造了小笠原长时在同年四月打败武田信玄的中塔城之战，称小笠原军击败来袭的武田军，斩得首级二百。但在天文十九年三、四月，武田信玄并没有出兵信浓的记录，因此这只是小笠原一方为洗脱自己失败事实的一面之词。在为传主讳败的方式上，《二木寿斋记》为小笠原长时掩盖失败，与《甲阳军鉴》为武田信玄讳饰如出一辙。

将小笠原长时从信府赶跑以后，东筑摩郡内仍然残留有小笠原、村上两氏的势力，武田信玄为此在同年八月再度进军东筑摩郡。在此期间，和田城的守兵面对武田军的攻打不战自溃，使得此城自动陷落于武田军之手。此时村上义清正和北信浓国众水内郡饭山城城主高梨政赖交战，后方空虚，因此武田信玄趁机出兵，从东筑摩郡攻向小县郡，又一次对村上义清发起了挑战。八月二十八日，武田信玄向着村上方的小县郡户石城进兵，布阵于附近一个叫作“屋降”的地方，对户石城进行侦察，又向城内发射箭文以示宣战。在武田信玄包围户石城期间，村上方的清野清寿轩（埴科郡海津领国众）、须田刑部少辅（高井郡须田城城主）、寺尾氏（埴科郡寺尾城城主）等信浓国众相继向武田信玄投诚，倒向了武田军。通过这些信浓国众的倒戈，武田家在信浓的支配领域又扩大到了埴科郡、高井郡的一部分地域。

九月九日，武田信玄对户石城发起总攻，但是户石城是一座极其难以攻克的坚城，武田军的攻势并不太顺利，一直持续到同月二十二日，仍未能攻陷此城。同日，村上义清为了解除武田军对户石城的围困，与高梨政赖和解，同时施展围魏救赵的策略，与高梨政赖一同进兵攻打武田方的埴科郡寺尾城。而武田信玄为解寺尾城之围，也派遣家臣真田幸纲、今井信甫作为援军大将前往救援。真田幸纲原先是信浓小县郡的国众，他在武田、诹访、村上联军于天文十年的信浓小县郡侵攻中，被侵夺了领地，从而逃亡上野避难，投靠上野箕轮城城主长野业正。如今他回到了信浓，成为武田信玄的家臣，在武田家旗下效力。

九月二十八日，村上义清解除了对埴科郡寺尾城的攻击，同时武田信玄也意识到对小县郡户石城的长期攻坚战将陷入不利，于是决定撤兵。十月一日，在历时一个月之后，武田信玄放弃了对户石城的围困，开始撤退。但武田军刚一撤退，村上义清就立即率军对武田军展开疯狂追击，将武田信玄打得丢盔弃甲、仓皇逃窜，一共杀死武田军千余人之众，横田高松、小泽式部、渡边出云守等武田家臣皆死于是战。武田军殿后部队与村上军激战了一整天，才使武田信玄成功逃出生天，于当日夜晚逃到了佐久郡的望月古城避难。这一场武田信玄的败仗被称为“户石崩”，是继上田原之战以后，武田信玄第二次惨败给村上义清。十月七日，武田信玄集合败兵，逃回甲斐甲府，结束了这次不体面的出阵。

而作为美化传主的武田系军记《甲阳军鉴》，自然不会在明面上承认武田信玄的“户石崩”，依旧是沿袭惯例，在记录中对此战颠倒是非，改写成了武田信玄战胜村上义清的一场胜仗。不过，由于武田信玄在“户石崩”输得实在太惨，《甲阳军鉴》的作者这次也不敢吹嘘得太过分，后退了一步，改写成武田信玄先败而后胜，最终武田军战死七百二十多人，而村上军只战死了一百九十三人。这一写法，实际上也是表露出《甲阳军鉴》作者非常隐晦地承认了武田信玄在户石城的失利。但是由于《甲阳军鉴》在江户时代非常盛行，武田信玄在户石城之战击败村上义清的说法，还是在当时成为主流说法，误导了后来成书的其他史料，如《村上系图》《信阳杂志》《续本朝通鉴》《续日本史》《日本外史》等。直到江户时代末期，德山藩的饭田忠彦在撰写《大日本野史》时，才发现了《甲阳军鉴》的这一问题，并依据《妙法寺记》的正确记载对其进行更正。在《大日本野史》之后，《甲阳军鉴》当中的错误说法才得以纠正过来，武田信玄的户石城惨败成为定说。《大日本野史》是仿照中国纪传体史书体裁所创作的一部汉文史书，是饭田忠彦个人执笔，虽然史料应用难免受到很大制约，但此书已经显露出一定的实证史学主义萌芽，在“户石崩”问题上即为一例。

村上义清的败走

村上义清在户石城之战击破武田信玄以后，便乘胜攻打武田家在佐久郡的领地，于十月十一日在岩村田一带放火，后又在十一月八日纵火焚烧武田家的野泽城、

○ 武田信玄

樱井山城。为了抵抗村上义清的进攻，武田信玄在同月十四日进兵至甲斐西北的若神子城，又令家臣驹井政武进兵至信浓佐久郡的海野口城，以抵御村上义清继续南下侵攻。但之后两军并未实际发生冲突，武田信玄便在十月十九日撤兵，返回了甲斐甲府。

历经上田原之战、“户石崩”两次惨败，天文二十年（1551）后，武田信玄在信浓对村上义清展开了有力的反击。同年五月二十六日，武田家的家臣真田幸纲夺下了村上义清的小县郡户石城，替武田信玄一雪前耻。拿下了一年前未能得手的这一座坚城，使武田军渐渐在信浓战场占据了主导地位。而真田幸纲之所以能拿下户石城，是因为作为他弟弟的信浓小县郡国众矢泽氏当主矢泽赖纲驻守在城内，矢泽赖纲作为内应，与真田幸纲里应外合，顺利拿下了武田信玄难以攻克的户石城。六月一日，武田信玄决意亲自出兵，他首先进入甲斐西北的若神子城，随后进入信浓，在七月二日进兵攻击佐久郡的国众岩尾城城主大井行真，在同月二十日将其降伏，使大井行真出仕了武田家。见村上义清没有任何反击的动作，武田信玄便在七月二十五日返回了甲斐甲府。八月一日，武田信玄为讨伐佐久郡的村上方势力以及加强在佐久郡的守备，又在同年二度出阵信浓，进入佐久郡的樱井山城。在此期间，佐久郡的国众耳取城城主小林远江守被武田信玄说服，投向了武田家。之后，武田信玄在九月二十三日撤兵，返回了甲斐甲府。

小笠原方立场的史料《二木寿斋记》记载，在九月下旬期间，武田信玄第二次进兵攻打小笠原长时所在的安昙郡中塔城，但是被小笠原长时击败，失利而退。所谓的下旬，指的就是当月二十一日到月底这一段时间。但这一次战斗应该并不是事实，因为根据第一手史料《高白斋记》的记载，武田信玄在九月二十二日从佐久郡内山城出发，并于次日返回了甲斐甲府。如果存在九月下旬进兵安昙郡中塔城的可能性，那就只能是在九月二十一日，但是武田信玄不可能在次日便从安昙郡中塔城移阵至佐久郡内山城，这在时间上太过仓促了，不可能会有如此快的节奏。因此，《二木寿斋记》中记载的第二次中塔城之战，也应当不是事实，而是小笠原方为自己脸上贴金，因而又虚构了一场小笠原长时击败武田信玄的战斗。

此时的信浓东筑摩郡，仍然由武田、村上、小笠原三家各自支配一部分领域。在武田信玄撤兵回甲斐以后，村上义清开始进兵侵攻武田家在信浓东筑摩郡的支配领域，在十月十四日攻打武田方的丹生子城。武田信玄得到消息后，在第二天就集结兵力从甲斐出阵，向信浓东筑摩郡进击，以迎击村上义清，而村上义清也在此期间退却。

之后的十月二十四日，武田信玄发兵攻向小笠原长时统领的信浓南安昙郡，在同日攻克了平濑城，杀死敌军二百余人，平濑城的城主平濑甚平战败身亡，平濑氏一族就此宣告灭亡。十月二十七日，武田信玄又进兵攻打安昙郡国众小岩岳城城主古厩盛兼，但是未能将小岩岳城攻克，于是在城下纵火后便解除了攻击，后在十一月二十一日返回甲斐甲府。过了大半年后的天文二十一年（1552）七月二十七日，武田信玄为了攻克安昙郡小岩岳城而再次从甲斐出阵，向信浓进兵。八月一日，武田信玄对小岩岳城发起总攻击，至同月十二日攻陷此城，杀死了城内守军五百余人，俘虏男女老幼无数，作为城主的古厩盛兼在城陷后切腹自尽。此次出阵既已作战成功，武田信玄便在同月二十五日返回了甲斐甲府。笹本正治的《甲信的战国史》一书认为武田信玄通过此次出阵平定了安昙郡、筑摩郡，成功支配了两郡。但这一说法有误，武田信玄对安昙郡、筑摩郡的支配并不完整，往后仍有许多军事行动。

天文二十二年（1553）三月，武田信玄为了彻底平定东筑摩郡，再次出阵信浓。三月二十九日，武田信玄率军包围了东筑摩郡国众太田长门守的苅谷原城，在四月二日将此城攻陷，并将太田长门守俘虏。同日，东筑摩郡国众海野氏主动投降

○ 村上义清

了武田军，其居城塔原城被武田军接收。四月三日，武田信玄向东筑摩郡国众会田岩下氏的会田虚空藏山城进发，先是在此城附近纵火，后来顺利攻克了此城。紧接着，武田信玄又打下了东筑摩郡国众麻续服部氏的麻续城、青柳氏的青柳城。经过此次进兵，武田信玄陆续降伏东筑摩郡各路国众，终于将东筑摩郡平定，消灭了郡内的村上、小笠原方势力。

四月六日，武田军先阵从东筑摩郡深志城北上，直接杀向村上义清的本据埴科郡葛尾城，杀到了村上义清的巢穴之下。此时村上义清所处的境地，已经与过去在上田原之战、“户石崩”占据上风时大为不同，陷入了四面楚歌的境地。他见抵挡不住武田信玄的攻势，便在四月九日弃本据葛尾城而逃亡，一直跑到了越后，去投靠身为越后国主的上杉谦信。在村上义清落跑后，村上方的埴科郡国众屋代城城主屋代政国、更级郡国众筱井城城主盐崎氏顺应时势，直接出仕了武田家，此后又有众多村上方的信浓国众、家臣陆续投降。至四月十五日，村上氏家臣石川氏出仕武田家；十六日，村上方的更级郡国众牧之岛城城主香坂氏出仕武田家；十八日，村上方的小县郡国众室贺信俊出仕武田家。在村上义清逃亡后，村上氏支配的埴科郡、更级郡大片领域，都转变成了武田领，为武田氏所支配。

但是武田信玄的好运不长，村上义清得到上杉谦信的帮助，纠合越后众、北信浓的高梨氏、井上氏、须田氏、栗田氏、岛津氏等国众，率领五千人的联军杀了回来。上杉谦信之所以会帮助村上义清，是因为担心武田信玄将信浓全部吞并后，会直接威胁到与信浓相邻的越后国境，渗入上杉家的领地，因此非常爽快地派出援兵帮助村上义清杀回信浓。与此同时，先前出仕武田家的村上家旧臣石川氏也背叛了武田氏，一同响应村上义清的行动。四月二十二日，村上义清、越后众、北信浓国众联合军在更级郡八幡与武田军展开会战，击破武田军。次日，村上义清夺回了陷落在武田军手中的户石城，致使武田军户石城守将曾源八郎战死。武田信玄判断无法再挽回劣势，于是在四月二十四日整军撤向东筑摩郡的苅谷原城。随后，武田信玄又主动捣毁了东筑摩郡的塔原城、安昙郡的平濑城这两个据点，并在五月十一日收兵返回甲斐甲府。村上义清在武田信玄退兵以后，打下武田家支配的小县郡大片领域，进驻盐田城。

七月二十五日，武田信玄为打倒村上义清而再次从甲斐出阵，攻向信浓小县郡。八月一日，武田信玄攻陷村上方的和田城，自城主以下所有人被尽数杀死。同月四日攻陷村上方的高岛屋城，又将守军将领以下悉数杀死。与此同时，村上方的内村城不战自溃，守城将领主动开城投降了武田军。八月五日，武田信玄攻向村上义清所在的盐田城，村上义清不做任何抵抗，直接弃城逃亡，再一次逃亡到了越后，此城遂自动陷落于武田军之手。盐田城陷落之后，武田军席卷整个小县郡，一日之内连续打下十六座敌城，同时烧杀抢掠，俘虏了大批男女老幼。

在村上义清逃走后，信浓水内郡国众小川城城主大日向氏一族主动归属了武田信玄，使武田家在信浓的支配领域延伸到了北信浓的水内郡一部分地域。而在南安昙郡中塔城苦苦守城的小笠原长时，也判断再难以维持住局面，于是亦弃城逃走，逃亡到了下伊那郡，去投靠他弟弟——下伊那郡国众铃冈城城主小笠原信定。到这一阶段为止，武田信玄才终于打倒了村上义清、小笠原长时，并平定了信浓小县郡、南安昙郡。此时，武田家在信浓的支配领域有诹访郡全郡、小县郡全郡、埴科郡大部分、更级郡大部分、佐久郡大部分、伊那郡一半（上伊那郡）、筑摩郡一半（东筑摩郡）、安昙郡一半（南安昙郡）、水内郡一部分、高井郡一部分，信浓十郡全部渗透，在信浓构建起了独一无二的至高霸权，但同时武田信玄也将面临来自更大的对手——越后大名上杉谦信的挑战。

甲越鏖战川中岛

武田信玄在信浓小县郡盐田城击溃村上义清后，武田军的兵锋一直推进到北信浓川中岛的南部。川中岛位于信浓更级郡东北部，北面是犀川，南面是千曲川，川中岛正好处于两川之间，因而有这一称谓。由于武田信玄的信浓侵攻已经威胁到越后的国境，为遏制武田的扩张野心，身为越后国主的上杉谦信不能坐视不管，便决定自己亲自出马，进兵信浓，与武田信玄一战。

天文二十二年（1553）八月，上杉谦信率领越后军进入信浓更级郡，在川中岛的腹地“布施”与武田军交战。九月一日，上杉谦信在川中岛的八幡原击破武田军，并促使武田方的更级郡荒砥城不战自溃，陷落在上杉军手里。在八幡之战获胜的上杉谦信乘胜杀入东筑摩郡，在青柳城附近纵火烧毁村落，又占领了武田家的麻续城、会田虚空藏山城。身在小县郡盐田城的武田信玄为了报复，也派兵在上杉谦信占据的东筑摩郡麻续城、更级郡荒砥城下纵火。同时，武田家臣山宫氏、饭富左京率领援军进入了东筑摩郡苅谷原城，以抵御上杉军进一步侵犯。

为了稳定士气和预测战场吉凶，武田信玄进行了占卜，得出的结果是武田军大吉、上杉军大凶。武田信玄大喜，借此鼓舞武田军，重新振奋了士气。九月十五日夜，武田信玄派兵夜袭上杉军占据下的东筑摩郡麻续城、更级郡荒砥城，武田家臣室贺信俊击杀了不少敌兵，麻续城内的武士洼村源左卫门里通武田军，亦击倒了许多上杉军武士，并且夺取了上杉谦信试图发出的密信。上杉军在此次夜袭中损伤惨重，不敌武田军而在半夜撤出了麻续城、荒砥城两城。九月十七日，上杉谦信意图直接向武田信玄所在的小县郡盐田城进兵，但是由于武田军的严密防守而无法前进，只好撤退到埴科郡，在南条一带放火烧毁村落。为了反击，武田信玄欲亲自出阵迎击上杉谦信，但两军尚未交兵，上杉谦信便于三天后的九月二十日撤兵退回了越后，结束交战。在上杉谦信撤兵后，武田信玄也在十月十七日从小县郡盐田城撤退，返回了甲斐甲府。后世将甲越两军在信浓的第一次冲突，称为第一次川中岛之战。

为了应对武田军入侵越后国境的威胁，上杉谦信急欲打倒武田信玄，但是越后国内权力架构松散，有众多地方国众割据，号令不相统一。上杉谦信要发动越后国众对外进行战争，其权威并不是来自自身，而是需要最高权威机构的权力授予。于是，为了取得出兵讨伐武田信玄的绝对权威，在第一次川中岛之战结束后的秋天，上杉谦信率领两千人马上洛，动身前往京都谒见后奈良天皇和室町幕府将军足利义辉。但此时足利义辉并不在京都，他受到室町幕府的权臣三好长庆攻击，逃亡到了近江朽木，因此谦信并没有见到他，只见到了后奈良天皇。天皇给予谦信厚待，下赐给他“天杯”与“御剑”，除此以外还下发纶旨，赋予了他讨伐越后国内与邻国的异心之徒的权力。谦信取得了这一纶旨后，理所当然地获得了出兵信浓的大义名分。

武田信玄在第一次川中岛之战以后，继续经略信浓，致力于完成统一信浓的大业。天文二十三年（1554）七月，武田信玄在时隔一年之后再度出阵信浓，目标是平定之前从未涉足过的信浓下伊那郡和西筑摩郡（又称为木曾郡），以及彻底制伏佐久郡。武田信玄的嫡子武田义信这时候已经成长起来了，也跟随其父出阵信浓，这是武田义信的初阵。此次武田父子二人分头行动，同时展开两线作战，武田信玄自己发兵攻向下伊那郡、西筑摩郡，武田义信则向佐久郡进军。八月六日，骁勇善战的武田义信在一夜之间攻克了佐久郡九城，佐久郡国众小诸城（小室城）城主大井高政望风逃窜，但遭武田义信追击，被杀死三百余人。经过武田义信此次行动，佐久郡彻底被武田军平定。据布施秀治的《上杉谦信传》记载，听闻武田义信一夜之战攻屠佐久郡九城，上杉谦信极为震骇，立即出兵进入信浓以防止武田军进一步扩张，而武田信玄听说上杉谦信出兵后也不与之对峙，直接引兵退去。但是这一个说法并不是事实，上杉谦信事实上并没有出兵信浓，武田信玄更没有因此退走。

在武田义信平定佐久郡之前的七月二十五日，武田信玄策反了下伊那郡国众松尾城城主小笠原信贵，并以他作为向导，一路向着下伊那郡进军，前往攻打下伊那郡国众铃冈城城主小笠原信定。至八月七日，武田信玄将铃冈城攻破，战败的小笠原信定弃城逃亡，与在此城避难的兄长小笠原长时一同逃到了京都避难，前往投靠京都的实权派三好长庆。之后，武田信玄又进兵焚烧了下伊那郡知久乡的文永寺，陆续平定了下伊那郡的其他国众，即神之峰城城主知久赖元（注释：知久赖元后于天文二十四年五月被武田信玄逼迫，在河口湖的鹈岛切腹自尽）、吉冈城城主下条信氏、市田氏等势力，下伊那郡由此遂为武田氏所支配。而西筑摩郡的国众福岛城城主木曾义康也在此期间投降了武田军，筑摩郡由此亦全部告平。

《武田氏年表》一书认为到天文二十三年（1554）的十二月为止，除了北安昙郡外，武田信玄已控制全部北信浓。但这一说法有误，此时武田信玄仍未完全控制埴科郡、水内郡、高井郡等。笹本正治《甲信的战国史》一书则认为木曾义康在天文二十四年（1555）才投降武田信玄，并记载了武田信玄平定木曾义康的详细经过。但此一说法亦误，因为武田系军记《甲阳军鉴》将武田信玄平定东筑摩郡的时间记为天文二十四年八月，故笹本正治受此误导。

到天文二十三年的十二月，武田信玄为了对付上杉谦信，开始施展分裂越后内部的策略，他策反了越后刈羽郡的国众北条城城主北条高广，唆使北条高广在越后境内举兵反抗上杉谦信。武田信玄的意图是将北条高广作为他的提线木偶，替他在越后内部生乱。但到了次年即天文二十四年，上杉谦信亲自出兵北条城，很快便在二月份平定了北条高广的叛乱，让武田信玄的阴谋一下子就被粉碎。在策动北条高广在越后作乱失败后，武田信玄继续经略信浓，在三月侵攻信浓北安昙郡，武田家臣大日方美作入道在此期间奋勇作战，占领了千见城，武田信玄为褒奖其战功而赐予了他一把太刀。

四月，武田信玄又开始经略北信浓的水内郡，使郡内的善光寺别当（僧官）栗田永寿倒向了他。善光寺位于川中岛北面，邻接越后国境，与越后相距甚近，因此上杉谦信极为震骇，立刻于当月二十三日出兵信浓，夺下了善光寺并在此布阵，栗田永寿则逃到西南面的旭山城坚守。武田信玄为了救援栗田永寿而再度出阵信浓，布阵于更级郡川中岛地域的大堀馆，隔着犀川与上杉谦信军对峙，又向栗田永寿苦守的旭山城输送了三千名援军，以及三百挺铁炮、八百张弓。铁炮，又称为火绳枪，是天文十二年（1543）传入日本的新式武器，经过日本本土的仿制，开始被运用于战场上，极大地提高了日本战国时代军队的战斗力。

但有关武田信玄在旭山城配置的三百挺铁炮是否属于日本国产的火绳枪，也有不同的说法。葛谷鲶彦在《中世江马氏的研究》一书中认为这些铁炮并不是火绳枪，而是从中国明朝传来的“中国铳”。至于何谓“中国铳”，杉山博在中公文库《日本历史：战国大名》一书中将其解释为是明朝传来的铜制手铳。两书都认为这三百挺铁炮并不是日本国产的火绳枪，而是从明朝传入日本的铳。但在萱沼英雄、井上锐夫的历史著作中，却未怀疑武田信玄配置的三百挺铁炮是否为日本国产的火绳枪，反而极力称赞武田信玄的先见之明，在天文二十四年就已经将铁炮用于战争，在时间上非常超前。笔者认为在没有铁证的情况下，旭山城的三百挺铁炮就是指火绳枪，而不是明朝传来的铜制手铳。因为铁炮自天文十二年传入日本，也已有十多年的时间了，武田信玄完全有可能装备。

上杉谦信、武田信玄此次隔着犀川对峙，长达二百余天，始终没有发生什么激烈的冲突。在二百多天的时间里，上杉谦信长时间苦攻旭山城，却因为城坚险固，加上城内有三百挺铁炮、八百张弓等原因，始终无法将其攻克。在此期间的七月十九日，上杉谦信亦曾渡过犀川攻打武田军，却也没有任何实际的收获。此战过后，武田信玄赐给诸将感状，而上杉谦信没有留下任何感状记录，由此可见武田军在此战中占据了上风。在长期的对峙之下，武田、上杉两军皆苦于补给困难，士气低落。闰十月十五日，武田信玄的盟友骏河大名今川义元居中斡旋，派遣家臣冈部久纲居中调解武田信玄与上杉谦信的矛盾，两军于是签订和约，承诺退兵。和约主要有两个条

上杉谦信绘画像

件，第一个条件是武田军拆毁旭山城，第二个条件是让出逃越后的北信浓国众如井上氏、须田氏、岛津氏等返回原来的领地。但是村上义清未能回归旧领，因为他的旧领现在已完全成为武田氏的支配领域。武田、上杉两军签订和约后，便结束了对峙，各自撤军。此次长达二百余日的对峙，便是第二次川中岛合战。笹本正治《甲信的战国史》一书认为，从最后结果来看，武田信玄在此战过后，留有十六封赏赐家臣土地的知行状，而上杉谦信则一封都没有留下,.表明未有对信浓领域的支配权，因此此战可视作武田信玄一方的胜利。

虽然经过今川义元调解，但武田信玄并不诚心遵守与上杉谦信的和约，在第二次川中岛之战结束后，便继续经略信浓。弘治二年（1556）三月，武田信玄策反了信浓水内郡国众葛山城城主落合二郎左卫门尉的两名族人，即落合远江守、落合三郎左卫门尉。他们二人向武田信玄献上誓书，承诺将舍弃落合二郎左卫门尉，转而效忠武田信玄。因为葛山城邻近善光寺，位于其后山，而且落合一族对善光寺有极大影响力，因此被武田信玄视作重要的拉拢目标。

与武田信玄对信浓的炽热野心形成对比的是上杉谦信在这一年的夏天突然陷入消沉，有了遁世的念头。上杉谦信在此年向林泉寺的天室光育和尚写了一封长信吐露自己的心迹后，径自离开了越后，使越后一时间陷入了没有国主的境况。越后上田长尾氏当主长尾政景等人追上谦信，向他苦苦谏言，还献上了效忠他的誓书，才打消了他隐遁的念头，并且使他回到了越后。在上杉谦信外出隐遁的这一段时间，武田信玄又继续施展分化越后内部的策略，策反了上杉谦信的重臣越后箕冠城城主大熊朝秀，唆使他在越后举兵作乱。但未等大熊朝秀举兵，他内通武田信玄的事情就已经败露，因此他只好仓皇逃亡到了越中，意图以后从越中侵入越后，上杉谦信也命令家臣庄田定贤在越后西滨口严加防守。

同年七月，武田信玄继续经略信浓，下令家臣小山田虎满、真田幸纲攻打埴科郡国众尼饰城城主东条信广。由于尼饰城城坚难克，小山田虎满、真田幸纲打了很久才攻陷此城，城主东条信广逃往越后，投靠上杉谦信。八月，大熊朝秀按照之前的计划，从越中出兵侵入越后。同一时期，武田信玄与陆奥会津大名芦名盛氏的部将山内舜通、会津赤谷的小田切安艺守取得联络，唆使他们援助大熊朝秀，一同侵入越后。山内舜通、小田切安艺守被武田信玄说服，遂与大熊朝秀同

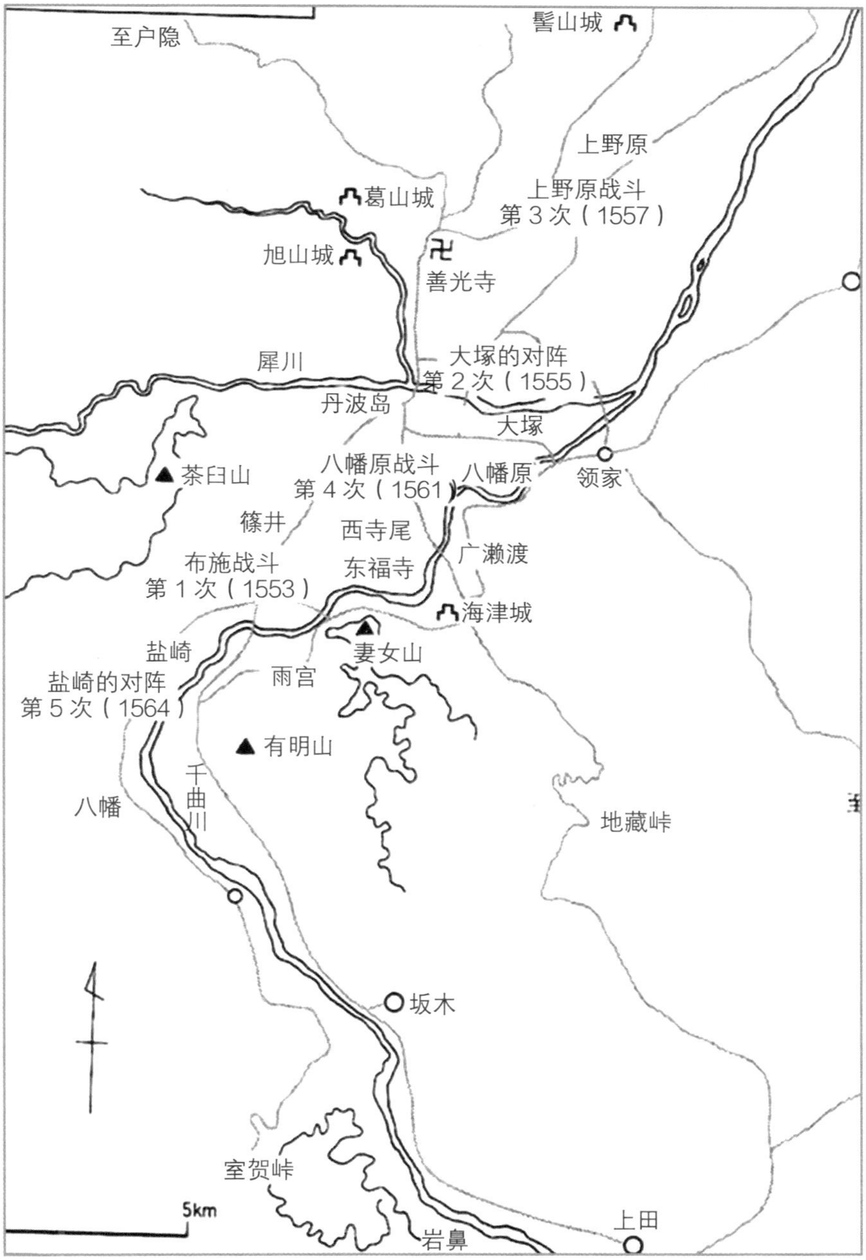
至户隐
髻山城
上野原
上野原战斗
第 3 次（1557）
葛山城
旭山城
善光寺
犀川
大塚的对阵
第 2 次（1555）
丹波岛
大塚
茶臼山
八幡原战斗
第 4 次（1561）
八幡原
领家
篠井
西寺尾
广濑渡
布施战斗
第 1 次（1553）
东福寺
海津城
盐崎
妻女山
盐崎的对阵
第 5 次（1564）
雨宫
有明山
千曲川
八幡
地藏峠
坂木
室贺峠
5km
上田
岩鼻

○ 川中岛之战关系地图

○ 上杉谦信画像

时发难，在同一时间入侵越后。八月二十三日，上杉谦信派遣家臣上野家成在越后西颈城郡的驹归迎击大熊朝秀，一举将其击破，是为驹归合战。战败的大熊朝秀逃亡到了甲斐，此后成为武曰信玄的谱代家臣。而山内舜通、小田切安艺守对越后的侵攻行动，最后亦无果而终，不了了之。这次武田信玄策划让大熊朝秀从越中侵入越后，让山内舜通、小田切安艺守从陆奥侵入越后，是他第一次对越后施行“包围环攻”的战略，这一战略日后被武田信玄多次运用到与上杉谦信的作战中。

弘治三年（1557），武田信玄再度出阵信浓，于二月二十五日急袭水内郡葛山城，在城内武田军内应的配合之下，一举将此城攻克，消灭了城主葛山氏。受此影响，信浓水内郡的另一国众长沼城城主岛津忠直为躲避武田军的袭击，从本据长沼城后退到了太藏城（又称大仓城）。由于葛山城距离越后非常近，因此对上杉谦信来说可谓是十万火急的险境。上杉谦信得到急报后，在二月二十六日写信给越后蒲原郡国众平林城城主色部胜长，劝说他一同出兵信浓对抗武田信玄，以免越后遭遇外辱。由于越后阿贺野川以北的国众有很强的独立性，所以上杉谦信不能直接调动他们，要花费力气劝说他们出兵。三月，武田信玄的兵锋又迫近水内郡国众饭山城城主高梨政赖，高梨政赖大惧，向上杉谦信求援。高梨政赖是越后上杉氏的外戚，因此上杉谦信更加不能坐视不管。上杉谦信得到急报后，立即做好出阵准备，又在二十三日写信给越后上田长尾氏当主长尾政景，劝说他一同出兵信浓。

四月二十一日，上杉谦信为迎战武田信玄出阵信浓，武田方的信浓高井郡山田要害、福岛城这两座属城的守将皆弃城而逃，致使两城陷落于上杉军之手。同日，上杉谦信进兵信浓水内郡，布阵于善光寺。由于色部胜长并没有按照上杉谦信的邀请与其一同出阵信浓，上杉谦信写信给色部胜长，再次邀请他进兵信浓。随后，上杉谦信收复了先前陷落在武田军手中的水内郡葛山城，又在二十五日修筑了之前被武田军拆除的旭山城，以巩固防卫线。

五月十二日，上杉谦信进兵攻打武田方的水内郡各城，首先攻打高坂城，并在附近放火，次日又攻破坂木城、岩鼻城，想引诱武田信玄亲自出兵决战。但此时布阵于筑摩郡深志城的武田信玄始终不为所动，上杉谦信只好率领军队暂时退到了高梨政赖的水内郡饭山城，后来又转向高井郡，前往攻打武田方的高井郡国众计见城城主市河藤若。面对上杉军的侵攻，市河藤若据城坚守，并派遣使者向武田信玄讨要救兵。武田信玄回信让市河藤若坚守城池，耐心等待武田军援军的到来，告知武田军援军大将原与左卫门尉、真田幸纲将会立即赶来支援。向市河藤若送信的使者名为山本勘助，此人在武田系军记《甲阳军鉴》中变身成武田信玄的参谋，成为一个著名的人物。未过多久，上杉谦信就解除了对计见城的包围，撤兵回到了水内郡饭山城。在此之后，武田信玄、上杉谦信两军又陷入了长时间的对峙，相持不战。六月，武田信玄的盟友北条氏康派出援军，以北条家一门众的北条纲成为援军大将，命其进入信浓帮助武田军对抗上杉军。同月十八日，北条军进入了信浓上田。

到了七月五日，武田信玄派出一支别动队，从深志城出发，经过安昙郡，逼近信浓、越后国境，出其不意地攻陷了上杉军将领饭森春盛等人驻守的安昙郡小谷城，并进击越后西颈城郡的系鱼川，上杉谦信因此慌了手脚。次日，武田信玄写信给家臣小山田虎满，提到信浓水内郡内各国众的动向：春日氏（筱平城城主）、山栗田氏（善光寺别当栗田氏的分支）已经衰败；善光寺、葛山众（以葛山城为据点的鈩氏、樱氏、立岩氏等）献出人质并希望从属武田氏；岛津氏也已经于今日投降。这些消息，显示出武田信玄对北信浓水内郡的经略已经取得重大进展。

同日，武田信玄亲自从筑摩郡深志城出阵，移动到更级郡的川中岛地域，布阵于佐野山的盐崎城，寻求与上杉谦信决战。八月二十九日，武田、上杉两军在犀川以北的上野原发生会战，但双方在此战均未给对方造成决定性的打击。九月，上杉谦信返回越后，武田信玄也于十月返回甲斐，结束了此次战役。在此战过后，武田信玄将势力扩张到信浓饭山一带，因此从战略角度来说，胜利者仍是武田。这一场发生在弘治三年的甲越信浓战役，被后世称为第三次川中岛之战，但严格意义上说，此战发生的地点已经在川中岛之外。

上杉谦信的上洛

永禄元年（1558）正月，室町幕府将军足利义辉试图调解武田信玄、上杉谦信之间的冲突，他命令武田信玄停止侵略信浓、越后边境，作为交换条件，授予武田信玄极度渴望的信浓守护的官职，承认了武田信玄统治信浓的合法性。但武田信玄补任为信浓守护后，并没有听从足利将军的号令，反而继续入侵信越边境，为此在三月十日遭到足利义辉的诘问，但依旧无济于事。而在关东的大地上，关东管领山内上杉氏当主上杉宪政受到武田信玄的盟友北条氏康侵略，为此从上野逃亡到了越后，乞求上杉谦信能够发兵相助。

永禄二年（1559）四月，上杉谦信率领五千兵卒第二次上洛，前往京都谒见室町幕府将军、朝廷天皇，向最高的两个权力机构索取出兵关东、讨伐北条氏康的大义名分。六月份，上杉谦信获得了室町幕府将军足利义辉下发的御内书，承认他有处理关东局势的权力，并获得了里书御免（注释：指公文书的封套内侧原本必须注明发信者姓名以及官职，谦信得到特权可以不注明）、涂舆使用（注释：指涂漆的轿子，只有幕府将军、三管领、相伴众等地位较高者才可以使用）这两项特权。此外，足利义辉还允许上杉谦信使用守护大名专用的御屋形号，从此以后便可以像守护大名一样被尊称为“御屋形样”，成为室町幕府承认的越后大名。在这期间，武田信玄又发兵入侵信越边境，蚕食了北信浓尤其是高井郡的大部分领土，甚至趁上杉谦信不在越后的空当，直接侵入了越后本土。上杉谦信趁机向幕府弹劾武田信玄，足利义辉对武田信玄屡次不听号令、出尔反尔大感愤懑，于是又下发给上杉谦信御内书，允许他介入信浓的抗争，与武田信玄作战。

上洛之行大获成功，上杉谦信便回到了越后。越后的国众们纷纷向上杉谦信献上太刀以表示庆贺，此举让谦信巩固了对越后国内的统治。在《上杉古文书》记录的名单里，献上太刀的人有：长尾景信、桃井清七郎、山本寺伊予守、中条藤资、本庄繁长、本庄清七郎、石川重次、色部长真、千坂景亲、长尾政景、斋藤朝信、毛利弥九郎、长尾藤景、柿崎景家、琵琶岛弥七郎、长尾源五郎、新津大膳亮、加地彦次郎、新发田长敦、竹俣庆纲、大川骏河守、长尾右卫门、相川氏、仁科清藏、平贺右京亮、安田新八良、竹俣平太良、吉江景资、甘粕长重、水原小太郎、唐崎左马助、桐泽氏、大崎筑前守、有留弥七郎、长能登守、斗见出云守、野路弥左卫门、斗见与十郎、北条高广、长井丹后守、村山平次郎、松川弥三良、大崎九良左卫门、上条政繁、山浦国清、直江实纲、大国入道、山岸入道、小岛入道、若林氏、山村氏、诹访氏、山吉氏、相浦氏、松本氏、荻田氏、庄田氏。

在这些向上杉谦信献上太刀的人员中，有不少是割据在越后阿贺野川以北、独立性较强的阿贺北众。上杉谦信利用与朝廷、幕府的友好关系和获得的权势，稳固了领内的权力，他与越后国众，尤其是阿贺北众的关系也更进一步地密切了，从此以后就能直接调遣在越后独立性比较强的阿贺北众和其他国众，这也为他后来大规模出兵关东、信浓奠定了坚实的基础。

信浓、关东的大名和国众，闻及上杉谦信上洛成功后所获得的种种特权，感到极其震骇，也先后向上杉谦信献上了太刀表示通好。这些大名或者国众非常清楚，一旦上杉谦信发兵，首先攻打的一定是从属武田信玄的信浓势力，或者是从属北条氏康的势力，他们为免于兵祸，只能先向上杉谦信示好。在关东的大名、国众中，向上杉谦信献上太刀的有佐竹氏、秩父氏、三浦氏、金子氏、千叶氏、桑津氏、佐野氏、大胡氏、佐忍氏、大室氏、伊北氏、佐久田氏、安田氏、正木氏、伊南氏、金鞠氏、长北氏、宇都宫氏、长南氏、结城氏、真壁氏、宍户氏、志田氏、小栗氏、行方氏、东条氏、长治氏、横山氏、小山氏、川越氏。其中，佐竹氏、宇都宫氏、千叶氏、结城氏、小山氏是关东八屋形中的五家，属于有力的关东大名，其余大部分都是很小的国众，这一部分领主自然担心未来上杉谦信出兵关东，自己的领地将会遭到侵吞，因而先向其表露心迹。

除去关东的大名、国众外，在信浓的大名、国众中，向上杉谦信献上太刀的有村上氏、高梨氏、井上氏、屋代氏、栗田氏、须田氏、井上氏、海野氏、仁科氏、望月氏、市川氏、河田氏、清野氏、岛津氏、东条氏、真田氏、祢津氏、室贺氏、纲岛氏、大日向氏。这些赠刀给谦信的信浓大名、国众，领地都在信浓的高井郡、水内郡、埴科郡、更级郡、小县郡、佐久郡、安昙郡，落在上杉谦信或者上杉宪政领地的边境交界处。在这些信浓大名、国众当中，如村上氏、高梨氏等，当时都已经投靠上杉谦信，但其中岛津氏、须田氏、真田氏等信浓国众，当时从属于武田信玄旗下。这些武田信玄旗下的信浓国众，位处国境边界，直接面对上杉谦信的军事威胁，为求自保，便只能自行向谦信示好。在战乱中，社会容许位处国境的领主或百姓，一边效忠己方大名，一边与敌国的大名或者国众进行接触。位处国境的村落，可以将年贡折半，分别缴给敌我两方势力，借此保持中立，防止在战争时受到双方军队掠夺——这样的行为称为“半手”或者“半纳”，在日本战国时代很常见。武田信玄即使知情也不能以此为由惩罚他们。

甲越四战川中岛

永禄三年（1560）五月，武田信玄的盟友今川义元发兵四万，大举侵攻尾张，但在随后的“桶狭间之战”输给尾张大名织田信长，因此兵败身亡，其后由其子今川氏真继承今川家的家督。同年九月，上杉谦信出兵关东，与武田信玄的另一个盟友北条氏康交战，兵锋席卷上野、武藏、相模，并在次年即永禄四年（1561）

三月逼向北条氏康的居城相模小田原城，对北条氏康掀起了灭亡战。但由于武田信玄、今川氏真计划出兵救援北条氏康，上杉谦信闻讯被迫退兵，于六月二十八日回师越后。北条氏康、北条氏政父子在谦信撤兵归国以后，终于挣脱牢笼，立即在武藏战线发起反击作战，试图恢复以往的势力版图。应北条家的邀请，武田信玄出兵北信浓，对北条家展开侧面支援，两家分别在北信浓、武藏两条战线夹击谦信。

七月十日，武田信玄攻下了上杉家在北信浓的前线据点上藏城，并且怂恿加贺、越中两地的一向一揆在七月十六日至十七日侵入越后。但之后由于没能得到一向一揆的及时响应，武田信玄也就撤兵返回了甲斐。到了八月，武田信玄转移战线，派兵入侵越后上杉氏势力下的西上野，攻打碓冰郡的松井田城、安中城（两城都是上杉方的西上野国众安中氏的属城），为自己以后亲自进兵西上野做好准备。上杉谦信对于武田信玄一再的挑衅无法容忍，过了没有多久，便于人马疲劳尚未恢复之际，下令整兵再出信浓，与武田信玄决一雌雄。而室町幕府将军足利义辉先前也要求上杉谦信扶持逃亡京都的原信浓守护小笠原长时回归信浓，更赋予了谦信出兵的正当理由。八月十四日，上杉谦信在越后发起总动员，率领步、骑、辎重共一万八千人，从越后出发，浩浩荡荡向着信浓进军。此次动员出征的战阵构成如下：

战阵构成	人员构成
先阵	村上义清、高梨政赖、井上昌满、须田满亲、岛津忠直
二阵	河田对马守贞政、石川备后守为元、本庄美作守庆秀、荒川伊豆守长实
后备	柿崎和泉守景家、北条安昙守辅广、安田扫部助匡元、大关阿波守盛宪
游军先阵	本庄弥次郎繁长、松川大隅守修卫
游军二阵	黑川备前守清实、水原壹岐守隆家、下条萨摩守实赖、元井日向守为宗、加地安艺守知纲、新津丹波守胜资

续 表

战阵构成	人员构成
旗本前备	小岛弥太郎贞兴、福王寺兵部少、须贺修理亮盛能、黑金上野介景信
旗本左备	山吉孙二郎丰守、本田右近允、山岸宫内少秀能、琵琶岛弥七郎广员、大崎筑前守泰继
旗本右备	桃井伊豆守义高、唐吉孙次郎吉俊、进藤隼人正家清、近藤山城守家长、安田治部少长秀
军奉行	直江大和守实纲
小荷驮奉行	甘粕近江守长重
旗本先手	宇佐美民部少实定、岩井藤左卫门长忠、黑金孙太郎保信、鲇川孙次郎盛长、唐崎左马助为宗、田原左卫门大夫近典
御手廻	北条弥五郎高广、松本大学助忠繁、长尾小平次景连、岩井民部少信能、长尾勘四郎景亲、长井丹波守为实、矢野因幡守纲直、平贺左京亮赖直、饭森摄津守重之、竹俣筑后守昌纲
海津城镇将	中条越前守藤资、新发田尾张守长敦、色部修理亮胜长、大川骏河守忠秀、竹俣三河守庆纲

吸取了之前武田信玄趁谦信外出时侵攻越后的教训，谦信这一次在越后的布防上也非常用心。他为断绝后顾之忧，防止越中一向一揆受武田信玄唆使侵扰越后，一边使越后赤田城城主斋藤朝信、不动山城城主山本寺定长进入越中鱼津城驻守，在此森严戒备，监视越中的人质，警惕越中方面的动向；另一边又和陆奥大名芦名盛氏、出羽大名大宝寺义增商借援兵，使芦名众、大宝寺众屯兵在越后西颈城郡的西滨、能生，一旦越中方面有意外状况，就立即调兵支援。越后本土的防卫，则以重臣藏田五郎左卫门尉、山浦入道、大浦入道、山案入道留守本据府内，另使上田长尾氏当主长尾政景、重臣上条政繁留守春日山城，警备工作做得非常周密。上杉谦信的预料是正确的，不仅是武田信玄与越中、加贺两地的一向一揆联络，怂恿其入侵越后，就连北条氏康拥立的古河公方足利义氏，也通过下总的矶部胜愿寺出使加贺，与加贺一向一揆联络，请求其能够与越中安养寺、瑞泉寺等

一向宗寺社势力联手进攻越后。但这一要求没能得到响应，由于一向一揆的冷淡，让谦信这一次能够专心致力于信浓征讨。

八月十五日，上杉谦信在进入信浓以后，将大荷驮队（注释：运输辎重的运输队）、后方部队共五千人留在了犀川以北的善光寺，作为一个后方的据点；其余的一万三千兵力和小荷驮队（注释：运输装备的运输队）由谦信率领，在十六日渡过犀川，往川中岛进发。此时，信浓的犀川以北是上杉家的势力范围，千曲川以南是武田家的势力范围，两川之间的川中岛属于中立地带，只有千曲川稍北的横田城一城是武田家的属城。犀川水流湍急，渡涉点少，与千曲川相反。千曲川正如其名，蜿蜒屈曲，犹如长蛇，川流平缓，有猫濑、狗濑、十二濑、雨宫渡等诸多渡涉点。上杉谦信进入川中岛地域后，首先打下了千曲川北面的武田属城横田城，在横田城附近的户部村留下三千人待命，之后率领一万骑越过千曲川南下，侵入武田领，陆续压制雨宫城、天城城、鞍骨城，完成了对海津城的包围。海津城是这次谦信出兵的重要战略目标，是无论如何也要打下的要塞。上杉谦信又从一万骑中调拨两千人分守雨宫城、天城城、鞍骨城，带着剩下的八千兵力登上海津城西南方向的妻女山，俯瞰海津城。有一种解释认为，上杉谦信是以自己为诱饵，故登上妻女山，引诱武田军主力出动，好将其一举歼灭。

在收到上杉军布阵妻女山的情报后，海津城城主香坂弹正在城内升起狼烟，层层递进向后传达，同时又派出“飞脚”（注释：日本战国时代紧急送信的使者）向武田信玄所在的甲斐国甲府城送信，通过两个渠道向武田信玄报告这一紧急情况。在日本战国时代，使用烽火通报敌情，乃是一种比较常见的军事通信手段。类似的案例，在多年后的永禄十二年（1569）大友家名将户次道雪征伐肥前大名龙造寺隆信时也发生过，当时肥前豪族江上武种遭户次军攻击，就曾点燃城中烽火向龙造寺求救。由此可见，这一手段，并不只是西周“烽火戏诸侯”时才有的。

第二天，武田信玄从海津城处收到上杉军袭来的报告，立即做好了出阵准备，并向盟友今川氏真、北条氏康请求支援，两家欣然应允。今川家向武田家派出了朝比奈兵部大辅、冈部次郎左卫门尉等数百骑支援，北条家则派遣了多目周防守、石卷隼人佐、九岛伊贺守、村冈兵库助等三百骑援兵。武田信玄自己在领国内发起总动员，就连甲骏边境的守兵也撤了回来，一同参战，连同今川、北条派过来的援军，总兵力共有两万人之多。虽然今川、北条的援军在整个联军数量中占比很小，但也表明这一次川中岛之战，实际上是武田、今川、北条三家联军对阵上杉军的合战，并不仅仅只是武田一家。香坂弹正这一边，还未等到武田信玄的援军到来，就先将海津城下的城下町焚烧一空，坚壁清野。香坂弹正之所以这么做，就是为了不让城下町成为上杉军的据点，这是一种决不投降、决不屈服的强硬对抗态度。这一手段，其实正是军事上的“焦土政策”。

八月二十二日，总兵力两万的武田、北条、今川联军集结完毕，在武田信玄、武田义信父子二人率领下从甲斐踏进信浓。武田三家联军故意绕开了上杉军布阵的千曲川南岸妻女山，一直越过千曲川北上，进入川中岛地带，大军沿着千曲川北岸布阵。武田信玄以雨宫渡为中心，在千曲川北岸的小森、东福寺、水泽等地配置兵力，切断了千曲川南岸的上杉军的退路与补给线，对其实行了全线封锁。如果上杉谦信按照其原定计划，下山攻击妻女山东北方向的海津城，川中岛的武田军也能立刻渡过千曲川南下，攻其背后，与海津城守军东西策应，将上杉军一网打尽，上杉军会陷入绝对的死地之中。果不其然，受到武田军全线封锁，断绝了退路与补给路以后，妻女山上的上杉军的军心受到了极大动摇。军奉行（注释：战场上监督军队进退的监军）直江实纲见事态紧急，对谦信说道：“设使信玄留下一部分兵力牵制妻女山之我军，余下军队由其自率侵入我越后，则我军甚为堪忧！”谦信赶紧安慰直江实纲说：“越后有两万兵卒，武器、兵粮尚可支撑一年，信玄断然难以落城。倘使信玄真敢侵入我越后，我亦将自妻女山南下，提兵直捣甲斐，尚不知鹿死谁手！”说完这一番话后，上杉谦信学起了诸葛武侯的空城计，在妻女山上吟唱诗歌、弹奏琵琶、击打小鼓，命令近习们唱着歌谣，表现出一种泰然自若的状态，以此来稳定军心。

正如直江实纲的担忧一样，武田军中出现了留下一部分兵力牵制妻女山上的上杉军，以剩下的主力部队入侵越后的声音。还有人给信玄出主意说，如果川中岛的武田军主力做出入侵越后的动作，则可以引诱妻女山上的上杉军主力回撤，下山追击武田军，这时使海津城守军出城袭击上杉军背后，与川中岛的武田军本队前后夹击，就可彻底消灭上杉军的有生力量，收到全歼的效果。这看似是一个完美的作战计划，但英雄所见略同，武田信玄与上杉谦信的想法一样，他担心一旦川中岛的武田军主力做出入侵越后的动作，谦信不仅不会中此诱敌之计回撤，下妻女山追击武田军，反而会在妻女山留下一小部分兵力牵制海津城的武田守军，主力部队由谦信亲率直下中南部信浓，甚至直捣甲斐。当时武田信玄几乎是调动了领内所有能够动员的兵力，就连甲斐、骏河边境的守军也撤了回来参加此次川中岛合战，信浓、甲斐守备空虚，兵力非常薄弱。如果刺激了上杉谦信，让谦信殊死一搏，也会让自己得不偿失。几经权衡，武田信玄还是放弃了以川中岛主力部队入侵越后的想法。

○ 《英雄日本水浒传》所绘武田信玄

两军就这样僵持了五天，对峙到八月二十九日，妻女山上的上杉军还是不为所动，没有一点决战的姿态。武田信玄也开始顾虑到上杉谦信留在善光寺、横田城的上杉军后援部队，这两个地方的总兵力共有八千人，如果这八千人从背后扰乱，与妻女山上的上杉军主力夹攻川中岛的武田军，也必然使武田信玄陷入大为不利的境地。况且，在越后本国，也留下了为数不少的上杉守军，这在上杉谦信口中甚至有两万人之多，说不定这批兵力也会进入信浓攻击武田军后方。考虑到这一情况，武田信玄解除了千曲川北岸的封锁，全军渡过千曲川东面的广濑渡，往南岸的海津城移动，与海津城守将香坂弹正的军队会合在一起。但武田信玄料想错了，

○ 山本勘助画像

当时他已经切断了上杉谦信与后方的联系，实际上善光寺、横田城的八千上杉守军，以及在越后本国的上杉守军，都是收不到谦信指示的，更谈不上配合其行动。正是这一错误的决断，让武田信玄丧失了对上杉谦信的战略优势，陷入了被动。而妻女山上的上杉军，在千曲川北岸的封锁被解除后，恢复了与善光寺、越后本国的联系，士气重振。为了解决迫切的粮食问题，谦信允许士兵们在妻女山近旁的村落掠夺农民的粮食。

武田信玄移军进入海津城后，急欲引诱上杉军下山决战，严密注意着妻女山上杉军的动向。但一直僵持到九月九日，上杉军还是在妻女山上纹丝不动，武田军在当天召开军事会议，商讨作战策略。众将异口同声认为应该早开战端，趁早解决妻女山上的上杉军。家臣饭富虎昌对武田信玄说："敌兵肆意攻入我武田家领地，而今我军之兵力远胜敌兵，却相持不战，恐落人笑柄，让他人耻笑我武田军畏惧避战，今应早早开战为是！"马场信春也附和了饭富虎昌的意见，并提到上杉谦信在越后本国的庞大援军一旦出动，攻入信浓，事态将是非常危险的，当下应该趁早对妻女山上的上杉军动手。武田军将领众口一词，都积极表示要与上杉军一战。在听取了饭富虎昌、马场信春的意见后，武田信玄表示赞同，决定明日（九月十日）就对妻女山上的上杉军发动攻击。此时，足轻大将山本勘助向武田信玄提出了具体的战术安排。

按照山本勘助向武田信玄提出的战术，两万武田军分为两军，一军一万两千人从海津城出发，迂回袭击妻女山之背后，将上杉军击败，逼迫其下山，使其越过千曲川北逃；另一军八千人在川中岛平原上以逸待劳，待战败的上杉军从妻女山上退下来时，会同后方追击的一万两千人的别动队将上杉军前后夹击，一举歼灭。山本勘助提出的这一战术，在著名的武田军记《甲阳军鉴》里并没有直接命名，在江户时代宽政时期成书的《甲信越战录》里才命名为"啄木鸟战术"，这一称谓被后世沿用至今。仔细分析这一战术，其实和武田信玄之前布阵于千曲川北岸，将雨宫渡全线封锁，欲与海津城守军将妻女山上的上杉军一网打尽的战术是完全相同的。当时武田军中也有将士提出让川中岛的武田军主力做出入侵越后的动作，引诱妻女山上的上杉军下山回撤，再让海津城守军配合主力歼灭上杉军，只不过武田信玄顾虑到后方善光寺、横田城、越后本国的上杉援兵，所以否定了这个战术，撤退到了海津城等待转机。然而这次，武田信玄接受了山本勘助的意见。

九月十日半夜一时，由香坂弹正、饭富虎昌、马场信春、真田幸纲、小山田昌辰、甘利昌忠、相木市兵卫、芦田信守、小山田信有、小幡尾张守十将率领的一万两千人的别动队，从海津城出发，向妻女山背后方向迂回前进。武田信玄、武田义信父子率领武田信繁、饭富昌景、穴山信君、内藤昌秀、诸角虎定、原昌胤、武田信廉、望月重氏、迹部胜资、今福善九郎、浅利昌胤诸将共计八千人的兵力，于半夜三时动身，前往川中岛八幡原布阵。不过，武田信玄还是失算了一招。上杉谦信先前对海津城周边投入了忍者侦察其行动，接到忍者的回报，武田军的动向很快就被谦信掌握了（注释：也有另一说，指上杉谦信在夜晚从妻女山向下俯瞰，看到海津城中升起的炊烟比以往更多，便判定武田军已经大举出动，

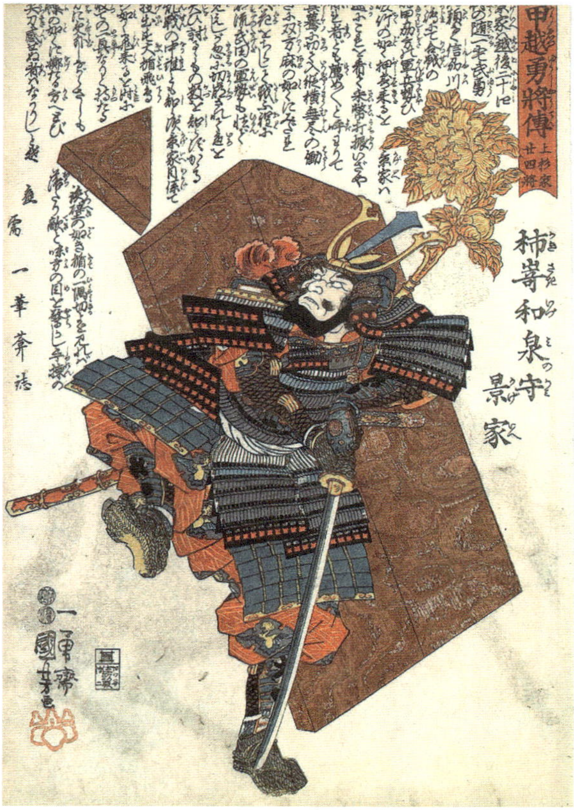

柿崎景家

○ 传说上杉谦信单刀杀入武田信玄本阵

并算准他们的战术，知道他们会分军为二攻击自己了。笔者认为此说演绎成分过重，忍者侦察说相对更加合理），他决定先发制人，在武田军未及成阵之前，主动下山击破八幡原的武田军主力。谦信改换阵型，令原先作为先阵的村上义清、高梨政赖、井上昌满、须田满亲、岛津忠直等北信浓大名、国众率领的两千人留守妻女山，让他们在山上多张旗帜、多烧营火，以迷惑武田军的一万两千人的别动队，造成上杉军主力仍在妻女山上的假象；原先作为后备的柿崎景家则改作先阵，让这位号称“越后七郡无可敌者”的骁将打头阵。至于妻女山近旁的雨宫城、天城城、鞍骨城则尽皆放弃，三城的两千守军随妻女山的上杉军主力一同下山，这时本队总兵力八千人。

凌晨四时，上杉谦信下令上杉军“衔枚，缚马舌”，全军每人嘴里头都叼着一根小木棍，马匹的舌头也全都绑住，在寂寥月光的照耀下，不发出一点声音，静悄悄地下妻女山。之所以如此谨慎，就是为了尽可能地不让敌军掌握进军动向，在麻痹敌人的情况下，出其不意予敌以痛击。无独有偶，这一战术在日本战国时代的其他地区也曾运用过。比如永禄十年（1567）的筑前休松合战，秋月种实也下令全军“衔枚，束马舌”，在敌军大将户次道雪不知情的情况下偷袭休松，予户次军重创，使其败窜逃遁，这使秋月种实名扬镇西。

在月色掩护下，上杉谦信率领八千上杉军士卒井然有序地下了妻女山，同时通过雨宫渡、狗濑渡、十二濑渡等诸多渡涉点，“鞭声肃肃夜渡河”，越过千曲川北上，进入川中岛。谦信在千曲川北岸留下甘粕长重队两千人，以牵制有可能从后方妻女山袭来的一万两千武田军，另外又指示直江实纲率领两千人的小荷驮队脱离主力部队，退往犀川的渡涉点丹波岛渡待命，以备不时之需。在千曲川、犀川的渡口都各自部署好两千兵力后，上杉谦信放弃了之前打下的千曲川北横田城，与横田城附近待命的三千上杉军会合，此时本队总兵力共有七千人。布阵在八幡原的武田军本队和袭击妻女山的武田军别动队，尚不知上杉军已进入川中岛。

十日天明，旭日初升，浓雾散去，在八幡原布阵的武田信玄听到附近传来马蹄声，派斥候查探，才知道秩序井然的上杉军面露凶色，已经逼近八幡原，目前距离武田军只有三四町的距离，而一万两千人组成的妻女山别动队的身影则丝毫不见。知道了这一情报，武田军上上下下皆愕然失色。还未及多想，七千上杉军便杀至八幡原，使出“车悬阵”，轮番突击武田军。武田信玄仓促下令摆出“鹤翼阵”应战，以弓、铳力拒。上杉军骁将柿崎景家率领两千先阵鼓噪而进，奋勇突击武田军先阵饭富昌景与右队内藤昌秀。遭到袭击的武田军不断以弓箭、铁炮射击柿崎队，予以还击。八幡原上铳声震耳，硝烟四起，不断传出太刀击打的声音、马匹嘶叫的声音，震动天地，如同一个修罗场。在饭富昌景的弓、铳还击之下，柿崎景家队被击退。饭富昌景队脱离武田军主力，对柿崎景家队展开追击，上杉军中的阿贺北众色部胜长见势不利，挺枪突入，才打退饭富昌景，解救了柿崎景家的危难。饭富昌景察觉深入不利，也就撤回了武田军本阵。与此同时，武田军左备的穴山信君队也遭到了上杉军新发田长敦队的袭击，最终将新发田长敦队成功击退。

○ 传说上杉谦信对武田信玄一骑讨

虽然柿崎景家、新发田长敦队都暂时撤退，但上杉军还是从武田军右备内藤昌秀队打开了突破口，本庄繁长队、长尾藤景队、山吉丰守队、北条高广队迭次突入，使武田军阵型开始崩坏。武田军的左备、武田信玄的弟弟武田信繁决心誓死护卫后方的武田信玄旗本众，保留武田军的有生力量，为妻女山的一万两千人的武田军别动队到达八幡原战场争取时间。他脱下自己身上穿的母衣，交给了家臣春日源之丞，嘱托其转交给自己的儿子武田信丰，以免自己战死后被敌人夺走。随后，武田信繁率领左备，大声呼喊着自己的名字，冲入敌阵之中，发起决死突击。这自然引起了上杉军的注意，安田长秀队、山吉丰守队集中猛攻武田信繁队，终使信繁队崩溃，武田信繁战死于阵中，其首级亦被上杉军士卒割取。在信繁队后方的诸角虎定队知道信繁战死的消息后，也冲了上来，与上杉军拼死搏斗，但是遭到重新上阵的上杉军新发田长敦队反击。最终诸角队也溃灭，诸角虎定亦随之战死。

受到上杉军的持续打击，武田信繁、诸角虎定的左备部队都已经被歼灭，内藤昌秀的右备部队也败退下去，只有先阵中央的穴山信君队、饭富昌景队还幸存，但左右两翼都已经留出了巨大的空隙。上杉谦信留下相应部队牵制穴山队、饭富队，亲自率领三千人的旗本众，直接杀向武田信玄的本阵，攻击武田军的旗本众。在日本战国时代，本阵的旗本众投入决战，可以说是到了殊死一搏的地步，往往是决定两军胜负成败的关键，对垒双方用旗本众互搏的情况可谓少之又少。此时武田信玄亲率的旗本众只有一千八百人，兵力非常薄弱。眼见上杉军袭来，位于武田军旗本众右胁的武田义信队和左胁的原昌胤队、武田信廉队，都急忙与之合兵，拼死抵抗上杉军。传说在这个时候，上杉谦信在混战中单骑杀入武田军本阵，砍了武田信玄三刀，但均被信玄用指挥作战的军扇挡住，匆忙中武田军救兵赶到，谦信见未能得逞，便策马而返。

但是，这一传说的故事性非常浓厚，其实是出自《甲阳军鉴》作者的捏造。在《甲阳军鉴》原文中，类似的场景在信浓上田原合战就发生过一回，提到村上义清在上田原合战中也是如此单骑杀入武田军本阵，挥砍了武田信玄几刀，但刺杀行动没有成功，最后因马匹受惊而逃了回去。但在日本战国时代，是根本不可能出现双方大将单打独斗的场景的，在《甲阳军鉴》中却出现了两次，而且故事情节完全相同，还同样是发生在武田信玄身上，这很明显是此书作者有意识的捏造。《甲阳军鉴》记录的另一个细节也暴露了这一段故事是虚构的。书里面提到说上杉谦信杀入武田军本阵时，是白布裹头的出家和尚形象，但历史上谦信剃度是在天正二年（1574）九月十九日，也就是他死前四年的事情，川中岛大战的时候还不是这副形象。因此，所谓的“川中岛一骑讨”，在真实的历史上是并没有发生过的。

尽管武田军旗本众拼死抵抗，但在上杉军旗本众的疯狂攻击下，本阵溃乱，作为掩护的原昌胤队、武田信廉队、迹部胜资队、今福善九郎队也相继败退，向武田信玄献上“啄木鸟战术”的足轻大将山本勘助也战死了。武田信玄见难以挽救大势，下令八幡原上的武田军全军渡过广濑渡，退向海津城。但时年仅二十四岁、血气方刚的武田义信还想挽回己方的劣势，他不顾信玄的命令，大声叱咤激励武田军的残兵整军再战，亲自率领五百人突击上杉军旗本众。武田义信此举，遭到信玄大声斥骂，但义信全然无视，父子二人在八幡原战场上争夺起了指挥权，为后来的矛盾埋下了伏笔。刚勇的武田义信对上杉军旗本众发起决死突击，一度让敌兵后退，可终究架不住对方人多，还是败退下来，义信自己身上受了两处创伤，马廻众初鹿野源五郎也战死了。壮志未酬的武田义信不得已还是跟随其父武田信玄，往广濑渡方向后撤，脱离了八幡原战场。

上杉谦信在八幡原打败武田信玄、武田义信父子以后，放松了警惕，他感到腹中一阵饥饿，于是下令全军就地休息就餐，打斗了一上午的上杉军士兵饥肠辘辘，大口地吃起了饭团。这本来是对胜利的庆祝，却让谦信碰到了麻烦。年轻气盛的武田义信又率领八百残兵，突如其来地从广濑渡杀了回来，直逼上杉军本阵，并击破谦信旗本，自志田义时以下数十名上杉军将士战死。对这一骇人的情景，《北越耆谈》记录道“谦信旗本败军”，《川中岛五箇度合战之次第》记录道“武田义信得胜利，数十人讨取”，都明白无误指出武田义信击败了上杉谦信的本军。仓促危难之际，上杉谦信亲自提起先祖代代传下来的重宝“五挺枪”，执枪亲斗，挑落武田军士卒数人，之后又换用重宝“波平行安的重刀”砍杀敌人。尽管谦信奋战拼杀，但还是未能击退武田义信。混战之中，本庄繁长、中条藤资、新发田长敦、鲇川盛长、大川忠秀、下条实赖等阿贺北众组成的两千人队伍，匆匆赶来救援谦信。本庄繁长一向骁勇善战，他手执“重代国俊的太刀”，突入武田军阵中，

○ 纪州本川中岛之战（屏风图）

一连杀死敌兵三人。但即便谦信有了阿贺北众的支援，武田义信还是不为所动，继续顽强抵抗，与上杉军乱战，致使本庄繁长负伤、大川忠秀战死。这时上杉军的其余队伍纷纷赶来支援，横枪突入武田义信军，配合上杉谦信亲自率领的旗本众、本庄繁长等阿贺北众合力血战，终于成功将只有八百人的武田义信军给杀退，使武田义信再次败走。虽然取得了胜利，但上杉军为此也付出了相当惨重的代价。

这边八幡原之战已经落幕，由武田军一万两千名士兵组成的别动队才姗姗来迟登上了妻女山，他们这时候才发现为时已晚，上杉军主力早已经回撤下山了。之前被上杉谦信留在妻女山上充当疑兵的，是村上义清、高梨政赖、井上昌满、须田满亲、岛津忠直等北信浓国众两千人的部队，他们见已完成战略任务，象征性抵抗一阵后，就匆匆撤下妻女山，与留在千曲川北岸的甘粕长重的两千人部队会合了。两军会合后，兵力达到四千，一同在千曲川北岸阻击武田军别动队。武田军别动队大将香坂弹正知道上杉军主力已经撤下妻女山后，也立即下山，准备渡过十二濑渡，越过千曲川北上，支援川中岛八幡原的武田军主力。但是渡过千曲川的过程却一直不顺利，千曲川北岸的四千上杉军部队，封锁了十二濑渡，在甘粕长重指挥下，不断以弓箭、铁炮射击渡河途中的武田军别动队，致使武田军别动队持续出现伤亡，将千曲川的河水都染成了血红色。虽然局势暂时对甘粕长重有利，但由于只有区区四千兵力，无法对千曲川北岸展开全线封锁，武田军别动队抓住这个弱点，分兵为三，其中一支部队仍从十二濑渡正面推进，另两支部队从左右两侧的狗濑渡、猫濑渡渡过了千曲川，绕到甘粕长重后方。在武田军别动队三个方向的打击之下，甘粕长重队四千人败走，沿着北国街道溃退到犀川的渡口丹波岛渡，千曲川十二濑渡的封锁线被武田军别动队冲破。

一万两千人的武田军别动队在渡过千曲川的过程中，虽然受到甘粕长重的阻击，战死、战伤多人，但仍保持着非常顽强的战斗力。武田军别动队渡过千曲川后，立即奔赴八幡原，与上杉军主力决战。上杉军之前在八幡原上已经过一番血战，又受到武田义信如同亡命之徒一般的决死突击，元气大伤，死伤数千人之众，很难再重振士气一战。尚充满精力的一万多人的武田军别动队，对决数千名已然疲惫不堪的上杉军士卒，其呈现的压倒性优势不言而喻。趁着上杉军陷入疲惫的状态，武田军别动队开始重新掌握战场的主动权，在其反杀之下，八幡原的上杉军开始溃散败走，一路北逃。上杉军逃至犀川的渡涉点丹波岛渡，得到了留在这里的直江实纲小荷驮队、甘粕长重队、村上义清等信浓国众的接应，武田军别动队才停止追击。在追击过程中，先前被上杉军斩取的武田信繁首级，被信繁的同心众（注释：国众的下级从属领主，可视作小型国众）、甲斐国的武川众

○ 武田信玄绘像

山高氏从敌阵中抢夺了回来，山高氏提着信繁的首级，愤恨地杀死了数名上杉军士卒。诸角虎定的首级，也被诸角的同心众石黑五郎兵卫、三河浪人成濑吉右卫门正给夺了回来，也取了杀死诸角虎定的那名上杉军士卒的性命。

到达丹波岛渡后，上杉谦信率领已经疲劳不堪的残兵散卒，越过犀川，往善光寺回撤。在上杉军撤退的过程中，依旧还是甘粕长重承担殿后阻敌的重任，他亲自率领六七名骑兵与四五十名杂兵断后。这种威仪，令武田军别动队大将香坂弹正不敢深入穷追。之后顾虑到海津城安危，武田军别动队也全数撤回了海津城，与武田信玄会合。九月十三日，上杉军越过信越边境，对斩获的武田军首级进行清点后撤回了越后。武田信玄在川中岛滞留数日后，也撤兵回了甲斐。永禄四年的川中岛血战，就这样结束了。

关于这一战的两军伤亡，诸说不一。《甲阳军鉴》记录上杉军战死三千一百一十七人、武田军战死两千八百八十人；《甲信越战录》记录上杉军战死三千四百七十人，武田军战死四千六百三十人。上杉军方面的战报有两种说法，据上杉谦信自己颁布给色部胜长、松本忠繁等人的感状，提到“凶徒数千骑讨捕”，

○ 岩国本川中岛之战（屏风图）

也就是杀死武田军数千人；又据关白近卫前嗣写给谦信的书状，则称武田军“八千余被讨捕”，也就是说杀死武田军八千人。但后面这一数字太过夸张了，一来近卫前嗣当时身在下总古河城，并不在川中岛战场，这么说有向谦信恭维之嫌疑；二来在八幡原和上杉军决战的武田军主力就只有八千人，这几乎是宣称全歼了武田军。武田军方面的战报，只有武田信玄写给高野山成就院的书状中提到一句“敌三千余人讨捕”，说杀死上杉军三千多人。但迄今为止，没有发现武田信玄在川中岛之战结束后，给家臣颁发过感状。两军在此战中都有相当多将领阵亡，上杉军战死志田义时、庄田定贤、大川忠秀、左近司治佐卫门等多名将领，主要死于武田义信的决死突击。武田军也有武田信繁、油川彦三郎、初鹿野源五郎、三枝新十郎、诸角虎定、山本勘助、安间三右卫门等多名将领战死。可以说两军都损失了相当多重要将领。

此外，对于武田、上杉两军的胜负判定也存在不同的说法，比较出名的一个说法是《甲阳军鉴》称前半段上杉军胜利，后半段武田军胜利。在立场中立的史料中，《妙法寺记》明记此战“谦信众悉数打死”，《藤户明神由来》也明记上杉军“信州之合战大崩”，都将此次川中岛大战的失败指向上杉谦信一方，从中可见谦信确实吃了更大的亏。但也有另外一种说法，据柴辻俊六《武田信玄合战录》、平山优《川中岛之战》两书记载，在川中岛之战结束后，武田信玄并没有颁发给家臣任何感状，现在流传下来的是后世捏造的伪文书。某种意义上说，是武田信玄意识到这一战属于自身的败仗，所以没有颁发感状这一行为。但不管两军的伤亡程度如何、谁胜谁负，日本战国史上最有名的合战——第四次川中岛合战，就这样落幕了。

过了数百年后，生活在幕末时代的文人宫岛诚一郎在经过川中岛古战场时，作诗一首，名为《过川中岛忆藩祖不识庵上杉谦信公血战》，以凭吊这一场发生在永禄四年的大战。诗曰：

奔涛卷雪江声长，极目无涯魂自伤。
惆怅立马问野老，言是永天古战场。
犀川北折妻山翠，历历河中血战地。

川原落日乱沙飞，惨淡阴风腥云气。
忆昔先公举兵时，白羽一麾尽风靡。
越军堂堂奇且正，鏖战人畏昆字旗。
善光寺，雨宫渡，甲将犹留当时墓。
如见单骑冲中坚，黄骝白帽按刀怒。
君不见当年白骨无人收，寒衣鬼哭声啾啾。

武田军入侵飞驒

永禄七年（1564），武田信玄改变战略方针，打算与越中的一向一揆结盟合力进攻越后，直捣上杉氏巢穴。为达到此目的，势必要打通越中、信浓之间的联络通道飞驒。因此信玄决定出兵飞驒，目标是统一飞驒全国。只要拿下飞驒，就能开辟通往越中的安全通道。

飞驒一共设有三郡，分别为益田郡、大野郡、吉城郡（古称为荒城郡），各方势力林立。其中势力最大的是割据在南飞驒的益田郡、大野郡，以樱洞城、松仓城为居城的三木良赖、三木自纲父子。其次是站在其对立面，割据在北飞驒吉城郡，以江马馆、高原诹访城为居城的江马时盛、江马辉盛父子。吉城郡豪族众多，除江马氏外，还有以洞城为居城的麻生野庆盛（江马氏一族的分支）、以高堂城与田中城为居城的广濑山城守宗城、以白川城为居城的内岛兵库头氏理，以及宫村的山下国纲、小入贺乡锅山的锅山丰前守。割据在大野郡的豪族，则有以锅山城为居城的锅山丰后守、以小田刈城为居城的姊小路宰相赖缆入道明山、以蛤城为居城的盐屋筑前守秋贞（姊小路长男）、以杉崎城为居城的小岛时光（姊小路次男）、向井村领主向井右近大夫、一宫神社神主一宫右卫门太夫三宅、江奈子领主畑六郎左卫门细高。但在如此众多的飞驒豪族中，只有三木、江马、广濑三家势均力敌，呈现三足鼎立的局面。

其中三木氏与上杉谦信通好，北飞驒的江马时盛、广濑宗城、麻生野庆盛都投向了武田信玄，而江马时盛的儿子江马辉盛却站到了上杉一方，因此三木良赖与江马辉盛是武田此次攻打飞驒的主要对象。

○ 飞驒分国图

永禄七年（1564）六月十二日，武田军正式出兵飞驒，展开侵攻行动，首要的目标就是解决北飞驒吉城郡的江马辉盛。武田信玄此次并没有亲自出马，他以饭富昌景、甘利昌忠、马场信春三名部将为飞驒方面军总大将，配备了三千兵力。与飞驒相邻的信浓木曾郡的领主木曾义昌也加入武田军的队伍中，一同出征飞驒。在出发之前，武田信玄向飞驒征讨军发布军令，约束士卒说："甲信两国之军势，于飞州不可乱妨狼藉，若背此制止者，可行严科者。"意思就是征讨军不可在飞驒施行烧杀抢掠等恶行，违令者将施以重刑严惩。

武田三将与木曾义昌在信浓和飞驒边境会师后，溯梓川溪而下，越过池尻障子泽、乘安岳北峡的大峠，兵进飞驒平汤村，直捣江马氏所在的高原諏访城。为此，即便是与武田家通好的江马时盛也因为其子辉盛而受到拖累，一同遭受武田军的攻击。据武田方的史料记载，"江马乃百骑之将也"，说江马氏麾下有一百兵力。在上杉方史料中则记录"飞州江马乃三百骑之将"，说江马氏有三百兵力，是武田方史料中的三倍。但不管怎么说，江马氏的兵力都远远没有武田军多。由于两军兵力悬殊，江马氏一族抵挡不住武田军的攻击，无奈只能投诚降服，江马辉盛命令在飞驒圆城寺出家的弟弟善立还俗，更名为江马右马允，作为人质送交给武田军。这一位江马右马允，后来作为武田家家臣，一直在甲斐做官，直到武田胜赖时代还很活跃，最后于天正九年（1581）的远江高天神城战场迎战织田、德川联军，壮烈战死，为武田家效忠直到生命的最后一刻，此为后话。

压制了北飞驒后，饭富昌景、甘利昌忠、马场信春、木曾义昌四将掉转兵锋，移兵攻向南飞驒的三木良赖、三木自纲父子，于七月挺进至大野郡小贺乡的千光寺。这一座千光寺，是早在平安时代就已经创建的古刹，寺坊里住着僧侣数百人，亦僧亦兵，与三木氏关系亲善。因为与三木氏的这一层关系，佛门古刹千光寺也未能幸免于难，遭到武田军的攻击。作为僧徒众首领的宝光坊玄海、普门院亮辉、吉祥院专顺（一作尊顺）、说法院尊海（一作果海）、不动院亮延、莲花坊阿舍梨全部都拒绝从属武田家，在鸟越山构筑要害，抵抗武田军。饭富昌景曾去信劝降，但遭到僧兵们的拒绝。数百名僧兵披着铠甲、胴丸，携带弓箭、刀枪、铁炮，与武田军展开激战，竟令兵力远在其上的武田军一时不得近城。但双方的力量悬殊，千光寺僧徒向三木家提出了增援要求，但是三木方担心武田军会调遣援军，对己不利，因此只是按兵不动，只敢躲在松仓城内婴城固守，使得千光寺失去了解围的最佳时机。相反，在武田军这一边，则积极增调援兵，命令刚刚服属的飞驒江马氏之兵卒也从高原诹访城赶来参战，又让吉城郡的豪族广濑宗城充当内应，袭击千光寺背后。此时千光寺僧徒仍不肯屈服而坚持抵抗，诚如《飞州千光寺记》所言，“武田大怒，以大势围之”，武田、江马、广濑联军仗着人多势众，前后夹击，最终还是大败千光寺僧徒众，并将千光寺焚毁一空，使其尽皆化作灰烬，僧兵们多死于兵火之中。虽然武田信玄颁布过禁止“乱妨狼藉”的命令，但具体落实到现实中，武田军还是违抗了这一条禁令，采取了激烈的烧杀行为。

攻破千光寺以后，武田飞驒征讨军立刻将矛头对准三木氏，突破了三木氏设置在南飞驒中央的第一道防线三佛寺城，击败守将三木新左卫门尉，旋即又攻陷作为第二道防线的新宫畑左城，直逼三木氏的主城樱洞城、松仓城，意欲连根拔除，将飞驒纳入囊中。此时武田军势如破竹，几乎将要统一飞驒，获悉相关情报的上杉谦信对此深感不安，命令从属于越后上杉氏的越中新川郡国众椎名康胤立即进入飞驒救援江马辉盛、三木良赖，他自己则在八月三日率兵出阵北信浓，切断武田军对飞驒的援路。据《谦信公御年谱》记载，此次上杉军构成如下表：

战阵构成	人员构成
先阵	柿崎和泉守景家
二阵	新发田尾张守长敦
三阵	河田对马守员政
左备	高梨刑部少辅政赖
右备	斋藤下野守朝信
后备	须田相模守满亲
游军	中条越前守藤资、甘粕近江守长重
军奉行	直江大和守实纲

有了谦信的介入，蛰伏着等待时机的江马辉盛与家臣河上中务丞、河上式部丞商量后，决定再次反叛其父江马时盛与武田信玄，图谋夺取时盛所在的高原诹访城，取得家中的控制权。三木良赖、三木自纲父子也相机策应，与江马辉盛联合在一起，反抗武田军对飞驒的渗透。加上这时候椎名康胤将从越中南下进入飞驒，上杉谦信又在信浓方向切断了武田军的援路，使得武田飞驒征讨军陷入腹背受敌的境地。见情势越来越不利，武田信玄命令滞留在飞驒的饭富昌景、甘利昌忠、马场信春、木曾义昌四将立刻撤军回信浓，放弃了对飞驒的占据，他自己则亲自出阵北信浓，迎战上杉谦信，是为第五次川中岛合战。

据《谦信公御年谱》记载，第五次川中岛合战的经过是这样的：在八月十七日夜半时分，上杉军的游军中条藤资、甘粕长重率领七百骑夜袭武田信玄本阵，斩首八十余级。八月二十一日，上杉军的小男长谷川与五左卫门秋重与武田军的大男安间彦六弘重进行单挑，长谷川身负数伤，但最后拔刀砍死了安间，上杉谦信为此褒奖长谷川而赐给他金帛。也有另一说，认为第五次川中岛合战没有发生实际交战，只是甲越双方围绕飞驒的霸权而产生的边境摩擦，严格意义上只是一次对峙。第五次川中岛合战也被认为是上杉谦信与武田信玄最后一次在信浓川中岛正面发生交战。

失去了武田军的庇护，加上四面受围，亲武田派的江马时盛只好降服了上杉谦信，表示归顺。之前充当武田军内应的广濑宗城，在失去了外援以后，也向三木良赖、三木自纲投降了。武田飞驒征讨军在撤兵过程中，遭到江马辉盛、三木良赖、椎名康胤联军的追击，幸得一名叫作山村良利的武士殿后奋战，才挡住敌军，成功逃回了信浓。由于上杉谦信的强力介入，使得遭受打压的三木良赖、江马辉盛起死回生，武田信玄的飞驒征服宏图成了梦幻泡影，飞驒从原先的武田氏从属地区，又转变成为上杉氏从属地区。此后飞驒的江马、三木两族，以及盐屋秋贞等小豪族，一直在飞驒充当上杉谦信的助力，为其尽心效劳。此外，江马、三木还是上杉谦信与新兴起的尾张大名织田信长之间的联络员，为谦信提供近邻诸国的相关消息。武田信玄这一边，征服飞驒失败后，在永禄八年（1565）与摄津国的大坂本愿寺显如正式缔结同盟，在军事上共同对抗上杉谦信。

○ 和歌山县成庆院所藏武田信玄画像

第三章

关东战国史（上）

上杉谦信出兵关东前传

关东战国的来临

除了甲信大名武田信玄以外，上杉谦信一生当中的另外一大宿敌是关东大名北条氏康。上杉谦信开始经略关东，便与北条氏康相抗。从永禄三年（1560），上杉谦信三十岁时第一次出兵关东，到天正四年（1576）的十六年时间里，上杉谦信出阵关东的次数一共有十五次之多，攻城、野战更是不计其数。而上杉谦信发动关东战争的开端、中间的是非曲直，牵扯到许多因素，还要从关东的政治史开始叙述。

所谓的关东，是指日本东部的上野、下野、武藏、安房、上总、下总、常陆、相模、甲斐、伊豆这十个分国。日本历史上的第一代幕府将军源赖朝，便是在关东崛起，在相模的镰仓开创了镰仓幕府，这是日本历史上第一个武家政权。在过了大约一百四十年以后，镰仓幕府覆灭，足利尊氏在京都开创了室町幕府，是为日本历史上第二个武家政权。足利尊氏为了管辖关东，在镰仓幕府的旧据相模镰仓设置统治机构，是为镰仓府，他将次子足利基氏安置在此，又使外戚上杉宪显辅佐足利基氏。此后，足利基氏便被称为关东管领，上杉宪显为执事，以镇抚关东十国。在关东管领、执事之下，是散布在关东各个分国的大名，其中有独立性较强的关东八屋形，分别是下野的小山氏、那须氏、宇都宫氏、长沼氏，常陆的佐竹氏、小田氏，下总的结城氏、千叶氏。除此之外，比较著名的还有甲斐的武田氏、安房的里见氏、上总的真里谷武田氏等。在这些关东大名之下，还有上百家的关东国众散布于关东各个分国。镰仓府便是统辖这些散布于各个分国的关东大名、国众的关东最高行政机构。

镰仓府的制度与室町幕府略同，殆如其分身，更如同是一个独立王国，也因此埋下了隐患。到了足利基氏的孙子足利满兼时代，渐渐自恃镰仓府之富强，开

○ 镰仓公方的管辖地区（镰仓公方除了关东十国外，还短暂管辖过奥羽两国）

始自号为“镰仓公方”，与京都的室町幕府将军相抗衡。而辅佐镰仓公方的执事，也由此进阶称为关东管领。而关东管领一职，或由上杉宪显的子孙山内上杉氏担任，或由上杉宪显弟弟上杉藤显的子孙犬悬上杉氏担任，两者之间交替就任。但在应永二十三年（1416），关东发生了犬悬上杉氏的“上杉禅秀之乱”，经过这一浩劫，犬悬上杉氏陷入没落，关东管领一职便专由山内上杉氏担任。

足利满兼死后，其子足利持氏继任镰仓公方。足利持氏性情刚愎轻躁，多有失政之处，常与将军家有不睦之事。此时的关东管领上杉宪实为此屡向足利持氏劝谏，但足利持氏不听劝告，反而派兵攻打上杉宪实，上杉宪实大惧，诉之于京都的室町幕府。镰仓府与幕府的矛盾，至此彻底爆发。第六代室町幕府将军足利义教随后出兵关东，于永享十一年（1439）击败足利持氏，迫使其自杀，这便是关东历史上有名的“永享之乱”。在永享之乱后，镰仓公方的权力陷入没落，关东管领山内上杉氏便代镰仓足利家统辖关东。永享十二年（1440），下总大名结城时朝拥立足利持氏的遗子春王丸、安王丸，在下总结城城举兵反抗关东管领山内上杉氏，但又遭到了上杉宪实的讨伐，二子最后被捕获杀害，此战被称为“结城合战”。虽然二子罹难，但是足利持氏还留下了另一个遗子永寿王丸，给镰仓公方的复兴留下了一线希望。

到了第八代室町幕府将军足利义政时代，应越后守护上杉房定等人向室町幕

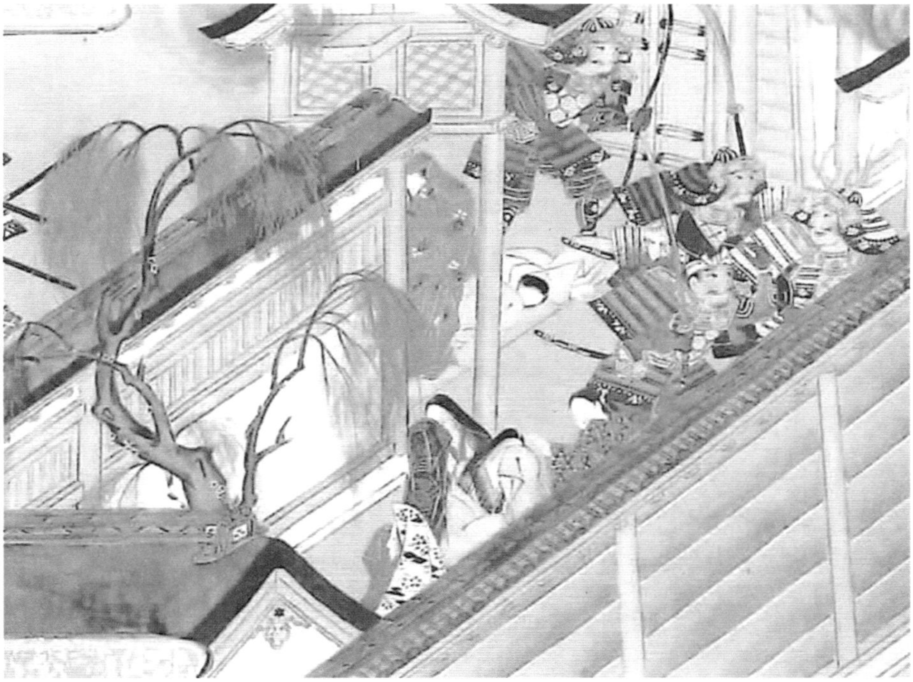

○ 永享之乱绘图

○ 结城合战绘图

府提出的请求，足利持氏的幼子永寿王丸被迎回镰仓，改名为足利成氏，成为新一代的镰仓公方，镰仓足利家也由此复兴。上杉宪实的儿子上杉宪忠遵照过去的旧制，继续担任关东管领辅佐镰仓公方。但足利成氏终究还是猜忌山内上杉氏一族是杀害父、兄的仇人，他听信谗言，诛杀了上杉宪忠。山内上杉氏一族自然也不肯善罢甘休，向室町幕府借来援兵攻击足利成氏。足利成氏抵挡不住幕府军的攻击，只能弃相模镰仓而逃，逃到了下总古河城据守。山内上杉氏一族又“另立中央”，在伊豆堀越城拥立将军足利义政之弟足利政知为公方，与逃到下总古河城的公方足利成氏相抗衡。此后，镰仓公方的权力发生分裂，下总古河城的公方被称为古河公方，伊豆堀越城的公方被称为堀越公方。此次动乱始于享德三年十二月二十七日（1455 年 1 月 15 日），因而被称为“享德之乱”。象征镰仓公方统治关东的机构镰仓府，经过此次动乱以后也彻底崩溃。

动荡不安的享德之乱历经二十八年方告结束，日本在此期间也由室町时代迈向了战国时代。在这一时期，关东管领山内上杉氏对上野全国和武藏北部完成了领国化，成为事实上的战国大名。与之相对应，山内上杉氏的远亲扇谷上杉氏则对相模全国和武藏南部完成了领国化，也完成了向战国大名的转型。扇谷上杉氏是山内上杉氏的始祖上杉宪显的伯父上杉重显的子孙，在犬悬上杉氏没落以后取代其位置，与山内上杉氏并称为两上杉。进入战国时代以后，扇谷上杉氏成为可以和山内上杉氏并驾齐驱的关东战国大名。而随着扇谷上杉氏的崛起，山内上杉氏又和扇谷上杉氏发生冲突，以至于刀兵相见。关东陷入混沌的黑暗之中，争斗永无宁日，骚乱不知何时方能够休止。在乱世之中，作为外来势力的伊势宗瑞又开始崛起于关东。

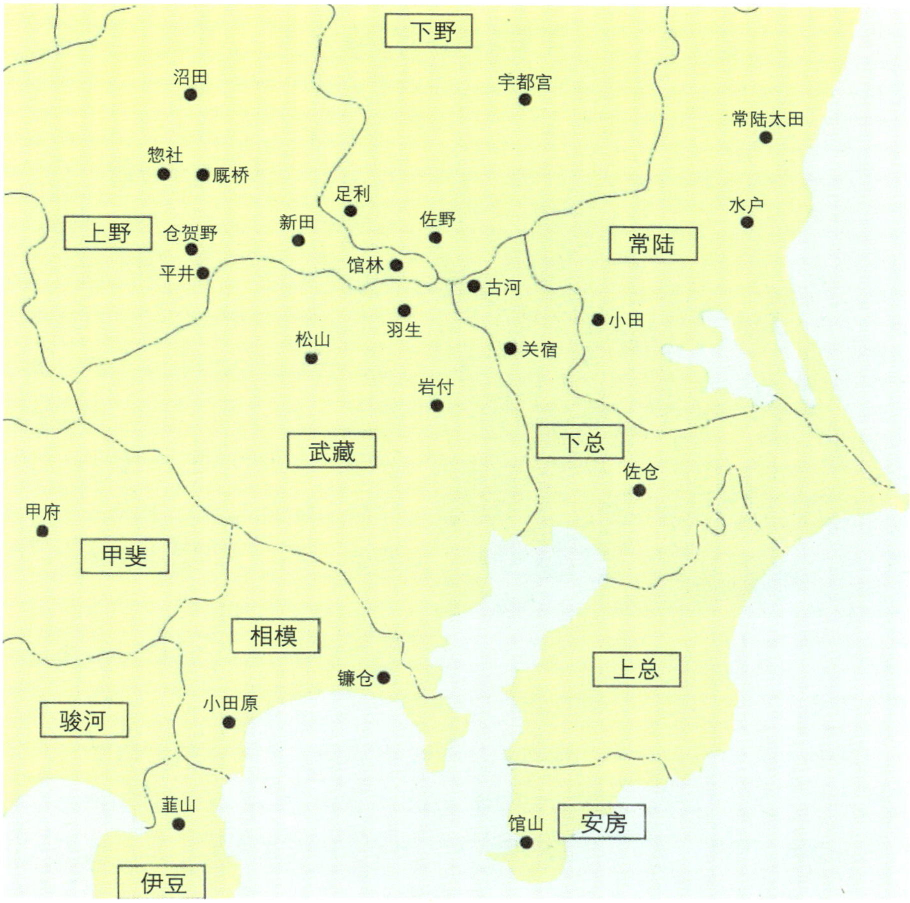

○ 关东地图

伊势宗瑞的登场

○ 伊势宗瑞

伊势宗瑞出生于享德之乱发生后的第二年，即康正二年（1456）。他出自备中伊势氏一族，备中伊势氏是室町幕府的奉公众。所谓奉公众，也就是将军家的亲卫队或者行政官，在京都侍奉将军，因此伊势宗瑞的出身并不低。成长于京都的伊势宗瑞怀有大志，他擅长骑射，爱读《韬略》等书，渴望能有一番作为。他有一个姐姐，名为北川殿，嫁给了骏河大名今川义忠为妻。正是北川殿的这一桩婚姻，让伊势宗瑞遂其凌霄之志。

文明八年（1476），北川殿的丈夫今川义忠战死，今川家中因当主继承问题发生内乱。今川义忠和北川殿所生的嫡子龙王丸尚年幼，不能服众，一部分今川氏家臣就准备拥立今川义忠的弟弟今川范满继承今川氏的家督。因此，龙王丸派和今川范满派互相争斗，相持不下。这个时候，以伊豆为领国的堀越公方、以相模及武藏南部为领国的扇谷上杉氏介入了骏河今川氏的内乱。在两者的支援下，今川范满获得胜利，顺利继承了今川氏当主，失败的龙王丸一派陷入沉寂。今川范满获胜的最大一个原因，是扇谷上杉氏的家宰太田道灌出兵相助。但过了十年以后，太田道灌被扇谷上杉氏当主上杉定正诛杀，扇谷上杉氏陷入内乱之中。山内上杉氏以此为契机，在次年即长享元年（1487）与扇谷上杉氏大打出手，关东又陷入了“长享之乱”。伊势宗瑞也在这一年从京都来到骏河，介入今川氏的内乱，打败了失去后援的今川范满，并将其杀死，又扶持外甥龙王丸（龙王丸在元服以后改名为今川氏亲）继承今川氏的当主。此后，作为外戚的伊势宗瑞便在今川家中处于中心位置，握有话语权。

明应二年（1493），伊势宗瑞侵入关东地域，攻打骏河的邻国伊豆，灭亡了以伊豆为领国的堀越公方足利氏。在五年后的明应七年（1498），伊势宗瑞完全吞并了伊豆，并以伊豆韮山城作为本城。此后伊势宗瑞便称为“韮山殿”，成为关东的战国大名，开始了在关东割据自雄的时代。因为山内上杉氏与堀越公方关系友好，伊势宗瑞便与扇谷上杉氏结为同盟，一同对抗山内上杉氏。文龟元年（1501），原先从属于扇谷上杉氏的相模西郡国众大森氏背叛了扇谷上杉氏，转而倒向山内上杉氏一方。伊势宗瑞趁此机会出兵，一举灭亡了大森氏，并将相模西郡领国化。永正六年（1509），伊势宗瑞与扇谷上杉氏也进入敌对状态，开始同时入侵扇谷上杉氏和山内上杉氏的领地。由于伊势宗瑞在骏河今川家内也握有话语权，他也动员骏河今川氏一同参与关东侵攻战争。永正十三年（1516），伊势宗瑞吞并了扇谷上杉氏的相模一国，将扇谷上杉氏赶到了武藏南部。又过了两年，在永正十五年（1518），伊势宗瑞退位隐居，将伊势氏当主之位让给了其子伊势氏纲，次年便离开了人世。继承当主之位的伊势氏纲，将本据从伊豆韮山城迁徙到了相模西郡的小田原城。

同一时期，在伊势宗瑞灭亡堀越公方后，古河公方本可成为关东唯一的公方，但是古河公方家发生了内乱，初代古河公方足利成氏的孙子足利高基与其弟足利义明发生分裂，足利义明在下总小弓城“另立中央”，自号为公方。这一个自古河公方处分裂出来的新公方，被称为“小弓公方”。伊势氏纲在继承伊势氏当主之后，拥护了小弓公方，归属到了小弓公方的阵营，并与同样拥护小弓公方的扇谷上杉氏和睦相处。

大永三年（1523），伊势氏纲将苗字从“伊势”改为了“北条”，从此以后他便改称为北条氏纲，伊势家也改称为北条家。“北条”原本是镰仓时代（1185~1333）的幕府执权北条氏的苗字，作为镰仓幕府执权的北条氏代代受领相模守这一官职，号称“相模太守”，体现了其作为相模国主的权力。北条氏纲将苗字从“伊势”改为“北条”，是为了通过冒称出自镰仓幕府执权北条氏一族，体现其名正言顺的相模国主的地位，改变关东的敌对势力将其视为外来侵略者的印象。为与正宗的镰仓幕府执权相区别，后人将由伊势氏改称而来的北条氏称为后北条氏。

北条氏纲的扩张

北条氏纲画像

经过伊势宗瑞、北条氏纲两代人在关东的经营，北条家在关东的领国有伊豆、相模二国，兼有武藏的久良岐郡、小机领、多摩川南岸地域，此外还同时领有骏河的御厨地域。除了直辖领外，关东的一部分国众也以从属的形式归附了北条家。其中，有相模最北部的国众津久井城城主内藤大和入道，武藏多摩地域的国众由井城城主大石道俊、户仓城城主小宫朝宗、胜沼城城主三田政定。内藤氏是原先扇谷上杉氏的重臣，大石氏是原先山内上杉氏的重臣，小宫氏、三田氏是原先从属于山内上杉氏的国众。在北条氏纲时代初期，北条氏的领国扩张到了武藏中部，可以和山内上杉氏、扇谷上杉氏领国匹敌。

与之相对，山内上杉氏的当主上杉宪房以上野平井城为本据，势力范围兼及上野一国、下野足利领、武藏北部。扇谷上杉氏的当主上杉朝兴以武藏江户城为本据，势力范围兼及武藏的河越领、松山地域，下总的葛西领。在他们的领国之内，还有很多从属于他们的关东国众。除了可直接支配的直辖领外，关东大名的势力范围都是由关东国众的从属、去留决定的。

从属于山内上杉氏的关东国众，在上野有国峰城的小幡氏、箕轮城的箕轮长野氏、惣社城的惣社长尾氏（山内上杉家宿老）、厩桥城的厩桥长野氏、大胡城的大胡氏、赤石城的那波氏、白井城的白井长尾氏（山内上杉家宿老）、沼田城的沼田氏、岩下城的斋藤氏、金山城的横濑氏，在下野有足利城的足利长尾氏（山内上杉家家宰），在武藏有深谷城的深谷上杉氏、忍城的成田氏、花园城的藤田氏。从属于扇谷上杉氏的关东国众，在武藏有松山城的难波田氏（扇谷上杉家宿老），在下总有葛西城的葛西大石氏。至于古河公方足利高基，虽然已无过去镰仓公方时代的荣光，但百足之虫死而不僵，仍有众多的关东从属势力。从属于古河公方的关东大名，在下总有结城氏，在常陆有小田氏；从属的关东国众，在上野有馆林领的赤井氏、桐生领的桐生佐野氏，在下野有佐野领的佐野氏，在武藏有岩付领的涩江氏（奉公众）、菖蒲领的佐佐木金田氏（奉公众）、骑西领的骑西小田氏、羽生领的广田氏和木户氏。从这些从属大名、国众可见，古河公方的势力仍然是不可小觑的。而从古河公方分裂出来的小弓公方足利义明，也有一批从属势力，在上总有真里谷武田氏，在安房有里见氏，在下总有千叶氏、原氏。其中，真里谷武田氏、里见氏、千叶氏三家都是房总大名，而且北条氏纲也在小弓公方的阵营中，可见小弓公方的势力也不小。

大永四年（1524）正月，先前与北条氏纲达成和解的扇谷上杉氏当主上杉朝兴，与北条氏纲的关系再次破裂，双方又进入战争状态。上杉朝兴意识到如果再不与山内上杉氏当主上杉宪房停止彼此间的对立，两家上杉氏都将会在北条氏纲的打击之下陷入极其被动的境地，于是正月三日，上杉朝兴从本据武藏江户城出阵，移动至武藏的另一据点河越城，在此发号施令，和上杉宪房进行同盟交涉。正月十日，扇谷上杉氏的家宰太田永严赶赴上杉宪房所在的羽尾峰，两家上杉氏的关系得以缓和。

察觉到扇谷上杉氏的中枢离开了本据，北条氏纲便抓住机会在正月十三日出兵，越过武藏多摩川，侵入扇谷上杉氏的武藏江户地域，攻打其本据江户城。江户城的筑城者，是被上杉朝兴之父上杉定正杀死的家中重臣太田道灌。但偏偏现在作为江户城城代留守在城内的，正是太田道灌的孙子太田资高。虽然太田资高是扇谷上杉氏宿老，但他对祖父被扇谷上杉氏诛杀怀有遗恨，又不满上杉朝兴，在战前就已经被北条氏纲策反。因此当北条氏纲率军袭来时，太田资高不做任何抵抗，直接开城投降了北条军。北条氏纲不费吹灰之力，就将扇谷上杉氏的本据给拿下了，之后便任命北条氏的宿老远山直景作为城代，镇守江户城。身在武藏河越城的上杉朝兴收到了本据江户城已经陷落的消息，大感震骇，他判断河越城也不能再守住，于是在正月十四日的时候后退到了武藏松山城。正月十五日，上杉朝兴又从武藏松山城后退到了山内上杉氏的领国避难，与上杉宪房一同在武藏藤田布阵，准备一同迎击北条氏纲。

上杉朝兴逃到山内上杉氏的领国以后，扇谷上杉氏宿老、武藏石户城城主太田资赖在二月二日被北条氏纲策反，从属了北条氏纲。随后，太田资赖侵入古河公方领域的武藏岩付城，攻打古河公方的奉公众涩江右卫门大夫。这里需要一提的是，除了室町幕府将军足利氏有奉公众外，古河公方足利氏也有奉公众，并不是只有将军家才有奉公众。所谓的奉公众，即室町幕府将军足利氏或者古河公方足利氏的直属部队、执政官。扇谷上杉氏的家宰太田永严对涩江右卫门大夫伸出援手，进入武藏岩付城帮助他一同守城，但最后两人双双战死，致使岩付城陷落，被太田资赖进驻接收。武藏岩付城的陷落，使得山内上杉氏的领国也受到波及，从属于山内上杉氏的武藏国众毛吕城城主毛吕显繁望风大惧，直接投降了北条氏纲。

一时之间，北条氏纲收服了江户城城代太田资高、石户城城主太田资赖等扇谷上杉氏宿老，又一举打下武藏的江户城和岩付城，势力大增，但扇谷上杉氏仍未完全没落。上杉朝兴一直设法摆脱困境，向与北条氏纲处于敌对关系中的甲斐大名武田信虎请求出兵支援。武田信虎应其所请，在二月七日出兵，入侵北条氏纲的领国相模津久井郡。在危急存亡的时刻，上杉朝兴通过与上杉宪房和解、向武田信虎求援，让北条氏纲在与扇谷上杉氏作战的同时，还要同时应对山内上杉氏和甲斐武田氏，缓解了自己的危机。

在同时与扇谷上杉氏、山内上杉氏、甲斐武田氏为敌的情况下，北条氏纲自感不支，意图拉拢古河公方足利高基，争取其支持。但北条氏纲在与古河公方亲近的同时，却又对古河公方的势力范围进行军事侵攻，他在三月二十日出兵，攻陷了足利氏一门的涩川氏的武藏蕨城，致使涩川氏从此陷入没落。加上此前太田

○ 武藏国分郡图

资赖攻陷了古河公方势力下的武藏岩付城，古河公方家已有两城陷落于北条氏，足利高基便认为北条氏纲言而无信，拒绝与他结盟。

三月晦日，武田信虎进军武藏秩父郡，与上杉朝兴、上杉宪房联合在一起，对北条氏纲发起反击。六月十八日，上杉朝兴夺回了武藏河越城，将此城作为新的本据，紧接着又出兵江户地域，试图将这一块失地收复，但是未能成功。七月二十日，武田信虎攻克武藏岩付城，使先前倒向北条氏纲的扇谷上杉氏宿老太田资赖回归了扇谷上杉氏的阵营。眼看上杉朝兴、武田信虎两军皆取得进展，北条氏纲为阻止上杉宪房的进军，策反了山内上杉氏的宿老上野惣社城城主长尾显景，但长尾显景事后依靠越后守护代府内长尾氏当主长尾为景的斡旋，回归了山内上杉氏的阵营，这让北条氏纲的策反计划失败。

上杉宪房随即对北条氏纲展开报复，与上杉朝兴联合在一起进军，于十月十日攻向武藏毛吕城。身在武藏江户城的北条氏纲为救援毛吕城而出阵，但他无法击退两上杉联军。于是在他授意之下，北条家的宿老远山直景与山内上杉氏的家宰下野足利城城主长尾宪长达成和睦协议，以毛吕城割让给山内上杉氏作为条件，达成和解。陷落在北条氏纲手中的武藏毛吕城，至此被上杉宪房收复。与上杉宪房和解后，北条氏纲又与武田信虎达成协议，双方停止了交战，至此，只剩上杉朝兴仍处于敌对状态。

大永五年（1525）二月六日，北条氏纲借着与武田信玄、上杉宪房的和解协议，再度侵入扇谷上杉氏的领国。他首先攻向扇谷上杉氏宿老太田资赖所在的武藏岩付城，一举攻克了此城。太田资赖本是武藏石户城城主，先前被北条氏纲策反，倒向了北条氏纲，替北条氏纲打下了古河公方的武藏岩付城，但是后来又回归了扇谷上杉氏的阵营。太田资赖在岩付城战败后，便往旧据石户城退却。而北条氏纲在接收了岩付城后，拥立前城主涩江右卫门大夫的儿子涩江三郎入城。由于涩江氏原本是古河公方的奉公众，北条氏纲拥立涩江三郎入城，相当于实际控制了古河公方的一家奉公众。同一时期，古河公方的另一家奉公众武藏菖蒲城城主佐佐木金田氏也归附了北条氏纲，不仅使北条氏纲同时拥有岩付城、蕨城、菖蒲城三座原属古河公方的城池，还控制了古河公方的两家奉公众。

随后，北条氏纲继续侵攻扇谷上杉氏的领国，对从属于扇谷上杉氏的下总国众葛西城城主大石石见守发起攻击。上杉朝兴为了应对北条氏纲的侵攻，向下总小弓公方和越后守护代府内长尾氏当主长尾为景请求支援，两家皆表示响应。原先，北条氏纲在关东的政治秩序上拥护小弓公方，属于小弓公方的阵营，但小弓公方在这时也对北条家表明了敌对态度。在此影响之下，小弓公方势力下的安房大名里见氏当主里见义丰、上总大名真里谷武田氏当主武田信清相继对抗北条氏纲。上总的真里谷武田氏，原本自北条氏纲的父亲伊势宗瑞时代以来，就与北条氏交好，北条氏之所以会拥护小弓公方，也是由于真里谷武田氏的关系。但昔日的旧交，如今因为关东局势的变化也反目成仇了，武田信清与北条氏纲就此断交。

北条氏纲此次侵入扇谷上杉氏领国，除了小弓公方对北条氏纲的态度起了变化外，山内上杉氏、甲斐武田氏的态度也相继出现了变化。二月十六日，山内上杉氏的当主上杉宪房去世，他的嗣子上杉宪宽继承了当主之位。上杉宪宽撕毁了上杉宪房一年前与北条氏纲达成的和解协议，于三月从本据上野平井城出阵，攻打北条方的武藏菖蒲城（注释：原古河公方奉公众佐佐木金田氏的居城）。武田信虎与北条氏纲在一年前建立的和睦关系也同时发生破裂，武田信虎从甲斐发兵，攻打北条方的相模津久井城（注释：相模最北部的国众内藤大和入道的居城）。北条氏纲应接不暇，只能先对武田信虎展开反击，他命令北条方的武藏国众户仓城城主小宫朝宗侵入武田信虎的领国甲斐，侵扰武田信虎的后方。但另一方面，一直遭受北条氏纲侵攻的上杉朝兴，继上杉宪宽、武田信虎之后，也开始反击。上杉朝兴为了夺回陷落在北条氏纲手中的武藏旧据江户城，在八月二十二日发难，从本据武藏河越城出阵，向着江户地域进军。北条氏纲闻讯，派出援军大将伊势九郎迎击上杉朝兴，两军在白子原展开会战，北条军大败，作为大将的伊势九郎直接授首。北条氏纲在武藏战线被打得节节败退。

大永六年（1526）起，反北条氏纲的各路势力开始联手对北条氏纲展开大规模攻击。同年五月，扇谷上杉氏与小弓公方组成共同战线，同时对北条氏发动攻击。上杉朝兴出兵进攻北条方的武藏蕨城（注释：原古河公方势力下的属城），小弓公方统领的真里谷武田氏与里见氏同时响应，出动水军扫荡北条方的江户川沿岸地域。由于北条氏纲无法对蕨城展开有效救援，导致蕨城在六月七日陷落于上杉朝兴之手。七月晦日，武田信虎也开始响应扇谷上杉氏，从甲斐入侵北条氏的骏河御厨地域。九月，上杉朝兴与上杉宪宽会合，一同开始了联手反击作战，向北条氏纲的领国进军。九月九日，上杉氏联军攻克了相模多摩川南岸的小泽城，后在十一月又攻向相模东部的据点玉绳城，被北条军击退后才停止了攻势。小弓公方统领的安房里见氏又在十二月十五日开始入侵北条领国，里见军从海路进发，攻向相模镰仓。北条氏纲闻讯，立即发兵驰赴镰仓，最终逼退了里见军，使其逃回安房，打了一场漂亮的反击战。

不过，虽然暂时击退了山内上杉军、扇谷上杉军、里见军，但北条氏纲仍然受到山内上杉氏、扇谷上杉氏、小弓公方、甲斐武田氏的联手包围，陷入了苦战当中。到了大永七年（1527），北条氏纲迫于形势，回归小弓公方的阵营，才暂时解除周遭敌对势力对他的围困，度过四面楚歌的危机。

关东大规模内乱

自享禄二年（1529）起，关东发生了一系列内乱，又陷入了极度混乱的局势之中，史称“关东享禄之内乱”。同年正月，山内上杉氏的宿老上野白井城城主长尾景诚被同族的长尾八郎杀害。这一事件的起因不明，但山内上杉氏内部就此发生对立。长尾景诚没有子嗣，谁来继承白井长尾氏的当主之位成了难题，家中因此起了纷争。山内上杉氏最重要的三名家臣，即上野箕轮城城主长野业正、上野惣社城城主长尾显景、下野足利城城主长尾宪长共同介入此事，让长尾显景的三子长尾宪景过继给白井长尾氏作为养子，扶持他继承白井长尾氏当主，并将长尾宪长的女儿嫁给了长尾宪景，顺利解决了白井长尾氏的内乱。

白井长尾氏的内乱甫一结束，山内上杉氏当主上杉宪宽又和山内上杉氏统领的西上野国众安中城城主安中氏发生摩擦，要在八月出兵讨伐安中氏。扇谷上杉氏当主上杉朝兴闻讯，试图制止上杉宪宽，但是上杉宪宽不听，执意要讨伐安中氏。因为这一事件，西上野的一部分山内上杉氏国众如西氏、小幡氏等，由于支持安中氏，也和上杉宪宽对立起来，他们拥立前任山内上杉氏当主上杉宪房的遗子上杉宪政作为当主，对上杉宪宽发起了叛乱。原来，上杉宪宽并不是上杉宪房的亲生儿子，而是过继给上杉宪房的养子。上杉宪房在年纪很大时，才有了亲生儿子上杉宪政，但他自感时日无多，怕幼子继位后掌控不了局面，于是从古河公方足利高基处过继了一个养子继承山内上杉氏的当主，这个人就是上杉宪宽。通过这个情况也能看出，自享德之乱以来，山内上杉氏和古河公方的关系已经走向和睦。上杉宪房去世时，上杉宪政只有两岁，甚至在关东享禄内乱发生的这一年，上杉宪政也才六岁，可见上杉宪房当初从古河公方处过继养子，也是有他的道理的，只是没想到会演变成内乱。

在上杉宪宽进抵安中城下后，西上野小幡氏出兵迎击，将其击败，上杉宪宽逃走，投靠西上野箕轮城的重臣长野业正去了。受到内乱的影响，山内上杉氏的其他国众也各自选择阵营站队，与西上野小幡氏相邻的高田氏选择支持上杉宪宽一方，武藏花园城的藤田氏选择支持上杉宪政一方。内乱持续了两年多以后，享禄四年（1531）九月三日，上杉宪政方取得胜利，八岁的上杉宪政继承了山内上杉氏的当主。失败的上杉宪宽就此没落，他前去投靠了小弓公方，并改名为晴直，此后一直居住在上总宫原，号称为“宫原御所”。

与山内上杉氏的内乱同时的，是古河公方家的内乱——古河公方足利高基与其嫡子足利晴氏之间发生对立。原先，足利晴氏已经于享禄元年（1528）十二月元服，确立了足利高基继承人的地位，但到了第二年，足利晴氏就和足利高基发生了抗争。从父子二人相抗的这一年起，小弓公方旗下的安房大名里见义丰、山内上杉氏方的武藏国众成田亲泰、关东八屋形之一的下野大名宇都宫兴纲等，纷纷介入古河公方家的内乱，表态支持足利晴氏。在抗争持续了两年后的享禄四年六月，足利晴氏获得胜利，战败的足利高基失意隐遁，让出了古河公方的居所古河城，古河公方家的内乱宣告结束。

山内上杉氏、古河公方家的内乱，同时从享禄二年（1529）开始，也同时在享禄四年（1531）结束。山内上杉氏一方，原当主上杉宪宽没落，上杉宪政继承当主。古河公方家一方，原公方足利高基隐遁，足利晴氏成为新公方。两家的内乱有一种阴谋论的猜测，根据学者黑田基树《关东战国史》一书的推测，在关东享禄内乱中，山内上杉氏方的武藏国众忍城城主成田亲泰介入了古河公方家的内乱，表态支持足利晴氏，这很可能是上杉宪政一方和足利晴氏一方取得联络，相互谋划协助，最后才得以推翻了与他们对立的上杉宪宽一方和足利高基一方。

就在山内上杉氏、古河公方家发生内乱的同时，北条氏与扇谷上杉氏再燃战火，发生激烈战争。扇谷上杉氏当主上杉朝兴主动发难，出兵入侵北条领地，攻打从属于北条氏纲的武藏国众三田氏。北条氏纲为解救三田氏之难，派遣武藏江户城城代远江直景前往迎击扇谷上杉军。次年即享禄三年（1530）正月三日，北条军与扇谷上杉军在武藏吾名蚬城外发生战斗，北条军不敌败北。上杉朝兴大获全胜后一路南下，大肆攻打北条氏所属诸城，在正月六日接连打下武藏多摩川沿岸的世田谷城、小泽城。正月七日，上杉朝兴向甲斐大名武田信虎请求援军，武田信虎随即响应，出兵侵攻北条氏纲的相模津久井郡，与上杉朝兴一同展开针对北条氏纲的军事行动。为了巩固与武田信虎的关系共同对抗北条氏纲，上杉朝兴将自己的叔母，即前任山内上杉氏当主上杉宪房的继室，从山内上杉氏家中接了回来，嫁给了武田信虎，与甲斐武田氏结成了同盟关系。正月八日，上杉朝兴进抵陷落在北条氏手中的昔日旧据江户城下，但是他未能将其收复，只是烧毁了城下町，之后便回到了河越城。

四月二十三日，北条氏纲对武田信虎发起报复性的反击，率军侵入甲斐都留郡，攻打从属于武田信虎的甲斐国众，与郡内小山田氏在矢坪坂发生会战，一举将其击败。作为武田信虎盟友的上杉朝兴闻讯立即对武田家展开支援，出兵袭击北条氏纲后方，向武藏府中进军。北条氏纲的嫡子北条氏康这时年已十六岁，开始崭露头角，他于六月二十六日在武藏小泽原迎击上杉朝兴，将上杉朝兴打得大败而归，成功解除了北条氏纲的后顾之忧。这一场小泽原之战是北条氏康的初阵，第一次上战场打仗就一举打败了其父北条氏纲的宿敌上杉朝兴，使上杉朝兴大败退散，显示出了出众的军事天赋。北条氏康为此非常自豪，自夸道："我初临军，而容易克敌，他后亦如此耳！"随后便意气风发地返回小田原城。

享禄四年（1531）九月二十四日，扇谷上杉氏再度侵入北条氏纲的领地，这次的发难者扇谷上杉氏的宿老太田资赖，是北条氏纲的"老朋友"了。太田资赖出兵攻陷了武藏岩付城，使北条氏纲留守在城内的城主涩江三郎战死，这让扇谷上杉氏的领国又恢复到武藏入间川一带。在此以后，北条氏纲一直无力夺回岩付城，致使岩付城一直落在太田资赖手中。在侵攻北条氏领地的同时，上杉朝兴又和武田信虎加固了同盟关系。天文二年（1533），上杉朝兴将自己的女儿嫁给了武田信虎十三岁的嫡子太郎，这一位太郎，就是日后赫赫有名的武田信玄。可惜上杉朝兴的女儿最后却因为难产去世了。

在"关东享禄之内乱"结束后，小弓公方家的大名、国众，又在天文二年以后相继发生内乱，史称"天文之内讧"。首先陷入内乱的，是安房大名里见氏。这一年的七月，里见氏的当主里见义丰杀死了他的叔父里见实尧和家中的宿老笔头正木通纲。里见实尧的儿子里见义尧为此发生叛乱，在百首城举兵对抗里见义丰，

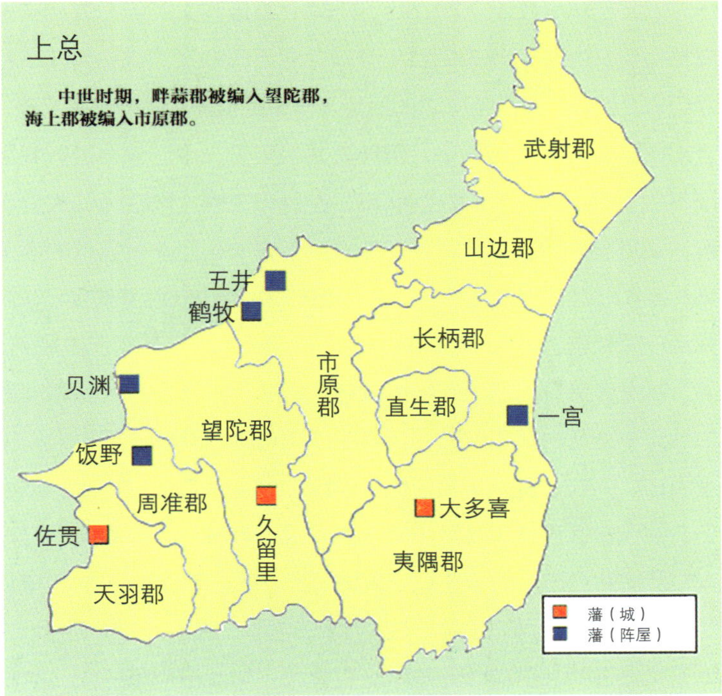

○ 上总国分郡图

同时向北条氏纲请求援兵帮助自己。北条氏纲应其所请，派遣他的三子北条为昌率领水军进入房总海域，支援里见义尧。里见义丰为此做出反应，也向与北条氏纲敌对的上杉朝兴提出援兵请求。

以此为契机，北条氏纲、上杉朝兴再次发生抗争，上杉朝兴又向武田信虎请求援兵，要求出兵攻打北条氏纲。于是，安房里见氏的内乱波及了北条氏纲，使他又被扇谷上杉氏、甲斐武田氏围攻。上杉朝兴再度出马武藏江户地域，武田信虎则从甲斐侵入相模的津久井郡。但是到了九月，里见义丰还是在和里见义尧的内战中失利，他万不得已之下，只能够从安房出逃到上总，去投奔岳父真里谷武田氏当主武田信清。上杉朝兴为了对里见义丰展开侧面支援，在十月到十一月期间侵入相模中郡，在大矶、平塚、一宫、相模湾沿岸一带放火，大挫北条氏纲之威风。所幸最后扇谷上杉军、甲斐武田军退兵，北条氏纲又度过了一次危机。

天文三年（1534）闰正月，小弓公方足利义明因为选择支援里见义丰，而与支持里见义尧的北条氏纲发生分裂，北条氏纲又一次脱离了小弓公方的阵营，自立门户。四月，逃亡至上总的里见义丰杀回安房，攻向里见义尧。北条氏纲闻讯，立即向里见义尧派出援军，帮助其共战里见义丰。战斗进行到最后，里见义丰逐渐不敌里见义尧、北条氏纲联军，在付出了死亡数百人的代价后，里见义丰军大败，里见义丰本人身亡，其首级被割下来送到了北条氏纲的本据小田原城中。里见义尧在北条氏纲的支持下，在里见氏的内乱中获胜并继承了里见氏的当主之位，并且一同脱离了小弓公方的阵营，在政治关系上从属了北条氏纲。

在安房里见氏的内乱结束以后，同属于小弓公方的上总真里谷武田氏又陷入内乱。十一月，真里谷武田氏当主武田信清与其嫡子武田大夫相继去世，家中发生内讧。先前，真里谷武田氏一族因为安房里见氏的内乱，家中也分成了两派，各自站队。武田信清是里见义丰的岳父，自然站在里见义丰一方，其长子武田大夫亦持如此立场，此为里见义丰派；而武田信清的庶子武田信隆则支持里见义尧，此为里见义尧派。在里见义丰派的武田信清、武田大夫于同月非常巧合地死去后，里见义尧派的武田信隆继承了当主之位，但武田信隆的叔父武田信秋是里见义丰派，反对武田信隆继承当主，于是和武田信隆对立。从更深层意义上说，武田信隆当时已经属于北条氏纲的阵营，而武田信秋则属于小弓公方足利义明的阵营。

正所谓一波未平，一波又起，上总真里谷武田氏的内乱尚未平息，下总地区又发生了动乱。同样是小弓公方势力下的下总大名千叶氏、下总国众原氏，皆对小弓公方足利义明举起反旗，小弓公方家的内乱直接波及了足利义明本人。小弓公方足利义明的本据小弓城，原先是下总大名千叶氏的家臣原氏的居城，但后来被小弓公方攻占了，并作为其本据。而千叶氏、原氏在小弓公方横空出世以后，也只能附庸于他，但心里却积聚了不满。原氏在叛乱以后，联合了主家千叶氏一同发难，欲夺回本属于他的本据小弓城。但是足利义明在小弓城迎战叛军，将千叶军、原军打得大败，二氏迫于形势，只能再度从属了足利义明。但在年底，千叶氏又叛离了小弓公方，归属于古河公方的阵营，并与北条氏纲结成同盟关系。北条氏纲又通过这一关系，与古河公方足利晴氏结成了同盟，形成一致对抗小弓公方的关系。

自享禄到天文年间，关东一共发生了上野白井长尾氏内乱、山内上杉氏内乱、古河公方家内乱、安房里见氏内乱、上总真里谷武田氏内乱、小弓公方家内乱，北条氏纲也和上杉朝兴、武田信虎抗争不断。你方唱罢我登场，诸侯争战不已，整个关东陷入无休止的长期混战。

小弓公方家灭亡

“天文之内讧”告一段落后，北条氏纲继续与上杉朝兴、武田信虎抗争。天文三年（1534）八月，北条氏纲应其盟友骏河大名今川氏辉（伊势宗瑞的外甥今川氏亲之子）之请，进军甲斐攻打武田氏，在都留郡的山中之战击破了武田军。遭到打击的武田信虎向其盟友上杉朝兴求助，要求对北条氏纲进行反击。上杉朝兴应其所请，在九月下旬至十月之间出兵北条领地，向着相模湾沿岸进军，在相模中郡及东郡一带纵火焚掠。面对上杉朝兴的入侵，北条氏纲处于被动挨打状态，直到上杉朝兴退兵后，他才敢于还击。十月十三日，北条氏纲动员安房里见氏、上总真里谷武田氏、下总千叶氏一同参战，向上杉朝兴的本据武藏河越城进发。十五日，北条军与扇谷上杉军在入间川发生冲突，击败了扇谷上杉军。此战获胜后，北条氏纲继续深入侵略扇谷上杉氏的领国，对上杉朝兴之前在相模大肆纵火的行为展开报复。

天文五年（1536）三月，北条氏纲的坚定盟友骏河大名今川氏辉暴卒，今川家中围绕继承当主之位发生了内乱。争夺当主位置的是今川氏辉出家的两名弟弟，分别是花藏殿惠探、善德寺殿承芳。北条氏纲同其父伊势宗瑞一样，一手介入了今川氏的内乱，他选择支持善德寺殿承芳，为此在五月份出兵骏河，于六月份灭亡了花藏殿惠探，帮助善德寺殿承芳继承了今川氏的当主之位。善德寺殿承芳在还俗以后，改名为今川义元。

但今川义元在继承当主后，却做了一件北条氏纲想不到的事情。天文六年（1537）二月，今川义元与今川氏历来的敌对者甲斐大名武田信虎结成了同盟，并迎娶了其长女。因为武田信虎是北条氏纲的死敌，同时今川氏和北条氏自伊势宗瑞以来有长达五十年的亲密关系，今川义元的这一举动彻底刺激了北条氏纲，让他大为恼怒。在极度恼怒之下，北条氏纲与今川义元反目成仇，并与今川氏开始构兵。二月末，北条氏纲出兵骏河，侵攻富士川以东的河东地域，并于六月占领该地域。自伊势宗瑞以来，北条氏与今川氏缔结的婚姻关系、同盟关系，至此彻底破裂。由于今川氏与北条氏的抗争发生在骏河河东地域，所以这一次动乱被称为“河东之乱”。其间的四月二十七日，北条氏纲的宿敌扇谷上杉氏当主上杉朝兴去世，享年五十岁，其十三岁的嫡子上杉朝定继承了当主之位，由扇谷上杉家的家宰武藏松山城城主难波田善银辅佐。

同样，在北条氏纲出兵骏河的五月份期间，上总真里谷武田氏的内乱进入激化状态，北条氏纲派的真里谷武田氏当主武田信隆，受到小弓公方派的叔父武田信秋攻击，从本据真里谷城出逃到了峰上城避难。北条氏纲为此介入真里谷武田氏的内乱，派遣重臣大藤荣永出兵支援武田信隆。大藤荣永为了帮助武田信隆夺回真里谷城，在此城附近新筑造了新地城，与敌对方的武田信秋对峙。而先前在里见氏内乱中得到武田信隆支持的安房大名里见义尧，此时也出动了援兵，前往支援武田信隆。与此同时，发起叛乱的武田信秋也向小弓公方足利义明请求援兵，足利义明随即响应，出兵上总支援武田信秋。

随后，武田信秋与足利义明联手发起了有力的反击。北条氏纲正忙于骏河的战争，无法增兵支援武田信隆，导致武田信隆掌控下的上总三城皆陷落于足利义明之手，就连他退守的峰上城亦无法保住，一同陷落。战败的武田信隆逃离上总，去投靠北条氏纲，移居到了武藏。北条氏纲、里见义尧的援军在武田信隆失败以后，也只好撤兵。作为反对派的武田信秋在兵变成功后，让他的庶子继承了真里谷武田氏的当主。而原本从属了北条氏纲的里见氏由于此次内乱的影响，也脱离了北条氏纲的阵营，回归小弓公方的阵营。

足利义明平息了上总真里谷武田氏内乱以后，小弓公方进入了中兴时期。此后，小弓公方开始对宿敌古河公方足利晴氏用兵。六月，足利义明向古河公方的宿老梁田晴助的下总关宿城进军。七月，足利义明与梁田晴助交战，最终被梁田晴助击退，没能够打下关宿城。在足利义明进军下总之际，扇谷上杉氏当主上杉朝定也趁着北条氏纲出兵骏河的时机，侵入北条氏纲的领国，在北条氏支配下的武藏地域筑造神太寺城。北条氏纲收到这一消息后怒不可遏，立刻从骏河归阵，在七月十一日攻克了神太寺城，将扇谷上杉军驱逐，并一路向扇谷上杉氏的本据武藏河越城进军。扇谷上杉军在河越城南面的三木迎击北条氏纲，但是惨败，主力军覆灭。在主力溃败后，上杉朝定判断难以守住河越城，于是弃城出逃，逃到了家宰难波田善银的松山城。但是北条氏纲依旧没有放过上杉朝定，又进兵打到松山城之下。

为了解除扇谷上杉氏的危机，山内上杉氏当主上杉宪政决意出兵救援，在八月派遣武藏国众成田氏、藤田氏作为先阵进军。得到山内上杉氏出兵的消息后，北条氏纲解除了对松山城的围困，退到河越城，并将此城的支配权委任给第三子北条为昌。北条为昌是相模玉绳城的城主，管辖相模东郡、三浦郡，武藏久良岐郡、小机领，支配了北条氏的近半个领国地域，此时北条氏纲又令他支配前线的武藏河越城，可以说对他是相当之器重。北条为昌比其兄长北条氏康小了五岁，这时候才不过是个十八岁的青年，未来或许可以大有作为，可是他活得并不长，几年后就早早去世了。

北条氏纲占据武藏河越城以后，扇谷上杉氏的领国范围局限在新本据武藏松山城、宿老太田资显（太田资赖之子）的武藏岩付城、大石石见守的下总葛西城，势力大为衰退。天文七年（1538）正月，山内上杉氏与扇谷上杉氏为了夺回武藏河越城而展开协同行动，一同进兵攻击此城。北条氏纲前往迎击，在二月二日驱逐了两上杉氏联军，并派兵杀入下总，攻打扇谷上杉方的葛西城。邻近下总葛西城的小弓公方足利义明对扇谷上杉氏展开救援，向大井川对岸的国府台进军，与北条军形成对峙。不过，足利义明并没有与北条军发生直接冲突，反而准备北上入侵古河公方的下总领国，先阵已经布阵于松户相模台。

面对如此危机，先前已经与北条氏纲进行合作的古河公方足利晴氏，立即向北条氏纲求援。北条氏纲为此在十二月二日从相模小田原城出阵，进军至相模台与国府台中间的松户台布阵。十二月七日，北条氏纲与足利义明在国府台展开激战，获得决定性的大胜，足利义明、其嫡子足利义淳、其弟足利基赖等小弓公方家的重要人物尽数战死，史称“第一次国府台之战”。此战结束后，自古河公方处分裂而来的小弓公方家在事实上已经灭亡，足利义明的遗子逃向安房，寻求安房里见氏的庇佑。

小弓公方家灭亡以后，其势力统治下的下总、上总地区完全崩坏。下总大名千叶氏出兵夺回被小弓公方占据的小弓城，使其家臣原氏回到了此城。北条氏纲扶持真里谷武田氏的前当主武田信隆回归，使他重新成为当主，小弓公方派的武田信秋一党失势。武田信隆当政后，上总真里谷武田氏又重新从属了北条氏纲，回归北条氏纲的阵营。不过，安房里见氏在小弓公方灭亡以后仍然割据自治，并没有从属于北条氏纲，给北条家留下了很大后患。

北条氏纲灭亡小弓公方后，古河公方成为镰仓公方唯一的正嫡，确保了其独一无二的政治地位。古河公方足利晴氏为了褒奖北条氏纲，为他补任了“关东管领”的职务。北条氏纲的政治地位由此一跃而上，在关东仅次于古河公方家。不过，在关东还存在另外一家“关东管领”，那就是自镰仓公方时代以来，世袭此职的山内上杉氏。人常说“天无二日”，但这时关东的上空却是“天有二日”，同时存在着两家关东管领。

天文九年（1540）十二月，北条氏纲为强化与古河公方足利晴氏的政治关系，将女儿芳春院殿嫁给了他作为正室。两家由此确定了联姻关系，北条氏纲的政治地位也进一步上升，先后获得了“关东管领”的职务、“足利氏御一家”的家格，在关东得到了仅次于古河公方家的政治地位，摆脱了关东当地的其他政治势力将其视作“他国的逆徒”“他国的凶徒”的形象。

天文十年（1541），北条氏纲走到了人生的尽头，享年五十五岁。经过北条氏纲一生的奋斗，北条氏在关东的领国范围扩张至兼有伊豆全国、相模全国、武藏半国、骏河河东地域、下总的一部分，下总千叶氏、上总真里谷武田氏等关东大名、国众，也通过从属的形式附庸于北条家。北条家的势力，一下子就超过了山内上杉氏，一跃成为关东最强的大名。

在这一年前后，山内上杉氏当主上杉宪政的嫡子诞生，取名为龙若丸。据《续本朝通鉴》的记载，在龙若丸出生时，空中“白虹贯日”，出现了异常的天象。

所谓“白虹贯日”，是一种自然现象，指白色的长虹穿日而过。这一词最早出自中国的史料《战国策·魏策四》，原文记载说“聂政之刺韩傀也，白虹贯日”，是说齐国的刺客聂政为报答韩国大臣严遂的知遇之恩，而去刺杀韩国的国相韩傀，但是最后失败自杀了，而当时出现了“白虹贯日”的天象。古人认为“白虹贯日”是不祥之兆，意味着将会发生重大的灾祸。《续本朝通鉴》用这一词描写龙若丸的诞生，实则是暗喻山内上杉氏步入衰亡之征兆。

扇谷上杉氏灭亡

天文十年（1541）七月十七日，北条氏纲的嫡子北条氏康继承了北条家当主之位。这一年，北条氏康二十七岁。

在北条氏康继承当主之前的同年六月，甲斐武田氏发生内乱，武田信玄将其父武田信虎流放至骏河，继承了武田氏当主之位。同年七月，山内上杉氏当主上杉宪政派出关东三千骑，从上野侵入信浓，攻打佐久、小县二郡。这是因为武田氏在武田信虎时代的信浓侵攻中，将小县郡的国众海野氏驱逐，海野氏辗转流亡到了上野，请求上杉宪政出兵帮助收复失地，因此才有了这一幕。刚继承武田氏当主之位的武田信玄望风大惧，无力应对山内上杉氏的侵攻，只能由其盟友、信浓诹访郡的诹访赖重与山内上杉氏对抗。诹访赖重与山内上杉氏议和后，山内上杉氏撤兵回到了上野。原本，山内上杉氏与甲斐武田氏，自两家的前代当主上杉宪房、武田信虎以来，是相互友好的关系，一同合作对抗北条氏纲。但如今在上杉宪政、武田信玄这两个年轻人当政下，因为信浓的领国问题，也转变成了敌对关系，相互仇视。

年轻气盛的上杉宪政在发起针对武田信玄的军事行动后，又继续与北条氏康抗争。北条氏康继承当主三个月后，在山内上杉氏的支持之下，扇谷上杉氏对陷

○　北条氏康

落在北条氏手中的本家失地武藏河越城、江户城发起进攻，但是皆被北条军击退。十二月，北条氏康发起反击，入侵山内上杉氏领国的武藏本庄地域，回击上杉宪政。

天文十二年（1543），北条氏康势力下的上总真里谷武田氏，又一次陷入了内乱。原先由北条氏纲扶持的真里谷武田氏当主武田信隆，这时候已经去世，他的弟弟武田信应继承了当主之位。而在真里谷武田氏本家之下，还有支族佐贯武田氏、小田喜武田氏、万喜武田氏。其中佐贯武田氏的当主武田信秋，自“天文之内讧”以来，一直与武田信隆、北条氏纲对立，但在北条氏纲扶持武田信隆回归当主之位以后，一时失势。武田信隆死后，武田信秋又一手挑起了内乱，与新任当主武田信应发生对立。在内乱发生后，两派各自寻求外援，武田信应向北条氏康求援，武田信秋则向安房大名里见义尧求援，为此北条氏康、里见义尧又各自出兵，介入真里谷武田氏的内乱当中。

虽名为支援，但北条氏康和里见义尧借这次出兵上总，各自蚕食侵吞了许多上总的领地。北条氏侵吞了佐贯武田氏支配的峰上城，里见氏则一口气侵吞了小田喜武田氏支配的小田喜城、胜浦城和万喜武田氏支配的万喜城。向里见义尧求援的武田信秋，其本城佐贯城也被里见义尧侵吞，并且成了里见氏的新本据，可谓是搬起石头砸了自己的脚。里见氏在兼并了上总诸城后，成为横跨安房、上总的大名，此后称为房总里见氏。由于发起叛乱的佐贯武田氏的没落，真里谷武田氏的内部矛盾消解，转变为与外侵者房总里见氏的抗争。

上总的内乱暂时告一段落，天文十三年（1544）正月，北条氏康与自北条氏纲以来的宿敌甲斐武田氏达成和睦。当时，北条氏康同时与山内上杉氏、扇谷上杉氏、房总里见氏、骏河今川氏、甲斐武田氏对抗，面临多条战线，处于非常被动的状态。但武田氏已与山内上杉氏关系恶化，北条氏康便先从武田氏打开突破口，通过与武田氏的和睦，来一致对抗山内上杉氏，同时减少了一个敌人。而古河公方家和山内上杉氏的关系在这期间又陷入敌对化，北条氏康便又联合了古河公方一同对抗山内上杉氏。天文十三年正月至三月之间，古河公方足利晴氏在北条氏康的支持下，出兵攻打山内上杉氏的领国上野，北条方的武藏西部国众小宫康明亦一同出阵。

和武田信玄的和睦达成、支持古河公方对抗山内上杉氏后，北条氏康得以安心继续其军事行动，同时与两上杉氏、房总里见氏抗争。天文十三年四月，北条氏康出阵荒川端，与山内上杉氏、扇谷上杉氏联军对战。九月，北条氏康派水军侵攻安房，与里见氏对战。天文十四年（1545）春，北条氏康再次入侵山内上杉氏的领国。同年四月，山内上杉氏的有力国众武藏忍城城主成田亲泰去世，其子成田长泰继承家中当主之位。成田长泰当政以后，在五月背叛上杉宪政，倒向北条氏康。上杉宪政为此大为恼火，在五月末对成田长泰发起攻击。北条氏康为了支援成田长泰，派出叔父北条宗哲、妹婿北条纲成赴救。在这期间，山内上杉氏与古河公方家的关系又突然恢复了和睦，因此上杉宪政向古河公方足利晴氏请求派兵支援，与北条氏康有联姻关系的足利晴氏出人意料地答应了上杉宪政，承诺近期将会出兵。这一表态，显示出足利晴氏在立场上开始倒向上杉宪政，与北条氏康渐渐疏远。不过，足利晴氏最后是否出兵，这一情况仍不明确，而成田长泰最后也安稳度过了这一次危机。

进入七月，北条氏康又与骏河大名今川义元发生抗争。同月二十四日，今川义元向陷落在北条氏康手中的骏河河东地域进军，对北条氏康发起了挑战。骏河河东原来是今川氏所支配的领域，但后来今川氏与北条氏关系破裂后，被北条氏康的父亲北条氏纲攻占，自天文六年以后一直掌控在北条家手中。今川义元为了夺回骏河河东地域而与山内上杉氏通好，又向盟友甲斐武田氏请求援兵，谋求一同夹击北条氏康。在今川义元出兵后，北条氏康闻声而动，向北条方支配的骏河最前线的吉原城进军，以抵御今川义元的入侵。但同时，武田信玄也应其盟友今川义元之请，出兵骏河对抗北条氏康。武田信玄虽然先前与北条氏康达成和睦，但由于与今川义元的同盟关系更为重要，所以还是响应今川义元出兵。九月十二日，武田军的先阵向骏河富山郡大石寺进军。得知这一消息的北条氏康立即给武田信玄写信，表示自己愿意割让骏河吉原城给今川义元，换取三方的和睦，但武田信玄不听。之后，武田信玄、今川义元组成联军，包围了北条氏康所在的吉原城，并打败北条军。

北条氏康在狐桥之战战败以后，按照自己先前的承诺，在九月十六日放弃了骏河吉原城，一直后退到伊豆三岛城。尽管北条氏康表达出了和解的诚意，但今川义元对此还是不能接受。九月十九日，今川义元进兵至骏河骏东郡，迫使北条方的骏河国众葛山氏元归顺，又命令葛山氏元攻打骏河边境的长洼城，此城是北条方的骏河国众御宿氏的居城。九月二十一日，今川义元进兵至长洼城下，但未能将其攻克。九月二十七日，今川义元留下一部分兵力继续围攻长洼城，自己率领大军绕过长洼城，在骏河、伊豆边境的黄濑川架桥，向着北条氏康所在的伊豆三岛进军。九月末至十月中旬，今川义元与北条氏康在伊豆三岛周边展开一系列会战。

就在北条氏康与今川义元在伊豆三岛交战的同时，扇谷上杉军、山内上杉军在九月二十六日倾巢出动，组成规模庞大的联军，包围了北条氏康后方的武藏河越城，以响应今川义元夹攻北条氏康的战略计划，致使北条氏康同时面临伊豆、武藏两条战线的巨大压力。北条氏康分身乏术，难以应对如此巨大的危机，权衡之下，他决定优先对抗扇谷上杉

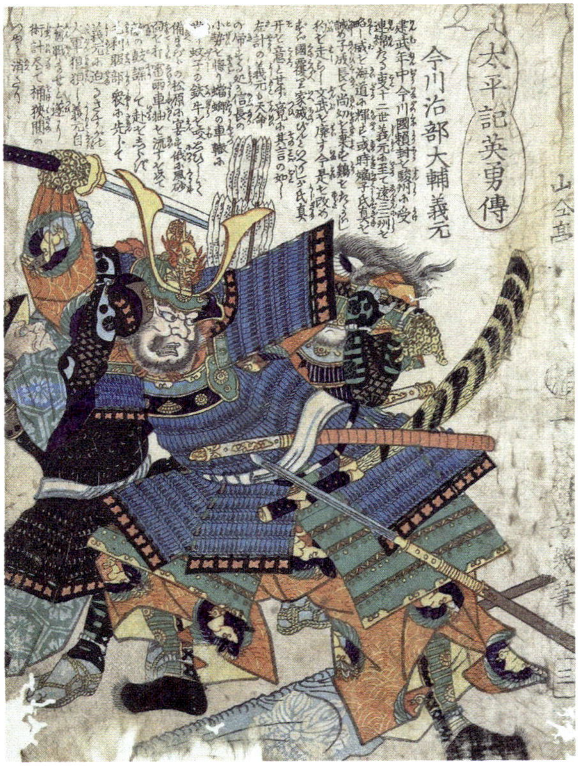

○ 《太平记英勇传》中今川义元绘图

氏、山内上杉氏联军，与今川义元再度进行和谈。十月十五日，北条氏康首先与武田信玄议和，又依靠武田信玄的斡旋，开始与今川义元谈判。十月二十日，按照议和的条件之一，骏河长洼城城主御宿氏自杀。十月二十八日，北条氏康与今川义元停战，十一月六日撤去骏河长洼城的全部守军，将此城割让给了今川义元，完成了与今川义元的和解。此后，北条家的势力完全从骏河退出，骏河完全成为今川氏的领国。虽然牺牲了骏河的支配地域，但北条氏康由此摆脱了两条战线全面开战的危机，得以专注于对付两上杉氏联军。

在北条氏康与今川义元达成和睦以后，上杉宪政派遣使者出使下总古河城，以灭亡北条氏康以后复兴镰仓府作为交换条件，成功说服了古河公方足利晴氏一同出兵包围武藏河越城。到这时，足利晴氏立场鲜明地表示了与北条氏康敌对，可北条氏康还是决意挽回足利晴氏，为此派遣使者请求足利晴氏保持中立。但足利晴氏最后还是被扇谷上杉氏的家宰难波田善银说服，选择与北条氏康敌对。由于古河公方的余威，常陆小田氏等北关东大名、国众也随同足利晴氏一同出阵，在十月二十七日与两上杉氏联军一同包围武藏河越城。

在北条方河越城守将大道寺盛昌、北条纲成、北条宗哲的奋力抵抗下，两上杉氏、古河公方联军对河越城的围困一直持续到天文十五年（1546），但是北条守军自身也陷入了疲惫状态。为了麻痹敌方联军，北条氏康故意向足利晴氏示弱，佯装愿意让出河越城，但是遭到了足利晴氏的拒绝。与此同时，北条氏康开始施展手段瓦解敌方联军的阵营。三月七日，北条氏康策反了扇谷上杉氏的宿老武藏岩付城城主太田资显。岩付太田氏是敌方联军中最前线位置的国众，也参与了包围河越城，其支配下的岩付领南接江户地域，西接河越地域。由于太田资显的倒戈，导致两上杉氏、古河公方联军对河越城的包围网遭到瓦解。

四月，北条氏康为救援河越城而亲自进军，布阵于河越城附近的沙洼。为了再次麻痹敌方联军，北条氏康通过家臣諏访左马助，与跟随足利晴氏出阵的常陆大名小田政治的宿老菅谷隐岐守取得联络，再次表达了愿意让出河越城的想法，但菅谷隐岐守拒绝作为中间人。得到这些情报后，上杉宪政判断北条氏康已经陷入绝境，便在四月二十日主导两上杉氏、古河公方联军进攻北条氏康所在的沙洼阵。北条氏康前往迎击，河越城内的北条纲成在城头上看到后，也出城与北条氏

○ 下总国分郡图

康夹击敌方联军。此战北条氏康取得决定性大胜，上杉宪政的马廻众仓贺野三河守以下三千人阵亡，上杉宪政、足利晴氏败走。上杉宪政逃回上野平井城，足利晴氏逃回下总古河城，而扇谷上杉氏的当主上杉朝定及其家宰难波田善银战死，身亡郊野。此战便是日本战国史上赫赫有名的河越之战。

扇谷上杉氏的宿老太田资正，是倒向北条氏康的武藏岩付城城主太田资显的弟弟，他没有和太田资显一样倒向北条氏康，而是跟随扇谷上杉军参与了此战。在上杉朝定战死以后，太田资正越过武藏与上野交界的利根川，逃亡至上野，投靠山内上杉氏势力下的上野国众横濑氏去了。至于扇谷上杉军的主力部队，在失去当主以后，仓皇逃回了本据武藏松山城。但北条氏康不依不饶，继续追击扇谷上杉军的残兵溃卒，最终拿下了其本据松山城，一举灭亡了扇谷上杉氏，令重臣坪和伊予守坐镇。

以割让骏河半国与今川义元为代价，北条氏康得以专注于与两上杉氏、古河公方联军作战，换来了河越之战的胜利，他通过此战灭亡了自祖父伊势宗瑞以来的宿敌扇谷上杉氏，又将山内上杉氏打得衰残，且权威开始凌驾于古河公方之上，俨然成了关东霸主。这一点，可以说是失之东隅，收之桑榆，获得的远比失去的大。

河越之战结束后的同年五月，房总大名里见义尧对北条家的从属大名下总千叶氏的领国发起侵攻。在里见义尧的攻势下，千叶氏一门众的椎崎氏、臼井氏都背叛主家千叶氏，倒向了里见氏。北条氏康为此发起反击，在九月直接发兵攻向里见义尧的本据上总佐贯城，同时镇压下总千叶氏的叛乱势力，几乎使里见氏陷入灭亡的地步。但在北条军将要攻陷佐贯城之前，逃亡到上野新田领的扇谷上杉氏遗臣太田资正杀回了武藏，夺回了主家旧据松山城。北条氏康收到这一消息后，立即从佐贯城退兵，里见氏的危机由此得免。天文十六年（1547）六月，里见义尧故态复萌，进兵侵攻下总千叶氏的领国，北条氏康亦进兵下总与里见义尧相战，下总陷入战乱频发的境地。

十月，被北条氏康策反的扇谷上杉氏旧臣、武藏岩付城城主太田资显去世，由于他没有后继者，导致岩付城处于空虚无主的状态。趁着这个机会，在十二月九日，太田资显的弟弟太田资正在松山城宣布继承了岩付太田氏的当主，并发兵夺下了岩付城，以此城作为本据，又命令昔日同僚上田朝直镇守松山城。在太田资正的经略下，扇谷上杉氏遗臣作为一股政治势力在关东复活，同时兼并了武藏岩付领、松山领。北条氏康对此自然是不能容忍，于是向两领进发。松山城的上田朝直不敢抵抗，从属了北条氏康。在降伏上田朝直以后，北条氏康又向岩付城进发，终于在天文十七年（1548）降伏了太田资正，使其从属于自己。在迫使太田氏、上田氏臣服以后，北条氏康完全消灭了扇谷上杉氏的残余势力，接下来的目标就是山内上杉氏了。

山内上杉氏没落

北条氏康在消灭扇谷上杉氏的残余势力以后，便开始着手攻打山内上杉氏的领国，也就是北武藏、上野。为了应对北条氏康带来的挑战，上杉宪政依靠室町幕府的斡旋，与越后守护代长尾晴景结交，希望能得到外援的帮助。前关东管领

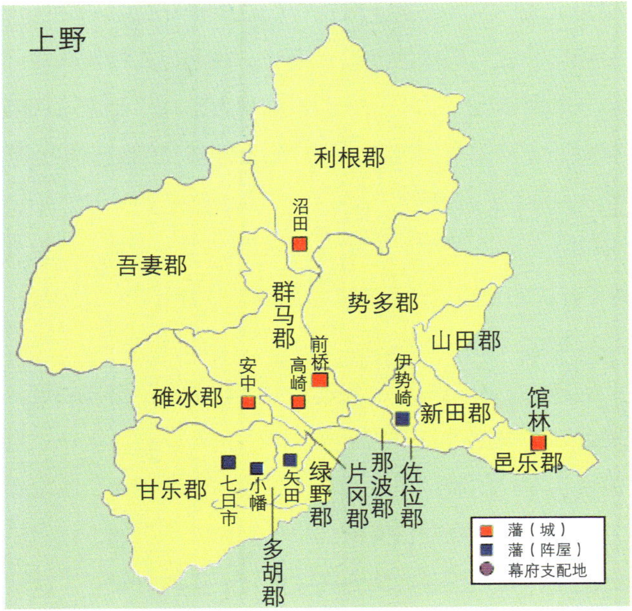

○ 上野国分郡图

上杉显定，曾与前越后守护代长尾为景相争。但上杉显定在长森原之战兵败，被长尾为景杀死。到了上杉宪房担任关东管领的时代，渐渐与长尾为景关系和睦。至上杉宪政时代，两家当政者全都更换，方正式恢复了联系。

天文十七年（1548）九月十一日，上杉宪政写信给长尾晴景，告诉他古河公方足利晴氏的长子幸千代王丸已经元服的消息。在元服的这一天，幸千代王丸受领第十三代幕府将军足利义藤（日后更名为足利义辉）的偏讳“藤”字，更名为足利藤氏。除了告知幸千代王丸元服的消息外，上杉宪政还在另一封信中感谢长尾晴景从越后送来“初鲑”作为礼物。所谓的初鲑，也就是初秋以后才有的三文鱼，在当时来说绝对是珍馐，上杉宪政自然要表示感谢。

才和长尾晴景恢复联络没多久，北条氏康就对山内上杉氏的领国展开了侵攻。天文十七年十月之前，北条氏康策反了山内上杉氏的西上野有力国众国峰城城主小幡宪重，使其在同年的十二月进攻山内上杉氏的本据平井城。但上杉宪政的家臣小林平四郎据城奋战，使小幡军在平井城攻城战中死伤重大，只能解围退去。在此之前，越后也发生了重大的政治动荡，长尾晴景和其弟弟上杉谦信发生残酷的权力斗争，最后上杉谦信占了上风。同月，长尾晴景将越后府内长尾氏当主的位置让给了上杉谦信，自己退位隐居，上杉谦信由此成为新一任越后府内长尾氏当主。上杉宪政和越后府内长尾氏（注释：下文将越后府内长尾氏改称越后上杉氏）的交流，也从长尾晴景转移到上杉谦信身上。

天文十八年（1549）年初，上杉宪政通过家中重臣、下野足利长尾氏当主长尾宪长写信给上杉谦信，委婉地向他表达了希望能够出兵关东援助自己的意愿。但从这一年起，越后又陷入内乱之中，越后上田长尾氏出身的长尾政景与上杉谦信作对，上杉谦信不得不应付国内的祸乱，这时候并没有精力顾及上杉宪政。尽管上杉宪政想力挽狂澜，此时的山内上杉家却江河日下。同年七月前，山内上杉方的武藏有力国众花园城城主藤田泰邦、深谷城城主上杉宪贤先后被北条氏康策反，从属了北条氏康。在藤田泰邦、上杉宪贤叛离以后，山内上杉氏在武藏的从属国众，仅剩下武藏国众御岳城城主安保泰广，几乎将要丢光整个北武藏。上杉宪政为此对反叛的武藏国众发起报复性作战，命令安保泰广攻击藤田泰邦领地西端的高松城。受到攻击的藤田泰邦立即向新主北条氏康寻求援兵，北条氏康应其所请，出兵击退了安保泰广，并乘胜将北条氏的势力从北武藏往前扩张到了西上野的一部分。

天文十九年（1550）八月，北条氏康在武藏深谷领的西侧修筑本庄城，准备以此为前进据点，向山内上杉氏领下的西上野发起全面侵攻作战。在出兵之前，北条氏康考虑到麾下的武藏国众岩付城城主太田资正与山内上杉氏的东上野国众金山城城主横濑成繁有旧谊，于是便通过太田资正劝降横濑成繁，并要求横濑成繁到武藏本庄城参阵，并献出人质，但这些要求均遭到了横濑成繁的拒绝。同年十一月，北条氏康亲自率军出阵，从武藏本庄城出发，进抵山内上杉氏的本据上野平井城之下。危难时刻，仍然是上杉宪政的家臣小林平四郎浴血奋战，最终击退了北条氏康，使北条氏康撤兵退走。在平井城之战过了一年后的天文二十年（1551）冬，北条氏康才再整军备，再次对山内上杉氏发起进攻，可见在平井城之战元气大伤。

天文二十一年（1552）二月，北条氏康亲自率领数千骑，向山内上杉氏在武藏仅剩下的据点御岳城进军。二月十五日，北条军放火烧毁了武藏的金鑚山大光普照寺，并在同一日进攻御岳城，切断了通往城内的汲道。由于城内水源不足，御岳城内的士兵开始出现干渴而死的情况，失去了抵抗力。至二月底，北条军杀死了城内守军数千人，御岳城城主安保泰广、安保泰忠父子无法再抵抗北条军的攻势，于是在三月上旬出城投降了北条军，御岳城宣告陷落，北条氏康由此掌控了整个武藏。

御岳城陷落时，上杉宪政的嫡子龙若丸也在城内，在陷城后被北条军捕获，送到了相模小田原城。虽然龙若丸年龄幼小，但北条氏康没有丝毫的怜悯，亲自发话说："龙若虽幼，然宿敌之长男也，不可赦焉。"在两年以后，十三岁的龙若丸被北条氏康下令在伊豆处死，并授意家臣神尾氏将龙若丸的尸体沉于大海之中，下场非常凄惨。后世对龙若丸报以同情，也衍生出了一些地方上的传说。江户时代的史书《续本朝通鉴》记载："氏康令神尾沉龙若于渊，其灵为祟，神尾为癞。又每年比及龙若死时，小田原海滨逆浪涨至云云。"说是在龙若丸被北条氏残酷杀害以后，他的怨灵作祟，让杀害他的神尾氏得上了麻风病，并且每年到他的死期时，小田原城的海边总是会涨潮。这虽然只是一种传说，却反映出了人们对龙若丸悲惨遭遇的同情。

武藏御岳城的陷落，让上野平井城失去了一道有力屏障，同时也让山内上杉氏的领国发生了极大动摇。战后，山内上杉氏的东上野国众赤石城城主那波宗俊、馆林城城主赤井文六立刻就从属了北条氏康，就连上杉宪政身边的马廻众也陆续叛离，倒向了北条氏康一方。上杉宪政惊愕不已，弃平井城而逃走，准备去投靠仍站在山内上杉氏立场抵抗北条军的东上野国众金山城城主横濑成繁，或者去投靠下野国众足利城城主长尾当长。但横濑成繁、长尾当长正和已经倒向北条氏康的那波宗俊、赤井文六开战，因此道路受阻，上杉宪政无法入城。《佐竹家谱》提到上杉宪政在这一时期曾逃到常陆，寻求常陆大名佐竹义昭的庇护，并以让出关东管领为条件，请佐竹义昭出兵攻打北条氏康。但既然上杉宪政连上野金山城、下野足利城都无法进入，则更加不可

○ 上杉谦信画像

能到达常陆，这一说法自然并非事实。九死一生中，上杉宪政只能逃亡到北上野白井城，寻求身为山内上杉氏重臣的北上野国众白井城城主长尾宪景的庇佑。这和后来壬辰战争时朝鲜国王一路北逃的情况非常相似。

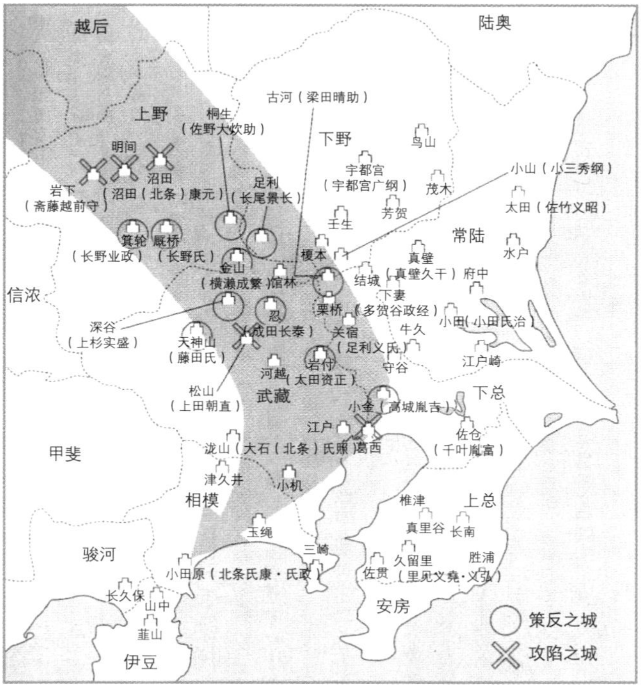

○ 上杉谦信首次进兵关东路线图

由于上野的局势持续发生动荡，上杉宪政又从白井城出逃，越过上野与越后交界的三国峠，前往越后投靠上杉谦信去了。在逃亡过程中，上杉宪政剃光了自己的头发，将自己打扮成了一个僧人的模样，法号为“成悦”。这可能是和明朝建文帝剃发出逃南京城的传说一样，是为了掩人耳目，也可能是表明自己的卧薪尝胆之志。至此，历任关东管领的山内上杉氏陷入没落。而在上杉宪政弃城逃走后，山内上杉氏的本据平井城也被北条军接收，北条氏康命多目周防守、福岛伊贺守二将留守。在将关东管领上杉宪政驱逐出上野以后，北条氏康自己也成为唯一的关东管领，关东暂时结束了有两个关东管领的时代。

上杉宪政逃到越后以后，立刻向越后国主上杉谦信寻求政治庇护，并恳请上杉谦信能够出兵关东，帮助自己夺回失地。上杉谦信收留了上杉宪政，答应了他的要求，在五月份时先派遣一名僧人进入上野窥探动静，又命令诸将修整沿途道路，为出击关东做好准备。但越后军在这之后的动向不甚明确，存在很多种说法。布施秀治《上杉谦信传》、井上锐夫《日本的武将·上杉谦信》认为上杉谦信派出庄田定贤、平子孙太郎二将出阵关东，而黑田基树《关东战国史》认为是上杉谦信自己亲自出阵关东，久保田顺一《战国末期悲剧的关东管领·上杉宪政》则认为越后军在这一个时间段出兵关东的可能性很小。

七月，上杉谦信向山内上杉氏的家臣冈部左卫门尉下发了制札（注释：写有禁止或重要事项的公告牌），保证越后军不会在冈部氏领地的武藏北河边矢岛乡一带“滥妨狼藉”，也就是禁止绑架、抢掠。对于这一则制札，有两种完全不同的解读。研究关东战国史的学者黑田基树据此推测，上杉谦信当时出兵关东，最远打到了上野与武藏交界的利根川一带，或者一直打到了北武藏。但研究上野地方史的学者久保田顺一对此有不同看法，认为这只是一份作为承诺的制札，不能证明越后军确实杀到了北武藏。

虽然不能确定上杉谦信是否派兵或者亲自进入上野，但在此期间，北关东的反北条派关东国众们对北条军发起了反击战。八九月间，东上野国众金山城城主横濑成繁、下野国众佐野城城主佐野丰纲对北条氏康发起反击，攻打北条方的东上野国众馆林城城主赤井文六。北条氏康为解救赤井文六而进军上野，在上野横濑氏、下野佐野氏的领地内纵火破坏。在八九月间，越后军的动向也是一个谜，文书中留下了上杉谦信和大熊朝秀、直江实纲、本庄实乃三奉行在十月慰劳庄田定贤出阵关东的记录。

越后军是否在天文二十一年出兵，仍然是谜团。笔者认为，越后军在天文二十一年应当确实有出兵，时间是七月到十月，出兵关东的主将应该是庄田定贤、平子孙太郎，上杉谦信本人并没有出阵，而越后军也并没有打到上野与武藏交界的利根川，甚至打进了武藏。

但无论越后军是否在天文二十一年出兵，上野的局势又在这之后进一步恶化。上野的各路国众失去共主上杉宪政后，逐渐丧失了向心力，纷纷停止抵抗，先后投降了北条军。弘治元年（1555），上野国众金山城城主横濑成繁、桐生城城主佐野直纲放弃了抵抗，从属了北条氏康。第二年即弘治二年（1556），下野国众足利城城主长尾当长也从属了北条氏康。永禄元年（1558）闰六月，北条氏康进兵北上野吾妻郡，攻打北上野国众岩下城城主斋藤越前守。最后虽未能攻下岩下城，但是西上野国众厩桥城城主长野业正、白井城城主长尾宪景、惣社城城主长尾景总相继从属了北条氏康。永禄二年（1559）八月，北上野国众沼田氏陷入内乱，当主沼田显泰逃入越后寻求上杉谦信的庇佑。北条氏康乘虚而入，使义弟北条纲成的次子北条康元继承沼田氏，成为事实上的沼田城城主，沼田城也由此被北条方实际控制。同年十月，西上野国众岩下斋藤氏的领地，也被纳入了北条氏康的势力之下。

在当时，上野也有一小部分领地已经被武田信玄渗透。早在天文十五年（1546），武田信玄就蚕食西上野的一部分地区。在信浓侵攻战中，武田信玄迫使信浓国众内山城城主大井贞清投降，而支配西上野甘乐郡南牧谷、上野与信浓边境余地峠的市河氏是大井贞清的同心众。大井氏一降服，其下级领主市河氏控制的地域也就成了武田氏的领地，于是武田氏的势力延伸到了上野。到了天文二十一年（1552），市河氏又成功说服西上野国众国峰城城主小幡宪重、小幡信实父子从属于武田信玄。而西上野小幡氏先前在天文十七年（1548）就已经从属了北条氏康，四年后又从属于武田信玄，成为两属势力。至此，关东管领山内上杉氏的领国上野，其主人便由北条氏与武田氏所取代。

在北条氏康经略上野的过程中，已经投靠北条氏康的上野国众赤见入道越过上野、越后交界的三国峠，使北条军的兵锋杀出关东，直抵越后。北条氏康为此大为振奋，向赤见入道颁发了感状。赤见入道入侵越后严重威胁了越后的边境，即便没有上杉宪政的求援，上杉谦信与北条氏康爆发正面的冲突也只不过是时间问题了。

甲相骏三国同盟

北条氏康对山内上杉氏领国发动侵攻的同时，开始与骏河大名今川义元、甲斐大名武田信玄结成甲相骏三国同盟。当时北条氏康专注于与山内上杉氏抗争，武田信玄专注于经略信浓，今川义元专注于侵攻三河，三家彼此之间互为牵制，为此才有了三国同盟之设想。

原先，今川义元娶了武田信玄的姐姐定慧院殿为妻，两家结成同盟。到了天文十九年（1550）六月，定慧院殿去世，今川、武田两家决定缔结新的婚姻，以继续维持同盟关系。天文二十一年（1552）十二月，今川义元将女儿岭松院殿嫁给了武田信玄的嫡子武田义信，再次结成了姻亲，武田、今川两家的同盟关系因此继续维持。天文二十二年（1553）初，北条氏康和武田信玄交换誓文，约定缔结婚姻以成立同盟关系。天文二十三年（1554）七月，北条氏康将女儿早川殿嫁给了今川义元的嫡子今川氏真，两家的关系回到了河东之乱前，恢复了从前的同盟关系。同年十二月，武田信玄的女儿黄梅院殿嫁给了北条氏康的嫡子北条氏政，完成了武田、北条两氏之间的联姻。武田、今川、北条三家通过相互缔结婚姻，结成了甲相骏三国同盟，从此以后专心用兵于各自的发展方向，彼此免去了后顾之忧。如果有对外战争发生时，三家大名约定相互派遣援军，形成了利益一致的攻守同盟。

天文二十四年（1555），发生了第二次信浓川中岛之战，武田信玄与上杉谦信对峙二百余日。在这一战中，作为武田家盟友的今川义元出面调解武田、长尾二家，使两家各自罢兵而还，结束了此次对峙。弘治三年（1557）四月至闰十月，发生了第三次信浓川中岛之战，武田信玄与上杉谦信再次出兵对峙。在这一战中，北条氏康履行盟友的义务，派义弟北条纲成作为援军大将，向信浓上田进发，以支援武田信玄与上杉谦信抗争。这是北条军第一次直接正面对抗上杉军，北条氏康和武田信玄从此以后就形成了一同对抗上杉谦信的关系。

永禄三年（1560），今川义元兴师动众，征集远江、骏河、三河的士兵一共四万人，对尾张发起侵攻作战。但今川义元在这一次出征中运气出奇地差劲，被尾张大名织田信长击败，战死沙场。这就是日本战国历史上非常著名的“桶狭间之战”，是日本战国史上重要的分水岭。在今川义元战死后，其嫡子今川氏真继承了骏河今川氏的当主之位，继续履行甲相骏三国同盟之约。与后世塑造的今川氏真是个无能的“弱主”形象不同，今川氏真认真履行甲相骏三国同盟的义务，他多次派出援军，或者自己亲自出马支援武田信玄、北条氏康，与上杉谦信在信浓、关东相对抗，取得了相当不俗的战绩。

上杉谦信的来临

天文二十一年（1552），北条氏康迫使古河公方足利晴氏让位给其次子足利义氏。足利义氏是足利晴氏与北条氏康之妹芳春院殿所生，是北条氏康的外甥。由此，北条氏康将足利义氏作为北条家的傀儡，控制了古河公方。经过伊势宗瑞、北条氏纲、北条氏康三代人的经营，北条家在关东先后灭亡了堀越公方、小弓公方、扇谷上杉氏，又驱逐山内上杉氏，控制古河公方，一跃成为关东最大的大名。

安房国分郡图

不过，北条家距离完全统一关东还差很远。在北条氏康时代，北条家在关东的领国范围，跨有伊豆、相模、武藏、上野、下总、上总等绝大部分地区，其中的直辖领域有伊豆、相模两个分国，兼及武藏的江户地域和河越地域，其余大多都是各分国国众以从属形式附庸。但关东各地还散落着众多独立性较强的地方大名、国众，不在北条氏康的势力范围之内，这些大名、国众主要集中在下野、上总、下总、安房、常陆这五个分国。其中势力较大的，有下野大名宇都宫氏、小山氏、那须氏，有常陆大名佐竹氏、小田氏，还有下总大名结城氏，以及房总大名里见氏。至于剩下的国众，数量更是不可计数。这些散落在关东的大名、国众，在北条家崛起于关东的过程中，有的顺应时势与北条家交好，如下野那须氏，也有的仍然持敌对态度与北条家为敌，如房总里见氏。后者便成为北条氏康讨伐的对象。同时，由于实际控制了古河公方，而且身兼“关东管领”之职，权倾关东，北条氏康便开始直接介入关东各地大名、国众间的抗争，充当关东的“国际警察”，经常借机出兵教训异己。

在常陆战线，北条氏康出兵打击了常陆大名小田城城主小田氏治。天文二十二年（1553），常陆国众府中城城主大掾庆干、陆奥国众白川城城主白川晴纲与北条氏康取得联络，希望他能出兵攻打与他们为敌的小田氏治。弘治二年（1556）四月，北条氏康开始介入，派出援军侵入常陆，在海老岛合战击败小田氏治，攻陷其主城小田城，使小田氏治流离失所。

在房总战线，北条氏康在上总大名真里谷武田氏当主武田信应死后，于天文二十一年（1552）接收了其支配领域，完全兼并了上总真里谷武田氏的领国。随后，北条氏康便对势力兼及上总、安房两国的房总大名里见义尧的领国发起侵攻。天文二十二年四月，北条氏康进兵攻打里见氏的本据上总佐贯城，里见氏不敌，弃城而走，一直退到上总的久留里城，将此城作为新的本据。在北条氏康的军事打击之下，房总里见氏几乎陷入末路。但正所谓螳螂捕蝉，黄雀在后，身为越后国主的上杉谦信在上杉宪政逃到越后避难七年以后，终于下定决心要正式出兵关东，与北条氏康进行抗争。

永禄二年（1559），上杉谦信为了取得出兵关东的大义名分，在同年四月率领五千兵卒上洛，前往谒见京都的室町幕府将军、朝廷天皇，向最高的两个权力机构索权。从行的有本庄实乃、直江实纲、长尾藤景、柿崎景家等将士，一路上骑士队伍整齐、士卒号令甚严。六月份，上杉谦信获得了第十三代室町幕府将军足利义辉下发的御内书，承认他有处理关东管领上杉宪政进退的权力，并获得了里书御免、涂舆使用这两项特权。上杉谦信又趁机向幕府弹劾武田信玄，于是在将军足利义辉的允许下，又获得了出兵协助信浓大名、国众对抗武田信玄的正当名义和权力。此外，足利义辉还允许上杉谦信使用守护大名专用的御屋形号，从此以后便可以像守护大名一样被尊称为“御屋形样”，成为室町幕府承认的越后大名。

促使上杉谦信出兵关东的主要原因是当时东日本发生了非常广泛的饥荒灾情，疫病流行，连上杉谦信的本国越后也没能避免，上杉谦信便想通过出兵关东抢劫敌国的粮食，一方面可以减轻国内的口粮负担，一方面可以就食于他国，可谓一石二鸟之计。在日本战国时代，战国大名们为了应对国内的饥荒灾情，往往通过侵略他国掠夺金钱米谷、贩卖人口来缓解自身领国内的危机，被后人誉为“大义化身”的上杉谦信也不能免俗，他出阵关东的初衷正是在此。

北条氏康的领国内，发生了相当严重的灾情，他自己为此在永禄二年十二月退下了北条氏当主的位置，让二十岁的嫡子北条氏政继承了北条氏的当主之位。北条氏康这样做，是希望新人新气象，让关东度过饥荒危机，在当时是正常的现象。北条氏康虽然退下了当主之位，但实际上仍然掌握着北条家的实际最高权力，北条氏康和北条氏政形成了北条氏二主体制，被合称为“二御屋形”“御两殿”。永禄三年（1560）二月，北条氏康以北条氏政的名义，在北条氏的领国全域发布了德政令，宣布废除一部分领民的债务，以进行赈灾。在日本的古代、中世，一旦发生巨大的灾害、饥荒，一般都会推行恩赦、减税、救恤、债务废除等德政，以应对社会上的危机。

永禄三年五月，在德政令推行三个月后，北条氏康不顾关东饥荒灾情的影响，继续其军事行动，进兵房总里见氏的本据久留里城，并在此城对面新筑造一座城，包围了久留里城。这让房总里见氏岌岌可危，陷入重大危机。在危难时刻，里见氏想到的是上杉谦信，为此写信向上杉谦信告急，哀求越后军能够越山（注释：战国时代，出兵关东被称为“越山”），前来解围。无独有偶，向上杉谦信献上过太刀的常陆大名太田城城主佐竹义昭，这时候也向上杉谦信发出了告急求援。佐竹义昭当时正在和南陆奥国众白川氏、下野大名那须氏交战，但是白川氏、那须氏得到了北条氏康的支援，此时北条氏康已改立自己的外甥足利义氏为继任古河公方，他以足利义氏的名义对佐竹义昭下达了停战命令。佐竹义昭顾虑到如果拒绝停战的要求，势必也要遭到北条氏康的讨伐，于是心一横，也向上杉谦信告急求援。接到房总里见氏、常陆佐竹氏的告急求援，上杉谦信终于坚定决心，在永禄三年八月底出阵关东，正式拉开了越后国主上杉谦信与关东管领北条氏康长期抗争的帷幕。

旌旗南下入关东

永禄三年（1560）八月二十九日，上杉谦信以拥护关东管领山内上杉氏当主上杉宪政回归关东为名义，亲自出阵关东，开始了首次进击关东。在出击之前，上杉谦信命令重臣藏田五郎左卫门严守本据越后府内，又下令修筑另一有力据点春日山城，让越后颈城郡的百姓进入城内协助守城。安排好这一切后，上杉谦信率领越后锐卒越过越后、上野交界的三国峠，进入上野。作为流亡者的上杉宪政亦随上杉军一同进发。此次上杉军动用的越后兵力有很多不同说法，《常山纪谈》称共有八千人，布施秀治《上杉谦信传》称共有八千七百人，《镰仓管领九代记》《甲阳军鉴》称共有一万七千人，《和光院和汉连运》称共有数万骑。

上杉军越过越后、上野交界的三国峠以后，于九月五日逼近上野吾妻郡的明间城、岩下城和上野利根郡的沼田城。以明间城为本据的北上野国众秋间氏（或称饱间氏）、以岩下城为本据的北上野国众岩下斋藤氏皆不做任何抵抗，直接投降了上杉军。沼田城守将北条康元也不战自溃，直接弃城逃亡，沼田城遂为上杉军顺利接收。上杉谦信在事后对外宣传击杀沼田城守军数百人，并声称北条康元亦战死于是役，但这些都是不实之词。在沼田城被打下后，由于此城已经失去原有的领主，所以上杉谦信将其作为一个直辖据点，成为关东进击的前线据点。类似于明间城、岩下城等城，由于原国众仍在，所以仍然是由原国众支配，只不过以从属的形式附庸上杉谦信。在这一点上，日本中世和中国古代历史上的郡县制是大为不同的。

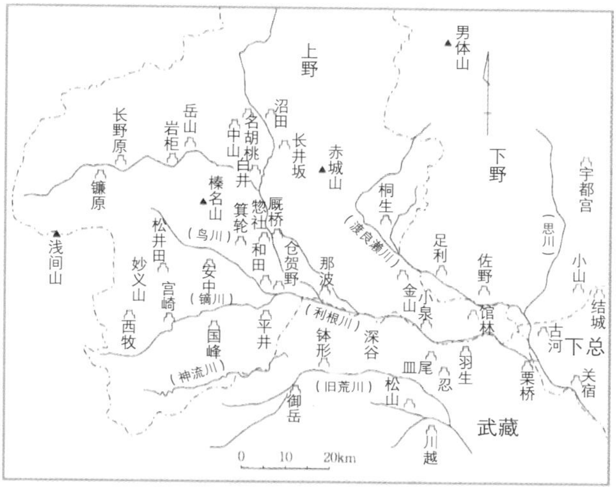

○ 北关东地图

面临上杉军越山来袭，二十一岁的北条氏当主北条氏政尚属年轻而没有应对能力，于是只能由其父北条氏康亲自坐镇指挥前线的抗战。老谋深算的北条氏康在上杉谦信越山袭来后，为防止上野的国众悉数叛乱，在九月十五日写信给西上野的国众仓贺野氏、大户浦野氏，向他们提出索取家中人质的要求，意图以此换来他们抵抗上杉军的决心。九月二十八日，北条氏康解除对房总里见氏的本据上总久留里城的围困，进兵至武藏河越城坚守，以防上杉军南下，里见氏之围由此得解。同时，北条氏康也求援于盟友武田信玄，请求得到其帮助。武田信玄为此出兵信浓，攻打越后上杉氏在北信浓的边境据点上藏城（又称上仓城、龟藏城），以求围魏救赵。但上藏城坚固，武田军一时之间难以攻克，武田信玄便只能在信浓佐久郡的松原神社祈愿，祈求北信浓上藏城陷落且上杉谦信自关东退散。

上杉谦信这一方，既攻克北上野的明间、岩下、沼田三城，便整兵南下，杀向西上野。西上野的白井长尾氏（当主长尾宪景）、物社长尾氏（当主长尾景总）、箕轮长野氏（当主长野业正）这三家国众是关东管领山内上杉氏的旧臣，此次上杉谦信又携上杉宪政出阵，便主动归附至上杉谦信旗下。同时，下野国众足利长尾氏（当主长尾当长）由于也是关东管领山内上杉氏的旧臣，在家中有家宰的地位，便也主动归附上杉谦信。但也有不愿妥协的势力，同为西上野国众的国峰小幡氏（当主小幡宪重），已是同时从属武田氏、北条氏的两属国众，不愿屈服于上杉军。

但族人小幡图书助勾结上杉谦信，将当主小幡宪重、小幡信实父子驱逐出了国峰城，父子二人流亡至信浓投靠武田信玄。易主后的国峰小幡氏，也归附于上杉谦信。

九月十五日以后，上杉谦信又降伏了西上野国众仓贺野氏、大户浦野氏。在此前后，关东管领山内上杉氏当主上杉宪政的昔日旧据上野平井城，也被上杉谦信军收复。但平井城这时候已经残破不堪，失去了作为关东政治中心的意义。平井城南面是高山城，是作为平井城的屏障而筑造的，现在的守将是北条氏重臣清

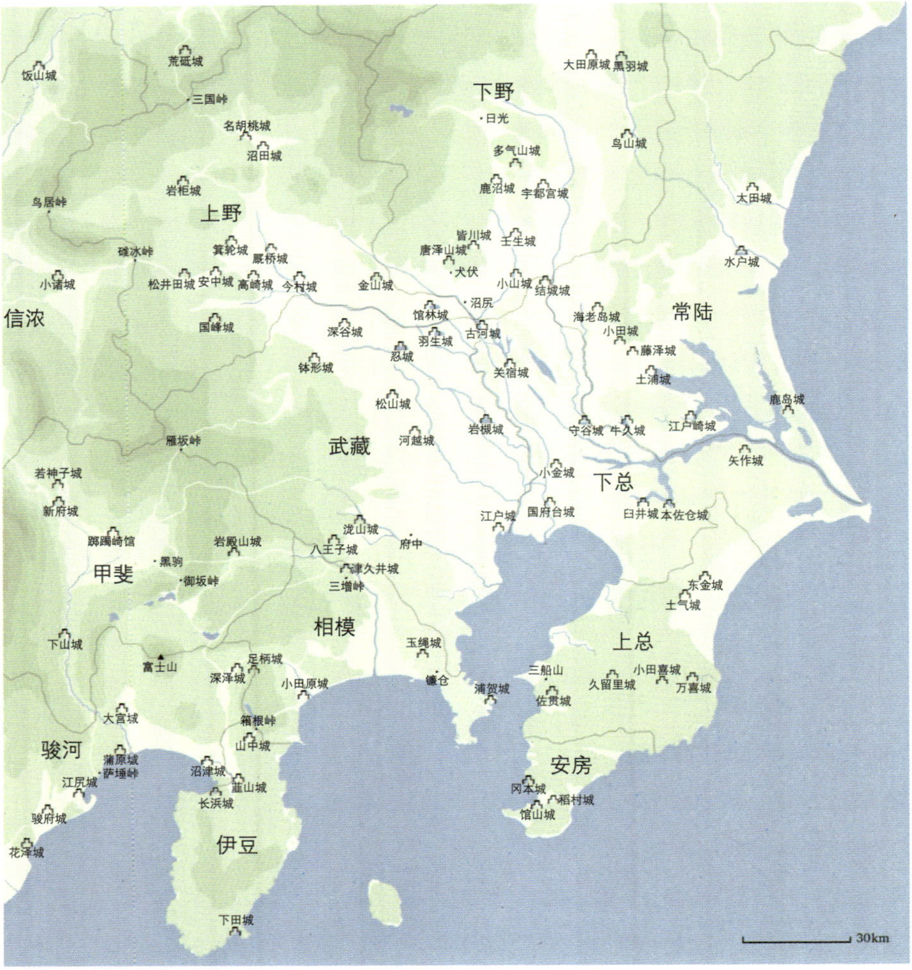

○ 关东城池地图

水康英的次男清水正花。平井城既已失去战略意义，上杉谦信便进兵攻打高山城。清水正花出城迎击上杉军，在杀死敌军一百人后不敌败退，高山城遂被上杉军接收。除少数西上野国众如镰原氏仍然不肯投降外，上杉谦信已大致将西上野平定了。之后，上杉谦信向东上野进发，逼近厩桥长野氏的厩桥城。厩桥长野氏的当主长野贤忠不敢抵抗上杉军，不做任何反抗便直接投降。邻近厩桥长野氏的东上野国众大胡长野氏（当主大胡左马允），是厩桥长野氏的同族，在厩桥长野氏归附上杉谦信以后，便也投降了上杉军。

九月二十六日，上杉谦信从厩桥城麾师南下，攻向东上野国众赤石那波氏（当主那波宗俊）的领地，包围了赤石城（又称赤石要害、伊势崎）。十月初，东上野最大的国众新田横濑氏（当主横濑成繁）、武藏国众岩付太田氏（当主太田资正）也都归附了上杉谦信，其余的一部分东上野国众如桐生佐野氏（当主佐野直纲）、武藏国众如忍成田氏（当主成田长泰）也在这时相继望风归附。此时，在上杉谦信疾风一般的攻势下，西上野已大致平定，东上野只剩下赤石那波氏、馆林赤井氏（当主赤井文六）、小泉富冈氏（当主富冈主税助）这有限的几家国众仍然在负隅顽抗，其中赤石那波氏是立场最为亲近北条氏的国众，所以尤其顽固，一直不肯屈服于上杉军，成了一个顽固的“钉子”。东上野国众新田横濑氏当主横濑成繁在归附上杉军以后，也开始出兵效力，和下野国众足利长尾氏当主长尾当长一同出阵，攻击仍站在北条氏立场抵抗的东上野国众小泉富冈氏当主富冈主税助。

在北条氏的立场来说，上野几乎全线易帜投降了上杉军，邻近的下野、武藏、上总、下总诸国也发生动摇。北条氏康为此做了种种努力，希望能压制关东各大名、国众相继倒向上杉谦信的势头。十月四日，北条氏康写信给上野国众小泉城城主富冈主税助，要求其对抗已经反叛的上野国众金山城城主横濑成繁，但这时候富冈主税助面临横濑成繁与长尾当长一同施加的军事压力，早已经自顾不暇。同月九日，北条氏康又写了长信，寄给已经反叛的武藏国众岩付城城主太田资正，劝说其重新回到北条氏的队伍中，但太田资正不为所动，拒绝了北条氏康。在此期间，在下总关宿城内的古河公方足利义氏，也向下野大名那须氏当主那须资胤、小山氏当主小山秀纲写信，要求他们出兵对抗上杉谦信，但皆未能奏效。

为了摆脱困境，北条氏康又与大坂本愿寺取得联络，希望本愿寺能够指使加贺、越中的一向一揆侵入越后。为了换取本愿寺支持，北条氏康开出交换条件，提出愿意解除禁止一向宗门徒在关东传教的禁令，并为其营建寺院。武田信玄作为北条氏康的盟友，与其同仇敌忾，也派遣使者赶赴大坂本愿寺，请求本愿寺能够指使加贺、越中的一向一揆趁上杉谦信出兵关东的空当侵入越后。十月十七日，武田信玄又写信给越中一向宗的瑞泉寺执事上田藤左卫门，请求他与越中的武田方国众神保长职联合，一同侵入越后。武田信玄意图利用北陆一向一揆和神保长职直接侵入越后本土，加上他自己进攻北信浓上藏城，给上杉谦信的后方大本营来一个出其不意的痛击。可对于武田信玄、北条氏康提出的要求，大坂本愿寺、越中瑞泉寺都没有能够响应，这一计划遂无疾而终。武田信玄见本愿寺、瑞泉寺皆不响应，自己又无法突破信越边境，便只能解除上藏城之围，移兵至信浓、上野边境的碓冰峠布阵，在此牵制上杉谦信，确保上杉军至少不会突破上野边境侵入武田氏领下的信浓。

北条氏康在劝告叛离的国众回归以及与一向宗交涉失败后，便只能主动迎击上杉军了。十月二十三日，北条军的先阵从武藏进入西上野，在上野惣社城外与上杉军交战，但是不敌而败退，北条氏康在事后为褒赏江户众兴津甚兵卫的战功而赐予感状，勉励了一番。虽然北条军在惣社城败退，在上野也只剩下有限的几家国众，但北条氏康依然试图在前线顽抗，便在二十五日从武藏河越城向前移往松山城布阵，仍想在武藏前线抵御上杉军从上野南下。

另一边，上杉谦信攻打赤石那波氏持续两个多月，累攻不克，至十二月初方取得重大突破。月初，上杉军攻克了赤石那波氏的稻荷山阵地（后来称为今村城），同月七日又将包围两个多月的赤石城攻陷，将赤石那波氏逼退到了仅剩下的堀江城（又称那波城）一角。十二日，上杉谦信终于攻陷堀江城，赤石那波氏当主那波宗俊至此才失去了抵抗之心，投降了上杉军，并将儿子那波显宗作为人质交给谦信。自此以后，赤石那波氏陷入没落，那波领被上杉谦信接收，之后又将这一块领地赐给了刚归附的东上野国众新田横濑氏当主横濑成繁。十四日，厩桥城发生异常的骚动，上杉谦信怀疑厩桥长野氏、大胡长野氏想要造反，于是诛杀了厩桥长野氏当主长野贤忠的儿子长野贤九郎、大胡长野氏当主大胡左马允，之后接收了厩桥领、大胡领，将两领作为越后上杉氏在上野的直辖地，厩桥领的厩桥城作为关东的前线基地。

至此，除了东上野最东南部的馆林赤井氏、小泉富冈氏，以及西上野的镰原氏仍与上杉军敌对以外，上杉谦信在短短四个月时间内，便几乎平定了整个上野。在永禄三年下半年的关东出阵中，上杉谦信一共进兵打下了沼田城、明间城、岩下城、仓贺野城、厩桥城、大胡城、平井城、高山城、稻荷山、赤石城、堀江城等十一座城池，但所杀敌兵最多只有数百人，其余大多国众皆是望风归附，没有太多兵刃交加的情况发生。

在上杉谦信扫荡上野期间及之后，下野、武藏、上总、下总、安房、常陆诸国大受震动。以上诸国内的各路关东大名、国众，也都相继归附上杉军，反抗北条氏。据布施秀治《上杉谦信传》记载，下野的宇都宫氏、结城氏、那须氏，武藏的成田氏、藤田氏，在上杉军打下上野厩桥城后，皆望风来会。市村高男《东国的战国合战》一书称，武藏忍城的成田长泰、岩付城的太田资正，都早早归附了上杉谦信并且参阵，下野佐野城的佐野氏等国众亦相次从属，上杉军压制了上野的大半地区、下野的西南部、武藏的东北部。山口博《北条氏康与东国的战国世界》一书则称，在上杉军压制上野前后，武藏的太田资正、成田长泰、三田纲秀，下总的高城胤吉，常陆的佐竹义昭，下野的宇都宫广纲、小山秀纲、那须资胤等，皆投靠至上杉谦信旗下；其中武藏太田氏、三田氏，下总高城氏等，皆是北条氏的《小田原众所领役账》中登记的从属国众，他们的叛离对北条氏来说，冲击不可谓不大。

但是以上这些名单统计得都很不完整，仅仅只是其中很小一部分，遗漏了相当大一部分人。根据第一手史料《关东幕注文》的记载，在永禄三年底到次年初的越山作战过程中，附从上杉谦信的关东大名、国众、武将，一共还有以下各势力:

附从势力名称	附从人员名单（关东的大名、国众、武将）
上野白井众	长尾宪景、外山民部少辅、大森兵库助、神保兵库助、高山行重、小林出羽守、小岛弥四郎、三原田孙七郎、上泉大炊助
上野惣社众	安中、小幡信尚、多比良、大类弥六郎、荻原、马庭、高津、濑下、小串、神谷、多胡、诹访、荒符、荻部、反町、栃渊、长尾景纲

续 表

附从势力名称	附从人员名单（关东的大名、国众、武将）
上野箕轮众	长野、新五郎、南与太郎、小熊源六郎、长野左卫门、滨川左卫门尉、羽田藤太郎、八木原与十郎、须贺谷筑后守、长盐左卫门四郎、大户中务少辅、下田、漆原、内山、高田小次郎、和田八郎、仓贺野直行、依田新八郎、羽尾修理亮
上野厩桥众	长野藤九郎、长野彦七郎、大胡、引田伊势守
上野沼田众	沼田显泰、小川、冈谷右马亮、尻高左马助、发智刑部少辅、沼田藤太郎、和田图书助、发智小四郎、恩田孙五郎、同与右兵卫尉、久屋内匠助、金子监持丞、松井大学助、阿佐美小三良
上野岩下众	斋藤宪弘、山田、横濑成繁、西谷五郎、三原田弥三郎、泉中务太辅、金井、常陆守、新右卫门尉、兵部少辅、新十郎、县新次郎、小柴左卫门次良、小柴伊势守、小柴宫内少辅、赤堀又次郎、山上藤九郎、山上平六、朝原式部少辅、善彦太郎、善中务少辅、善和泉守、武井助四郎、新开弥三良、园田新七良、市扬弥十良、田部井孙四郎、田部隐岐守、矢内弥十良、大泽彦四郎、林佐渡守、林藏人
上野桐生众	桐生助纲、安威式部少辅、园田左马助、佐野昌纲、津布久常陆守、山越大膳亮、新居、松崎大和守、阿久泽对马守
下野足利众	长尾当长、小野寺、县左卫门、冈部弥三良、安中将监、安保次郎、平泽左卫门三良、小幡次郎、小幡道佐、名草、小保、毛吕安艺守、本田左马助、本庄左卫门三良、市场伊势守、久下新八郎、浅羽弥太郎、三田七郎、县七郎、大屋右卫门、大屋上总介、小柴大炊助、新居与六、平泽宫内左卫门、渊名大炊助
下野小山众	小山秀纲、小山大膳、小山右马亮、水野谷左卫门大夫、岩上大炊助、栗宫、细井伊势守、妹尾平三郎、山河弥三郎、栗宫伯耆守、宇都宫、笠间孙三郎、盐谷左卫门大夫、上三川次良、多宫虎寿丸、西方又三良、田代中务太辅、芳贺高定、盆子右卫门尉、神太夫
下野宇都宫寄众	皆川俊宗、皆川骏河守、皆川又五郎、皆川刑部太辅、膝付式部少辅、长沼玄蕃允、殖竹雅乐助
下总古河众	梁田晴助、梁田下野守、梁田右京亮、梁田平四郎、梁田平九郎、一色河内守、二阶堂次良、相马
下总梁田被官	横田藤四郎、周西藤九郎、石川彦六、仙波左京亮、箕匂大炊助、纲岛小三良、贺岛四郎右卫门尉

续表

附从势力名称	附从人员名单（关东的大名、国众、武将）
武藏羽生众	广田直繁、木户忠朝、涩江平六郎、岩崎源三郎、藤田、饭塚、樱泽、猪俣、冈部长门守、上杉宪盛、秋元扫部助、井草源左卫门尉、上杉氏盛
武藏岩付众	太田资正、大石石见守、小宫山弹正左卫门、浅羽下总守、本间小五郎、春日弥八郎、春日摄津守、填谷图书助、小宫右卫门尉、广泽尾张守、滨野修理亮、河内越前守、贺藤兵部少辅、川口将监
武藏胜沼众	三田纲秀、毛吕、冈部、平山、诸冈、贺沼修理亮
武藏众	成田长泰、成田尾张守、成田大藏丞、成田越前守、田中式部少辅、野泽隼人佐、别符治部少辅、别符中务少辅、须贺土佐守、鸠井能登守、本庄左卫门尉、山田丰后守、田山近江守、手岛美作守、小田伊贺守、富泽四郎右卫门尉
常陆众	宍户中务太辅、彼家中友部大和守、小田中务少辅、筑波太夫、柿冈形部太辅、冈见山城守、信太兵部太辅、信太扫部助、田土部纪四郎、福田左京亮、菅谷左卫门尉、菅谷次郎右卫门尉、平塚刑部太辅、屋代彦四郎、真壁安艺守、彼家中白井修理亮、坂本信浓守、高久将监、多贺谷政经、彼家中胜德寺、行田宫内少辅、水谷胜俊
安房众	里见义尧、正木时茂、正木十郎、正木大炊助、正木左京亮、正木兵部少辅、三野弥次郎、河野四郎左卫门尉
上总众	酒井胤敏、山室治部少辅
下总众	高城胤吉

一时之间，关东局势大变。仍站在北条氏立场抵抗上杉军的关东大名、国众，仅剩上野国众馆林城城主赤井文六、武藏国众松山城城主上田宗纲、上总国众土气城城主酒井胤治、下总大名结城城城主结城晴朝、下总大名本佐仓城城主千叶胤富、下总国众臼井城城主原胤贞、常陆国众府中城城主大掾贞国，剩下的关东大名、国众皆对北条氏落井下石。值得注意的是，结城氏、千叶氏在上杉谦信上洛成功以后，向他献上过太刀，一时表明过投诚之意，但到了上杉军真的越山进入关东的时候，他们两家还是坚持站队到了北条氏康这一方。

而在严峻的局势变化下，北条氏康早在十二月二日就放弃了在武藏防线抵御上杉军南下的计划，他在饬令武藏河越城、江户城两城的守将完善守备后，自己就直接退往北条氏的本据相模小田原城。北条氏的盟友骏河今川氏，刚经历了桶狭间之战的创痛，前当主今川义元才丧命没多长时间，但是新当主今川氏真对盟友北条氏康的危机并没有坐视不管，在这个时候及时伸出援手，派家臣小仓内藏介、畑彦六郎率领援军进入武藏，抵达河越城城内，协助北条军一同守城。此外，身在下总关宿城内、同样面临上杉军军事压力的古河公方足利义氏并没有选择弃城逃跑，他婴城固守，不肯退让，北条氏康为此派遣武藏江户众太田大膳亮作为援军进入关宿城。但在后世的历史著作中，对足利义氏却出现了污蔑之词。布施秀治《上杉谦信传》、平山优《川中岛之战》等许多历史著作，皆称足利义氏此时从下总古河城逃亡到了小田原城避难。此一说法有误，并不是事实。当时足利义氏在关宿城内，并不在古河城。虽然古河城本是古河公方的居城，但在足利义氏时期，和以关宿城为居城的古河公方宿老梁田氏交换了居城。因此在上杉谦信侵攻关东时，足利义氏在下总关宿城，并不在古河城。

永禄四年（1561）正月，上杉谦信率军从上野南下，越过上野与武藏交界的利根川，侵入了武藏，向着北条军的第一道防线松山城进军。在已经投诚的武藏国众岩付城城主太田资正的援助攻击下，松山城于二月二十七日陷落，上杉谦信于同日进入该城。北条氏的前线势力范围，一下子就从上野退缩到了武藏河越城。在上杉谦信越山之前，北条氏在关东的领国范围兼有伊豆、相模、武藏、上野、上总、下总，直辖领有伊豆、相模、武藏的江户地域和河越地域，其他的国众领都是以从属北条氏的形式附庸。自上杉谦信越山之后，各国众领相继叛离北条氏，倒向上杉谦信，使北条氏仅保住了直辖领与少数国众领。

在进入松山城以后，上杉谦信大会关东诸侯，组编成规模庞大的联军。参阵的势力有上野的白井长尾氏（当主长尾宪景）、惣社长尾氏（当主长尾景总）、箕轮长野氏（当主长野业正）、厩桥长野众、沼田众、岩下斋藤氏（当主斋藤越前守）、新田横濑氏（当主横濑长繁）、桐生佐野氏（当主佐野直纲），下野的足利长尾氏（当主长尾当长）、小山氏（当主小山秀纲）、宇都宫氏（当主宇都宫广纲）、皆川氏（当主皆川俊宗）、长沼氏（当主长沼玄蕃允）、佐野氏（当主佐野昌纲），下总的梁田氏（当主梁田晴助）、小金高城氏（当主高城胤吉），武藏的忍成田氏（当主成田长泰）、骑西小田氏（当主小田伊贺守）、羽生广田氏（当主广田直繁）、藤田氏、深谷上杉氏（当主上杉宪盛）、岩付太田氏（当主太田资正）、胜沼三田氏（当主三田纲秀），常陆的小田氏（当主小田氏治）、真壁氏（当主真壁久干）、下妻多贺谷氏（当主多贺谷政经）、下馆水谷氏（当主水谷胜俊），安房的里见氏（当主里见义尧）、正木氏（当主正木时茂），上总的东金酒井氏（当主酒井胤敏）、饭桓城山室氏（当主山室治部少辅）等。加上跟随上杉谦信越山而来的越后国众、武将，根据井上锐夫《上杉谦信》一书的统计，还有直江实纲、柿崎景家、斋藤朝信、本庄实乃、中条藤资、河田员政、甘粕长重、本庄繁长、鲇川清长、石川为元、安田长秀、新发田长敦、桃井义孝、黑川清实、宇佐美定满、高梨亲赖、大川忠秀、长尾政景、上条政繁、长尾景信、长尾景行、须田满亲、色部胜长、平贺赖直、竹俣昌纲、北条辅广、北条高广、水原隆家、下条实赖、加地知纲、山吉丰守、新津胜资、山岸秀能，总人数相当之多。

经过大会关东诸侯的松山城会盟，上杉谦信取代了北条氏康，一跃成为关东霸主。集结起来的联军兵力，共有十一万人。

联军既已集结完毕，上杉谦信便以武藏岩付城城主太田资正、梶原政景父子作为先阵，又以武藏藤田众和武藏深谷城城主上杉宪盛、忍城城主成田长泰、下总羽生城城主广田直繁为第二阵，一路南下进发，目标直指北条氏的本据相模小田原城。

甲相骏共战谦信

在十一万联军迫近小田原城前，北条氏康在城内召开军议，最终采纳北条氏政提出的建议，决定婴城固守。同时，北条氏康父子又下令从城外调集兵粮、五百挺铁炮进入小田原城。另一边，上杉谦信正指挥联军进犯北条军最前线的据点武藏河越城。但是今川氏真派遣来的援军将领小仓内藏介协助北条军奋力死守，上杉谦信难以将其攻落。正如《松平记》所记载的那样，当时小仓内藏介“援北条氏守河越，谦信来犯，固守不下”。而北条氏在武藏、相模的其他主要城郭皆坚壁清野，婴城固守，回避与数目庞大的联军进行野外会战。于是，上杉谦信便只能解除河越城之围，也放弃攻打其他坚城，直接向相模小田原城挺进。

永禄四年（1561）三月二日，十一万联军多批次、多路线从武藏南下，联军先阵太田资正、梶原政景父子已经先行侵入相模中郡，在当麻布阵。北条氏康为此惊慌失措，向盟友武田信玄请求援兵赴救。同日，北条氏康第三子武藏油井城城主北条氏照也写信给在甲斐上野原的武田信玄家臣加藤骏河守虎景，请求武田军能够进军相模津久井郡的千喜良口，谋求武田军能够与北条军一同切断联军的补给线。武田信玄应其所请，在十日派遣家臣加藤丹后守景忠从甲斐进入北条氏照所在的武藏油井城，又派迹部次郎右卫门尉从甲斐进入相模小田原城，帮助北条氏康一同守城。在此期间，北条氏照麾下的小田野氏在武藏多摩郡与一部分联军发生冲突，小田野氏劫掠了联军的辎重部队，北条氏康为此在十二日褒赏小田野氏的战功。

与此同时，上杉谦信也在三月七日到十二日期间率领联军主力从武藏进发，向着相模小田原城挺进。联军主力一路攻陷武藏稻城、小杉城、小机城、权现山城等敌砦，又越过武藏与相模交界的信浓坂，由此侵入相模，攻陷了大仓边的敌砦。联军中的房总里见氏出动水军，在三月九日侵入相模镰仓，将其攻克。上杉谦信率领下的联军主力进入相模后，与已经进入相模的一部分联军会合，先阵太田资正、梶原政景父子在大矶、小矶布阵，二阵成田长泰、广田直繁、藤田众在藤泽、田村、大上八幡、酒匂川布阵。十三日，联军先阵太田资正率先渡过酒匂川，其余联军主力相继跟进渡河，逼近小田原城。北条军大将松田宪秀出城迎战，但在联军大军压境下，也不过是螳臂当车，终因不敌败退回了小田原城。在此期间，下野大名那须氏当主那须资胤率军进发，前来会合上杉谦信的大军。

在抵近小田原城的途中，上杉谦信率领下的联军一路纵火，焚毁小田原城近郊的民舍，将沿途房屋尽皆烧毁。沿途的神社、佛阁、大伽蓝、小寺庵、山家、村里也被烧毁一空。僧俗男女逃入深山之中避难，但仍然逃不过联军的劫掠，他们的衣服、粮食全都被联军抢夺一空，许多人最后衣不蔽体、饥寒交迫而死。其中不少女性逃难者，她们的衣服被联军剥去，很可能遭到了奸淫。进抵小田原城外后，上杉谦信自身在高丽寺山的山麓下设下本阵（注释：日本战国时代指战场上总大将大本营所在地），指挥联军包围小田原城，发动总攻。但当联军在进攻小田原城的莲池门时，城中不断施放弓箭、铁炮，又投下木石，令城外的联军死伤颇重而未能寸进。因为小田原城守军能防善战，联军难以迅速攻下，便只好暂时退到了大矶、酒匈川一带，远距离包围小田原城。

由于联军先前在进军途中未能攻陷北条军在武藏、相模的其他全部据点，因而给后方埋下了很大隐患，武藏、相模其他诸城的北条军这时候在联军背后纷纷起兵相抗，谋求切断联军的补给线。三月十四日，北条军将领大藤秀信与一部分联军在相模中郡的大槻展开会战，亲自杀死敌军六人。十八日，北条军的河越在城众与一部分联军在武藏高丽郡展开会战，今川氏真派来支援河越城的援军将领小仓内藏介立下战功。在二十二日、二十四日，大藤秀信又先后与一部分联军在小田原城东边的曾我山、小田原城北边怒田附近的丘陵展开会战。但在二十四日同一天，上杉谦信决定反扑，准备指挥联军再度越过酒匈川杀到小田原城之下。为此，北条氏政命令大藤秀信立即退回小田原城一同守城。很快，上杉谦信便指挥联军越过酒匈川，再次围城，在小田原城下纵火。可是，联军内部却有了不同意见，下野大名宇都宫广纲、常陆大名佐竹义昭、常陆大名小田氏治皆劝说上杉谦信就此退兵罢战，停止对小田原城的围困。家臣直江实纲也劝说上杉谦信："城坚，我深入久顿，恐有变，宜及今收兵。"据《赤城神社年代记》记载，当时"厄病流行，敌我方多死"，联军当中因为疾病蔓延，死了很多人。参与围城的上野白井长尾氏当主长尾宪景在围城过程中患上了神经痛的病症，上野箕轮长野氏当主长野业正和关东管领上杉宪政也都生了病，再加上关东本身发生了饥荒，致使庞大的联军出现了兵粮匮乏的情况，补给已经跟不上了。同时，北条氏康又"夜潜遣兵，夺其辎重，谦信粮尽"，造成联军"辎重或为敌所劫夺，兵大困矣"，让本身粮草短缺的联军雪上加霜。

祸不单行，这时候又传来了令北条军大为振奋、对联军大为不利的消息。据传，武田信玄准备亲自率兵一万自甲斐吉田出阵，计划五天内进入相模足柄上郡，支援坐困愁城的北条军；今川氏真亦准备亲自从骏河出阵，进入相模支援北条军。内忧外患之下，联军士兵们逐渐失去了战斗力，上杉谦信不得已在三月底解除了对小田原城的围困，并在闰三月三日撤退到了房总里见水军在前不久刚打下的相模镰仓。原先，十一万联军或可须臾之间灭亡北条氏，这是上杉谦信一生当中距离灭亡北条氏最近的时刻，但至此也就虎头蛇尾地结束了。具有讽刺意味的是，在联军攻打小田原城失败退走后的闰三月四日，第十三代室町幕府将军足利义辉向上杉谦信下发了御内书，要求他扶持遭受武田信玄侵略而丧失领地的原信浓守护小笠原长时回归信浓，这大概是对于他能扶持上杉宪政回归关东抱了极大期望之故，认为关东可如此，信浓亦可。而原来预定出发进入相模支援北条氏的武田氏、今川氏援军，最后也没有到来，只不过是虚张声势，这大概也是因为武田氏、今川氏知道了北条氏的危机已经解除了。

联军从小田原城撤退到镰仓后，关东管领山内上杉氏当主上杉宪政因感于上杉谦信为其出兵关东之恩，表示愿意将山内上杉氏的名迹与关东管领一职让与他。上杉谦信虽然假意固辞再三，但还是在闰三月十六日参谒了作为关东武家圣地的镰仓鹤冈八幡宫，举行了仪式，正式成为上杉宪政的养子，从上杉宪政处继承了山内上杉氏的当主位置和关东管领之职，名正言顺地有了介入关东事务的正当名分。从此以后，越后守护代府内长尾氏出身的上杉谦信，便摇身一变，成为关东管领山内上杉氏当主，社会地位大大提高。同时，上杉谦信将他以前的名字“长尾景虎”中的偏讳“景”字赐给了山内上杉氏的家宰下野足利长尾氏当主长尾当长，长尾当长于是改名为长尾景长。上杉谦信在继承山内上杉氏的当主位置和关东管领之职后，对于原来从属于关东管领山内上杉氏的关东国众来说，俨然君临关东，而这些关东国众的反应也很耐人寻味。上杉方立场的《谦信公御年谱》记载说，关东诸国众对上杉谦信继承关东管领职务充满了期待，真心拥戴他。而北条氏立场的军记《北条记》说法则完全相反，声称以武藏忍城城主成田长泰为首的关东国众对上杉谦信抱持了不信任感。

自北条氏纲时期以来，北条氏就从古河公方处补任了关东管领一职，自然不会承认上杉谦信。

○ 北条氏势力推移图

另一方面，上杉谦信在参谒完镰仓鹤冈八幡宫后，规模庞大的十一万联军便骤然解散，各自回归其本据了。有一个非常著名的传说，说上杉谦信在镰仓鹤冈八幡宫举行继任山内上杉氏当主、关东管领之职的仪式时，武藏国众忍城城主成田长泰因为自身家格较高所以不肯下马，上杉谦信认为成田长泰非常不恭敬，愤怒之下随手拿起扇子打了他的头，成田长泰感觉自己受到了如同韩信胯下之辱一般的侮辱，就径自从镰仓返回了武藏忍城；关东的其他国众看不下去了，因为武藏忍成田氏在关东国众中地位较高，尚且受到如此对待，这让他们皆感寒心，纷纷舍谦信而去，一下子就离去了六万多人马。这一个传说广泛见诸近世的各种军记，但是否真为事实则不明确，不过联军就地解散确实是事实。联军既散，上杉谦信便准备率领越后本军从相模镰仓撤回上野厩桥城，于四月二十八日出发。从一开始包围小田原城的十一万联军，到从镰仓撤退时，只剩下了二万多人马，而相模、武藏的北条氏诸城既已解除围困，诸城守将便发起了反击。当上杉军在撤退路上途经武藏多摩郡时，武藏江户城内的北条军将领中条出羽守便率领锐卒追至，在此“多击杀于越甲”，杀死了为数甚多的上杉军士兵。上杉军付出不小代价才得以撤回厩桥城。

上杉谦信撤退到上野厩桥城后，又在这里待到了六月，六月又连续发生了四件大事。第一件事，上杉方的上野国众箕轮长野氏当主长野业正在包围小田原城时患病，虽在联军解散后回到了箕轮城，但最终还是在六月二十一日病逝，其子长野业盛继承了箕轮长野氏的当主位置。

第二件事，京都朝廷的前关白近卫前嗣来到关东，前来支持上杉谦信的关东出阵，做他的门面。近卫前嗣出生于天文五年（1536），比上杉谦信小六岁，在天文二十三年（1554）的时候做上了关白。永禄二年（1559），上杉谦信上洛参谒京都朝廷、室町幕府，与身为关白的近卫前嗣意气相投，缔结了政治密约。上杉谦信希望凭借朝廷关白的威望来平定关东。永禄三年（1560）九月十八日，已经退下关白之位的近卫前嗣抽出身来，与西洞院时秀、智恩寺岌州相伴，从京都前往越后，在永禄四年（1561）六月越山，进入上杉谦信所在的上野厩桥城，前来支持他的关东出阵。

第三件事，上杉谦信推举足利义氏之兄足利藤氏为古河公方，并将足利藤氏和近卫前嗣、上杉宪政一同迎进古河城，将古河城作为一个集古河公方、前朝廷关白、前关东管领在内的反北条氏的关东政治中心。下总古河城原本是古河公方的居城，但作为关东的战略要地而言，地位却不及古河公方家的宿老梁田晴助的关宿城。北条氏康为了能加强在关东的影响力，扶持自己外甥足利义氏成为替北条家代言的傀儡公方后，逼迫梁田晴助和足利义氏相互交换了居城。梁田晴助对此非常不满，在上杉谦信越山以后，就直接倒向了他。而今，上杉谦信便和梁田晴助联手，将足利藤氏拥护为古河公方，令其居住在古河城，与以关宿城为本据的足利义氏对抗。而足利藤氏，正是梁田晴助的外甥，即梁田晴助的妹妹与前古河公方足利晴氏所生的嫡子，原本就是古河公方的继承人，后来被北条氏康逼迫，才被剥夺了这一资格，转而由北条氏康的外甥足利义氏继承古河公方。于是，在关东就出现了很有意思的一个现象——两管领、两公方并立，上杉系班子的关东管领是上杉谦信、古河公方是足利藤氏，北条系班子的关东管领是北条氏康、古河公方是足利义氏，两套班子相互不承认对方的正当性。

○ 武田信玄画像

第四件事，武田信玄趁着上杉谦信还滞留于关东，出兵袭击其后方。武田信玄于五月十七日出阵信浓，越过信浓、越后边境，直接侵入了越后本土，劫掠小田切一带。在归途中，武田信玄对上杉方的信浓割岳城发起大规模进攻，上杉方的守城将士坚守不屈、顽强抗战，致使武田军部将甲斐辻六郎兵卫战死、原虎胤与浦野民部身负重伤。不得已之下，武田信玄让原虎胤和加藤虎景招募割岳城内的内应者，在内应者的帮助之下，终于将割岳城攻陷，之后便在六月下旬回师甲斐甲府。武田信玄此次公然侵入越后本土，又攻陷信越边境的割岳城，令上杉谦信意识到后方遭受到武田军的严重军事威胁，因此归心似箭，迫不及待要回师越后。

六月二十八日，为了应付后方的武田军对信越边境的威胁，上杉谦信已顾不得关东的形势，结束了历时约十个月的关东远征，撤兵返回越后。而长期在下总关宿城坚持守城的足利义氏也露出了疲态，又因为关宿城距离古河城非常近，害怕遭到上杉军的攻击，终于还是在七月十五日开城投降了上杉军。他自己逃到了下总小金城寻求城主高城胤吉的庇佑，后来又逃到了上总佐贯城，寻求房总大名里见氏的保护。虽然里见氏是反北条的大名，但当主里见义尧之子里见义弘娶了前古河公方足利晴氏的女儿，所以足利义氏能够到小舅子处避难。此外，房总半岛的袋状地形适合防御，并且还散落着一些原古河公方足利氏的所领和家臣，也是足利义氏能在此避难的原因。足利义氏逃走以后的关宿城，又被古河公方重臣梁田晴助接收，梁田晴助夺回了属于他的旧城。此后，在信浓战场与上杉谦信抗争的武田信玄，在关东战场和上杉谦信抗争的北条氏康，两者相会，开始掀起新一轮的血雨腥风。

第四章

关东战国史（中）

上杉谦信对决北条氏康、武田信玄

甲相越关东争雄

在上杉谦信解除小田原城之围后，北条氏康立即在关东发起反击作战，计划收复失地，恢复到谦信出阵关东前的情况。自永禄四年（1561）六月初开始，北条军即出兵武藏，攻打持反北条立场的上杉方武藏国众胜沼三田氏当主三田政定。在三田氏的领国南部，是北条氏康第三子武藏油井城城主北条氏照的领国，因此北条氏照担任了攻击三田政定的先阵。七月，北条氏康与嫡子北条氏政亲自出马，向三田政定的胜沼领进军，在八九月间攻破了其本据胜沼城以及其支城唐贝山城，由此灭亡武藏三田氏，吞并了整个胜沼领。吞并胜沼领后，北条氏康在十月五日进军武藏中部，包围上杉方武藏国众岩付城城主太田资正的属城松山城。同时，北条氏康第四子北条氏邦向武藏秩父郡花园领进军，镇压反北条派的上杉方武藏国众藤田众。在进军途中，北条氏邦的部将南图书助攻克了藤田众的支城日尾城，接收另一支城天神山城，但北条军未能攻陷藤田众的本据花园城（高松城）。之后，北条氏邦继续与藤田众交

关东国众地图

战，两军在十月十七日于秩父郡大宫展开会战。在归途中，北条氏邦又与藤田众在三泽谷交战。

自北条军在武藏发起反击以后，关东的各路上杉方国众开始动摇，出现叛离上杉谦信的情况。武藏骑西城城主小田伊贺守、深谷城城主上杉宪盛、忍城城主成田长泰，上野桐生城城主佐野直纲，下野佐野城城主佐野昌纲，下总小金城城主高城胤吉等一部分先前从属于上杉谦信的关东国众，率先舍弃谦信，站到了北条家这一边，使谦信在关东的势力大受打击。而另一边，自谦信还师越后以后，被他拥立的古河公方足利藤氏、前关白近卫前嗣、前关东管领上杉宪政，这三个代表朝廷、幕府权威的人物，尚遗留在下总古河城内。他们三人彼此有意见冲突，难以协调合作，在失去了谦信这一后盾后，都非常焦躁不安，对于北条军包围了武藏松山城抱有极大危机感，担忧会危及下总古河城，于是匆忙写信请求谦信越山而来，谦信对此自然不能坐视不管。十月中旬，上杉谦信命长尾政景、长尾藤景、直江实纲、荻原伊贺守等重臣留守越后，自己又越过三国峠，出马关东。至十一月二十七日，已经进入上野的上杉谦信为了救援武藏松山城，派军越过上野与武藏交界的利根川，与北条军在武藏国儿玉郡生山（又称生野山）发生激烈的战斗。此战的具体经过没有留下详细的记载，但最后上杉军惨败于北条军，撤退至上野。

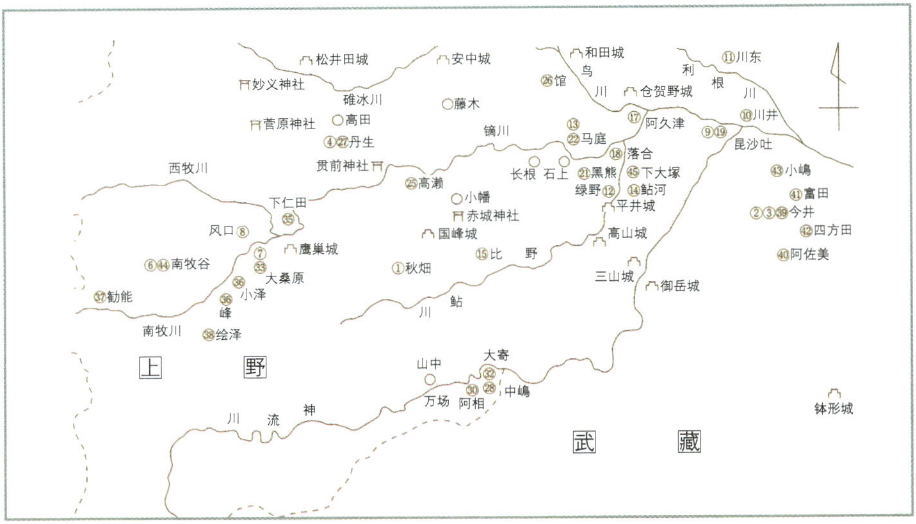

○ 西上野地图

上杉军在退却过程中甚至被北条军中的太田丰后守追击至利根川畔，可谓出尽洋相。事后北条氏政分别向樱井左近、小野藤八郎、良知弥二郎、小畑泰清、太田丰后守这些立下战功的武士颁发感状，以感谢他们在生山合战中协助北条军，使“越国众追崩”、“败北”的赫赫战功。这便是上杉谦信战史上非常有名的一场野战上的败绩，是为武藏生山合战。不过有关此战，上杉谦信是否亲自出战存在争议，但无论如何，这都是上杉军的一次惨败，战略布局上受到重创。

正所谓福无双至，祸不单行。作为北条氏康盟友的武田信玄，在这时响应北条氏康的邀请，开始入侵已经成为越后上杉氏领国的西上野，与北条氏康协同作战，一同在关东对抗上杉谦信。旧说认为武田信玄在此之前就发起过多次西上野侵攻，时间分别是弘治三年（1557）四月、八月，永禄元年（1558），永禄二年（1559）九月，永禄三年（1560）二月，永禄四年（1561）二月，说武田信玄每次都因为西上野箕轮城城主长野业正顽强抵抗的关系，在箕轮城下受挫或惨败。但是这一个说法是严重错误的，以第一手史料为准，武田信玄亲自出兵上野始于永禄四年十一月，当时长野业正已死，两人未曾亲身交战过。

自永禄四年十一月以后，武田信玄与上杉谦信角逐的主战场从过去爆发过四次川中岛之战的北信浓转移到了西上野，关东成为上杉、武田、北条三家逐鹿的地界。武田信玄此次出兵西上野，除了协助北条氏以外，对他来说还有收复失地的意义。早在天文十五年（1546），武田信玄就对西上野的一部分地域建立起了支配，当时武田信玄迫使信浓内山城城主大井贞清投降，而支配西上野甘乐郡南牧谷、上野与信浓边境余地峠的市河氏正是大井贞清的同心众，因为大井氏的降服，这些地域也就成了武田氏的领地。天文二十一年（1552），关东管领上杉宪政在北条氏康的疯狂打击之下陷入没落，逃离了上野，市河氏又成功说服山内上杉氏旧臣西上野国峰城城主小幡宪重、小幡信实父子从属于武田旗下，更进一步扩大了武田氏在西上野的支配领域（西上野的国峰小幡氏同时也从属于北条家，属于两属势力，但从属于武田的成分更重一些）。然而好景不长，到了永禄三年（1560），上杉谦信以拥护上杉宪政回归关东为名义，开始侵攻关东，西上野在年内几乎完全被谦信拿下，西上野的各路国众也纷纷成为越后上杉氏的从属势力。小幡宪重本想抵抗上杉军，但他的堂兄弟小幡图书助勾结谦信，将小幡宪重父子逐出了国

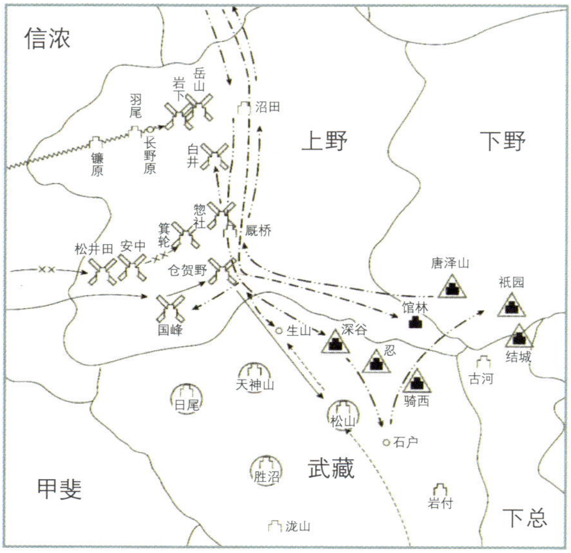

○ 永禄四年至五年的武藏、上野、下野攻防图

峰城，小幡父子只好前往信浓投靠武田信玄，期待他日能卷土重来。

在正式出兵西上野之前，武田信玄在信浓佐久郡松原神社奉上祈愿文，做了一番祷告，祈求这次出兵能够使“西牧、高田、诹访（松井田）之三城，不经二十有日，或降幕下，或击碎散亡”。祷告完后，武田信玄率领甲斐、信浓两国之兵卒，在十一月中旬越过信浓与上野交界的内山峠，侵入西上野，揭开了西上野侵攻的序幕。在进入西上野后，武田军首先在十一月十九日打下了上杉方西上野国众高田氏的高田城，次日又收复了小幡氏的国峰城，扶持逃亡到信浓的小幡宪重、小幡信实父子回归国峰城，建立起了对西上野甘乐郡的支配。同一时期内，在西上野吾妻郡，自行割据独立的西上野国众镰原氏和同郡的上杉方西上野国众岩下斋藤氏因领地纠纷而发生冲突，镰原氏遂求援于武田信玄。原先，自上杉谦信于永禄三年九月越山以来，西上野的各路国众几乎全部倒向谦信，唯独镰原氏偏偏就不肯从属于越后上杉氏，仍旧是割据自主。自武田信玄侵入西上野后，镰原氏就从属了武田氏，并请求其出兵支援，攻打上杉方立场的西上野国众岩下斋藤氏。于是在打下西上野国峰城以后，武田信玄便派遣别军进入吾妻郡支援镰原氏，攻击岩下斋藤氏。

北条军方面也不懈怠，在武藏生山合战打败上杉军以后，北条氏康、北条氏政父子越过利根川进入上野，在十二月七日与武田信玄合兵，联手攻打上杉方的西上野国众仓贺野直行的仓贺野城。但仓贺野氏的家臣桥爪若狭守骁勇善战，在他奋力抵抗之下，武田、北条联军的进攻失败。这一消息振奋了在生山合战败退的上杉谦信，他特地写信给桥爪若狭守，对他的战功大加褒奖。十二月十日，上杉谦信进军至下野佐野城，讨伐先前背叛了他、倒向北条方阵营的下野国众佐野城城主佐野昌纲，但最后没有出发。

武田、北条联军在仓贺野城受挫后，开始解散并各自为战，武田军继续转战西上野，北条军则回头经略武藏。至十二月十八日，上杉方的武藏国众藤田众开花园城投降了北条军，藤田众的花园领全部被北条军平定。十二月二十一日，上杉方的西上野国众多野郡小林氏投降了武田军。在北条、武田联军的两线作战下，上杉军于西上野、武藏两条战线被压制，形势对上杉军越来越不利。为此感到不安的上杉谦信在上野厩桥城越年，窥伺着敌军的动向。

永禄五年（1562）正月，上杉谦信得知武田信玄进兵西上野碓冰郡，攻打上杉方国众安中氏的松井田城，便进军安中领，在此击破武田军。随后，上杉谦信为了打通救援下总古河城的道路，开始着手攻击东上野最后两家从属于北条方阵营的国众，即小泉城城主富冈重朝和馆林城城主赤井文六。小泉城城主富冈重朝能拿出的兵力甚少，在此期间投降了上杉军。上杉谦信在降伏富冈重朝后，从二月九日开始进攻赤井文六，一直打到二月十七日，终于攻破了赤井氏的上野馆林城（别名尾曳城）。赤井文六弃城逃亡，前去投靠北条方的武藏国众忍城城主成田长泰。

○ 新潟县常安寺藏上杉谦信画像

上杉谦信在拿下馆林城以后，将此城赐给了从属于他的下野国众足利长尾氏当主长尾景长，自此以后，下野足利长尾氏的本据从下野足利城移往上野馆林城，又被称为馆林长尾氏。由于馆林赤井氏是东上野最后一家支持北条家的国众，上杉谦信通过打下赤井文六的馆林城，压制了整个东上野，进而打通了与下总古河城的联系，坐困愁城的足利藤氏、近卫前嗣、上杉宪政终于盼来了救星。三月，谦信回兵下野，攻打之前叛变自己的下野国众佐野城城主佐野昌纲。但佐野城本身就是一座难攻的山上坚城，险峻难克，上杉谦信一时难以攻下。加上北条氏康的三子北条氏照率领援兵救援佐野城，谦信为避免被两面包抄，只能解围而退。

在这一间隙，武田信玄再次进兵西上野碓冰郡，攻陷了上杉方国众安中氏的属城松井田城，使安中氏只剩下本据安中城。西上野吾妻郡的上杉方国众岩下斋藤氏，也在这个时候从属了武田家，使武田家在西上野的支配范围愈加扩大。通过去年十一月以来的出兵，武田信玄在西上野已经取得一定进展后，便收军返回了甲斐。

而上杉谦信这一方，自去年十一月出阵关东以来，一败于武藏生山，二挫于下野佐野城，面对北条军无法再占据上风，很难再保证孤悬于前线的下总古河城的安全。残留在古河城内的前关白近卫前嗣、前关东管领上杉宪政内心皆惴惴不安，无意继续留守。随着古河城周边的局势不断恶化，两人最后都随上杉谦信退却到了上野厩桥城，并于四月随着大军返回了越后。此举相当于是谦信默认放弃了古河城，进行战略收缩。上杉谦信的本意是将古河城作为关东的首府，与小田原城的北条氏抗衡，所以原先将前关白近卫前嗣、古河公方足利藤氏、前关东管领上杉宪政

武田信玄画像

三个权威人物都留在了城内，作为其出兵关东的合法象征。但是下总古河城距离谦信的本据越后太远，加上关东的国众时而从属于上杉家，时而叛离，无法保障古河城与后方的联系，易导致其陷入敌方的包围，这就让谦信对于其意图作为关东“首府”的古河城鞭长莫及。弃守古河城以后，上杉宪政这位曾经的关东管领，一直到他死去为止，再未踏足关东，最后死于越后上杉家的内乱“御馆之乱”，这是后话。

归国之际，上杉谦信命令重臣北条高广担任上野厩桥城城主，管辖厩桥领和大胡领，镇守这一方重镇。回到越后以后，失意的近卫前嗣不听谦信的劝告，径自返回了京都，再无心思为谦信充当出兵关东的合法象征，谦信的威信受到了很大打击。而上杉军刚一撤走，北条氏康第三子北条氏照就率兵迫近下总古河城，欲攻夺此城。被上杉谦信拥立的古河公方足利藤氏还留在古河城内，他在失去了谦信这一靠山后，也难以为继，便舍弃了古河城，逃亡到安房，投奔和古河公方足利氏有联姻关系的房总大名里见氏去了。而被北条氏康拥立的古河公方足利义氏，也由此回到了古河城。自此以后，上杉、北条两家的关东争霸，主导权渐渐由与武田氏联手作战的北条氏所掌控，上杉谦信落了下风。历史学家们对此都是非常敏感的，谷口研语在《流浪的公方·近卫前嗣》一书中更是尖锐地指出，上杉谦信的关东经略，实际上在永禄五年弃守下总古河城以后，就已经陷入事实上的败局。就连大正时期以吹嘘上杉谦信为主的传记，也就是布施秀治所著的《上杉谦信传》，也不得不如实承认“我关东经营之策，于是顿挫”。

武藏松山城之战

上杉谦信撤回越后以后，北条氏康继续经略武藏，命令家臣秩父氏进兵攻打上杉方的武藏国众安保氏的御岳城，但是未能将其攻克。安保氏原是被北条氏康驱逐的前关东管领上杉宪政的从属国众，因其本据御岳城后来被北条氏康攻陷，所以从属了北条氏康。自上杉谦信出兵关东以后，安保氏就叛离了北条氏康，倒向上杉谦信。武藏经略告一段落后，永禄五年四月，北条氏康将武藏胜沼领的支配权赋予第三子北条氏照，使其成为胜沼城城主。

趁着上杉谦信从关东撤兵，武田信玄也在同年五月出兵，继续侵攻西上野。五月二日，上杉方的西上野国众大户浦野氏当主浦野中务少辅，被武田方的西上野国众镰原氏当主镰原宫内少辅策反，倒向了武田信玄。浦野中务少辅倒向武田信玄以后，于五月八日出兵，与上杉方的西上野国众箕轮长野氏当主长野业盛交战，为此得到了武田信玄的褒赏。五月十二日，上杉方的西上野国众安中氏当主安中重景也被武田信玄策反，倒向了武田信玄。之后，武田信玄席卷西上野，打下上杉方的西上野国众群马郡和田氏的和田城，以及天引城、高山城等城池，武田军甚至一直杀到武藏的本庄城、久久宇，在两地纵火。武田军在大肆掳掠一番后，武田信玄才撤兵归国，返回了信浓佐久郡平原。在时隔四个月后，武田信玄在九月再度侵入西上野，攻打箕轮长野氏、惣社长尾氏、仓贺野氏等上杉方西上野国众。但他无法将这些国众铲除，只能劫掠他们居城周边的村落，割取稻田里的麦子补充军粮。同一时间，武田信玄写信给下野大名宇都宫广纲，声称武田军将在下月下旬联合北条军、今川军越过利根川，与上杉军决一雌雄，但只是虚张声势。

通过五月和九月的两次扫荡，以及施以离间、策反等手段，武田信玄使吾妻郡的大户浦野氏、群马郡的和田氏、绿野郡的高山氏、碓冰郡的安中氏等上杉方的西上野国众相继降服（注释：平山优《真田氏三代》将和田氏归附武田信玄记录为永禄六年，此说有误）。碓冰郡安中氏的归附，使武田信玄掌握了连接信浓与上野的重要交通关口碓冰峠，从此以后就能安全无虞地越过碓冰峠，经由东山道攻打上野。此外，群马郡和田氏的归附也极其重要。和田城位于上杉方国众的箕轮城与仓贺野城两城之间，在和田氏投向武田军以后，箕轮城与仓贺野城之间的联络就被切断了，不能相互策应。既然和田城的战略地位如此重要，武田信玄自然不会轻视，他命人大规模修整和田城，将其打造成一座异常难攻的坚城，并派重臣坂垣信安、迹部伊贺守入城，协助防守上杉军，此城日后也成为谦信的心头刺。

另一方面，由于上杉谦信已经回师越后，而北条氏康在关东加大反攻力度，先前投向上杉谦信的关东各路大名在政治立场上又发生动摇。在七八月间，上杉方的常陆大名小田城城主小田氏治、下野大名宇都宫城城主宇都宫广纲、下野大名那须城城主那须资胤、下野大名祇园城城主小山秀纲相继叛离上杉谦信，倒向了北条氏康。势力得到复苏的北条氏康亲自出兵武藏，攻向上杉方武藏国众岩付城城主太田资正的属城松山城。原先，北条氏康在天文十五年（1546）的河越之战后，灭亡了关东的旧大名扇谷上杉氏，扇谷上杉氏的遗臣太田资正窥伺时机，夺回了主家旧据松山城和岩付城，但后来还是被迫从属了北条氏康，松山城也陷于北条氏之手。自上杉谦信于永禄三年九月侵入关东后，太田资正便倒向了谦信，并再度夺回了被北条氏控制的主家旧据松山城，又拥立了扇谷上杉氏一族的遗胤上杉宪胜为松山城城主，使上杉宪胜的松山城和太田资正所在的岩付城并为掎角之势，一同在武藏战线抗衡北条军。

有关松山城城主上杉宪胜的具体来历不甚明确，是一个疑案。他的生父有扇谷上杉氏的上杉朝兴、上杉定正、上杉朝昌，甚至山内上杉氏的上杉宪政、上杉宪武、上杉则政等多种说法。学者黑田基树在《关东战国史》一书中，认为上杉宪胜是扇谷上杉氏末代家督上杉朝定的弟弟，也就是上杉朝兴之子，但是这一个说法也没有确凿的证据。笔者认为，在众多的杂说当中，军记史料《关八州古战录》的说法相对可靠，即上杉宪胜是上杉朝昌的幼子、上杉朝良的末弟，本名叫作七泽七郎，在太田资正夺回松山城以前，曾在陆奥流亡了数年时间。他在扇谷上杉氏灭亡后，才被太田资正迎立为松山城的城主。

十一月四日，北条氏康、北条氏政父子率领三万五千大军（也有一说是二万八千人），重重围困住了松山城。作为北条家盟友的武田家也积极响应配合，武田信玄、武田义信父子亲自出马，以甲斐、信浓、西上野之兵卒两万人与北条军会于松山城外，两军的总兵力达到了惊人的五万五千人之多，将松山城围得水泄不通。与北条、武田联军实力极不相称，松山城内只有骑马武者二百骑、杂兵两千五百人，城主上杉宪胜暗中与岩付城城主太田资正取得联络，请求他出兵相助。据说上杉宪胜当时写信告急，是用一种特殊的药在纸上写字，收信者必须用水滴在纸上，才能让纸上的字迹显示出来，这是为了防止被围城的北条军截获情报。又据说在写完后，上杉宪胜将这封书信挂在军犬的脖子上，让军犬潜出城去，与太田资正联络，将信送递其手中，这被认为是日本历史上最早使用军犬的案例。但这两个传说故事性都太过浓厚，真伪不明。

虽然兵微将寡，但松山城历经多次修筑，城防甚为坚固，而且城内配备有良好的防御性武器，因此可抵挡北条、武田联军一阵。作为攻城方的北条军携带了大量弓箭，吩咐士卒将弓箭点上火，以“火箭”射击松山城，而上杉宪胜也予以更大程度的还击。按照《谦信公御年谱》的记载，此时松山城内一共有“铁炮七百挺、弓五百张”，《关八州古战录》则说只有“铁炮二百挺”，具体数目不明。不过这两个记录都说明当时松山城内已有大量的铁炮用于城防，具有重要的战术意义。如果依照《关八州古战录》的记载，是“铁炮二百挺”的话，那么其意义相当于松山城内的二百名骑马武士每人手中都持有一挺铁炮，可视作日本战国时代最早的骑马铁炮队，早于后来陆奥伊达政宗的骑马铁炮队。上杉宪胜凭借松山城居高临下的地势，命令数百挺铁炮一齐射击北条、武田联军，在铁炮弹丸持续打击下，使敌军一下子就付出战死二百七十余人、负伤四百四十人的代价，一度呈现优势。

武田信玄为了攻破松山城，特意从甲斐、信浓征召金掘众挖掘地道，希望以这种方式攻进松山城，但依然瞒不过松山城守军的眼睛，凿地道的民夫们悉数遭到铁炮的射杀，这一计策宣告失败。武田军部将米仓丹后想出对策，用竹子编织成一种盾牌，抵御松山城守军的铁炮攻击，掩护民夫们挖掘地道，通向松山城。结果这招真的奏了效。武田军又在城下建立起箭橹，造起龟甲车，用多种攻城武器攻城，让松山城面临重大威胁。松山城合战，攻城方的北条军使用火箭，武田军使用盾牌、箭橹、龟甲车，守城方的上杉宪胜则以数百挺铁炮和大量弓箭防御，攻守双方的武器装备都非常亮眼，可谓底牌用尽，屡出奇计。

另一方面，太田资正派使者将松山城被围的消息报告给了上杉谦信，请求谦信越山而来。当时已经是永禄五年（1562）的年底，越后与上野边境下起了漫天大雪，在严酷的寒冬行军异常艰难，但谦信还是不辞辛苦决然越山。他让姐夫长尾政景留守越后，自己于十一月中旬从越后出发，跨越越后、上野交界的三国峠，挺进关东。由于大雪的影响，上杉军直到十二月十六日才抵达上野沼田城，途中

○ 大乘寺广吉所绘上杉谦信像

○ 《本朝武优镜》所收上杉谦信绘像

的劳苦远远超出想象。进入上野后，上杉谦信写信给下总关宿梁田氏、房总里见氏、下野宇都宫氏、常陆佐竹氏这四家关东的大名，要求在太田资正的武藏岩付城会合。十二月十八日，上杉谦信又写信给下野大名那须城城主那须资胤，告知自己冒雪越山，将会救援松山城的消息，并邀请那须资胤出马，和他一起前往救援松山城。但下野宇都宫氏、那须氏当时都已从属北条方，并未接受上杉谦信动员。

次年即永禄六年（1563）正月，上杉谦信开始进兵，他从上野沼田城一路南下，越过利根川进入武藏，扫荡北条方武藏国众上杉宪盛的深谷领。上杉谦信抵达深谷领时，此次救援目标松山城已经近在咫尺，但他突然反方向杀向西上野，在正月六日开始扫荡武田氏领下的高山领、小幡谷，意欲断绝武藏松山城下的武田军与后方信浓、甲斐的联络，切断其退路。但这么一来，也就耽误了他救援松山城的最佳时机。由于这一延误，导致时间上已经来不及了，上杉谦信只能放弃与下总关宿梁田氏、房总里见氏、下野宇都宫氏、常陆佐竹氏在武藏岩付城会合，自己直接向武藏松山城进军。

二月，上杉谦信率领步骑八千，再次从上野南下，进兵至武藏松山城南面的石户城，准备对松山城展开救援。石户城是太田资正的属城，因此上杉谦信能够在此。但松山城城主上杉宪胜这时候已经实在支撑不住，他并不知道上杉援军已经接近松山城，料想太田资正、上杉谦信不会发援兵而来了，于是便在二月四日开城投降了北条、武田联军，松山城宣告陷落。在《甲阳军鉴》等近世军记中，

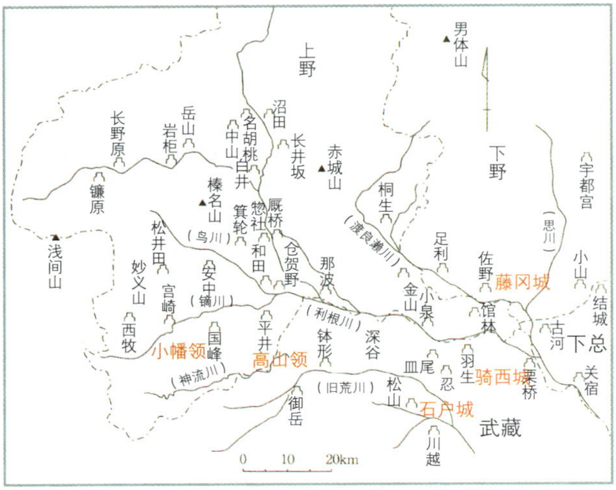

○ 永禄六年越山的进兵地点

有一个上杉谦信斩杀上杉宪胜二幼子的说法。据说，上杉谦信听说松山城陷落的消息后，咬牙切齿，震怒，他怒斥了太田资正一番，斥责他让自己空忙活一场。尽管太田资正进行了一番剖白辩解，但谦信还是怒气难消。怒火攻心的谦信命令太田资正交出藏身在岩付城内的上杉宪胜的两个儿子，由他处置。太田资正不敢违抗，交出宪胜的两个儿子。上杉谦信一把揪住这两个无辜稚子的头发，高高拎起，亲手砍下了他们的首级。

又据传说，上杉谦信在松山城陷落后回头攻打自己的属下，也就是上野厩桥城城主长尾谦忠，怒斥其消极待命、不出兵救援松山城的不作为之罪，最后亦亲手砍下了长尾谦忠的首级，并将厩桥城内的两千名上杉守军屠杀净尽，改以北条高广为厩桥城城主。但这一个传说明显不是事实，属于后世的假托附会。当时上野厩桥城的城主早已是北条高广，长尾谦忠根本没有做过厩桥城城主，甚至此人是否存在也是个问题，又何来杀长尾谦忠之事？这个传说虽然是后世的附会，但也说明了谦信对于松山城的陷落充满强烈的愤怒，怨气难消。

松山城陷落后，上杉谦信往太田资正的岩付城移动，仍想寻找时机进攻松山城。但有内奸将他出师日期外泄出去了，得到情报的北条、武田两军选择回避与谦信作战。武田信玄直接撤兵回了甲斐，北条氏康则坚守松山城，按兵不动。上杉谦信没有办法，只能攻击周边的北条氏属城，也就是北条方立场的关东国众。他首先拿来泄愤的攻击目标，是武藏骑西城城主小田伊贺守。骑西城又名私市城、山根城，位于关东平原的中央位置，周围有沼泽和湿地包围，诚如《删修近古史谈》所言，骑西城“有大泽绕其后，地势颇壮”，是一座地处要害的坚城。又据《北越军谈》记载，城内一共有骑兵二百五十人、杂兵三千余人，兵力充足。

尽管如此，上杉谦信在强烈怒气的驱使下，在二月十七日攻城，仅用一天一夜便顺利攻破了此城。据《镰仓公方九代记》《甲阳军鉴》《关东管领记》等近世军记的记载，上杉谦信在攻克骑西城以后，为了一泄松山城陷落之愤懑，对城内展开惨绝人寰的屠杀，甚至将毫无抵抗能力的三千名妇女、儿童都全部杀死了。在《享禄年代记》一书中记载“长尾谦信袭山根城，杀童女三千”，指的也是上杉谦信攻屠骑西城一事，杀戮了城中毫无抵抗力的妇女和儿童一共三千人之多。但也有另一种说法。据上杉谦信的亲笔书信《伊藤文书》所言，骑西城城主小田伊贺守在上杉军攻破外曲轮、中城，尚未攻破“实城”（本丸）之际，就通过岩付城城主太田资正的斡旋，取得了谦信的宽宥，回归了越后上杉氏的阵营。按照这一说法，骑西城屠杀便可能不存在了，当属近世军记的谬传。

打下武藏骑西城以后，上杉谦信继续对先前背叛自己、倒向北条氏的关东各路大名、国众发起报复性的作战。谦信先是进军邻近骑西城的武藏忍城，降伏了小田伊贺守之兄、忍城城主成田长泰，之后北上攻击下野藤冈城，使城主茂吕因幡守归附。也许是因为上杉谦信已经杀入下野的关系，下野大名宇都宫城城主宇都宫广纲虽然在去年七八月间从属了北条氏康，但这时候又站到了上杉谦信一方。随后，上杉谦信便会同常陆大名佐竹义昭、下野大名宇都宫广纲这两家盟友，一同于三月二十四日前往进攻下野大名祇园城城主小山秀纲。

据《下总国旧事考》记载，祇园城“东为前门，北为后门，虽平城也，隍堑三重。西南险峻高耸，堰入思川，兵食不乏，竭力御备”，城坚兵勇，很不好攻打。且邻近祇园城的下总大名结城城城主结城晴朝是小山秀纲之兄，也派出家臣多贺谷民部少辅率军前来救援。上杉谦信随即命佐竹义昭将结城援军驱逐，多贺谷民部少辅骁勇善斗，使佐竹军差一点就败退，不过佐竹氏最终还是反败为胜，击杀了多贺谷民部少辅。消灭结城援军后，佐竹军又与上杉、宇都宫军会合，继续攻击祇园城。经过两到三天的时间，上杉、佐竹、宇都宫联军顺利攻破下野祇园城，城主小山秀纲剃发出降。联军攻下祇园城后，又趁势攻克邻近的下总结城城，使城主结城晴朝降服。北条氏康、北条氏政父子本打算出兵救援结城晴朝，但最后未能成行。四月七日，上杉谦信又进兵攻打下野佐野城的佐野昌纲，北条氏康邀请盟友武田信玄一同出兵救援佐野城，但武田信玄没有答应，北条氏康为此甚为不满，写信向武田信玄诘问。在失去北条军、武田军的外援后，佐野城被上杉谦信打下。随后，上杉谦信又攻下上野桐生城，城主佐野直纲也宣告投降（注释：《北越军谈》记载此期间的进军路线，依次是攻打小田家国的武藏骑西城、毛吕季忠的上野馆林城、小山秀纲的下野祇园城、结城秀纲的下总结城城、佐野宗纲的下野佐野城。但这在人名、进军路线的记载上皆有舛误或者遗漏，笔者今补充和订正）。

但上杉谦信驰骋于关东之时，他的后方却出了乱子。趁上杉军流连关东，武田信玄在四月四日出兵北信浓，陈兵于信浓、越后边境，企图攻进越后，但军队因犀川水势暴涨被迫止步。上杉谦信得知此事，不得不从关东返回越后坐镇。四月二十八日，上杉谦信经由上野沼田城返回越后，结束了这一次越山。这一次出兵虽然未能救下武藏松山城，但使一部分先前倒向北条氏阵营的关东国众重新归附自己，也算是有所收获。不过在上杉谦信归国以后，下野佐野城这边还是出现了变数，城主佐野昌纲在谦信撤走后又回到了北条家这一边。

之所以如此，原因是北条家在上杉谦信撤兵后又在关东发起了反击作战，攻打上杉方的关东国众。四月份，上杉方的北武藏国众御岳城城主安保晴泰从属了北条方。七月份，北条氏康将要进军下野，邀请盟友今川氏真、武田信玄一同参阵。七月二十四日，今川氏真从骏河出阵，在月末进入相模小田原城，与北条氏康会合。但是因为利根川涨水，北条、今川两军未能成功侵入下野。九月份以后，北条氏康转而入侵武藏岩付领，但是未能取得战果，只得撤兵。

在七月底至八月初期间，武田信玄也响应北条氏康出兵关东。但武田信玄只是出阵西上野，攻打上杉氏阵营的国众，并没有随北条氏康、今川氏真侵入下野。这一期间的具体动向不明确，武田信玄一直停留了两个月，才在十月上旬从西上野撤兵归国。在这之后，上杉谦信通过策反归附武田家的西上野国众岩下斋藤氏以示反击，斋藤氏当主斋藤宪广夺取了武田家控制下的岩柜城，但不久就被武田氏旗下的其他上野国众联手击败，斋藤氏的本据岩下城也被攻下，斋藤宪广只好逃亡到斋藤氏一族仅剩下的据点嵩山城避难。厮杀了两年时间，与武田信玄的西上野争霸中，上杉谦信可谓一点便宜都未占到。

甲越再战西上野

永禄六年（1563）年底，武田信玄再次发起西上野侵攻，攻打从属于上杉谦信的各路西上野国众，使关东又陷入战乱之中。十二月初，武田信玄率军从信浓进入西上野，攻打上杉方的西上野国众仓贺野直行的仓贺野城，但在仓贺野氏的部将桥爪若狭守的奋力抵抗下，未能将其攻陷，这是桥爪若狭守第二次在仓贺野城下打退武田军。在坚守之余，桥爪若狭守写信请求上杉谦信出兵增援，谦信回信褒赏了他的战功，并立即做好了出阵的准备。

十二月五日，自仓贺野城遇挫后，武田信玄移兵攻打西上野最大的上杉方国众长野业盛的箕轮城，但是也未能将此城攻陷，只能在城外纵火焚掠，并将供养长野氏一族的长纯寺烧毁了。不过，虽未能将箕轮城打下，可箕轮城的属城木部城被武田军打了下来，武田信玄随后命令重臣甘利昌忠和国众大户浦野氏大规模整修木部城，逐步紧缩对箕轮城的包围。

闰十二月五日，北条氏康从武藏出阵，进入西上野，配合其盟友武田信玄的军事行动。武田信玄见在西上野捞不着便宜，就会同北条氏康越过利根川，在闰十二月十一日攻打上杉方的东上野国众新田横濑氏的金山城，但两家联军也未能攻破此城，于是攻略目标又转向了支配领域横跨上野、下野两国的上杉方国众馆林长尾氏，前往攻击其领下的上野馆林城、下野足利城。上杉谦信为应对武田、北条联军，先对上杉氏势力下的武藏国众岩付城城主太田资正下达命令，命其先进军至武藏前线的羽生城，又向房总大名里见义尧写信，表明了要灭亡北条氏的决心，同时也做好了出击关东的准备。

闰十二月十九日，上杉谦信为救援己方关东国众，终于越山而来，布兵于上野厩桥城，准备迎击北条、武田联军，并向房总大名里见义尧请求出兵武藏，以袭北条氏之后。收到这些消息后，北条、武田两军皆无意进取，同时退阵，北条氏康退往武藏松山城，武田信玄则向西上野方向退却。闰十二月二十七日，上杉谦信进兵西上野，攻打位于仓贺野城与箕轮城中间的武田氏属城和田城。如果攻下和田城，就能打通仓贺野城和箕轮城这两个上杉氏属城之间的联系。可和田城坚阻，武田方守将和田业繁坚守不屈，谦信屯兵于坚城之下，无所进展。

由于始终打不下上野和田城，上杉谦信便只能放弃。这时，上杉谦信收到了常陆大名佐竹义昭、下野大名宇都宫广纲、常陆国众真壁氏干联署的书函，邀请他出兵常陆小田城。原来，常陆小田城与佐竹氏的领地相接，世代居住着常陆大名小田氏一族。小田氏治与佐竹义昭在常陆互争雌雄，交战不休，同时又与周边其他领主交战，得罪了很多人。但螳螂捕蝉，黄雀在后，后来常陆小田城被北条氏康攻夺了，小田氏治失去了居城，流离失所。他仰赖谦信在永禄三年（1560）的关东出阵，才得以恢复旧领，回到小田城。可谦信一走，小田氏治迫于北条军的压力，又在永禄五年（1562）七月的时候转投到了北条氏一方，并继续与佐竹氏等周边领主交战，甚至还“侵旁近诸城属上杉氏者”。上杉谦信认为这是极其忘恩负义的行为，因而对其大感厌恶，于是便响应了佐竹义昭等人的出兵请求。

有部将劝谏上杉谦信说：“小田城这个地方城池险要，小田氏治对此城修治很久，我众孤军深入，恐怕难以成功。”但谦信不听，执意要让小田氏治付出背叛的代价。在后来写给幕府臣僚大馆晴光的书信中，谦信是如此描绘这一次小田城出兵的，他说：“小田氏治为氏康侵暴，流离十余年，赖臣之力，得复旧邑，感喜致盟书，誓永世无贰。乃与佐野小太郎背恩事仇，敢为不恭。臣复不敢辞劳，悬军赴讨，陵其城磊，杀伐用张，皆稽首服罪，纳质子焉。”上杉谦信把出兵小田城的动机解释为小田氏治忘恩负义，因而有此报复之举。

在收到佐竹义昭、真壁氏干、宇都宫广纲的邀请函后，上杉谦信在次年即永禄七年（1564）正月二十一日，冒着大雪从上野转移，经由下野，率兵前往常陆。到达常陆的真壁郡山王堂这个地方后，上杉谦信与佐竹义昭、真壁氏干、宇都宫广纲会合，一齐向小田城进发，联军总兵力一共八千。翌日，小田氏治凑出家中一共能动用的三千兵力，前来迎击上杉、佐竹、宇都宫、真壁联军。小田军布阵于旷野之上，面向山王堂，背靠筑轮川。辰时，上杉联军向小田军所在阵地挺进，上杉军冲在最前面，佐竹众、宇都宫众、真壁众跟在其后，与小田军的山王堂合战正式打响了。小田氏的菅谷政贞、信太赖范、赤松则实、平冢弥四郎四名部将督兵作战，指挥士卒使用弓箭、铁炮射杀了不少上杉联军的士卒。《常陆志料》直截了当记载上杉联军“死伤颇众”，这在上杉家史料里没有披露，可以说是揭了上杉谦信的短，说明当时上杉联军受到小田氏治军的猛烈打击。由于冲在最前面的主力是上杉军，所以死伤人数最多，佐竹众、宇都宫众、真壁众跟在上杉军后面，伤亡相对较少。

上杉谦信亲自率领的先阵死伤较多，遍地尸骸，但后队的佐竹众、宇都宫众、真壁众并不怜惜这些上杉军死尸，他们手底下的士卒踩着前队已经战死的尸体前进，前仆后继，与小田军短兵相接，使小田氏家臣菅谷政贞战死。敌众我寡，小田氏治虽然在一开始占据了优势，但还是在这一战遭受惨败，败退下来，逃回到小田城固守。上杉谦信主导的联军也毫不放松，尾随其后，一直追击到小田城之下。但是小田氏治守城的决心也异常坚决，有了坚城保护，上杉联军“苦攻累日”，一直熬了七天时间，才终于将小田城攻克。在陷城之前，小田氏的家臣信太扫部介已经预感到此城终将陷落，他流着泪对小田氏治说：“此城已不可守，主公宜立刻出城逃走，以待他日兴复我小田家！老臣请求留在此城，以身殉城！”

小田氏治听从了这一番话，择机逃走，信太扫部介则在陷城后殉城自杀了。攻克小田城以后，上杉谦信为发泄山王堂筑轮川之战战死多名士卒，以及这七天以来久攻不下的愤懑，便挥动屠刀，指使手底下的士卒对小田城大肆杀戮。城内百姓哀号着东逃西窜，向上杉军乞怜饶命，也有人一身硬骨，仍然拼尽全力奋力抵抗，但终究无济于事。小田城内直接死于屠杀的平民百姓就有两千余人，其余为了逃难而被溺死、烧死的，更是不计其数，民舍几乎被焚毁一空。战火之中，即便是僧徒的寺院也不能幸免于难，同样遭到上杉军的捣毁和破坏。亲历这场劫难的大蟲岑和尚在九死一生中逃了出去，他对于此战的惨况记录道：“越军竞来，围小田城。甲子孟春廿有八，互及一战，拔旗夺鼓、咬簇碎鉾。或粉骨碎身尽忠，或面缚负荆请降，四面凯歌。民家狼烟，名蓝古刹扫地灰烬，呜呼哀哉，人境俱夺，东驰西走，无措手足地。”由于上杉军的血洗杀戮，大蟲岑和尚不得不逃亡到了下总的光福寺，被那里的方丈收留。而这些屠杀与洗劫，则被上杉谦信当作自己

○ 铁 炮

的赫赫武功，他后来在写给大馆晴光的书信中，也不无骄傲地自夸道：“当春至于小田地，驰向彼要害旧地，宗徒者二千余人讨捕，残党或堀沟溺死，或烧死者几千万，不知其数。”

小田城陷落以后，周边的小田氏属城如土浦、木田余、户崎、宍仓、矢田部、东轮寺、牛久、丰田、土岐等等，大大小小一共三十多所城寨全都投降了上杉军。但上杉谦信并没有在小田城置戍，留下任何上杉军将领，而是将此城交给了佐竹义昭，随后就再次着手攻击下野的佐野昌纲。但佐竹义昭也并不太用心于小田城的城防，只留下了一小部分兵力防守。由于这一疏忽，小田城在后来又被小田氏治重新夺了回去，这是后话。

打下常陆小田城以后，上杉谦信率领色部胜长、栗林政赖、斋藤朝信、长尾时宗、楠河左京亮等越后上杉氏诸将，向北条方下野国众佐野昌纲所在的佐野城进军。佐野城险峻难克，上杉谦信为攻破此城下了很大的功夫。上杉军打了很久，才破其外郭，最终在二月十七日降伏了佐野昌纲。这一场战斗结束，上杉军也付出了战死五十多人的代价。佐野昌纲通过佐竹义昭、宇都宫广纲说情，取得了谦信的宽宥。谦信之所以如此执拗地进攻佐野城，是因为拿下佐野城具有重大的战略意义，如果说上野沼田城是谦信进入关东的入口、厩桥城是关东经略的中心据点，那么佐野城就是挺进关东平原中东部的重要据点。在此后，为了牢牢稳固佐野城的统治，谦信派越后阿贺北众五十公野重家、旗本众吉江忠景带兵入驻佐野城，作为常驻此城的军队。为加强与佐野昌纲的政治关系，上杉谦信又将长尾一族的虎房丸过继给了佐野昌纲，作为养子。在一系列举措下，佐野城维持了较长时间的安定。

与此同时，趁上杉谦信进兵攻打下野佐野城的间隙，武田信玄继续攻击上杉氏阵营的西上野国众，包围了箕轮长野氏的箕轮城。为解箕轮城之围，上杉谦信决定围魏救赵，回头攻打武田军的西上野和田城，迫使武田军放弃对箕轮城的进攻。上杉谦信的这一战略构想，和中国三国历史上诸葛亮二次北伐的动机是完全一样的。诸葛亮第二次伐魏，攻打魏国的陈仓城，战略意图本质上也是围魏救赵，是为了缓解东线吴国的军事压力，以牵制魏军东下攻吴。

三月七日，上杉谦信回过头来再次对西上野的和田城动手。他组织动员了关东的上杉方大名、国众联手攻打和田城，参战的一共有西上野国众白井城城主长尾宪景、箕轮城城主长野业盛，东上野国众新田金山城城主横濑成繁、厩桥城城主北条高广，常陆大名太田城城主佐竹义昭，下野大名宇都宫城城主宇都宫广纲，总兵力达到一万三千人。但是尽管声势浩大，上杉联军攻打和田城的过程却一直不顺利，武田方的和田城守将和田业繁、金丸若狭守忠经励众坚守，令谦信无可奈何。有一名叫作新井刑部少辅的上野武士，表现非常出色，在和田城下的战斗中，讨取了多名上杉军士卒。上杉谦信在和田城下对峙消耗到四月，仍旧毫无进展，他将进展不顺利的责任推卸到了佐竹众、宇都宫众身上，对他们感到非常不满，有许多抱怨之言，认为他们的表现拖累了自己。但即便多有埋怨，也无法改变不利的战况。三月十日，武田信玄向和田城输送了铁炮弹丸、火药、弓箭、兵粮等补给，更加巩固了和田城的城防。

正面进攻失利，谦信便向和田城派出两名斥候（侦察兵）窥探城里的情势。但非常不幸运的是，这两名斥候刚出发没多久，就被武田军发现并俘虏了，被押解到了武田氏的本据甲斐甲府审讯。这时，武田信玄也向和田城派出了一支铁炮队援军。铁炮，即火绳枪，最早在天文十二年（1543）传入日本种子岛，自此以后广泛运用于战场。据柳成龙《惩毖录》记载，日本军的铁炮射程在“数百步之外”，并且“中必贯穿，或一丸毙三四人”，具有很强的杀伤力。在壬辰战争期间的海汀沧之战中，加藤清正的铁炮部队就几乎全歼了朝鲜骑兵中最精锐的咸镜道骑兵；

在第一次平壤之战中，小西行长的铁炮队也重创了明将史儒、祖承训的辽东骑兵。因为史儒、祖承训在朝鲜战场的失败，甚至还造成明朝“举朝震动，京师戒严”，在远离朝鲜平壤的北京城严加戒备。因此，铁炮造成的打击实在不可忽视。

从弘治二年（1556）的第二次川中岛合战以来，武田信玄就一直相当重视铁炮这一新式武器，这次来的武田军援军便是一支精锐的铁炮队，携带了大量的铁炮。结果，正是武田军的这一支铁炮队，又给上杉谦信带来了极大的麻烦，最终将他打得大败逃窜。据《续本朝通鉴》记载，当时“上杉谦信攻上野和田城，城将陷时，武田信玄援兵横田十郎兵卫率其队放鸟铳，无不中。谦信殆危，乃引归”。不过，《续本朝通鉴》将武田援军大将的名字弄错了，根据第一手史料《战国遗文·武田氏编》的记载，武田信玄向和田城派出的铁炮队大将是山宫右马允，而非横田康景。在山宫右马允率领的武田军铁炮队反击之下，上杉联军不仅无法打下和田城这座坚城，反而损兵折将，一败涂地。与一般的攻城战作战失利不同，和田城之战令上杉军付出极大伤亡，堪称惨败。甚至上杉谦信在给心腹将领所写的书信中，也开口承认自己在事实上是失败了。在攻打和田城失败以后，上杉谦信就在四月十三日非常不体面地逃回了越后。永禄六年年底开始的这一次关东出阵从和田城开始，也从和田城结束。

上杉谦信逃窜回越后以后，西上野的军事重地仓贺野城失去有力外援，最终还是陷落在了武田军手里。虽说仓贺野城是上杉家的军事重地，城主仓贺野直行也有家中名将桥爪若狭守的辅佐，但最终还是遭武田军乘虚夺城。没落的城主仓贺野直行逃出重围，前往越后受上杉氏庇护（注释：武田研究学者平山优在《川中岛之战》一书中将仓贺野城陷落记为永禄八年，此说有误）。自经历西上野和田城一战大败，上杉军元气大伤，一时无力反击，谦信只能咬牙切齿，眼睁睁看着武田军为所欲为。但上杉谦信还是怨气难消，接连在越后的神社、看经所奉上祈愿文，祷告能够诛除武田信玄。先是五月十三日，谦信在越后饭冢八幡宫神社奉上祈愿文进行祷告，主要提出两点诉求：一是越后国能够丰饶安全、长治久安，国内没有对自己怀有逆心之徒；二是今年秋天要杀入甲斐，击杀武田信玄，将上杉家旗帜立于甲府，使甲斐国尽皆成为上杉家的属国。六月二十四日，谦信又在越后看经所和弥彦神社进行祷告，祈求能够平定信浓、关东、越中，一举灭亡武田信玄和北条氏康。在祈愿文中，上杉谦信一一列举了武田信玄的罪状，严厉谴责其所作所为，并再次表达了于当年秋天杀入甲斐的意愿。其对武田信玄的痛恨之心，跃然纸上。同一天，室町幕府将军足利义辉开始试图调解上杉谦信、北条氏康的关系，但没有奏效。

就在谦信计划出兵信浓的时候，一场变故突如其来。七月五日，上杉谦信的姐夫、越后上田长尾氏当主长尾政景不明不白地死去了，他的死延迟了谦信出兵信浓的计划。长尾政景是怎么死的，数百年来一直悬而未决，成为疑案。但不管怎么样，长尾政景的死，给上杉谦信带来了许多便利。上杉谦信直接掌握了通往关东的要道越后上田庄，不必再仰长尾政景鼻息，上田众也实际被谦信所控制。失去了家主的上田众，被编入谦信的直属军团，成为谦信往后东征西讨的中坚力量。被长尾政景控制的上田银山，也落入谦信手里，成了他的重要军政财源之一。从这些意义上来说，长尾政景的死，还是带给了上杉谦信许多收获。

在长尾政景死去的这个月，在武藏也发生了一件大事。上杉方的武藏国众岩付城城主太田资正，因为其嫡子太田氏资和北条氏康勾结作乱而被流放出了岩付城。太田资正只能与其次子梶原政景流亡到下野宇都宫广纲处做客将，后来又投靠了常陆的佐竹义昭。佐竹义昭待太田资正不薄，让他做了常陆片野城的城主。谦信本欲出马相救，收复太田资正的岩付城，但是最后也无疾而终，只能向流亡的太田资正馈赠一些黄金，聊以慰藉了。太田资正的被流放，让谦信在至关重要的武藏战线失去了一个支持他的有力关东国众。

话说回来，自武田信玄在永禄四年（1561）开展西上野侵攻以来，上杉方的多数西上野国众都被其消灭。此时的西上野，武田氏、上杉氏各自领有一部分地盘，但上杉氏已经处于被动的守势。而上杉谦信在西上野和田城之战被武田军打得大败而逃后，心有余悸，已许久未出兵西上野，经略西上野的重任交到了越后上杉氏家臣、上野厩桥城城主北条高广手中。根据上杉谦信的用意，北条高广的权力相当于是“关东管领代”，当谦信不在关东时，主要的军事和政务就由他来代为负责，可以说是委以重任。永禄七年（1564）九月，北条高广率领厩桥众出阵，攻击西上野的武田方属城，与武田氏在西上野互争。上杉方的东上野国众馆林长尾氏当主长尾景长，也一同出兵协助北条高广。但此次北条高广出兵西上野的经过、结果都不明了，史无明文，应该是没有取得重大进展。

永禄八年（1565）二月，武田信玄开始反击，他先在信浓诹访大社上社祈愿，祈求能够打下西上野的箕轮、惣社、白井、嵩山（岳山）、尻高这些上杉谦信在西上野仅剩下的城池，随即便出阵西上野。但武田信玄此次征战经过、战果不明了，武田军随后撤兵回了甲斐。同月，上杉谦信写信给下野大名小山氏，告知对方自己原计划应越前大名朝仓义景之请出兵加贺，但现在改变了计划，准备出兵关东，要求小山氏在上野厩桥城参阵。武田信玄得到这一消息，料想上杉谦信必将会越山，于是命令部将曾根七郎兵卫布阵于上野长野原，又派遣家臣真田幸纲进入上野岩柜城防守，以防上杉谦信的军队攻入西上野。不过，上杉谦信最后并没有如自己所讲出兵关东。三月二十七日，武田信玄写信给摄津国的大坂本愿寺法主显如上人，要求一同协力对付上杉谦信。

同年八月，北条高广又进兵攻打武田方的西上野和田城，这是上杉军第四次发起对和田城的进攻。可攻击过程和前面三次和田城之战一样。面对和田城这座坚城，上杉军的攻势始终不顺利，根据《松陵夜话》的记载，此次和田城之战，除了北条高广以外，越后上杉家的骁将柿崎景家也一同参与了；因为上杉军的失败，还折损了一员名叫青沼新九郎的年轻武士。据说青沼新九郎年轻貌美，是上杉谦信非常宠爱的一个小姓，他在攻打和田城的过程中受到铁炮攻击，受了几处创伤，次日退回到厩桥城的时候便因创伤过重而死了。青沼新九郎的死，让上杉谦信非常悲痛。《松陵夜话》的这一记载，能够和学者黑田基树《战国期东国的大名与国众》一书中的文书年次吻合，所言应当是事实。上杉军前后四次攻击和田城，这是最后一次尝试，但仍以失败告终，从此再也无法挽回在西上野的劣势。

十一月，武田信玄复出兵西上野，击败了上杉方的西上野国众吾妻郡嵩山城城主斋藤宪广，并由此灭亡斋藤氏，将西上野吾妻郡成功统一。西上野另一上杉方国众尻高氏的尻高城，大概也是在这段时间前后被武田军攻陷，纳入武田氏势力范围。西上野的上杉方势力，在武田军四年来的不断打击下，这时只剩下箕轮长野氏、白井长尾氏、惣社长尾氏三家国众。似乎过不多时，武田信玄就能将西上野全部收入囊中。同一时间，上杉谦信也终于亲自出马，在十二月二十日越山挺进关东。武田信玄获悉情报，又担心上杉谦信会进入西上野，便命令驻守在吾妻郡大户城的重臣日向大和入道加强城中守备，与岩柜城的真田幸纲商讨迎敌战略。但上杉谦信这次越山而来，所针对的其实并不是武田信玄，而是常陆的小田氏治。

臼井城下的大败

先前，常陆小田城在永禄七年（1564）正月被上杉、佐竹、宇都宫联军攻下，城主小田氏治亡命遁走。上杉谦信将小田城交给了常陆大名佐竹义昭，义昭命令同族的佐竹义斯为小田城城主，镇守此城。但佐竹义斯疏于防范，自正月以后，小田城就一直处于空虚无主的状态，这给了小田氏治谋复此城的机会。到了永禄八年（1565）八月，在外已亡命近两年的小田氏治瞅准时间夺回了小田城，并将城内的佐竹家将领宇留野义武、大中十郎杀死。同年十一月，常陆大名佐竹氏当主佐竹义昭去世，其子佐竹义重继承了当主（注释：《常陆志料》称小田氏治在佐竹义昭于同年十一月死去后，方在十二月发兵夺回小田城，这一说法在时间上有误）。小田氏治的死灰复燃，促使上杉谦信再次出阵关东。

十二月二十六日，上杉谦信进入上野沼田城布兵，在这里越年。熬过了严冬后，次年即永禄九年（1566）正月，谦信移兵至下野佐野城，催促佐竹义重参阵，一同往常陆小田城进发。二月十六日，小田氏治通过与上杉谦信交涉，开城投降，自己逃往下总大名结城城城主结城晴朝处避难。上杉谦信在接收小田城以后，按照他自己的"御意"，允许士兵们大肆掳掠城中的人口，作为奴隶或者低廉的劳动力，以二十钱到三十钱不等的价格对外贩卖，以进行财政上的融资。这便是著名的"小田城贩人事件"，是上杉谦信经常为后人所诟病的一个污点，这一段史实被记录在史料《别本和光院和汉合运》当中。

上杉谦信在攻落了常陆小田城后，并未就此停歇。他于二月二十一日从常陆

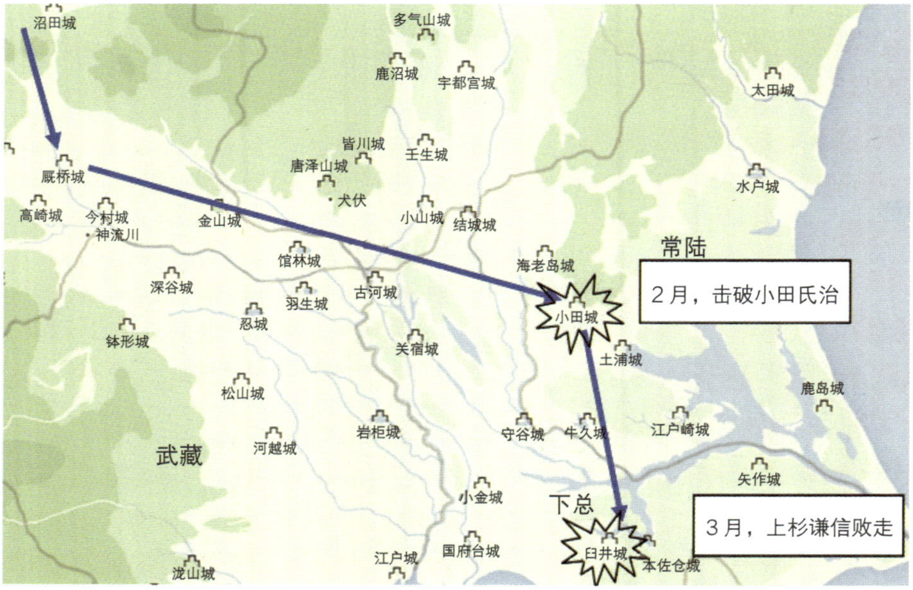

○　上杉谦信臼井城之战的进军路线

移兵至上野馆林领，在此大会关东诸侯，集结起各路上杉方立场的大名、国众，准备发起下总侵攻作战。

据《浅间文书》记载，此次上杉谦信动员的关东各国众、大名所动用兵力如下：

势力名称	出动兵力
下野大名祇园城城主小山秀纲	100 骑
下野国众佐野城城主佐野昌纲	200 骑
上野国众金山城城主横濑成繁	300 骑
上野国众馆林城城主长尾景长	100 骑
上野国众小泉城城主富冈重朝	30 骑
下野国众榎本城城主小山高朝	30 骑
武藏国众羽生城城主广田直繁	50 骑
武藏国众皿尾城城主木户忠朝	50 骑

续 表

势力名称	出动兵力
武藏国众忍城城主成田长寿	200骑
下总国众关宿城城主梁田晴助	100骑
下总国众栗桥城城主野田景范	50骑
上总国众土气城城主酒井胤治	100骑
常陆国众片野城城主太田资正	100骑
下总大名结城城城主结城晴朝	200骑
房总大名佐贯城城主里见义尧	500骑
常陆大名太田城城主佐竹义重	200骑
下野大名宇都宫城城主宇都宫广纲	200骑
合　计	2510骑

据上表统计，关东的上杉方国众、大名一共派出了两千五百一十骑作为支援，随同上杉谦信侵攻下总。另据《镰仓管领九代记》记载，上杉谦信亲自率领的越后本军一共有八千骑，那么联军加起来就一共有一万零五百一十骑。要注意的是，这里的"骑"是步、骑混合单位，是当时常用的一种计量单位，并不是全指骑兵。但也有更加高的估测，《千叶实录》《小田原北条记》都记载上杉军发起下总侵攻的兵力总数是数万骑，可能这一数字更加接近事实。虽然兵力雄厚，但在联军当中，下野佐野城城主佐野昌纲、常陆太田城城主佐竹义重、下野宇都宫城城主宇都宫广纲这三人的表现较为消极，他们本人并没有亲自出马，而是委派代官或者同心众协助谦信的这一次军事行动。代官或者同心众，都是地位在国众之下的下级领主。但不管怎么说，上杉谦信这次发起的下总侵攻，起码兵力还是比较可观的。

上杉谦信之所以动用越后、关东大兵发起下总侵攻作战，还得追根溯源，从头说起。原先，下总的名门千叶家，在北条家崛起之前是横跨下总、上总两国的大名，但后来势力渐衰，沦落为北条家的从属大名，成为其在下总的羽翼。千叶家麾下有名家臣名叫原胤贞，是下总小弓、臼井两城的城主，他既是下总千叶氏的头号重臣，同时也是从属于相模北条家的国众，是两属势力。在原胤贞麾下，又有三名从属部将，分别是上总土气城的城主酒井胤治、上总东金城的城主酒井胤敏、下总小金城（又称为大谷口城）的城主高城胤吉。在永禄初年，他们既是下总国众原胤贞的属将，同时也是从属于北条家的国众，同样是两属势力。当时就有民谚这样形容下总国众之间的从属关系：“千叶有原，原更有高城两酒井”。

其中，东金酒井氏和土气酒井氏是同族，他们的政治从属关系在此后发生过多次转变。当上杉谦信于永禄三年（1560）开始关东侵攻以后，东金酒井氏的当主酒井胤敏就投向了上杉谦信，参与他的大军一同讨伐北条氏，而土气酒井氏的当主酒井胤治仍站在原氏、北条氏一方，与上杉军对抗。但到了永禄七年（1564）的第二次国府台之战后，两家的立场发生了转变，酒井胤敏回归了原先两个主家原氏、北条氏的阵营，但酒井胤治却投向了上杉氏、里见氏的阵营，与原先的两个主家敌对。另一方面，在永禄八年（1565）以后，实际执掌北条家权力的北条氏康就逐步将权力下放给嫡子北条氏政，军事行动上开始由北条氏政主导。

于是在永禄八年的二月，急于树立威望的北条氏政率领与酒井胤治关系紧密的原胤贞、酒井胤敏二人，出兵包围了上总土气城，使土气城岌岌可危。酒井胤治不敌，向上杉谦信发出求援，情深意切地说“纵使关东其余各家全部站在北条家这边，在下也会与房总里见氏立场坚定支持管领大人，誓不变心”，恳请上杉军出兵攻打原胤贞部将高城氏的下总小金城，以转移火力。而虽然向上杉谦信发出了告急书信，但酒井胤治大难不死，依赖他自身的奋战，成功击退了北条氏政以及原胤贞、酒井胤敏，解除了敌军对上总土气城的围困，原定的上杉谦信出兵下总的计划也就延迟了。这一拖延，就一直拖到整整一年之后的永禄九年（1566）二月。上杉谦信在打下常陆小田城之后，才按照去年的战略计划，准备乘势出兵下总，以剪除北条家的羽翼，断其一臂。这一系列复杂的事件交织在一起，就促成了此次下总侵攻作战。

永禄九年二月底，上杉谦信与关东各路诸侯在上野馆林领集结完毕后，按照去年酒井胤治提出的请求，往原胤贞部将高城氏所在的下总小金城进发。上杉谦信的养子长尾显景，也偕同其家臣、越后上田众出身的武士下平右近允、广居又

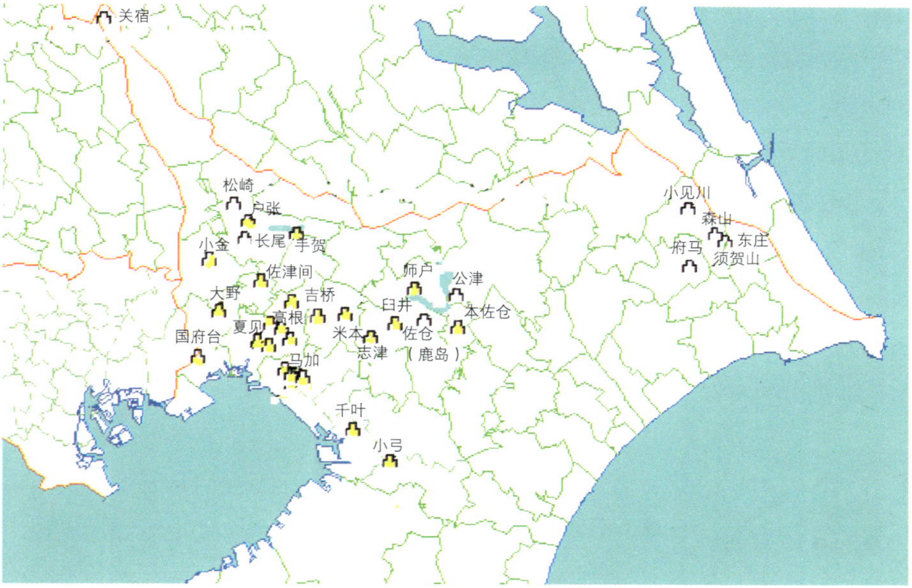

○ 下总的城郭

五郎一同从军参战。小金城的原城主高城胤吉于去年去世，所以这时候的城主是高城胤吉之子高城胤辰。高城胤辰坚守奋战，击退了上杉联军的侵犯，上杉谦信只好暂舍小金城之围，改变作战目标，直接往原胤贞所在的臼井城进军。下总臼井原氏是关东的超级国众，臼井城内的守兵总数有五千余骑，足以傲视关东各路国众，但也远不及上杉联军的数量。在臼井城内和城主原胤贞一同坚守的，仅有其年仅十五岁的庶子原胤荣，以及原氏的部将原大藏丞胤安、佐久间主水佐。为此，原胤贞向居住在本佐仓城的主家千叶氏，以及居住在臼井城南面大和田砦的土豪松田氏讨要救兵。

由于臼井城与千叶氏的本据本佐仓城的距离非常近，上杉军在打下臼井城后，本佐仓城失去屏障也无法自保，所以千叶胤富对此不敢怠慢，先派出椎津次郎（或作根津次郎）、椎名兵库两名部将率领五百余骑的先头部队救援臼井城，并计划之后亲自出阵。之所以千叶胤富只派出五百余骑，甚至都没有家中重臣原胤贞的五千骑多，是因为在战国时代中后期，作为主家的千叶氏，势力已渐渐趋于衰落，当时流传着“原千骑，千叶百骑”的说法，意指原氏已经凌驾于主家千叶氏之上。位于臼井城南面的大和田砦，其守将松田康乡是北条家的家臣，他在收到原胤贞的求助后，和其同心众桥本传左卫门一同出发，带领一百五十骑进入臼井城。此外，原胤贞的次子下总手贺城城主原筑前守胤亲也带了三百骑赶来支援臼井城。

由于原胤贞不仅是北条家从属国众千叶家的头号重臣，同时也是直属于北条家的“他国众”，从这两个角度讲，上杉谦信攻打臼井城都是相当于攻打北条家的地盘，所以这次除了千叶胤富、松田康乡、原胤亲的援兵之外，臼井城还得到周围众多依附于北条家的势力救援。刚在小金城击退上杉军入侵的高城胤辰，既身为原胤贞的属将，同时也还是北条家的“他国众”，身兼这两个身份，自然有义不容辞的救援义务，他知臼井城有难，便从小金城出发，前往救援。高城胤辰的这一批援军，兵力共有一千骑。而同样身兼原胤贞属将、北条家“他国众”两重身份的上总东金城城主酒井胤敏，即便他不想与身在上杉军阵营的同族土气城城主酒井胤治兵戎相见，迫于现实因素，也只得带了部将平山正左卫门进入臼井城。

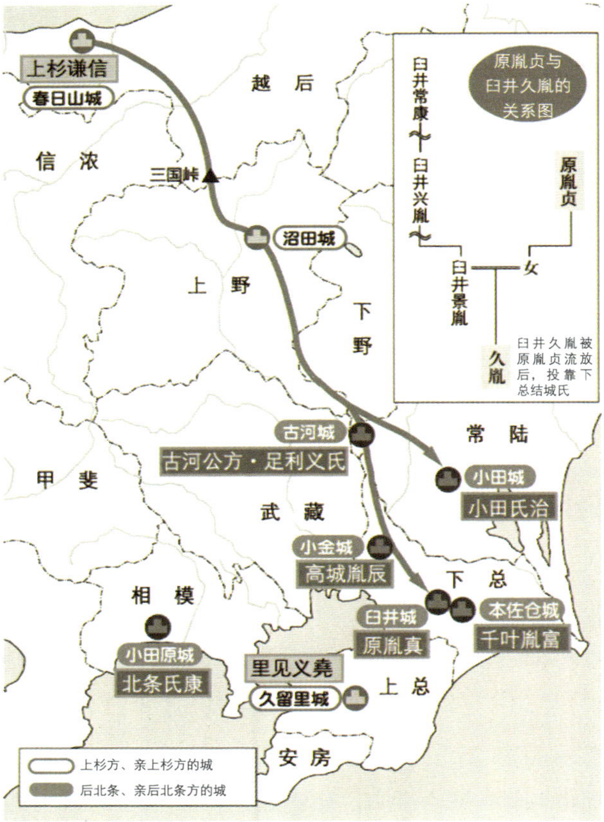

○ 上杉谦信永禄九年的关东侵攻路线

北条氏康拥立的古河公方足利义氏，亦派出下总喜连川相马家出身的奉公众相马内膳亮作为援军，赶赴臼井城。

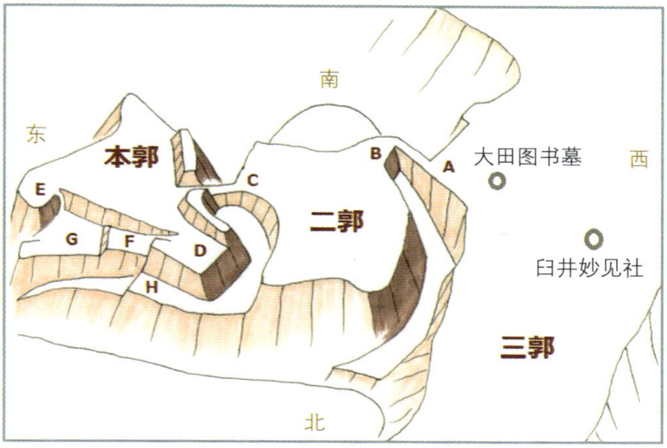

○ 臼井城构造图

所谓奉公众，是指室町幕府将军足利氏或关东公方足利氏的直属部队。而在相模小田原城的北条氏康、北条氏政父子，作为以上各势力的总后台，在收到相关消息后，也命令其家臣伊豆河津城的城主荫山新四郎，从伊豆出发奔赴臼井城救援。而北条家宿老松田宪秀，也率领五千兵力出阵，前往臼井城支援，这一支部队可以说是臼井城援军中的精锐。在后续阶段，北条氏康、北条氏政父子也做好了亲自出阵的准备，预备的兵力达一万人。就连北条家的盟友骏河今川氏真都听说了上杉谦信要发大兵打臼井城的消息，也为此派出了一支援军帮助盟友北条家，援军大将是骏河用宗城的城主一宫随波斋。由于骏河与伊豆交界，所以今川家派出的这一支援军，应该是与北条军的荫山新四郎在骏河、伊豆边境会合后，一同向下总进发的。

在原胤贞的及时告急之下，下总本佐仓千叶氏、下总大和田松田氏、下总小金高城氏、下总手贺原氏、下总喜连川相马氏、上总东金酒井氏、伊豆河津荫山氏、骏河用宗一宫氏这八支来自不同方向的援军得以在上杉军进抵臼井城之前，就先后进入臼井城内，协同原胤贞一同防守。松田宪秀的这一支援军，则在下总的“船桥台”附近布阵，坚阵待敌。此时，城内已知总兵力至少有六千九百五十人，加上兵力不明的东金酒井氏、喜连川相马氏、河津荫山氏、用宗一宫氏，至少在八千人以上，城外兵力则明确是五千人。在臼井城的多方后援力量相继驰援后，臼井城守军的力量得到了强有力的补充，已知兵力在一万三千人左右，加上未知兵力，总数还要高上几千，已经有足够的能力抗衡越后、关东联军。

臼井城本城由三丸联结构筑而成，从外到内分为三之丸、二之丸、本丸。原胤贞把主要的防御力量布置在最外面的三之丸，他将部将原大藏丞胤安、高城胤辰安排为三之丸的第一阵，将上总东金城城主酒井胤敏与其部将平山正左卫门安排为三之丸的第二阵，将部将佐久间主水佐，以及北条家派来的伊豆河津城城主荫山新四郎、下总大和田砦守将松田康乡、松田的同心众桥本传左卫门安排为三之丸的第三阵。这一安排可谓煞费苦心，没有打乱来自不同阵营的援军，而是尽量将相同阵营的援军将领安排在一起，这样就能最大限度减少内部引起的矛盾。此外，由原氏的家主千叶胤富派遣过来的椎津次郎、椎名兵库两名部将，在胤富的亲自授意下，安排防守臼井城的二之丸。其余剩下各队，作为机动部队或镇守本丸。

三月九日，在上杉谦信率领下的越后、关东联军，以上野小泉城城主富冈重朝、馆林城城主长尾景长、常陆片野城城主太田资正、下总关宿城城主梁田晴助、结城城城主结城晴朝作为先阵，一路上旌旗蔽空，浩浩荡荡，兵抵臼井城下，并在同一日开始攻城。为了取得优势，谦信下令众军连夜在臼井城对面筑造一座新城，以图能够跟臼井城的守军长期对峙，形成战略上的主动压迫，后世将这一座城称之为“谦信一夜城”。此外据《谦信公御年谱》记载，上杉谦信又派出下野大名那须资胤、宇都宫广纲作为别军，进攻千叶氏的佐仓城。但这一说法应非事实，那须资胤并不在出阵臼井城的军役账上，而且当时那须资胤应该是从属于北条氏康的，至于宇都宫广纲则只是委派代官参战，自己没有亲自出战。

三月十三日，北条氏康、北条氏政父子联名写信给盟友武田信玄，要求武田信玄出兵西上野，袭击上杉谦信的后方，意图使上杉军解臼井城之围退去。武田信玄应约而行，出兵攻打上杉方的西上野国众白井长尾氏当主长尾宪景，但长尾宪景坚守白井城，致使武田军无法将其攻落。没有主意的武田信玄只好在之后的四月下旬退兵。另一方面，在三月九日之后的十多天时间里，上杉联军昼夜攻打臼井城，与守军接战，却始终未能将其打下。这中间的具体战斗过程不甚明了，后人无法确切得知。据《千叶大系图》记载，臼井城“此城坚险，为挫仇之要害”，《谦信公御年谱》也记载臼井城“要害坚固、广堑深坑，世所共知也”。臼井城的坚固城防也是一道重要屏障，故使上杉联军无法轻易突破。据千叶县的城郭研究学者外山信司介绍，臼井城本丸的左右两方有悬崖掩护，后方又有沼泽掩护，进攻

○　法云寺藏北条氏政画像

臼井城只有正面的一条通路，但道路两侧至本丸有高高的土墙，臼井城守军可以隐蔽在其中，观察敌军进军的动向，并且利用居高临下的地势打击敌人。很可能就是这种地形，给上杉联军造成了不利。又据《豆相记》记载，“城中锐甲，据城勤励而战，于此越人畏其强也”，臼井城守兵据坚城奋战，让上杉谦信知道并不好轻易拿下，开始有所畏惧。但上杉联军不断推进，到了三月二十日这一天，渐渐占据优势。上杉军先阵长尾景长写信给其领内的寺院千手寺报告喜讯，充满信心地说道：“我军已将臼井之地攻打到本城仅剩下一圈城壕的地步，诸军围困臼井城，不分昼夜地围攻，臼井城陷落已为时不久。”

在这期间，发生了一件令谦信想象不到的事情。第十三代室町幕府将军足利义辉的弟弟足利义昭，派遣使者赶赴下总的上杉军阵营中，向上杉谦信的养子长尾显景和其他家臣呈上书函，请他们劝告谦信以大局为重，与北条家达成和睦，放弃两家之间的对立，并速速上洛。原来，身为室町幕府将军的足利义辉，于去年发生在京都的政变“永禄之变”中遭到敌对的三好义继、三好三人众弑杀。其弟足利义昭身为足利义辉的后继者，将兴复幕府的愿望寄托于谦信，希望他能停止在关东的军事行动，与北条家讲和休战，将兵锋转向京畿，兴复幕府。但谦信执意攻城，对此没有明确表态。

到了三月二十二日，尽管上杉联军依旧昼夜不停地进攻臼井城，但在臼井城守军的砥砺奋战下，上杉联军仍然未将臼井城拿下。此时在臼井城内，有一名叫作白井胤治的军配者。所谓军配者，是指观察天文、风水来预测战场吉凶的人物，不管是否灵验，在当时来说确实有一些安抚军心、鼓舞士气的作用。白井胤治向臼井城守军说道：“予作为武者修行诸国，于行阵之事皆有所知，敌势虽众，然不必虑耳！观上杉军兵之面目，彼众杀气皆已消散，化作囚牢、疾病之灾气，而我军皆为王相之正气，此战必胜无疑！”这番话果然让守军大为振奋。城主原胤

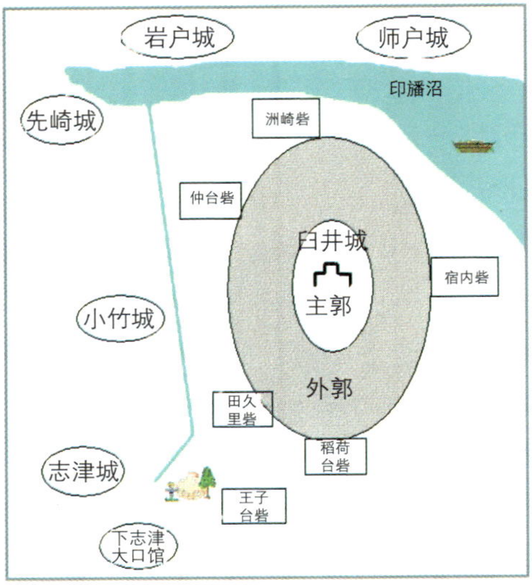

○ 臼井城地形图

贞发起反击，下令打开臼井城城门，第一阵的原大藏丞、高城胤辰率先突出，与上杉军先阵接战。二人在交战一番后，退回了城内。作为臼井城守军第二阵的酒井胤敏、平山正左卫门，第三阵的佐久间主水佐、松田康乡、荫山新四郎、桥本传左卫门，相继从城内突出，投入战场。松田康乡全身赤甲，戴着金色鹿角的兜鍪，他身形魁梧，身高在两米以上，其骇人的身高就有一种让人不敢接近的慑人气势。面对敌军，松田康乡使一把大长刀，左冲右突，一连杀死七八名上杉军士卒，之后又换用一根大铁棒，狠狠地敲打上杉军的骑马武士，又杀死若干人，让敌军为之辟易。荫山新四郎、桥本传左卫门在混战中受伤，但也不往后退一步。到了日暮，攻守双方皆疲惫不已，于是都暂时退阵。

熬到第二天，三月二十三日，上杉谦信决心来个彻底了断，于是再度开战。当日，臼井城守军毫无动静，没有一个人出城迎战，这让谦信感到非常奇怪。上杉军中也有一名军配者，叫作海野隼人，他对谦信说："今天是千晦日（或作千悔日），是为凶日，不宜先开战端，先启战端者必遭大祸。敌军城内的军配者白井胤治，可能早已经料算到这一点。"虽然海野隼人苦苦劝谏，但上杉谦信不听劝告，认为没有什么好畏惧的，下定决心要将臼井城攻克。在这一日的总攻当中，谦信以房总里见众、上总土气酒井众作为攻城主力，让他们杀在最前面。可就在上杉联军往前挺进的时候，掩护臼井城的城堀突然崩裂，轰然倒塌，瞬间压死了冲在最前面的房总里见众的三百多名士卒，让里见众直接减员一大半人数。

邪门的是，臼井城的城堀并不是守城军故意推倒的，而是自动崩裂的。正由于这一原因，上杉联军士气开始动摇。笔者初时怀疑这一条记载是近世的军记捏造的，甚至连预言战况的军配者也是附会上去的，推测是近世的军学者不了解臼井城之战的过程，所以通过捏造超自然现象（预言战况的军配者、自动崩裂的城堀），借助一种“神意”来写上杉联军逐渐失利的经过。但是根据日本战国史研究学者小和田哲男所著的《咒术与占星》一书来看，军配者在日本战国时代确实是存在的，也确实在战场上发挥着一定的作用。有时历史就是这么奇妙，很多无法解释、看似很玄乎的记载，就是历史事实，也并非没有可能。

城堀崩裂后，里见军败窜。先阵既已崩溃，便动摇了整个上杉联军，全军士气大落，纷纷往后溃逃。上杉谦信大惊失色，惊叹道：“今日果为凶日乎！”诧异之余，命令士卒吹响号角，整军收师。但被敌军侵犯的臼井城守军，显然不会就如此轻易放任上杉谦信逃去。骁将松田康乡早已按捺不住，他身穿朱铠，骑着一匹黑马，领四五百骑出城，追击上杉军的逃兵溃卒。他横刀直入，直杀进上杉谦信所在的本阵，又亲手杀死了七名上杉军士卒。在混战中，松田康乡骑乘的这匹黑马体力不支，竟然倒了下去，但是他仍然坚持徒步作战，愈战愈勇。松田康乡身高七尺有余，按照当时日本的度量衡测算（以1尺=30.3厘米换算），相当于今天的212厘米。相比较之下，体形矮小、身高只有五尺二寸的上杉谦信，换算下来仅仅只有158厘米左右高。二者高矮悬殊。当松田康乡逼近谦信本人时，其恐怖的外形、巨大的身高差异，令谦信当下就感到非常畏惧，心灵上实打实受到了震颤。目睹了松田康乡神勇的谦信，不由得诧异地说道：“传闻下野的岩船山上住着一个赤鬼，莫非就

○ 《成田名所图会》绘制的上杉谦信在臼井城下败走的场面（半景图）

是那个人？”

噩梦并未就此终结，坚守在臼井城内的原胤贞和高城胤辰，继松田康乡之后，亦相继出城追杀上杉军，并且“大斩越国甲”，砍杀了大量越军士卒。听说形势为之一变，原氏的家主千叶胤富也在同一日亲自出马，从主城本佐仓城赶来参与会战。到千叶胤富出马为止，臼井城内原有的守军和后续得到的支援力量一共有如下各势力：

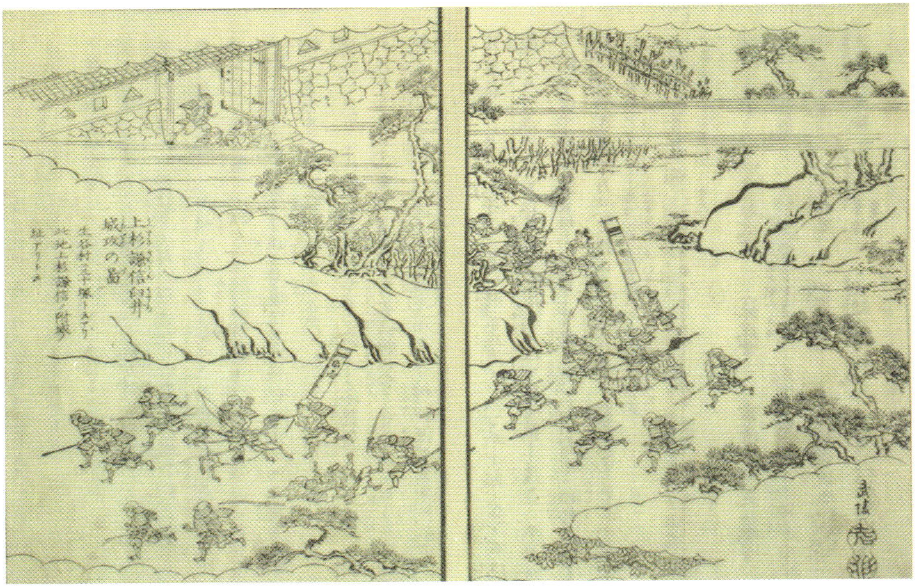

○ 《成田名所图会》绘制的上杉谦信在臼井城下败走的场面（全景图）

守城军或援军将领	进兵方向	兵力
下总小弓、臼井城城主原胤贞	下总臼井在城	5000
千叶氏部将椎津次郎、椎名兵库	下总本佐仓城→臼井城	500
下总大和田砦守将松田康乡	下总大和田砦→臼井城	150
相模小田原城阵代松田宪秀	相模小田原城→下总船桥台	5000
伊豆河津城城主荫山氏广	伊豆河津城→下总臼井城	兵力不明

守城军或援军将领	进兵方向	兵力
下总手贺城城主原胤亲	下总手贺城→臼井城	300
下总小金城城主高城胤辰	下总小金城→臼井城	1000
上总东金城城主酒井胤敏	下总东金城→臼井城	兵力不明
下总喜连川城城主相马内膳亮	下总古河城→臼井城	兵力不明
骏河用宗城城主一宫随波斋	骏河用宗城→下总臼井城	兵力不明
甲信大名武田信玄	信浓→西上野臼井城	兵力不明
下总本佐仓城城主千叶胤富	下总本佐仓城→臼井城	兵力不明
合计		已知至少 11950

刚到达战场的千叶胤富，既然作为臼井城城主原胤贞的家主，便接过指挥权，亲自统一指挥全军作战。千叶胤富的援军到达战场时，位于上杉联军的后方位置。千叶军在千叶胤富率领下不断从背后突击上杉联军，使上杉联军首尾不得相顾，防线彻底崩溃。上杉联军中的房总里见众、上总土气酒井氏在这一天的激战中损失最大，无法再支撑下去，这两家距离自己的领国最近，熟门熟路，于是先行溃围逃走，脱离了臼井城的战场。整个上杉联军在持续十四天的攻城战中付出整整五千人的死伤代价，到了二十三日这一天更是陷入大不利的境地。上杉联军虽仍未尽数撤走，但败局已经注定。两天后的二十五日，在下总臼井原氏、下总本佐仓千叶氏、下总大和田松田氏、下总手贺原氏、下总小金高城氏、下总喜连川相马氏、上总东金酒井氏、骏河用宗一宫氏、伊豆河津荫山氏、相模松田氏等多方力量的协同打击之下，整个上杉联军终于彻底崩溃，战场上赤血满地，白骨撑天。最后经过一番极其险恶的混战，上杉谦信好不容易才溃围而出，从修罗地狱般的臼井城战场逃了出来，从下总逃窜到武藏，再经由武藏逃窜回了上野厩桥城。跟随谦信参战的其他各路关东国众也作鸟兽散，纷纷溃逃，每家的死伤都相当之多。

在上杉谦信落败而去之前，北条氏康、北条氏政父子也准备亲率大军赶来支援臼井城，北条父子预定赴救的这支援军总兵力甚至达到了一万人之多。但北条军的一万援军主力还没有抵达战场，上杉谦信就已经因为大败逃回了上野。正如

《管领记》中所言："北条氏政虽率一万军兵为臼井城之后阵，然谦信既已归阵，遂不能决雌雄。"古河公方足利义氏为此十分惋惜，表达了北条氏康、氏政父子还未亲自出马，谦信就已经逃窜而去的遗憾，认为北条父子亲自出马的话，上杉军一定被杀得片甲不留。

但不用自己亲自出马，上杉联军便已经解散退走，这自然是好事。获得捷报的北条氏政，接连向家臣松田康乡、荫山新四郎颁发感状，以表彰他们的赫赫战功，并特别赐予松田康乡一把长刀，还赏赐给他相模国足柄下郡田岛的二百贯知行地。此外，北条氏政又特意写信向盟友武田信玄报捷，夸耀北条军痛击上杉联军，使彼等惨败逃走，死伤一共数千人之众。古河公方足利义氏也向参与臼井城之战的奉公众相马内膳亮颁发了感状，并写信给家臣丰前山城守，在信中高兴地声称上杉军在臼井城下大败溃走，战死战伤的人加在一起共有五千人之多，兴高采烈地庆祝这一场大胜。有人欢喜有人愁，上杉谦信在坚城臼井城下败崩，不再有心情再给家臣们颁发感状了，他心情跌入了谷底，非常抑郁，对此事讳莫如深，丝毫不提。只有养子长尾显景直到上杉军败退二十多天后的四月二十日，才对上田众出身的家臣下平右近允、广居又五郎颁发了感状，犒赏他们二人在臼井城之战时奋勇作战并因此受伤的功劳。此外，跟随谦信一同参与臼井城之战的下总大名结城晴朝也向家臣小壕左近、宇佐美大藏丞颁发了感状，对他们在此战当中的奋勇表现慰劳了一番。两相对比，上杉方的劲头，远远不如北条方大肆庆祝在臼井城之战中令上杉联军付出死伤五千人代价的得意。

不过，虽然北条氏政、足利义氏在文书中皆提到上杉军死伤人数有数千人之多，但现代的学者认为这一数字比较夸张，比如市村高男《东国的战国合战》认为实际只战死三百多人，池享《东国的战国争乱与织丰权力》也认为只战死数百人，今福匡《上杉景虎》也对死伤数千人的说法提出了疑问。但是也需要注意到，上杉联军攻打臼井城长达十六天，这样的伤亡程度也并不是一天造成的，而是经过累计的。在里见方的记录《房总里见志》中，也坦白承认上杉联军在臼井城之战有"杂人、轻卒、人马"一共数千人死亡。所以北条氏政、足利义氏宣称的上杉联军总共死伤数千人，这是能够采信的。

一个很值得留意的现象是，后人在记录臼井城之战这一大会战时，由于立场上的不同，各自的记载也截然不同，形成尖锐的对立。一种极端是站在胜利者角度，高调吹嘘。在下总千叶氏的史料《千叶传考记》《千叶大系图》当中，大肆夸耀作为胜利者的千叶氏的赫赫武功，鼓吹臼井城之战分别在永禄七年（1564）三月和永禄九年（1566）三月发生了两次，两次大战都是千叶胤富把上杉谦信打得大败而逃。生活在越中的农民宫永久吉郎，更是根据永禄七年之战的记录伪造了一则感状，号称是上杉谦信褒赏其先祖宫永林之助在永禄七年三月臼井城之战的战功而颁发的。但是事实上，臼井城之战只在永禄九年三月发生了一次，两年前根本就没有发生过，多余的一次是千叶系的史料捏造出来的，用来吹嘘胜利者的战功。在永禄七年三月那个时候，上杉谦信正在攻打武田家的上野和田城，并不在下总臼井城。

而另外一种极端，则是上杉系的史料极力撇清、洗脱上杉谦信在臼井城之战中战败的责任。如上杉家的家传《谦信公御年谱》，声称上杉谦信将臼井城打到快要陷落的地步，并做好了进军千叶氏的本佐仓城的计划，但这时候由于千叶氏当主频频通过太田资正向上杉谦信哀求，请求议和，上杉谦信才解除臼井城之围，并放弃攻打本佐仓城的计划，收兵返回了上野厩桥城。这一种说法，完完全全就是在玩弄文字游戏了，是在颠倒是非因果，完全罔顾事实。更加颠倒黑白的是在近代成书的布施秀治《上杉谦信传》一书，此书把吹嘘上杉谦信的本事发挥到了极致，声称上杉谦信不仅顺利攻克臼井城，还乘势一举平定了上野、下野、下总、安房，近乎半个关东，简直是吹牛吹到了天上，不仅掩败为胜，而且还“地图开疆”。不过，布施秀治撰写《上杉谦信传》的时候，是收了当时还身为伯爵的米泽上杉家的钱的，在当时的社会条件下，他也不能说官老爷的坏话，否则会被治罪。所以这一个曲笔，也还是能够理解的。

此外，昭和时期的学者大野太平在《房总里见氏的研究》一书中也提出另外一种辩护的说法，认为是足利义昭的劝和书信使得上杉谦信解除了对臼井城的包围，并最终退兵，而臼井城守军在谦信退兵后就宣告了胜利。意思是说谦信本来差点就将臼井城拿下，但因为足利义昭从中作梗，最后才不了了之。这种说法，俨然把上杉谦信塑造成如同岳飞一样，本来可直捣黄龙，但因为宋高宗的十二道金牌不得不收兵了。这一辩护意见，事实上也是无稽之谈。如果上杉谦信在臼井城之战确实占据优势，他在战后绝对不可能不向任何人颁发感状，这不符合战国时代的常例。而且，从谦信在臼井城之战后向神社提交的祈请文内容看，他对北条家的态度突然转变为极为软弱的姿态，可见确实是因为在臼井城之战当中受了极大打击。再从大批关东国众在臼井城之战后集中叛离上杉家、归属北条家的事实来看，上杉谦信在臼井城之战的大败，更是无可争辩的事实。这一战的失败，对上杉谦信可以说是伤筋动骨。

千叶系的史料声称臼井城之战打了两次，每次都是上杉军大败，这是一种夸耀战功的极端。而上杉系的史料又是在走另外一个极端，极力撇清谦信的责任，认为臼井城之战的失败与上杉谦信没有关系。这两种极端的说法，都是不可取的。就事实而言，臼井城之战确确实实只在永禄九年三月发生过一次，而这一次的惨败，也确实是上杉谦信一生难以抹去的污点。

特别需要留意的是，臼井城之战作为上杉谦信一生当中最惨烈的一次败战，在后世也有其他不符合实情的演绎，非常偏离事实。其中最甚者，是近世的诸多军记在书中添加了很多当时不可能出场的人物，使他们登场于臼井城之战。其中，有以下这些人物：

不可能登场的人物	登场的作品	不可能登场的理由
千叶邦胤（千叶国胤）	《谦信公御年谱》《北条记》《房总里见志》《关侍传记》《武家事纪》《历朝要纪》《续本朝通鉴》《大日本野史》《皇朝编年史》	千叶邦胤，又名千叶国胤，是千叶胤富的儿子。诸军记将其记为臼井城之战发生时的下总千叶氏当主，这一点是错误的。在臼井城之战发生时，千叶氏当主还是千叶胤富，并不是千叶邦胤或者千叶国胤，当时他才九岁而已
千叶亲胤	《北越军谈》《关八州古战录》	两书将千叶亲胤记载为臼井城之战发生时的千叶氏当主。事实上，千叶亲胤是千叶胤富之前的千叶氏当主，早在臼井城之战的九年前，也就是1557年就已经死亡了，这时根本不可能登场

不可能登场的人物	登场的作品	不可能登场的理由
原胤高	《北越军谈》《关八州古战录》	两书将此人记为白井城之战时的白井城城主。但事实上，当时的城主是原胤贞。至于原胤高此人，历史上也确有其人，也确实是下总原氏一族，但他在白井城之战发生的一个世纪前就已经去世了。白井城之战发生在1566年，而原胤高在1426年去世
原胤清	《千叶传考记》	此书将原胤清记为千叶胤富派遣进入白井城的援军将领之一。但事实上，原胤清本是白井城城主原胤贞的父亲，他在此战发生的多年前就已经死亡了，不可能出现在白井城之战的战场上
长尾显长	《北越军谈》《关八州古战录》	两书将白井城之战记为发生于1563年，而非史实上的1566年，又说长尾显长在1563年的白井城之战中是上杉军先锋。但长尾显长出生在1556年，1563年的时候才不过七岁而已。实际参战的是他的养父长尾景长
南左卫门佐、加庭刑部丞、矢野、江户、恩田	《北越军谈》	此五人在书中是上杉军先阵长尾显长手底下的小兵，既然长尾显长是不可能登场的，那么这五人的存在也有很大疑问，应该是此书作者虚构的
藤田信吉	《北越军谈》《关八州古战录》	两书将白井城之战记为发生于1563年，而非史实上的1566年，又说藤田信吉在1563年的白井城之战中是上杉军的上野沼田众武士。但据《管窥武鉴》，藤田信吉出生在1560年，1563年的时候才不过四岁而已
三上兵库助正秋	《关八州古战录》	此人只登场于此书，与不可能出场的藤田信吉一同登场，同样被记为上杉军的上野沼田众武士。应该是此书作者虚构出来的一个人物

续　表

不可能登场的人物	登场的作品	不可能登场的理由
石毛平马允将之	《关八州古战录》	此人也只登场于此书，与不可能出场的藤田信吉一同登场，同样被记为上杉军上野沼田众的武士。应该也是此书作者虚构出来的一个人物
森下三河守	《关八州古战录》《北越军谈》	此人在两书中与藤田信吉、石毛平马允将之一同登场，同样被记为上杉军的上野沼田众武士。应该还是此书作者虚构出来的一个人物
高城胤则	《北越军谈》	此书将高城胤则记为臼井城之战发生时下总小金城向臼井城派出的援军将领。但事实上，当时救援臼井城的小金城将领是高城胤则之父高城胤辰，高城胤则要到此战结束后五年的 1571 年才出生

以上不可能登场出战的人物中，三个是当时年龄尚在个位数的幼童稚子，四个是在战前许多年就已经死亡的死人，还有一个人要到此战结束五年后才出生。如果这些说法能成立，使这些不可能登场的人物登场于臼井城之战，那臼井城之战岂不是成了上杉谦信与一帮幼童稚子、亡魂怨灵之间的战争，世间又哪有这等奇事？这或许是臼井城之战唯一的灰色笑话。

关东国众的叛离

上杉谦信此次倾巢而出，动用大规模的越后、关东联军攻打臼井城这座下总的小城，最后还落得一个灰头土脸、狼狈收场的结尾，其动机也着实令人捉摸不透。《谦信公御年谱》对此议论说：“世间传闻管领之所以发动北越、关左大兵，攻打臼井这座小城，事急如斯，是想令北条氏康父子之众兵损耗元气、兵疲力尽，目的是多调动北条军的疲兵之计，抑或又想使千叶氏降服。”第一种意见认为这是上杉谦信的引蛇出洞之计，动用大军打臼井城这一座小城的目的，是引诱北条军众兵为救援此城而来回奔波，以消磨其战斗力；第二种意见认为谦信真正的攻略目标是下总的国众千叶胤富，所以首先要打下挡在前面的臼井城。慎岛昭武的《北越军谈》也记载说：“谦信公攻下臼井城之后，多半就会攻向千叶氏所在的主城。”

有关这次上杉谦信执意进攻臼井城的动机，笔者认同《谦信公御年谱》的后一种推测，以及《北越军谈》的看法，认为谦信出兵的真正战略目标是下总国众千叶胤富的本据本佐仓城，是要灭亡下总千叶氏，而非只是针对臼井城这一座小城。如能将下总千叶氏连根铲除，则有极大的战略意义，不仅能够剪灭北条家在下总的羽翼，还可以控制鹿岛川流域、掌握绢河水系的水上权。但要打开通往本佐仓城的通道，就必须把此城的重要支城臼井城攻克，才能继续东行，挺进到本佐仓城之下。也就是说，项庄舞剑，意在沛公，上杉谦信发动臼井城之战的真实目的是打通通往本佐仓城的通道，攻灭下总千叶氏。只是没有想到在臼井城这一座坚城之下失利，导致进攻本佐仓城的计划破灭。这也解释了上杉谦信为何仅仅为了攻打臼井城这一座小城，就动用了如此之多的关东国众。因为他的真正目标是下总千叶氏的本佐仓城，这样做正是为了确保能一举将其灭亡。上杉谦信上一次大规模动员关东国众集中一个目标发起攻击，还是在初次越山进攻相模小田原城的时候，那一次的本来意图也是对北条氏发起灭亡战。因此，完全有理由相信，上杉谦信发动臼井城之战的本来目的，是打算攻克臼井城这道阻碍前进的墙壁，然后一直向东挺进，打到千叶氏的本据本佐仓城下，灭亡下总千叶氏，一举平定下总。可惜这一战略蓝图，最后随着臼井城攻略的失败，也就告破了。

至于《谦信公御年谱》的前一种推测，认为上杉谦信之所以动用越后、关东大军攻打臼井城这一座小城，是为了使北条军众兵为救援臼井城而来回奔波，是一种疲兵之计，也有一定的道理。就事实来看，上杉谦信率领越后、关东大军围困臼井城前后，果然引出了下总千叶氏、下总大和田松田氏、下总小金高城氏、上总东金酒井氏、骏河今川氏等众多势力相继救援臼井城，而这些势力不是从属于北条家的势力，就是北条家的盟友，广义上都是北条军。这些势力背后的总后台——相模小田原城内的北条氏康、北条氏政父子，也命令伊豆河津城城主荫山新四郎、小田原阵代松田宪秀驰援下总臼井城，并计划亲自提兵一万人出马救援，只是计划还没实行，谦信就已经败走了。从众势力的反应看，确实能称得上是“多调动北条军的疲兵之计”。但从最后的结果来看，上杉谦信在还没有钓上北条氏康父子的一万主力军这条“大鱼”前，自己就已经在其余众势力联手反击下败退，效果着实不理想。不仅没有达到战略设想的拖垮、消耗北条军战斗力的目的，反而使自己一方陷入极其不利的境地。如果上杉谦信真实设想的是这一种战略，只能说还缺乏审慎的战略眼光，过于轻视对手了。

在臼井城败战两个月后，也就是五月九日，上杉谦信从关东撤兵，心灰意冷地回到了越后。之前谦信出兵关东或者信浓，在出兵前都会向神社奉上祈愿文，祈求神灵能够保佑他灭亡北条氏康、武田信玄，一举平定信浓、关东，使彼等的领地寸草不生。但是经历这一次的惨败，他屈服于现实，在给神社的祈愿文里，不再放出豪言要灭亡北条氏康、平定关东，他的要求大大缩减，只是希望神佛能够庇佑他自认为的越后、上野、下野、安房这四个越后上杉氏的分国能够平安无事，以及庇佑关东直辖的上野沼田、厩桥和下野佐野这三个城池能够长久无事。身为关东管领的谦信，斗志消颓，失去了平定全关东的野心，愿景只是能够保住他自认为的四个上杉氏分国和三座关东直辖城池平安，从中可见其

○ 本佐仓城构造图

危机感有多么严重了。现实的残酷打击，让谦信的野心大为消退，他不再做不切实际的幻想，甚至由于足利义昭的讲和，在祈愿文里主动提出了和北条氏康表达和睦的意愿，和死敌寻求和解的途径。某种程度上而言，大受臼井城之战惨败打击的上杉谦信，已经患上了“斯德哥尔摩综合征”，从心理上依赖他的敌人，希望与死敌能够达成谅解。这时候谦信的心境，相比两年前在越后弥彦神社提出要灭亡北条氏康、平定关东时的凌云壮志，已经大大消沉了。不过，对于死敌武田信玄，上杉谦信还是立场坚定，声言要讨伐他，并宣称在万事告成以后还将上洛诛讨三好、松永，兴复室町幕府、镰仓公方。这一则表明上杉谦信心迹的祈愿文，原文如下：

> 谦信所愿非他，谦信封内如越后、上野、下野、安房，皆治平安宁，争斗乱逆、博弈放火、诸悖理之事一无有也。而越后及佐野、仓内（沼田）、厩桥，特冀永世无争。又谦信每出师，必立大功，使举世之人震骇。其气至刚，充塞大地，智谋勇略，一无所缺，使举世之人尊崇弗措。而谦信臣民，为谦信竭力效忠者，皆得安乐寿考。谦信尝与北条氏构兵，今因幕命，欲与讲和。愿事皆如意，无所失利。至于武田晴信，冀得以今秋焚掠甲信二州，竖帜于甲府，剪灭晴信父子。晴信已死，相越又和，无有内顾之忧，将出师中原，诛戮三好、松永辈，兴复京都、镰仓两公方。苟赖神佛之力，使诸愿成就，则修寺祠复封户，皆如旧规。（《上杉家古文书》）。

在臼井城溃败以后，身为关东管领的上杉谦信权威失坠，彻底失去了关东国众们的信任，先前上杉家势力下的各路关东国众、大名对谦信大失所望，纷纷见风使舵，投靠了北条家。同年五月，北条氏政将原先准备救援下总臼井城的一万兵力，转向了下野，使用武力降伏了下野大名小山氏当主小山秀纲、宇都宫氏当主宇都宫广纲，就连常陆大名小田氏当主小田氏治、下总大名结城氏当主结城晴朝也因此望风归附了北条；闰八月，武藏国众忍成田氏当主成田氏长、上野国众新田横濑氏当主横濑成繁、下野国众皆川氏当主皆川俊宗也相继倒向了北条；

十一月以后，上野国众小泉富冈氏当主富冈主税助、馆林长尾氏当主长尾景长，下总国众关宿梁田氏当主梁田晴助、栗桥野田氏当主野田景范、森屋相马氏当主相马治胤，上总国众土气酒井氏当主酒井胤治也跟风降服了北条。以上这些倒向北条家的关东国众，大多都随上杉军参与了臼井城攻围战，亲身经历惨败，可以说是刻骨铭心。尤其是上总土气酒井氏，上杉谦信出兵臼井城，本身也是为了解救他，但他在巨大的现实压力面前，也不得不反水到北条家这边。最意想不到的是，竟然连谦信的重臣、关东侵攻的桥头堡——上野厩桥城的城主北条高广也在十二月的时候倒向了北条家这一边。上野厩桥城一失，形同谦信进攻关东的重要前线基地都没有了，损失尤其惨重。同时，厩桥城也是上杉谦信出击关东的最大据点，此地一失，使上杉氏的上野支配也陷入了麻痹状态。局势恶化至此，可以说上杉谦信军在关东战线完全陷入了雪崩状态。

此后，立场仍旧坚定、支持上杉谦信的关东国众，只剩下了西上野的箕轮长野氏、惣社长尾氏、白井长尾氏，以及东上野的桐生佐野氏，武藏羽生城的广田氏、皿尾城的木户氏。但屋漏偏逢连阴雨，武田信玄开始加强侵攻西上野的力度，他在同年五月、九月连续出阵西上野，在九月份的激烈攻势中，灭亡了从属于上杉谦信的西上野最大国众箕轮长野氏，只有一千五百名城兵守卫的箕轮城在两万武田军猛攻下终于陷落，城主长野业盛切腹自杀。据说北条高广背叛上杉谦信的原因，除了受到臼井城之战挫败的影响之外，靠近厩桥城的箕轮城被武田军攻陷也是非常重要的一个因素。最终，北条高广在归附北条氏康的同时，也归附了武田信玄。到了次年即永禄十年（1567）三月，西上野仅剩下的支持上杉谦信的两家国众，即白井长尾氏、惣社长尾氏也都被武田信玄灭亡，陷入没落，并造成多胡、绿野两郡陷落，西上野地区也由此全被武田信玄所攻占。西上野一失，形同上杉谦信直接丢了一半上野给武田信玄。在甲越两雄的争霸逐鹿中，上杉谦信不仅在北信浓战线无法取得决定性优势，在西上野战场的角逐中，也被武田信玄以压倒性的势力给击败，优势完全丧失。

弃守下野佐野城

臼井城之战的影响就是如此深远，对上杉谦信在关东的权威造成了毁灭性打击。自臼井城之战败崩以后，上杉谦信在关东的势力急剧缩水，不断失利于北条、武田，关东国众相继背叛，在关东的直辖地只剩下与越后相接的沼田领，以及以半直辖形式存在的下野佐野领，关东的从属势力只剩下了武藏羽生城的广田氏、皿尾城的木户氏和东上野的桐生佐野氏。除去以上国众以外，武藏、东上野、下野、常陆、下总的大部分国众，在臼井城之战后几乎全部望风归附北条家，西上野更是已经全部成为武田家的地盘。上杉谦信与北条家在关东的争霸，以臼井城之战为分水岭，已经陷入了事实上的败局，再也无法维持优势了。

但为了收拾残局，讨伐叛离的关东国众，上杉谦信还是做出了努力。永禄九年（1566）八月二十四日，在臼井城之战结束五个月后，谦信在本年第二次越山进入关东，于闰八月前往攻击被他痛斥为“第一佞人”的北条方上野国众金山城城主横濑成繁。上杉谦信之所以如此痛斥横濑氏，是因为他自己过去待横濑氏不薄，在初次出兵关东时，就把刚打下的北条方上野国众那波宗俊的那波领赐给了他，如今横濑氏却因为谦信的失利倒向了北条氏一方，这让谦信怒不可遏。但是，横濑氏的本城金山城较为坚固，上杉谦信此次并没能攻下金山城，过了不久就返回了越后。在此

○ 上杉神社藏上杉谦信画像

期间，武田信玄担心谦信会攻击西上野的岩柜城、大户城，因而命令部将山家萨摩守、大井源八郎严加守备，又追派祢津、望月等部将救援，所幸谦信未踏入西上野半步。

十一月八日，上杉谦信在本年第三次越山，他先是进入东上野大胡高常（厩桥城城主北条高广之弟）的大胡城布阵，后越过利根川，在武田氏的西上野高山领、北条氏的武藏深谷领放火，击退了闻风而来的北条军，杀敌五十多人。随后，谦信移兵救援遭到北条军围困的下野佐野城，将围城的北条军打退，之后亲自进入城内坐镇，防止北条军再次袭来，并计划再次攻击横濑氏的上野金山城。为增加胜算，上杉谦信特意写信催促同盟的常陆大名佐竹义重参阵，为此在佐野越年过冬，等候佐竹援军的到来。

但是一直等到永禄十年（1567）二月二十八日，佐竹义重也未能响应谦信。谦信得不到有力支援，没有胜算打下金山城这座坚城，便决定收军返回越后。事实上，佐竹义重与其父佐竹义昭竭力配合谦信的军事行动不同，他一直非常消极怠慢，不理会谦信的调度支配。之前永禄九年之时，上杉谦信对常陆小田氏治、下总原胤贞发起侵攻，要求义重一同参阵，义重干脆不去，或者只派出了代官或同心众，自己不亲自出马。这次受到臼井城之战影响，佐竹义重也对上杉谦信失去了信心，径自与北条、武田两家缔结了和议，所以并不积极配合谦信的军事行动。按照《多贺谷家谱》的话说，“义重察谦信经营关东而功业不成，其意渐倦，不复足与谋”，佐竹义重已经察觉到上杉谦信难以在关东恢复优势了，因此果断舍弃了他。

正当上杉谦信尚滞阵关东时，武田信玄又趁着这个机会从背后扰乱，他在四月十八日陈兵信浓、越后边境，打下了越后上杉家的北信浓野尻城，将城主以下数辈杀死，并侵入越后本土。当这一消息被“飞脚”（注释：送急信的使者）紧急报告给尚在关东的谦信时，谦信非常吃惊，当即写信给留守在越后府内的家臣藏田五郎左卫门、荻原伊贺守，让他们严加戒备，抓紧时间修固城池，并警惕越中方面的动向，防止越中一向一揆也受到武田唆使侵入越后。另一边，谦信也立即令随从出阵关东的骁将柿崎景家先行撤回越后，严守越后本据府内。

在进兵攻打信浓野尻城的同时，武田信玄又通过云谲波诡的手段，引诱了陆奥会津大名芦名盛氏，唆使他趁谦信在关东的空当直捣越后之虚，这得到了芦名盛氏的响应。四月十五日，芦名盛氏的从属国众小田切弹正忠侵入越后菅名庄，修筑神洞、雷二城，并以此为进兵据点。但小田切军的入侵行动并不顺利，越后军很快展开还击，在神洞、雷之地一战击败了小田切弹正忠，讨取敌军五百余人，将小田切军驱逐回了会津。上杉谦信在加派越后阿贺北众色部胜长进驻下野佐野城后，也迅速从关东归阵，从越后南下夺回了信浓野尻城。芦名盛氏一见和武田信玄联合作战的计划遭到失败，很快便识时务地向谦信求和，谦信自然也只能同意，武田信玄策动越后周边势力共同围剿谦信的努力遭到了失败。

非常有意思的是，由于当时的通信问题，武田信玄还浑然不知芦名家臣小田切弹正忠入侵越后已经失败，还频繁写信给芦名盛氏，要求其与武田军南北夹击越后，上演了一幕幕滑稽大戏。

稳定越后的局势以后，上杉谦信指示上野沼田城守将松本景繁、小中大藏少辅、新发田右卫门大夫对叛将北条高广的厩桥城发起攻击，并向沼田城输送了大量越后上田众援兵，决心收复上野重镇厩桥城。但北条高广严防死守，松本景繁等人始终不能攻克厩桥城，收复上野重镇厩桥城的计划宣告失败。至此，除了沼田领、桐生领外，上野全境已沦陷于北条、武田之手，常陆、下总、下野、武藏这些分国的关东国众也相继屈服于北条氏，这让孤悬于上杉家关东前线的下野佐野城非常危急，陷入孤立无援的境况。

○ 浮世绘中的上杉谦信

同年五六月间，下野佐野城多次遭到北条军的攻击，守军们不堪其扰，厌战情绪已经非常严重。佐野城是越后上杉氏以半直辖的方式支配着的，一半由佐野氏的当主佐野昌纲管，一半由上杉谦信派驻过去的越后阿贺北众色部胜长、旗本众吉江忠景管。谦信为了稳定佐野城的局面，又加派越后阿贺北众荻原伊贺守带兵入驻。就在增援工作有条不紊地进行着的时候，下野佐野众和越后的佐野在番众发生了矛盾，作为下野佐野氏当主的佐野昌纲不甘心自己的居城一味被上杉方操控摆弄，便再次背叛了谦信。他偷偷潜出城去，和北条军勾结在一起，计划反攻佐野城。在地头蛇佐野昌纲的亲自带领下，佐野、北条联军在十月份包围了佐野城，以“武、相众千骑”猛攻，将佐野城攻打到只剩下一座内城，落城将近。佐野城位于上野、下野、武藏三国的中心位置，是上杉军杀入关东平原的重要据点，战略位置非常重要，谦信不能坐视不管。十月二十四日，谦信为救援佐野城而再次越山，着阵于上野沼田城。二十五日，谦信开始进兵，一路上扫荡叛臣北条高广的上野厩桥领、上野国众横濑成繁的上野新田领、下野国众长尾景长的下野足利领，打通了救援下野佐野城的通道。两天后的二十七日，谦信杀至佐野城下，于这一天夜晚将围困佐野城的佐野、北条联军打败驱逐，并且缴获了大量敌军遗留下的武器。战败以后，佐野昌纲退至下野藤冈城，北条军退至武藏岩付城，两军不甘失败，仍然窥伺着时机反扑。

而从上杉谦信的立场上来说，虽然将佐野、北条联军打败，获得了胜利，但是失去周边的关东国众作为屏藩后，孤悬于关东前线的下野佐野城四面受敌，承受着巨大的军事压力，接连不断遭到北条军攻击。这令上杉谦信疲于奔波，他终于也心灰意冷，决定进行战略收缩，断了维持佐野城的念想，原则上决定放弃除了上野以外的所有关东地域。十一月二十一日，谦信命令从越后派遣过去的佐野在番众色部胜长、吉江忠景、荻原伊贺守全部后撤至上野沼田城，放弃了佐野城的守卫。失去了上杉谦信的掌控，佐野昌纲得以回到了佐野城，在政治从属上也就自然投向了北条家一方。作为佐野昌纲同族的上野桐生佐野氏也紧随其后，倒向了北条氏。下野佐野城位于上野、下野、武藏中间的心脏位置，是上杉谦信杀入关东腹地的一个相当重要的据点，弃守佐野城以后，谦信再难以杀入关东平原，关东出阵陷入困难状态，与北条氏康、氏政父子的角逐可以说是以完败告终。

自臼井城之战败北后一直到主动撤守佐野城，谦信在关东的直辖领，只剩下与越后相接的上野沼田领，从属国众也只剩下武藏羽生城的广田氏、皿尾城的木

春日山城
三国峠
岩下城
永禄3年
沼田城
永禄3·5·6·8·9年
高山城
永禄6年
懵杓山城
永禄6年
厩桥城
永禄3·4·6·9年
明间城
永禄3年
赤石城
永禄3年
和田城
永禄6~8年
小幡城
永禄6年
小山城
永禄6年
佐野城
永禄5~9年
结城城
永禄6年
馆林城
永禄5·9年
深谷城
永禄6年
忍城
永禄6年
骑西城
永禄4·6年
小田城
永禄7~9年
松山城
永禄4年
毛吕城
永禄4年
葛西城
永禄4年
小金城
永禄9年
臼井城
永禄9年
鹤冈八幡宫
小田原城
永禄4年

○ 上杉谦信关东侵攻地图

户氏，还一直坚定不移地站在谦信这方。上杉谦信为此十分感慨，他在后来写给沼田城守将松本景繁的书信中，哀叹道沼田城守军装备贫弱，如果再丢失了沼田城，则象征越后上杉家统治关东的唯一一个据点也没有了，上杉家将会受到天下的嘲笑，为此忧心忡忡。上杉谦信的永禄十年，就在这样愁云惨淡的情况下结束了，对他来说很不光彩。

特别需要一提的是，根据《甲阳军鉴》《谦信公御年谱》《享禄以来年代记》《续本朝通鉴》诸书记载，上杉谦信于关东溃退后，武田、北条两家又组成联军，大规模报复谦信，发起了上野厩桥城合战。这次合战发生在永禄十年十月，北条、武田的五万五千人联军，攻打上野厩桥城，上杉谦信吓得固垒不出，只敢龟缩在厩桥城内。武田、北条联军在厩桥城下大肆纵火一番后，才各自退兵。这在《日本外史·后北条氏》中也有数语提及，记载称："永禄十年十月，氏康与晴信合兵五万，攻长尾谦信于厩桥。纵火城下，及其门还，以报小田原之役，谦信不敢出"。但这一战非常可疑，应该属于军记史料的捏造，这时候厩桥城仍归北条高广支配，他此时已倒戈在北条氏旗下，在两年以后的永禄十二年才回归上杉家。根据《群马县史》的记载，上杉谦信直到永禄十年的十月二十五日还对厩桥城发动攻击，足以说明谦信此时尚未将厩桥城收复，厩桥仍为北条高广所有。因此，《甲阳军鉴》等书提到的这一场厩桥城之战也是不可能存在的，属于后世附会。

第五章

关东战国史（下）

上杉谦信对决武田信玄、北条氏政

本庄繁长之叛乱

自臼井城之战大败以后，上杉谦信在关东战线受到北条氏康、武田信玄两大势力的死死钳制，被逼得节节败退，完全败下阵来，只有西边的北陆战线还可以欺凌相对弱小的敌人。自从永禄三年（1560）以来，上杉谦信联合越中新川郡的从属国众椎名康胤，在越中征伐不断，击败了以富山城、增山城为据点的另一有力国众神保长职，统合了大半个越中。可时间到了永禄十一年（1568），武田信玄施展阴险的手段，竟然将椎名康胤策反，使其站在了谦信的对立面，谦信为此不得不兴兵征讨。当年三月，上杉谦信杀至椎名康胤的居城松仓城下，椎名康胤固守坚城不敢出，谦信转而攻打越中一向一揆的守山城，但在这个时候收到了来自越后的急报。寄信人是越后阿贺北的国众中条景资，他在信中告诉谦信，本庄繁长在越后造反了，情况十万火急，让谦信立刻归国。谦信看到信后脸色大变，随后立即撤兵返回越后。

本庄繁长与中条景资一样，也是盘踞在越后阿贺野川以北的国众，被称为阿贺北众，又叫扬北众。其本据是越后下越岩舟郡的小泉庄本庄城，又称为村上城。早在越后守护上杉氏、守护代长尾氏进入越后的一百三十多年前，也就是在镰仓时代的时候，本庄氏就已经是越后的国众。其先祖是来自武藏秩父郡的秩父行长，被镰仓幕府任命为越后小泉庄的庄园领主后，移封越后，扎下根来。以进入越后的时间长短而言，无论是正牌的越后守护上杉氏，还是冒姓关东管领山内上杉氏的越后长尾氏，都无法与本庄氏比较。因此，进入室町时代、战国时代以后，在相当长的一段时间内，本庄氏持续反抗作为后来者的越后守护上杉氏，不受其拘束，在越后保持了相当程度的独立性。两者甚至为此在明应九年（1500）爆发了规模较大的冲突，是为胎内川河原之战，最后的结果是越后守护军战败，本庄氏获胜，令越后守护的威信大为降低，而当时主导这一场战争的正是本庄繁长的祖父本庄时长。在这一次动乱中，作为越后阿贺北众之一、蒲原郡奥山庄的领主中条定资，因立场亲近守护军、协助其作战而战死，因此中条氏与本庄氏便成为世仇。永禄十一年时向出阵越中的上杉谦信通风报信，告知本庄繁长在后方叛乱消息的中条景资，就是当年战死的中条定资的孙子。

中条定资战死以后，其子中条藤资继承中条家的家督，与本庄氏继续家族间的战争。三十九年后的天文八年（1539），中条藤资联合陆奥大名伊达植宗一同攻打本庄氏的居城本庄城。这时候本庄时长已死，本庄家的家督是时长的儿子本庄房长。中条、伊达联军大兵压境，本庄房长势单力薄，打起了退堂鼓，他留下一部分兵力防守本庄城，自己则率领主力部队逃出了城，投靠与他关系友好的出羽国庄内的大名大宝寺氏去了。本庄房长有个叫作小川长资的弟弟，出自本庄氏的庶流，他居心不良，看到本庄房长弃城出逃，就打起了本庄城的主意。结果中条、伊达联军没能打下本庄城便解围撤走，反倒是被小川长资趁机攻取了此城。这一消息被本庄城内的“飞脚”火速报告给逃亡至出羽国庄内大宝寺处的本庄房长，他一怒之下心脏病发作，竟然就这么给气死了。气死兄长本庄房长后，小川长资做了一件更加惨无人道的事情，他强行占有了留在本庄城内的房长之妻（将兄长的妻子占为己有，后来还和她生下了一个女儿），这时候，房长之妻还怀着好几个月的身孕，她强忍着

○ 本庄繁长

悲痛，于当年的十二月四日生下了本庄房长的遗腹子，取名为千代猪丸，也就是后来的本庄繁长。据说因为房长的妻子怀孕时在战乱中受伤，因此繁长出生时眉目间就有一道疤痕。

在忠于本庄房长的家臣庇护下，本庄繁长免遭小川长资杀害，顺利长大，年幼的他心中总是盘算着为死去的父亲复仇。天文二十年（1551）八月八日，趁着小川长资外出去拜谒菩提寺的住持灵树山耕云寺，本庄繁长在本庄家臣旧部的配合之下，率兵袭击本庄城，将本家的旧领夺回，并杀死了小川长资留在城内的两个孩子，最终逼迫走投无路的小川长资切腹自尽。本庄繁长终于得以一雪父仇，并由此成为本庄氏的新一任当主。而这个时候，本庄繁长才不过是个年仅十三岁的少年而已，从古至今，罕有人能在如此年龄就有这样的成就。此时，越后的局势与祖父本庄时长、父亲本庄房长时代已经大不相同，过去曾经与本庄氏一族对立的越后守护上杉房能败死于越后守护代长尾为景之手，越后的实权落入了守护代长尾氏一族手里，被长尾为景拥立的新任越后守护上杉定实只不过是个傀儡。长尾为景死后，其长子长尾晴景继任家督，但未过几年便被迫将家督位置让给了其弟上杉谦信。又过了数年时间，长尾晴景、上杉定实双双死去，谦信成为真正意义上的越后国主。本庄繁长一改过去本庄氏割据于阿贺野川以北、抗衡越后守护的状态，选择从属于上杉谦信。

天文二十二年（1553），十五岁的本庄繁长头一次前往越后府内，拜谒身为越后国主的上杉谦信。在这以后，繁长随谦信东征西讨，转战于信浓、关东，立下不少战功。永禄三年（1560），本庄繁长随从谦信出阵关东，参与攻打厩桥、明间、沼田、那波、平井、白井、岩下诸城。永禄四年（1561）三月，本庄繁长随谦信攻打北条家的主城相模小田原城，令北条军一时陷入窘境，随后在谦信参拜镰仓鹤冈八幡宫就任关东管领时，亦随军护卫。同年九月，本庄繁长和同为越后阿贺北众的中条藤资、新发田长敦、色部胜长、大川忠秀、竹俣庆纲一同出阵，随谦信参与了第四次川中岛之战，事后谦信特别向这些领主颁发了感状。永禄六年（1563）二月，本庄繁长随谦信攻打武藏骑西城，向谦信献计攻破了此城。多年之间，繁长鞍前马后跟随谦信，可以说是战功赫赫，声名卓著。

即使跟随上杉谦信征战多年，本庄繁长还是受到武田信玄挑唆，在永禄十一年据本庄城而作乱，其中原因耐人寻味。普通说法是，本庄繁长和越后下田长尾氏的当主长尾藤景在第四次川中岛之战的最后关头，救援受到武田义信决死突击而败下阵来的上杉谦信，击退了义信，使谦信免遭义信杀戮。但立下大功的本庄繁长和长尾藤景在事后非常骄纵，经常拿这件事自夸，嘲讽谦信的失利，这引起了谦信的嫉恨。于是，谦信便离间分化两人，命令本庄繁长诛杀了长尾藤景，准备以后找准时机再对繁长动手。这引起了本庄繁长的不安，便在武田信玄的一再唆使之下，打起了反旗。这其实是一种比较表面化的解释，还有一种更加贴近事实的解释，是说本庄一族是早在上杉氏、长尾氏进入越后的一百三十多年前就已经进入越后的在地国众，是由镰仓幕府直接任命的小泉庄的庄园领主，资历远比室町时代才姗姗来迟的上杉氏、长尾氏老；而本庄繁长一直屈居于上杉谦信之下，虽随谦信征战多年，却无任何大的封赏，本庄繁长对此严重不满，加上武田的挑唆，才一怒之下造了反。

唆使本庄繁长的同时，武田信玄又向陆奥会津芦名氏的家臣小田切治部少辅、小田切弹正忠送去书信，欺骗他们说上杉谦信如今正身在上野沼田城内，越后空虚，怂恿他们在同年四月份侵入越后。小田切氏在去年即永禄十年（1567），已经被武田信玄用相同手段引诱过一次，在武田军出兵信浓野尻城的时候，配合出兵攻打越后菅名庄，结果被越后军在神洞、雷之战打得大败而逃，战死五百多人。前车之鉴在此，加上小田切的主家芦名盛氏此时正致力于攻打陆奥国石川郡三芦城城主石川晴光，制止了小田切氏在外生事，因此小田切氏这次也就没有响应信玄。而武田信玄能想到的，上杉谦信也想到了，他早料知信玄会在这个时候有所动作，便做了多种安排，在四月中旬派遣家臣安田能元、岩井信能带兵入驻北信浓饭山城，警惕武田信玄故技重施，乘虚袭击信浓、越后边境；同时又以重臣柿崎景家、直江实纲作为向本庄城进发的先遣队，往阿贺野川以北进军，进入前线的庄严城、下渡岛；又写信给阿贺北的其他国众如黑川氏、鲇川氏，与他们取得联系，希望能够得到他们的帮助。应该说谦信的运气不错，其他的阿贺北众这次都没有随同本庄繁长一起作乱，否则将会酿成更大的骚乱。邻近势力站在繁长这边的，仅仅只有历来与本庄氏亲密的出羽大宝寺氏。

见挑唆小田切氏的计划失败，武田信玄只好自己亲自出马，他率领甲斐、信浓两国之兵卒，在北信浓战线支援本庄繁长。七月，武田信玄将武田家在北信浓的前线据点从海津城移至长沼城，进逼上杉家在北信浓的前线基地饭山城，以弓箭、铁炮昼夜不停地攻城，致饭山城岌岌可危。在牵制住饭山城守军后，武田信玄又分兵直接杀入了越后境内，攻打越后妙高山上的关山新城。为增加胜算，信玄又写信给越中胜兴寺，请求让越中一向一揆协助越中国众椎名康胤，与其一同进攻越后。受到这一风波影响，从属于上杉家的越中国众神保家发生了分裂，形成以当主神保长职、重臣小岛职镇为主的支持上杉派，和以嫡子神保长住、重臣寺岛职定为主的支持武田派。好在神保长职立场坚定，坚决站队在上杉家这边，并与越中一向一揆、椎名康胤划清界限，才使上杉谦信在越中战线少了一个敌人（注释：过去的旧说认为神保长职也在本庄繁长之乱时一同作乱，如《武田氏年表》就持此说，此说大误）。

上杉谦信深知饭山城、关山新城之重要性，如果两城尽数陷落，武田军便能彻底突破信越边境的防线，深入越后腹地了。于是，在谦信的调遣下，上杉援军分两路在八月份出发，新发田长敦、五十公野重家、吉江忠景为一路驰援饭山城，上杉十郎、山本寺伊豫守、竹俣三河守为另一路驰援关山新城。在两拨援军各自入驻之后，城内的各家守将协力守城，两城守备坚固，令武田军一时难以攻克。上杉谦信为防止西线越中的椎名康胤、一向一揆也响应武田侵入越后，又向靠近越中的越后弥知城、不动山城调遣将士守城，增调两城的守军以后，弥知城的守将共有上条弥五郎、河田对马守、河田窓隣轩、谦信旗本众，不动山城的守将则有庄田越中守、小野主计头、谦信旗本众。可以说，在上杉谦信的调度之下，信浓、越中的边境线上都达到了前所未有的稳固状态。

尽管如此，上杉谦信的处境仍然是非常不利的，越后周围都是敌对势力，形成了一个有巨大威胁的包围网。正如《上越市史·通史编》所指出的那样，此时在越后四周危机四伏，北面有本庄氏，东面有会津芦名氏，南面有北条氏、武田氏，西面有椎名氏、越中一向一揆，谦信陷入了四面楚歌的境地。按照《谦信公御年谱》所述，反上杉的诸势力更是都已经准备动武了，上杉谦信真可谓是四方受围，插翅难逃，陷入了绝境之中。为确保国境周边的安全，谦信又加派山崎专柳斋、栗林次郎左卫门、高梨修理亮、金津新兵卫带兵入驻越后上田庄，在市川新城方向也派遣了本田左近、胜田外记、岩舟藤左卫门等将增援，上野沼田城方向则派遣了本庄新七郎、毛利总八郎、上野家成、新保清右卫门以下诸将协助原城将松本景繁、河田重亲守城。至此，上杉谦信在信越边境的饭山城、市川新城，越后的关山新城、上田庄，两越边境的弥知城、不动山城，以及上野沼田城都做了布防，严密防范来自越中、信浓、关东三条战线的敌军，巩固了周边的所有防线。

但是到了这时候，为了防备外侵，越后兵士四出守城，国内空虚，甚至已经到了不得不征召农兵的地步，上杉家的家臣们都非常惶恐。可谦信不以为意，他认为只要一击破武田信玄，使其退却而走，余敌失去了凝聚力，便会一哄而散。经过这一番考量后，谦信留下仅剩下的一部分兵力防守越后府内，自己率领余下的另一部分兵力赶赴救援饭山、关山两城。武田信玄一听说谦信亲自出马，就解除了对饭山、关山两城的围困，撤兵归国。此举引起了连锁反应，原先准备响应武田信玄的越中诸豪族和北条氏政也都纷纷停止了对谦信发难，罢兵而还。在北信浓、越中、上野这些边境的干扰因素排除后，谦信始得以将精力集中对付本庄繁长。而一直在背后支持本庄繁长的出羽大宝寺氏，因为被上杉谦信一方的越后阿贺北众大川长秀拿下他势力范围的出羽藤悬城，又加上直江实纲交涉，所以与谦信达成了和解，使繁长更加孤立。

仍旧帮助本庄繁长的，实际上也就只剩下武田信玄，他虽从北信浓战线退去，但依然暗自对其进行支援。十月，武田信玄派出一个叫作杉原日向守的人，经过一番伪装，带领一队人，经由信浓、西上野、上野沼田领、会津、越后，潜入本庄城，向本庄繁长赠送了若干兵粮，并商讨以后的战略。这一动向被上野沼田城的守将松本景繁、河田重亲掌握到了，并通报给了谦信，谦信指示他们严密检查从会津经过沼田的旅行者，务必切断本庄氏与武田氏的联络渠道。同时，谦信又向与本庄氏敌对的鲇川氏赠送了一些铁炮弹丸，以增强其战斗力，这也说明当时在越后阿贺北这样相对偏僻的地方也已经有使用铁炮作战的案例。

八月份，越后春日山城完成了大改修工程，上杉谦信将本据从府内移至了春日山城，对外称春日山城为“越府”。世人所知的上杉谦信以春日山城为本城，其实是这个时候才开始的。安排完一切后，上杉谦信在十月份亲自出马越后阿贺北，他率领上田众、栃尾众、三条众，经由柏崎、出云崎、新潟，渡过阿贺野川一路北上，进抵本庄城外，与支持他的阿贺北众联合在一起，一同攻打本庄繁长，揭开了平叛的序幕。此次上杉谦信为征剿本庄繁长，可以说倾尽越后的兵力，据《谦信公御年谱》记载，一共出动了有三万六千人之多。又根据《北越军记》的记载，上杉军分三阵，先阵上杉弥五郎义春，二阵新发田因幡守治长，三阵栗林肥前守、黑金上野介。谦信的养子显景也随军参与了本庄城攻围战。

本庄繁长浑然不知自己叛变的消息正是由中条氏报告给上杉谦信的，这时候竟然想与自己家族的世仇中条氏站在同一战线上，因而写信给中条景资，要求联合在一起。但是这一提议遭到中条景资的果断拒绝，中条还将本庄繁长的书信送交给上杉谦信，表明了对其的忠诚。此时的情况是，除了本庄氏以外，鲇川、色部、中条、黑川、安田、菅名、丸田、大川等其他的阿贺北众，全都站在谦信这边；邻近的陆奥伊达氏、会津芦名氏、出羽大宝寺氏虽然仍与繁长维持和睦关系，但都是在观望，不可能有任何出兵动作。本庄繁长陷入了孤立无援的境地。

十一月七日，在上杉谦信命令下，上杉军对本庄城发动总攻。本庄城是建在卧牛山顶上的一座山城，在花开的时节，漫山遍野都是桃花。本庄城易守难攻，城外群山连绵，四周挖有深壕，南方泥田深广如湖，而西方则是广阔无边的大海，可谓具备独一无二的地理优势。由于此城异常坚固，上杉军诸将士认为不容易立刻攻下，加之本庄繁长勇悍善战，贸然发动进攻可能会陷入大败。但上杉谦信不以为意，督兵猛攻，须臾之间便攻破了本庄城的外郭。但随后的进展便不顺利许多，在本庄繁长调度指挥之下，弓箭、铁炮不断从本庄城上射下，持续打击上杉军，令上杉军付出了极大的死伤，正如《大日本编年史》所说，“繁长随方捍御，矢丸雨下，上杉氏兵死伤甚重”，令谦信不得不暂时停止了攻势。

与此同时，武田氏的通信使者也经过更为巧妙的伪装，躲过上野沼田城将对来往行人的检查，在十二月再次进入越后阿贺北，潜入被上杉军重重围困的本庄城内，向本庄繁长通风报信，承诺武田军将会出兵上野沼田城，与本庄军协同攻击上杉谦信。本庄繁长得到这一消息大受鼓舞，让使者向武田信玄回报，上野沼田城已在上杉军的不断修缮之下变得很坚固，不容易攻下，武田军应转而攻击越后南鱼沼郡的上田庄，从这里寻求突破攻入越后境内，而不是向上野沼田城进发。但武田信玄只是给本庄繁长开了一纸空头支票。当时已经进入寒冬时节，阿贺北

○ 浮世绘上杉谦信

下起了漫天大雪，成了雪国，这样的恶劣天气困住了上杉谦信，使其不得动弹。武田信玄利用本庄繁长和这一场大雪的助势牵制住上杉谦信，宣布破除与盟友骏河今川氏真的同盟关系，转头南下入侵骏河去了，完全抛弃了繁长，背弃了之前约定的出兵攻打上野沼田城或者越后上田庄的诺言。

失去所有外援后，本庄繁长只好孤注一掷，坚守本庄城，一直与上杉军僵持到了次年即永禄十二年（1569）。正月九日深夜，本庄繁长趁着上杉军不备，夜袭长尾显景与色部胜长两人的营寨，致使色部胜长战死。虽同为阿贺北众，但色部胜长忠于上杉谦信，他随谦信征战信浓川中岛，又被委任为下野佐野城城主，坐镇关东前线，立下赫赫战功。如今色部胜长死于繁长之乱，这也是人所未料的事情。好在长尾显景依靠家臣下平右近允、佐藤缝殿助的奋战，终于将本庄繁长击退，事后他向两人颁发感状褒扬其战功。

二月六日，由于越后的兵源不够，上杉谦信征用了许多携带武器的农兵。熬到三月份，本庄繁长终于也熬不住了，他感到已经不能再在本庄城支撑下去，便通过陆奥大名芦名、伊达两家的斡旋，向上杉谦信表达和睦停战的意愿，请求获得赦免。上杉谦信一开始并不答应，不想轻易放过本庄繁长，但上杉军诸将士们苦攻本庄城良久，这时候听到将要停战的消息，都欢呼雀跃，不顾谦信的命令而休战待命了。芦名、伊达又再三替本庄繁长恳请，谦信无奈，只能同意了本庄繁长的请求，停战罢兵，赦免了他此次叛乱之重罪。作为议和的条件，本庄繁长将自己年仅七岁的长子千代丸作为人质交给了谦信，并剃光了自己的头发，向谦信表示谢罪。在这中间还有一个小插曲，本庄繁长在降服谦信以后，剃发自号“云林斋”，这一称号引起了谦信的不悦。谦信认为“云林斋”是类似“一扫风云，林立天下”的意思，是本庄繁长在夸耀武功、蔑视自己，因此强迫他将这一个称号改成了“雨顺斋”，表达对谦信的恭敬之意。此外，为安抚出力甚多的色部一族，谦信将本庄繁长在小泉庄的领地削减一部分，给了战死的色部胜长之子色部显长。安顿好一切后，谦信便收兵返回春日山城。由武田信玄策动的本庄繁长之乱，历时近一年之久，至此方告结束。这场风波被平息之后，本庄繁长再也未能像从前那样跟随谦信鞍前马后转战于关东、信浓。

武田军侵攻骏河

一直在背后策划本传繁长之乱的武田信玄，一度出阵北信浓，表面看上去是开辟另一条战线，帮助本庄繁长夹击上杉谦信，但实际上只是虚晃一枪。他在利用本庄繁长牵制住上杉谦信以后，就掉转兵锋，对昔日盟友骏河今川氏发起了攻势。因此，本庄繁长之乱，究其实质意义，不过是武田信玄为了后续的骏河侵攻而利用本庄繁长在越后发起的牵制作战，武田信玄的战略意图，是在武田军南下时，制衡上杉谦信从后扰乱。

武田、北条、今川三家，本来在天文二十三年（1554）以后，就结成了牢固的“甲相骏三国同盟”。但随着武田氏与今川氏的关系破裂，同盟宣告终结。武田、今川两氏的关系恶化，原因还得追溯到永禄三年（1560），当时的今川家家督今川义元统率四万大军进攻尾张，但是败于尾张国大名织田信长而授首，这就是日本战国史上非常著名的“桶狭间之战”。此后，今川义元之子今川氏真继承家督，继续维护“甲相骏三国同盟”，与武田氏、北条氏两家盟友并肩作战，在军事、政治上互相扶持。永禄四年（1561）的信浓川中岛之战，今川、北条两氏皆派出援兵，帮助武田信玄对抗上杉谦信。在上杉谦信多次的关东出阵中，今川氏真也屡屡派出援兵，支援北条氏康、北条氏政父子，起到了很好的侧翼援助作用。例如在下总臼井城之战中，今川氏真就曾派遣骏河用宗城城主一宫随波斋前往救援，迫使上杉谦信败走。但三家稳定的同盟关系，到了永禄八年（1565）出现了破裂的痕迹。当时，织田信长已经基本平定美浓，领地与武田信玄的甲斐木曾郡接壤，为避免与武田氏发生冲突，信长派织田忠宽为使者，与武田信玄交涉并缔结了同盟关系，是为“甲尾同盟”。作为同盟的条件之一，织田信长将东美浓国众远山直廉的女儿收为养女，嫁给了武田信玄的四子武田胜赖。由于织田信长在“桶狭间之战”击杀今川氏前家督今川义元，所以与今川家水火不容，现如今武田信玄与织田信长结为同盟，便使今川家与武田家的关系陷入恶化。

但武田信玄与织田信长结盟却受到嫡子武田义信的竭力阻挠。其原因是武田义信与今川氏有很深的关系，他的妻子是今川氏真的妹妹，其母三条夫人即武田信玄的正室，也是今川义元做媒才嫁给武田信玄的。武田义信的妻、母都与今川氏有极其深厚的关系，因此，他是武田家中的力挺今川派。武田义信担心一旦与今川家的仇敌织田信长结为同盟，则武田家与今川家的关系必然将敌对化。由于在与织田信长结盟的问题上产生对立，武田信玄、武田义信父子的关系破裂，难以修复。武田义信与侧近饭富虎昌、曾根周访多次密谋商讨如何应对，却被饭富虎昌之弟饭富昌景出卖，向武田信玄报告义信一党准备暗杀他。武田信玄及时反应过来，处死了作为首谋者的饭富虎昌、曾根周访、长坂源五郎，流放其余一干涉事者，并将武田义信幽禁在甲府东光寺。之后，武田信玄让众家臣递交誓文，表明对其的绝对忠诚。两年以后，武田义信在东光寺自杀身亡，享年三十岁。因为武田义信事件，武田家与今川家的关系急剧恶化。两家虽然在表面上仍然未破除盟约，但其实已经相当不睦。

永禄十年（1567）八月十七日，在武田义信自杀事件之后，今川氏真展开报复行动，对武田氏实施经济制裁，指示领内禁止向武田领国贩卖食盐。这是因为武田氏领下的甲斐、信浓都是山国，需要仰赖骏河的食盐。传说，在这时候，偏偏是武田信玄的死对头上杉谦信施以援手，告知武田信玄“吾与公战，以刀剑不以食盐”，并慷慨以平价售卖给武田氏食盐，表现了凛然大义之风。但是这一个传说并不是事实，是出自江户时代的军记《北越军谈》的艺术创作，事实真相与此相差甚远。在前一年，上杉谦信在越后的神社递交祈愿文，祷告能将甲斐、信浓焚毁一空，是巴不得武田信玄死的，绝对做不出“义盐”之事，昭和时代的历史学者小林计一郎对此早有指摘，认为是绝对不可能存在之事。

今川氏真在实行禁止贩盐政策后，在同年年底的十二月，与上杉谦信进行了秘密交涉，谋求与越后上杉氏结成同盟。今川氏真向越后派遣使僧游云斋永顺，上杉谦信也向骏河派遣使僧要明寺，两家暗中联络。此时，今川氏真早已经预料到，与武田信玄的冲突已经不可避免了，故早寻出路。但世上没有不透风的墙，骏越交涉的情报被武田信玄所掌握，并在以后成为武田信玄入侵骏河的口实。在今川氏真与上杉谦信进行秘密交涉的同时，武田信玄也通过织田信长的斡旋，与织田家的盟友三河大名德川家康取得联系，与德川家进行交涉。武田信玄希望德川家康配合自己的军事行动，两家分别从东西两线攻入今川氏的领国，待今川氏灭亡后，两家以大井川为界瓜分今川氏的领国，武田取东部的骏河，德川取西部的远江。面对这一诱人的提议，德川家康应允了武田信玄的请求，答应他日会配合武田军行动。

永禄十一年（1568）十二月六日，在利用本庄繁长在越后牵制上杉谦信以后，武田信玄以今川氏真与上杉谦信内通、企图灭亡武田家为由，突如其来地宣布与今川氏真断交，并在同一日发兵两万余骑南下，侵入骏河。武田军的第一个攻击目标是骏河国众富士信忠的大宫城，幸得富士信忠坚守，才不致使此城陷落。今川氏真面对武田信玄的入侵，做了非常勇敢的应对，他亲自带兵一万五千出阵清见寺，以部将庵原安房守为先阵，布阵于萨埵山、仓泽，与武田大军对峙。又命部将冈部忠兵卫直规、小仓内藏介资久、一宫随波斋布阵于八幡平，濑名某、朝比奈信置、三浦与市、

德川家康

○ 早云寺藏北条氏政画像

葛山氏元、武田上野介布阵于萨埵山、清见寺之间，以相互策应，互为犄角。

但令今川氏真意想不到的是，濑名某、朝比奈信置、葛山氏元等二十一名家臣在事先都已经被武田信玄所策反，皆临阵退却，脱离了战场。一万五千人一下子逃脱一大半，只剩下庵原安房守部的一千五百人在萨埵山苦苦支撑。在同一时间，德川家康也响应武田信玄，从三河冈崎城出阵，率兵侵入今川氏领下的远江，相继攻下井伊谷、刑部、白须贺、宇津山诸城。今川氏真因不能在骏河前线独自拒战，在庵原安房守的护送下逃回了本城骏府，但武田信玄步步紧逼，又使今川氏真弃骏府而走，逃到了远江的悬川城。在逃亡途中，今川氏真的夫人早川殿，也就是北条氏康的女儿，甚至都无暇乘舆，而是光着脚逃跑，场面十分狼狈。

北条氏康听闻武田信玄无视"甲相骏三国同盟"贸然发起骏河侵攻的消息，又无法容忍自己女儿遭受如此奇耻大辱，便愤然与武田信玄断盟，立即出兵救援女婿今川氏真。自永禄八年（1565）以后，北条氏康对嫡子、北条氏当主北条氏政开始逐步放权，对外军事行动的决策权从自己转移到了北条氏政身上，所以此后针对武田氏的军事行动，主要还是由北条氏政一手主导。北条氏康、北条氏政父子在行使政治权力的关系上，很像中国清朝的乾隆帝、嘉庆帝父子，在乾隆帝退位、嘉庆帝登基后，乾隆帝仍然是实际上的一把手。北条氏康这时候虽然逐步授权于北条氏政，但作为"太上皇"，仍然会在重大的军事、外交决策上拍板。

十二月，北条家的一门众北条纲重（注释：《大日本史料》《大日本编年史》皆将北条纲重误作北条氏时，此说大误，北条氏时在此时已经死亡）作为第一批援军，率军越过富士川，率先进入骏河。十二日，北条氏政从相模小田原城出阵，作为第二批援军，进入伊豆三岛布阵。十三日，北条纲重的兵锋深入骏河中部，直抵武田军前线所在的兴津城，与武田信玄军在此交战，取得杀敌四百余人的战果。此举令武田信玄不敢穷追今川氏真至远江，只能与北条军在骏河对峙。这一时期内，北条军压制骏河的骏东郡、富士郡南部，将葛山要害、兴国寺城、长久保城、吉原城诸城置于其势力之下，切断了武田军的退路。演变到这时，虽然北条氏以救援今川氏为名义出兵，但事实上也是在骏河争抢地盘了，本质上与武田氏无异。北条氏切断武田军退路的同时，骏河国众富士信忠在大宫城婴城固守，封锁了甲骏国境；骏河、远江国境的今川重臣大原资良、三浦氏坚守花泽城，长谷川正长坚守德一色城，由比、浅原、斋藤氏坚守伊久见山城。这些情况使武田军腹背受敌，粮运受阻。

十二月十四日，北条纲重率军进入骏河庵原郡的蒲原城，以此为前线据点，与以萨埵山作为最前线据点的武田军对抗。不久以后，北条军又改以一门众的北条氏信作为蒲原城城主。十八日，在伊豆三岛布阵的北条氏政派重臣大藤政信、清水康英、板部冈康从海路进发，前往救援今川氏真目前所在的远江悬川城。同日，武田家臣秋山虎繁率领一支队伍，作为骏河方面武田军的侧翼部队，从信浓南下侵入远江，攻击二俣、爱岩山、见付等地。五天后的二十三日，北条氏康四子武藏钵形城城主北条氏邦，作为北条氏第三批援军进入骏河。同一天，武田信玄向德川家康送去书信，请求他直捣今川氏最后的栖息之地——远江悬川城。

虽然德川家康履约，应武田信玄之请出兵今川氏真所在的悬川城，但秋山虎繁同时侵入远江的事件遭到了家康的强烈抗议。先前，武田信玄与德川家康已经有约定，武田取骏河，德川取远江，秋山虎繁此举被德川家康认为是背信之举，向武田信玄提出了严重抗议。武田信玄此时被北条军牵制在骏河，无法分兵西顾，于是好言宽慰德川家康，辩称这只是秋山虎繁单方面的行为，自己并不知情，随后就饬令秋山虎繁从远江退兵。但秋山虎繁侵入远江的事件还是引起了德川家康的警觉，怀疑武田信玄的意图，此后与武田氏的关系就逐渐趋于破裂。再后来，德川家康与上杉谦信结为同盟关系，一致对抗武田信玄，这是后话。

永禄十二年（1569）以后，武田信玄继续在骏河攻城略地，蚕食鲸吞今川氏的城池。正月四日，武田信玄进攻今川氏部将大原资良的花泽城，但遭到守城将士的激烈抵抗，武田军为此付出了极大的死伤，直到二十七日才将花泽城攻陷。

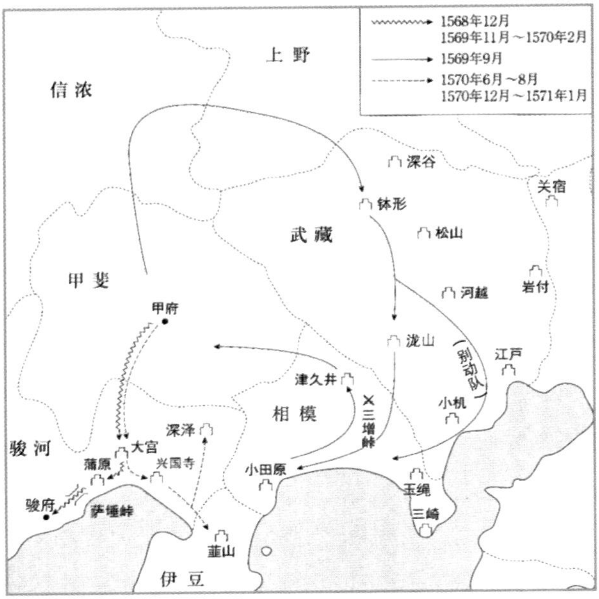

○ 武田信玄侵攻骏河、关东路线图

知道花泽城陷落后，德一色城的守将长谷川正长也投降了武田军。二月一日，武田信玄派部将穴山信君、降将葛山氏元进攻骏河国众富士信忠的大宫城，但以败退告终，没能解除甲、骏国境的封锁。六日，北条氏政从伊豆三岛出兵，越过富士川进入骏河，率军进抵骏河中部，与北条氏邦合兵，驱逐了在萨埵山上的武田军，并据山布阵。武田信玄听闻北条氏政亲自带兵进入骏河，使家臣山县昌景（原名饭富昌景，在武田义信事件之后改名山县昌景）留守骏府，自己进兵至前线兴津城，与北条氏政军隔着兴津川对峙，日夜攻战不休。

为了解救骏河方面武田军的困境，武田军出动一支侧翼部队从信浓南下，向关东方向进发，在二月二十日侵入北条家的武藏儿玉郡，逼近北条氏康四子北条氏邦的钵形城。此时北条氏邦身在骏河参战，并不在城内。但依赖城内守将奋战迎敌，武田军别动队的攻势被遏制。在此后的骏河对峙中，北条军逐渐占据优势，武田军渐落下风。二月二十六日，北条氏邦所督五六十骑下萨埵山，逼近兴津城，击杀了兴津川附近的武田军小荷驮队五十人。同月二十六日、二十八日，武田信玄发起反击，派兵袭击萨埵山、兴津松山上的北条军，但是皆被北条军击退，武田军战死百余人。三月二日，武田军再次攻打大宫城，仍以失利告终。十三日夜晚，武田信玄派兵夜袭萨埵山上的北条氏邦、大道寺资亲阵营，又遭北条军击退。二十三日，武田信玄整兵再攻萨埵山，仍旧无法夺回阵地。屡次对阵，武田军皆以失败告终。

长期的对峙使武田军陷入不利的境况，据《东乱记》记载，“武田信玄与北条氏政相持百余日。氏政广张形势，又便漕运。而甲斐阻山岭，粮运甚艰”，此时武田军的后勤已经很成问题。在这种情况下，武田信玄决定早日退兵归国，以解除后顾之忧。为了顺利退兵，家臣马场信春向武田信玄献上“啄木鸟之计”，此计名称虽然云里雾里，但原理同中国的“声东击西”其实一样，只不过武田军这一次是“声东遁西”。武田信玄接受了马场信春的计策，让骏府守将山县昌景会同马场信春一同佯攻北条军的营寨，他自己则悄然拔寨而去。在命穴山信君留守在兴津城、坂垣信安留守在久能山城后，武田信玄率军突破甲骏边境，越过樽峠，于四月二十四日撤兵归国。但在退兵途中，武田信玄依然遭到北条氏政追击，为此战死数百人，武田信玄还遭到北条军的嘲笑，被戏谑地称为“信玄逃回深山”，幸亏最后还是顺利返回了甲斐。

武田信玄的骏河侵攻结束以后，武田、北条两氏在后续各自有所动作。武田信玄老谋深算，在撤走的前一日，写信给反北条氏阵营的下总关宿城城主梁田晴助，哄骗其出兵武藏，代自己进攻北条氏，但梁田晴助没有上当。之后，武田信玄又怂恿常陆佐竹氏、房总里见氏、下野宇都宫氏等关东反北条氏阵营的大名一同进攻北条氏的本据，即相模小田原城，但这些关东的大名都没有响应，让信玄的计谋落空。而北条氏政在将武田信玄驱逐回老巢以后，命部将分守骏河诸城，以备武田军再次来袭，又在骏河骏东郡的御厨地域新筑深泽城，作为新的前线据点。此时，北条军在骏河最前线的两道防线是萨埵山和蒲原城。萨埵山的守将是北条氏重臣大藤政信、今川氏家臣冈部和泉守，蒲原城的守将是北条氏一门的北条氏信，以及氏信之弟箱根少将融深、布施康能、清水新七郎、笠原美作守、狩野介诸将，新筑深泽城的守将是北条氏一门的北条纲成、北条氏繁、家中宿老松田宪秀。

部署完诸城防御后，北条氏政自己引兵返回相模，另一手准备再发水军从海路前往救援今川氏真所在的远江悬川城。但尚未出发，北条氏政就收到了今川氏真寄来的书信，称其已经与德川家康完成议和，并将悬川城让渡给了德川氏。悬川既失，北条氏政便只好派其弟北条氏规从海路进发，将今川氏真迎回骏河。今川氏真回到骏河以后，先是被北条氏政安置在蒲原城，之后又安置在河东东端的沼津，最后被安置在骏河、相模边境交界狩野川流域左岸的大平城。这时的今川氏真，已经失去对骏河的实际支配权。据《大日本编年史》记载，北条氏政使今川氏真养其子国王丸（也就是后来的北条家末代家督北条氏直）为嗣，今川氏的名迹由国王丸继承，并且“使让与骏河，氏真从之。氏政乃为政国中，夺今川将士降武田氏者田邑，分予其功劳之士”，强迫今川氏真让渡骏河给北条氏政之子国王丸，又将今川氏叛将的领地分赐给北条氏有功诸将。这些举动相当于直接剥夺了今川氏真对骏河的统治权力。至此，骏河名门今川氏，从作为战国大名的角度而言，已经宣告灭亡。今川氏真从一个战国大名，沦落为北条氏的普通家臣。唯一可以安慰今川氏真的是，在武田军主力从骏河撤退后，今川氏旧臣冈部正纲从武田军手中夺回了今川氏的居城骏府，但可惜今川氏真再也回不去了。特别需要一提的是，武田信玄在发起骏河侵攻以后，今川氏真曾在永禄十一年（1568）十二月二十五日、永禄十二年（1569）正月二十六日两次写信求助过上杉谦信，请求其出兵救援，但与今川氏已经建立了同盟关系的谦信却不为所动。

另一方面，武田信玄自骏河败走以后，也不肯善罢甘休，休整一月后就对北条氏展开还击。五月八日，武田信玄兵分两路，他自己亲自率军走老路线，从甲斐南下入侵骏河，另一路则由武田家的从属国众西上野小幡氏率领别动队侵入武藏，攻向北条氏康三子北条氏照所在的泷山城。武田信玄的意图，有两种说法，一说是武田信玄想造成武田军主力倾注武藏的假象，以此迷惑北条氏，使其忽视骏河的防御而集中于关东；另一说则认为动机比较简单，就是说武藏方面军的作用仅是一支别动队，以牵制关东的北条军。

但不管是哪一种意图，武田信玄亲自带兵侵入骏河，这一个消息还是及时被北条军知晓了。五月二十二日，北条氏政获悉武田信玄已经侵入骏河，正在围困骏河国众富士信忠的大宫城，便命令其五弟北条氏规、六弟北条氏忠火速进入伊豆韮山城防御，自身也亲自出阵伊豆，在骏河、伊豆的国境修缮防御工事。二十七日，武田信玄解大宫城之围，一路南下攻城略地。六月十六日，武田信玄兵抵骏河骏东郡，攻向北条军新筑的深泽城，但由于北条方守将北条纲成、北条氏繁、松田宪秀坚守不屈而未能将此城攻陷。十七日，武田信玄转而攻入北条氏政所在的伊豆，在三岛大肆烧讨；又攻向韮山城，北条氏规、北条氏忠出城迎战武田军，但是战败。在此期间，北条氏政也身在伊豆，三岛是去年北条氏政曾经布阵过的地方，可能此次北条氏政也在伊豆张阵，并与武田信玄交锋且处于下风，但史无明文记载，不好妄断。

二十五日，武田信玄回兵骏河，再次攻向骏河国众富士信忠所在的大宫城，对此城发起猛攻。富士信忠虽向北条氏求援，但近在伊豆的北条氏政、北条氏规、北条氏忠皆未出兵。久等不到对方的援军，富士信忠便在七月三日开城投降了武田军。据说大宫城一战，武田军死伤有两千人之多，为此付出的死伤代价也很是惨重。武田信玄打下大宫城以后，配置守兵，随后便返回甲斐。直到次日，北条援军大将武藏泷山城城主北条氏照才进入骏河，但为时已晚。

不过，北条军虽然在骏河、伊豆失利，但还是在武藏取得了反击战的胜利。武田军别动队西上野小幡氏入侵武藏，本来的目标是攻击武藏泷山城，但城主北条氏照已经南下解救骏河的危机去了，并不在城中。面对险情，北条氏政先是就近调遣其四弟武藏钵形城城主北条氏邦前往抵御，又向东上野的国众横濑成繁要求出动援军助阵。西上野的武田军别动队侵入武藏秩父郡以后，遭到了北条氏部将朝见伊势守的阻遏，武田军别动队无法突破，便转进武藏钵形领的三山谷，但又受到北条氏部将多比良将监、出浦左马助的阻挡。武田军别动队大将小幡信尚见始终无法突破北条氏在武藏的防卫阵线，便退回了西上野。北条氏政担心武田信玄会再度袭来，于是在边境上增加守备力量。

但在骏河、伊豆讨得了北条军便宜的武田信玄，野心骤然膨胀，间隔一个月时间后，又针对北条氏发起了大规模的关东侵攻作战。八月二十四日，武田信玄从甲府出阵，越过信浓碓冰峠进入西上野。九月，武田信玄从西上野侵入武藏，攻向北条氏家臣平泽政实的御岳城、北条氏康四子北条氏邦的钵形城；又命其第四子武田胜赖率领别动队，攻向北条氏康三子北条氏照的泷山城。面对武田军的侵攻，北条氏诸将皆婴城固守，不敢出城与之搏战。在这样的情况下，武田军顺利地一路南下，先是打到相模中郡，后一直打到北条家的本据相模小田原城之下。十月一日，武田军在小田原城外与北条军发生小规模接战，并在城外纵火。这是小田原城自上杉谦信的关东侵攻以来，第二次被敌人打到城池之下，可以说又一次令北条氏蒙羞，遭遇奇耻大辱。不过由于小田原城城坚难下，武田信玄在攻城三日之后就解除了包围，并即行撤兵。北条军为展开报复而进行追击，负责追击的大将是北条氏照（北条氏康三子、武藏泷山城城主）、北条氏邦（北条氏康四子、武藏钵形城城主）、北条氏规（北条氏康五子、伊豆韮山城城主）三兄弟。但武田信玄早在相模津久井领、中郡边境的三增峠设伏以待，致使前来追击的北条军大败。武田军一方也在激战中阵亡了西上野箕轮城城主浅利信种这一员大将。此战便是非常著名的“三增峠之战”，在日本战国历史上有很大的名气。在解除后顾之忧以后，武田信玄顺利返回了甲斐。

武田军的第一次骏河侵攻遭到北条军的反击，狼狈地逃回甲斐。但此次的关东侵攻完全一雪前耻，狠狠教训了北条军，武田信玄因此志得意满。在休整一个月后，武田信玄不顾众臣的反对，再次发起骏河侵攻，矢志这次要拿下骏河、伊豆两国。十二月六日，武田信玄攻陷北条军在骏河前线的蒲原城，杀死城主北条氏信以下千余人，在萨埵山上的北条军遭到孤立，也在十二日撤退。北条军丢失了最前线的蒲原城、萨埵山两个阵地后，在骏河的防线一路后撤。自大宫城陷落、萨埵山弃守以后，位于骏河河东地域中央部的兴国寺城、东部的深泽城，就成为北条氏防御武田氏自北方来袭的前线据点。同月十三日，武田信玄击败今川氏旧臣冈部正纲，再次占领骏府，并在随后经略骏河西部。永禄十二年的关东、骏河侵攻，可以说以武田信玄的完全胜利告终。

越相同盟的破裂

武田信玄破坏“甲相骏三国同盟”稳固关系而发起的骏河侵攻，严重刺激了北条氏康，促使北条氏康做出了一个惊人的决定，开始主动尝试与多年的仇敌上杉谦信缔结同盟关系。早在永禄十一年（1568）十二月初，也就是在武田信玄刚侵入骏河以后，北条氏康便指示其四子武藏钵形城城主北条氏邦，通过以前从属于上杉方、现在从属于北条方的东上野国众金山城城主横濑成繁这一渠道，与上杉方的上野沼田城守将松本景繁、河田泰亲、上野家成三人取得联络，向上杉谦信转告“越相连和，伐武田氏”的同盟要求。十二月十九日，北条氏康三子武藏泷山城城主北条氏照，也通过以前从属于上杉方、现在从属于北条方的东上野国众厩桥城城主北条高广这一渠道，向越后上杉氏提出同盟要求。

经过大半年时间，完成一系列复杂的交涉后，北条氏、上杉氏终于在永禄十二年（1569）闰五月正式建立了同盟关系。北条氏当时面临武田军的严重军事威胁，为了同盟的达成，可谓卑辞厚礼、说尽软话，做了很大程度的退让。北条氏给予上杉氏的退让主要有以下几点：

一、北条氏康承认上杉谦信为合法且唯一的“关东管领”，革除自己“关东管领”的称谓。

二、北条氏承认上杉氏对上野的领有权，割让上野全国、北武藏一部分给上杉氏。

三、北条氏康将自己的八子北条氏秀（也就是后来的上杉景虎）过继给上杉谦信当养子。

而上杉谦信所承诺北条氏的条件则要少很多，仅仅只是承认北条氏拥立的足利义氏为正牌“古河公方”就够了，所付出的实际代价很小。在同盟达成后，按照北条氏割让上野全国予上杉氏的协议，原来在臼井城之战后背叛了上杉谦信、倒向北条氏阵营的上野金山城城主横濑成繁、上野厩桥城城主北条高广、上野桐生城城主佐野直纲等，相继回归上杉氏的阵营。由于当时西上野被武田信玄实际控制，所以上杉谦信所能控制的也只有东上野。但相比臼井城败战后，越后上杉氏在关东的势力仅仅局限于上野沼田领一隅之地，现在已经大有扩展。北武藏方面，按照北条氏割让北武藏一部分的协议，武藏深谷城城主上杉宪盛在“越相同盟”之后也加入了越后上杉氏的阵营。加上原先一直从属于越后上杉氏而未曾变心的武藏羽生城城主广田直繁、皿尾城城主木户忠朝，现在在北武藏一共有三家从属国众。经此同盟达成，越后上杉氏在关东的势力，从永禄九年的臼井城败战后局限于上野沼田领，扩展到现在掌握东上野全部、北武藏一部，大有进展。但另一方面，关东的一部分持反北条立场的国众、大名，如常陆佐竹氏、下野小山氏、下野宇都宫氏、下总梁田氏，本来在臼井城之战后迫于形势，从上杉氏阵营倒向了北条氏，但后来又回归了上杉氏阵营，可等到“越相同盟”的消息一传开，对上杉谦信的政治立场极度失望的他们，又与上杉氏、北条氏皆划清了界限，而径自与二氏的敌人武田信玄缔结了同盟关系。

在“越相同盟”交涉期间，武田信玄也担忧北条、上杉两氏联手会对自己极为不利，于是通过盟友织田信长、室町幕府将军足利义昭（足利义昭在永禄十一年被织田信长拥立，回到京都继承了室町幕府将军的位置）的关系，主动向上杉谦信求和。经过艰难的反复交涉，往来多次，武田信玄和上杉谦信缔结了“甲越和与”，也就是武田、上杉两家的休战协定。一时之间，上杉谦信与过去两大死敌都通过盟约罢兵休战，呈现了难得一见的局面。

而自“越相同盟”以后，北条氏要求上杉谦信出兵信浓或者西上野，与北条氏南北夹击，共同攻击武田信玄。但由于同时既有“甲越和与”，加之上杉谦信也不够信任北条氏，他便并不履行“越相同盟”的义务。永禄十二年（1569）六月，武田军分别从武藏、骏河两个方向同时侵入北条领，北条氏政写信要求谦信出兵信浓，以牵制武田氏，但谦信以当时正在进行“甲越和与”的交涉为理由借故拖延，最后不了了之。同年九月，武田军再次侵入武藏，这次换北条氏政之弟北条氏邦写信向上杉谦信求援，可谦信仍旧是无动于衷，反而利用“越相同盟”所带来的关东后方稳固，用兵于北陆，攻打越中国众椎名康胤去了。

到了永禄十二年十一月，武田信玄复袭骏河，北条氏康、北条氏政父子再度遣使告急，向上杉谦信讨要救兵。这一次上杉谦信终于越山，进入上野沼田城布阵，北条氏康、北条氏政父子为此很高兴，以为谦信终于履约而行，是要来对付武田军了，便赠送上杉谦信酒、蜜柑、干海鼠、干货等物资表示慰问，要求其杀入武田氏领下的西上野。但谦信依旧采取了冷漠无视的态度，不顾北条氏的要求，反而径自侵入下野，攻打北条方的下野国众佐野昌纲去了，这引起北条氏的极度紧张与不安。因为上杉谦信错过了救援时机，导致武田信玄一路横扫骏河，占领了北条氏的蒲原城、萨埵山，大获全胜后回兵甲斐。

隔年的元龟元年（1570）正月五日，上杉谦信无视“越相同盟”，对盟友北条氏的从属国众下野佐野氏的佐野城发起进攻。从属于上杉谦信的两家武藏国众，即羽生城城主广田直繁、皿尾城城主木户忠朝也率兵前往，一同协助上杉军攻打下野佐野城。就连常陆大名佐竹义重也出兵参战，与上杉谦信同阵，一同攻打佐野城。此战中，上杉谦信的养子长尾显景奋勇当先，立下大功。未几，佐野昌纲便乞降，投降了上杉军。上杉谦信为褒赏广田直繁的功绩，将上野的馆林领赐给了他。上野馆林领原来是上野国众赤井氏的领地，上杉谦信在永禄五年（1562）出兵上野的时候将其打下，赐给了从属于他的下野国众足利长尾氏当主长尾景长，此后长尾景长将本据从下野足利领迁到上野馆林领，足利长尾氏也改称为馆林长尾氏。至永禄十二年（1569），长尾景长去世，他十三岁的养子长尾显长就成了新任下野足利长尾氏当主，兼领上野馆林领、下野足利领。上杉谦信为了表彰在此次佐野城之战中立下功绩的广田直繁，故意欺凌长尾显长年幼，将其领下的上野馆林领直接没收，转而赐给了广田直繁。被没收馆林领的长尾显长只好退到了旧据下野足利领，不用多说，他对此事十分不满。

而广田直繁移封馆林后，原来在武藏的居城羽生城就变得空虚无主，但羽生城偏偏是一个非常重要的据点，是北武藏的战略要冲。在上杉谦信的授意之下，武藏皿尾城城主木户忠朝毁弃他的居城，移居到了羽生城，成为新城主。此战的胜利，受益方是北武藏的两家上杉方国众，但引起北条氏康父子、长尾显长的强烈不满，却也无可奈何。

此次下野佐野城之战，在近世的军记如《北越军记》中有完全偏离事实的记载。书中声称当时佐野昌纲从属于上杉谦信，遭到了北条氏政四万大军的入侵，上杉谦信为此发兵救援，他身穿黑色木棉胴服，手提十文字枪，亲自率领八十骑冲突北条军的阵营，击退了北条军。这一个上杉谦信八十骑击退北条氏政军四万的桥段非常有名，但完全是本末倒置，并非事实。在当时，正是“越相同盟”期间，两家本是和平阶段，但上杉谦信主动入侵了从属于北条氏的下野国众佐野昌纲，令北条氏惊恐失措。此战结束后，上杉谦信就移阵沼田城，退兵回越后。而佐野昌纲在上杉谦信撤走以后，又再度反叛，归附了与上杉氏、北条氏敌对的武田信玄。

武田信玄本担心上杉谦信此次出兵关东会背弃“甲越和与”，攻击武田氏支配的西上野。但他获知上杉谦信已经从上野沼田城退兵返回越后，已无后顾之忧，准备在四月份再次与北条氏构兵，以上野、信浓二国之兵南侵。北条氏政尚不知武田信玄将侵入关东还是骏河，于是又将希望寄托于上杉谦信，遣使向谦信告急，希望他从后牵制武田军。在信中，北条氏政对谦信说："闻信玄率兵南侵，若向武藏，则新太郎（指北条氏政四弟北条氏邦）在焉；若向伊豆，则吾昼夜兼行，邀而拒之。足下能践旧约，出兵信浓而扰其后，彼必回顾，不久而退矣。"要求谦信出兵信浓，以搅乱武田军之背后，达到令武田军退兵的目的。可是，无论怎么说，上杉谦信的反应还是很冷淡。

五月十四日，武田信玄侵入骏河，北条氏政亲自驰援，在骏河的吉原、沼津两地与之对垒交战。之后，武田信玄与北条氏政接连在各地交战，持续处于拉锯状态。五月二十二日，武田信玄转而侵入伊豆，攻击畠乡的西原氏屋敷、韮山城的近边，之后于同月下旬撤兵归国。六月五日，武田信玄自关东方向入侵，降伏了北条家的武藏御岳城城主平泽政实，终于将武田家的势力延伸到了武藏。同月下旬，武田信玄复侵骏河，同时派一支别动队侵入武藏秩父郡，与骏河方面军互为犄角，在大泷、日尾与北条军交战。虽然北条氏政屡次请求上杉谦信出兵信浓，但谦信在此期间依旧不做任何回应，态度依旧非常消极。

八月四日，武田信玄在黄濑川布阵，日夜攻击骏河兴国寺城，又让武田胜赖、山县昌景、小山田信茂率领别动队侵入伊豆，攻击北条氏规、北条氏忠兄弟所在的韮山城。面对武田军的猛攻，北条氏政再次遣使越后，再三请求上杉谦信出兵牵制武田军，但谦信依然不为所动。事到如今，北条氏政才知道上杉谦信根本靠不住，便不再打越后援军的主意，亲自督率诸将出阵伊豆，据险布营，与武田军对峙。由于北条军的奋战，随后不久，武田信玄便撤兵归国。九月，武田信玄与上杉谦信的"甲越和与"破裂，两家又到了战争边缘。

十月，信玄将兵锋转向上野，率兵从信浓岩村田方向侵入上野，攻打上杉方的沼田领、厩桥领，后越过利根川南下，攻击上杉方的武藏深谷领、北条方的钵形领。等到武田军的火烧到自己领地上，上杉谦信才着了急，终于肯出兵与武田氏相战，他先派部将板屋光胤、本庄清七郎进入上野救援，自己也在十月二十日越山。北条氏政也为救援钵形领而从武藏多摩郡进兵。这一次北条、上杉共同出兵，并不是默契配合，事先都没有打过招呼，只是自卫反击。但为防止北条、上杉前后夹击，武田信玄退兵而归。

年底的十二月十二日，武田信玄故态复萌，再一次侵入骏河，攻向御厨地域。

御厨与相模西郡相接，是武田军杀入相模的咽喉。一旦打下御厨地域，武田军就很可能深入相模，直杀入北条氏的本据小田原城。当时，已有一部分武田军突破骏河国境侵入了相模国境。北条家在这时已经到了生死存亡的时刻，可谓刻不容缓。作为应对，北条氏政派遣相模足柄城的在城众，玉绳城的北条康成、北条康元兄弟前往迎击，才将侵入相模的武田军驱逐回骏河。

○ 上杉谦信（浮世绘）

延至次年元龟二年（1571）正月三日，武田军继续加强对骏河的攻势，包围了深泽城、兴国寺城，并写了劝降书信捆绑在弓箭上，射进深泽城内，劝谕城主北条纲成开城投降。为了尽快攻破深泽城，武田信玄甚至从甲斐的黑川、中山两地调来金掘众，在深泽城本丸附近挖掘地道，以期早日破城。为救援深泽城，北条氏政下令在领内大征兵士，在正月十日从相模小田原出阵。十二日，武田军加紧攻打骏河骏东郡南部的兴国寺城，此日内发生激烈的攻防战，武田军数百人一度杀进本城，守将坪和氏续死守，亲自持太刀奋战，杀敌五十多人，终于击退了武田军，使此城不致陷落。十六日，深泽城守将北条纲成终因扛不住武田信玄的攻击而开城投降，退到了伊豆的足柄城。武田信玄将骏河的前线据点移至深泽城，继续与北条军对抗。深泽城的陷落，也直接导致骏河的御厨地域落入武田军手中。无奈之下，北条氏政只好放下面子，在正月二十日写信给越后的上杉谦信和入继到越后上杉家的弟弟上杉景虎，再次请求谦信能够出兵牵制武田信玄。这一次，上杉谦信终于心生恻隐，有所响应，派越后上田众进入上野沼田城待命，并做好了自己亲自出阵的准备。

二月十三日，等不及上杉援军的北条军主动攻入武田阵，与武田军发生会战。

战后，双方都各自退兵，武田信玄在二月二十三日转而开启远江侵攻作战，攻打关系已经破裂的德川家康去了。但到了四天后的二十七日，武田军的一支别动队又突然侵入北条氏邦领下的武藏钵形领石间谷，意图牵制北条军的行动。

二月二十八日，上杉谦信从上野厩桥城城主北条高广处听到了武田信玄已经从骏河退兵转攻远江的消息，就让派往上野沼田的援军退往越后了。现如今武田信玄南下侵略远江，与德川家康交战，没有武田信玄从后干扰，与北条氏又是同盟关系，上杉谦信便又将精力放在了西线的北陆战区，致力于用兵越中。三月上旬，上杉谦信率兵侵入越中，一连攻下十余座敌城。但在准备攻向汤山城、守山城时，因为前方的六渡寺川涨水而无法越过，只好作罢，结束了这一次越中征程。汤山城位于越中、能登边境交界，是能登畠山氏所支配的城，守山城一说是越中一向一揆的城，另一说是越中豪族神保氏张的主城。所以上杉谦信这一次越中征伐，攻击目标应该是能登畠山氏、越中一向一揆或者神保氏张。

而在北条家这边，自丢失深泽城以后，丧失了骏河的御厨地域，在骏河的势力局限于骏东郡南部，相模小田原城受到武田军的严重威胁。北条家虽然与上杉谦信缔结了同盟，但谦信始终不肯按照北条家的要求一同出兵对付武田军，屡次推托，不在实际上配合北条家与武田信玄作战。相反，谦信在“越相同盟”之后，利用关东后方的稳固，反方向开展北陆侵攻，致力于攻打越中。这些情况，让北条氏政对“越相同盟”的作用产生了怀疑。此时，有关北条氏与武田氏重新结为同盟的消息在外流传，上杉谦信为此向北条家诘问，但遭到了这时候已经身患重病的北条氏康的否认。同年九月，武田信玄再次入侵关东，攻打北条方的武藏钵形领，北条氏部将吉田和泉守、吉桥大膳亮与武田军在榛泽交战，而后，武田军又转而进攻上杉方的武藏深谷领、上野厩桥领。这看似粉碎了之前有关武田、北条再结为同盟的谣言，但北条氏政在这时已对谦信彻底失去信任。

元龟二年十月，“越相同盟”的倡导者北条氏康去世，走完了五十七年的人生路程。氏康死后，其嫡子北条氏政完全掌控了北条家的实权，他破除“越相同盟”的意愿更加强烈，试图恢复从前的“甲相同盟”。但在这期间，武田信玄并没有与北条氏停战罢兵，他在出兵攻打上杉氏的上野沼田领、厩桥领后，又侵入北条氏的武藏秩父郡，使秩父郡遭到“人民断绝”的破坏。之后，武田信玄又表明了

○ 浮世绘中的北条氏政

自己将进兵相模小田原城的意志，并宣称已经将伊豆、武藏过半的领土纳入掌中，当然这只是一种夸大的对外造势。

十一月，上杉谦信越山，再度进击关东。常陆小田氏治在此期间再度从属于上杉氏，但后来还是又倒向了北条氏这一边。到十二月十七日，北条氏政与武田信玄在秘密交涉下，终于恢复了“甲相同盟”，并订下了领土分割协议，许诺互不侵犯领地。作为同盟的条件之一，北条方将骏河兴国寺城让渡给武田方，又将大平城捣毁，北条氏的势力完全从骏河退出，武田信玄由此掌控了整个骏河。武田信玄虽然也有将之前打下的武藏御岳城交还给北条氏，但那已经是一年以后了。武田氏多年的骏河侵攻，终于以胜利告终。由于“甲相同盟”的成立，北条氏政与上杉谦信的“越相同盟”随之瓦解，北条、武田联军又开始一致对付上杉军，关东的局势回到了武田信玄进行骏河侵攻前。而下野国众佐野城城主佐野昌纲，这时候又回到了北条氏的阵营。

甲相既和，寄居在北条氏政处的今川氏真，处境就变得非常尴尬。据《松平记》的记载，武田信玄暗嘱北条氏政除去今川氏真，甚至外间有流言，说武田信玄要亲自提兵攻击今川氏真。但是，今川氏真的妻子早川殿，也就是北条氏政的姐姐，是一个很有决断力的悍妇，她听到这些传闻后大怒，召集今川氏旧臣，与今川氏真一同渡海逃亡到远江，投靠已与武田信玄关系破裂的德川家康去了。德川家康盛情款待了今川氏真，并为他专门建造居馆。多年以后，武田信玄已经去世，织田信长、德川家康联军与武田信玄的继承人武田胜赖在三河长筱大打出手，是为日本战国历史上非常有名的“长筱之战”。在此次会战当中，今川氏真也随从德川军参战。最后武田胜赖大败而走，武田军阵亡一万人以上。这也算是今川氏真洗雪了武田信玄昔日骏河侵攻所遭受的屈辱。一直到武田氏灭亡，甚至到日本战国时代落幕的庆长十九年（1614），今川氏真都还活着，此为后话。

元龟三年（1572）闰正月，在“越相同盟”破裂以后，上杉谦信再次用兵于关东，发起西上野侵攻，攻打武田家在西上野最前线的据点石仓城，将此城攻克。武田信玄为此发起反击作战，在利根川与上杉谦信对峙十余日，谦信相持不战，退兵回到了越后。武田信玄为防备谦信再度袭来，在西上野广筑砦垒。在武田、上杉对峙期间，北条氏政派出北条氏照、大道寺政繁二将进入西上野支援武田信玄，在仓贺野一地与上杉方的武藏国众深谷上杉军交战，但越后上杉军分遣援军支援武藏深谷上杉军，联手击败了北条军。

之后，北条氏政又对上野的上杉领发起了几波攻击。先是在二月中旬，北条氏政亲自率兵侵入上杉方的上野厩桥领，上杉谦信派家臣栗林政赖、板屋光胤从越后出兵支援，并做好亲自出兵的准备，北条氏政不久便撤兵退去。至四月，北条氏政与武田信玄联合在一起，一同出兵上野，上杉谦信再派越后上田众进入上野抵御，北条军在五月七日退去。七月下旬，北条氏政进兵攻打上杉方的西上野石仓城，上杉谦信复派栗林政赖展开救援，北条氏政熬到了九月上旬，又一次撤走，无果而终。八月，北条氏政派遣三弟北条氏照出兵攻打上杉方的武藏羽生城，由于羽生城守将木户忠朝的坚守，加上附近的上杉方武藏国众深谷城城主上杉宪盛发兵救援羽生城，致使北条氏照打不下羽生城，只能撤兵退去。在北条氏照发起的羽生城之战中，原从属于上杉方的上野国众新田横濑氏、下野国众足利长尾氏发起了反叛，一同参与到北条军的队伍中攻击羽生城，此外下野国众佐野氏也一同参阵。

随着“越相同盟”的破裂，关东各国众的立场又发生了不同的变化。先前重新归附上杉谦信的上野新田横濑氏，以及对谦信没收领地不满的下野足利长尾氏集中反叛，归附北条氏一方，这让上杉谦信又丧失了上野、下野的一大片地域。反叛以后，图穷匕见，下野足利长尾氏当主长尾显长在同年二月份出兵上野，吞并了上杉谦信之前赐给原武藏羽生城城主广田直繁的上野馆林领，逼迫广田直繁自杀身亡，夺回了对上野馆林领的支配权。横濑氏当主横濑成繁也在天正元年

（1573）三月出兵，消灭了上杉方的上野国众桐生佐野氏，将桐生领吞并。上杉谦信在上野的领域，由于新田横濑氏、足利长尾氏的反击，缩小到了只剩下厩桥领和沼田领。但有失亦有得，下总关宿梁田氏、常陆佐竹氏、下野宇都宫氏、下野小山氏这些反北条阵营的关东国众、大名，本来在“越相同盟”的消息传开之后，与上杉氏、北条氏皆划清界限，而与武田信玄缔结了同盟。但在“越相同盟”破裂前后，又纷纷回归上杉氏阵营，与谦信恢复了合作关系，并构筑起了反北条包围网，一同抗衡北条氏。此外，原先从属于北条氏的下总大名结城氏，也与北条氏划清了界限，从属了越后上杉氏。

羽生关宿救援战

自“越相同盟”破裂以后，越后上杉家在关东的直接支配领域有东上野的沼田领、厩桥领，关东的上杉方大名、国众势力，则有下总大名结城氏、下总国众梁田氏、常陆大名佐竹氏、下野大名宇都宫氏、下野大名小山氏、武藏国众木户氏、武藏国众深谷上杉氏。其中，下总关宿梁田氏的关宿城，与武藏深谷上杉氏的深谷城、武藏木户氏的羽生城处于同一条防卫线上，是越后上杉氏在关东防御北条军北上侵犯的最前沿的防线。

位于下总国北部位置的关宿城，联结着利根川和鬼怒川这两个东国水系，是南北关东之间的水陆枢纽、交通要冲，城主梁田晴助支配着两水系之间的地域。梁田晴助本身是原古河公方足利晴氏的宿老，他的妹妹嫁给了足利晴氏为妻，生下了长子足利藤氏，被预定为古河公方的继承人。但是，北条氏康的妹妹也嫁给了足利晴氏，并为足利晴氏生下次子足利义氏。于是到了后来，北条氏康架空了古河公方家，径自废除了足利晴氏的嫡子足利藤氏继任公方之权，拥立自己的外甥足利义氏继任公方，又逼迫梁田晴助和足利义氏交换居城。梁田晴助对此举大为不满，因此趁着上杉谦信在永禄三年（1560）关东出阵的时候自立了，与上杉、佐竹、里见组成反北条阵营，联合在一起反抗北条家，并支持谦信拥立足利藤氏为古河公方。

梁田晴助在关宿城自立以后，通过利根川、鬼怒川水系，掌握了东国物流、交通的要道，获得了巨大的经济与军事资本。北条氏康在世时对此城垂涎欲滴，给出过“得关宿一城，如得一国”的高度评价，设想打下关宿城，便能控制下总北部，进而北上制压下野。为此，北条军曾在永禄八年（1565）和永禄十一年（1568）两度攻打关宿城，但皆未成功。天正元年（1573）四月，在“越相同盟”破裂以后，北条氏政与上杉谦信再度兵戎相见，派兵攻打越后上杉氏在关东前线的北武藏深谷、羽生两城；及至七月份，北条氏政又命令其三弟北条氏照集结武藏、下总之兵，攻打梁田氏的下总关宿城及其属城水海城，意欲把越后上杉氏势力的前沿防线全部剪除掉。由于诸城城池坚固，守将奋力抵抗，北条军的攻势一直延续至次年即天正二年（1574）。北条方的武藏岩付城城主北条氏繁作为增援部队，也加入攻击深谷、羽生两城的行列当中，使上杉家在关东的前线危机进一步扩大。

在关东诸将的告急之下，上杉谦信在天正二年正月二十六日开始越山，并于二月五日进入上野沼田城布阵，准备前往救援被困的武藏深谷、羽生及下总关宿诸城。但挡在上杉谦信面前的，是从属于北条氏政的上野国众横濑成繁，只有突破横濑氏这一道北条军最前沿的防线，上杉军才能南下前往目的地。同一日，上杉军的先遣部队后藤胜元先行进发，与横濑成繁在上野新田领发生交战，取得了胜利，将讨取的首级送至上杉家厩桥城城主北条高广处，但还是未能突破横濑的防线。三月十日，上杉谦信亲自进兵，攻打横濑氏领下的西庄、那波郡、新田领、桐生领的赤城山南麓，在数日之内一连攻陷这些领地内的赤石城、赤堀城、善城、山上城、女渊城、深泽城、五览田城，几乎将横濑氏逼至绝境。攻陷横濑氏所属诸城以后，谦信将女渊城配置给后藤胜元，善城配置给河田九三郎，山上城配置给仓贺野尚行，深泽城派遣上杉军进入，对于五览田城则认为此城没有任何战略价值而毁弃了。

在这以后，上杉谦信面临的就只是横濑成繁在上野的本城金山城了。同月下旬，谦信集中兵力攻向金山城。横濑成繁婴城固守，躲避在城内不与上杉谦信正面交手。

北条氏政为了纾缓横濑成繁的危机而围魏救赵，对外扬言增兵围攻北武藏的羽生城，逼迫上杉谦信解除对金山城的围困。果不其然，听到羽生城遭受猛攻的消息，谦信立即舍弃金山城之围困，提兵南下至上野馆林领，到达馆林附近的渡口大轮，准备渡过利根川救援武藏羽生城。大轮是上野边境的一个渡口，从这里出发渡过利根川就能进入武藏。

北条氏政在这时听闻上杉谦信已经准备渡过利根川南下，便提兵进阵于利根川南面，与布阵于利根川北面的谦信隔江对峙。但这时正是阳春三月，利根川水系的积雪融化，湖面涨水，上杉军和北条军都不能渡过利根川与对方决战。对峙

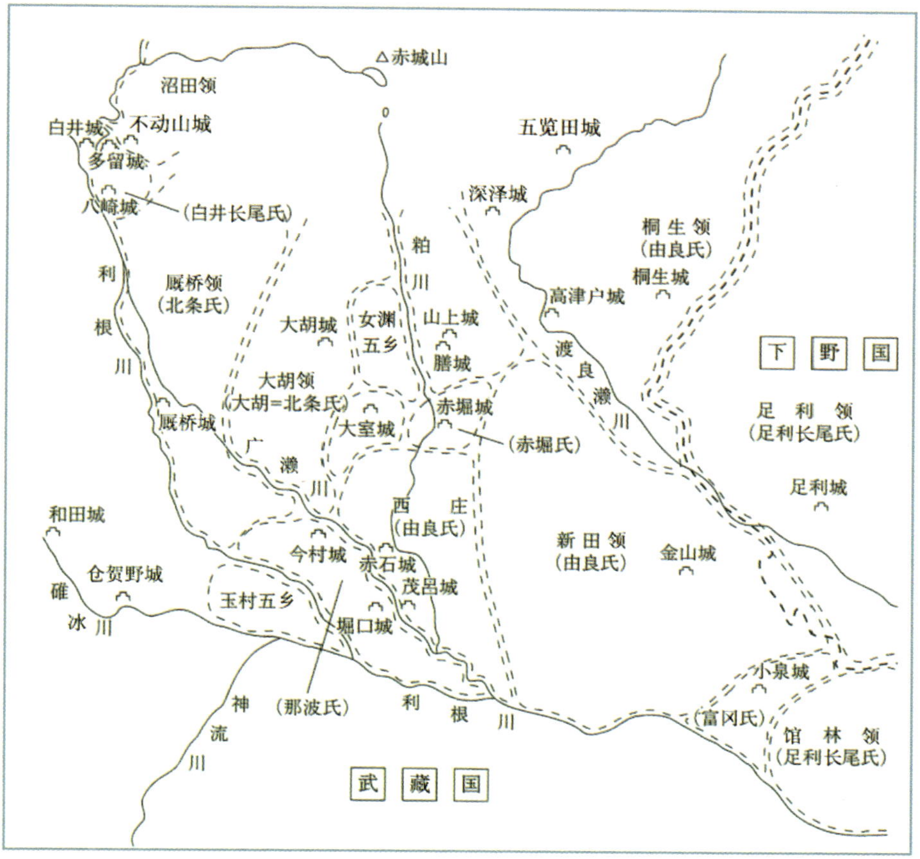

○ 天正年间东上野地图

了一个月之久，这种情况还是没有改变，无奈之下，双方只好各自退兵。上杉谦信先退往之前打下的上野西庄赤石城，后移至那波郡，在那波郡修筑今村城，将此城配置给厩桥城城主北条高广的女婿那波显宗，由此构建起了对东上野那波郡的支配，之后便在五月份经由沼田城返回了越后，匆忙结束了这一次越山。而北条氏政在上杉谦信撤兵以后，命令一门众的北条氏繁继续领兵围困武藏深谷、羽生两城，又命令三弟北条氏照杀至上杉家在上野的前线据点厩桥城之下。北条氏照连续攻城十日，令厩桥城城主北条高广大受其苦，但不久以后也就退兵而去。

上杉谦信在之后也发起了反击，派上野的先遣部队南下救援下总关宿城，但是上杉军先遣部队在关宿城附近被北条军打败，救援行动失败。十月，北条氏政又加强对下总关宿、水海两城的攻势，攻城的总兵力达到了一万六千人。这又促使谦信再一次越山。十一月七日，上杉谦信在进入上野后，从那波郡一路南下，越过利根川杀入武藏。在深谷城、羽生城、关宿城三城之间，谦信选择先解深谷城之围，便攻击深谷城周边的钵形城（北条氏政四弟北条氏邦的居城）、忍领（北条方武藏国众忍成田氏的领地）、松山领（北条方的直辖领地），解除了周遭北条军对于深谷城的包围。但被谦信解救的深谷城城主上杉宪盛帮了倒忙，他得到北条军已经从关宿城、羽生城全部撤走的错误情报，告诉了谦信。谦信听信其言，从武藏撤回上野，转战于上野与下野之间，攻打北条方国众横濑成繁的上野新田领、长尾显长的上野馆林领和下野足利领，在敌方领地纵火、杀掠人畜。横濑成繁、长尾显长都是先前从属于谦信的关东国众，但现在替北条卖命。谦信认为这次出兵目的已经达到，再教训一下横濑成繁、长尾显长即可。但事与愿违，这时候谦信从下总关宿梁田晴助处又收到了北条军仍未退散，尚在攻围关宿城的消息。谦信为此向常陆大名佐竹义重、下野大名宇都宫广纲写信，要求他们一同出兵，催促他们立即赶来协助自己救援关宿城，并约定在下野小山领会合。但佐竹义重当时还在观望，仍然在北条氏、上杉氏两者中间摇摆不定，所以收到上杉谦信的书函后，迟迟没有表态，谦信为此十分愤怒，令随从出阵的家臣荻原主膳助、山崎秀仙再写信劝谕佐竹义重出兵，其措辞非常严厉。

十一月二十五日，上杉谦信进抵下野小山领，等候佐竹援兵，佐竹义重在谦信的再三催促之下终于如期率兵前往，宇都宫广纲也随后赶到。在会师以后，上杉谦信决定先行救援较远的羽生城，待羽生得救后，再前往救援较近的关宿城。之所以舍近求远，是因为北条氏政在关宿城周边沿岸广设砦垒，守备极严，一时之间难以攻下。

上杉、佐竹、宇都宫联军在闰十一月开始动身，开展救援羽生城的行动。为打开通往羽生城的通路，上杉、佐竹、宇都宫联军从下野小山领一路南下，进入下总，扫荡北条方的下总古河城（古河公方足利义氏的居城）、栗桥城（北条氏政三弟北条氏照的属城），故意避开了近在咫尺的关宿城，经由栗桥城绕道北上至上野馆林城（北条方上野国众长尾显长的居城），再从馆林城附近的大轮渡口渡过利根川继续南下，杀入武藏。在进入武藏以后，上杉、佐竹、宇都宫联军在骑西城（北条方武藏国众小田氏的居城）、菖蒲城（北条方武藏国众成田氏的居城）、岩付城（北条氏一门众北条氏繁的居城）三城下纵火焚掠，震慑住了敌兵，解除了周围的北条军对羽生城的围困，顺利到达羽生城下，遂在羽生城下布阵。

当时北条氏政还在加大力度围攻下总关宿城，他得到上杉、佐竹、宇都宫联军已经布阵于武藏羽生城下的消息，立即做出部署，派出四弟北条氏邦、五弟北条氏规率军三千去牵制联军。北条氏邦、北条氏规经过商量后，决定在战术上出其不意打败谦信，便做出如此计划：从三千军士中抽出一千一百人，他们兄弟二人自率精兵七百人，从正面推进，另派大藤长门守、若林和泉守、片山大膳亮三员部将率兵四百，绕小道袭击上杉、佐竹、宇都宫联军背后。

计谋既定，北条军便开始按照计划行动。夜半子时，吵闹的鼓噪声惊扰了在羽生城下布阵的三家联军，北条军前后袭来，纵火焚烧联军的营寨。上杉谦信、佐竹义重、宇都宫广纲没有料到北条军会来这一招，在腹背受敌的情况下根本来不及反应，最终惨败于北条军。北条氏邦、北条氏规在羽生城下大肆掳掠一番后，也就呼啸而去。这是上杉谦信战史上鲜为人知的“武藏羽生城之战”，是谦信输给北条军的惨败。对此战的详细经过，《常陆志料·后佐竹氏谱》记载道：“二十五日，谦信进抵小山，义重往会焉。闰十一月，相共抵武藏，军于羽生，广纲追至。氏政闻之，分兵三千余骑，命弟氏邦、氏规为将，以当谦信、义重。于是氏邦、氏规胥谋，择精兵七百余骑自率之，别以大藤长门守、若林和泉守、片山大膳亮为将，分兵四百余骑，间道出我背后，乘夜鼓噪，前后来袭，纵火烧我营。我众腹背受敌，

○ 天正二年上杉谦信关东侵攻路线

应接不给，遂败。谦信愤败，欲劝义重直趣氏政军，急决雌雄。”

上杉谦信对于这一场突如其来的败战感到异常愤怒，他怂恿佐竹义重和他一起杀至下总关宿城下，直捣北条氏政本阵，以雪此奇耻大辱。但北条氏政为防止联军对关宿城的救援行动，在关宿城旁的利根川、鬼怒川沿岸广设坚固的砦垒，且守备森严，很不好攻打。《名将言行录》记载称“北条氏阻大河设垒壁，守备极严”。佐竹义重对此深有顾虑，加上联军新败，士气低落，所以拒绝了谦信的提议。见佐竹义重不顺从自己，又联想到之前义重拖拖拉拉、拖延出兵时间的消极应对态度，谦信大怒，对他咆哮道：“关宿之事，子自为之，吾将为吾所为！”一怒之下说出气话，放弃了对关宿城的救援，任其陷落于北条军之手，表示与义重决裂。怒气未消的谦信下令毁弃羽生城，城内的一千余名守军士卒全部随自己撤守。之后，上杉谦信带着羽生城守军撤退，脱离了与佐竹义重、宇都宫广纲的联军队伍，于十九日返回上野厩桥城，结束了这一次救援行动。传说在从武藏羽生城撤退到上野的路上，羽生城的城主木户忠朝因为羞愧难当而在利根川畔自杀身亡了，这不能不说是上杉谦信的错误决策所直接导致的。而上杉谦信在撤退路上也并非一帆风顺，他途经上野金山城时，遭到横濑成繁的追杀，自前线败退下来的上杉军被杀三百多人，场景很是狼狈。之后，谦信将退下来的羽生城守军配置在上野女渊城，使女渊城、善城等城成为上杉军在关东最前沿的防线。随后他自己便回了越后，以一场失败结束了行动。

谦信逃走后，被废弃的羽生城内只剩下佐竹义重与宇都宫广纲，这时候军中粮食告竭，后援难继，他们也自知这次行动在事实上已经失败了，于是便派出使者至北条氏政营中，与其议和。根据议和条件，梁田晴助自此以后从属于北条家，将关宿城让渡给北条氏政，退至其子梁田持助所在的水海城，关宿城随后便被北条氏政接收。一切事项完毕后，佐竹义重、宇都宫广纲也就各自收兵，返回常陆和下野，结束了这一次极其不体面的羽生、关宿救援战。而上杉氏阵营的武藏国众深谷城城主上杉宪盛、下总大名结城城城主结城晴朝，在失去了其他人作为外援后，也识时务地从属了北条家。至此，上杉家在关东最前线的武藏羽生城、深谷城和下总关宿城全部沦陷于北条之手，以上野的今村城、赤堀城、女渊城、善城、深泽城、五览田城构筑起了关东最前沿的防卫线。

在羽生城之战败北以后，上杉谦信失去了上杉家在北武藏和北下总仅剩下的势力圈，武藏、下总全部被北条家掌控，上杉家在关东的势力版图退缩到上野的厩桥领、沼田领、那波郡。作为古河公方旧臣的梁田晴助的关宿城被北条家接收，也宣告了古河公方的领国全域被北条家吞并。谦信感到脸面无光，他在写给陆奥大名芦名盛氏的战报中，玩起了春秋笔法，竭力撇清自己的责任，把过错全都推到了佐竹义重身上。他在战报中说，自己在下野小山领与佐竹义重会合后，与佐竹义重的意见发生了严重分歧，佐竹众并不愿意出力，不听从他的建议渡过利根川攻击北条氏政所在的本阵，这让他

羽生城地势图

非常恼怒，愤然与之决裂，放弃了对下总关宿城的救援，让佐竹义重一人独自处理。但谦信在撤兵前，顾虑到武藏羽生城的前途也不妙，就带着城内的千余人径自离开，返回了越后，并没有和北条军发生交战。

上杉谦信在战报中回避了几个非常重要的地方，比如他在下野小山领和佐竹义重会师以后，还一同往武藏羽生城进军，在这里战败之后，才和佐竹义重发生了意见分歧，为此才闹翻的。羽生城之战遭到北条军袭击败北后，上杉谦信怒不可遏，怂恿佐竹义重与他一起直捣北条氏政的本阵，但遭到了佐竹义重的拒绝。因为这一事由，谦信与义重才断然决裂，两人的分裂也是发生在这个时候，而不是谦信在战报当中提到的，在两人会合于下野小山领以后就发生了严重冲突。谦信为自己辩护陈词的这则战报，被收录在水户藩彰考馆的《名将言行录》当中，受此影响，很多著名的历史学者如黑田基树的《关东战国史》也轻信其言，沿用了其说法。富田胜治在《羽生城与木户氏》一书中有较详细的论述，指出谦信这番言论是不实的。

事实上，有大量文献史料足以证明上杉谦信与佐竹义重在下野小山领会合后，一同往武藏羽生城进发，在此地与北条军发生交战，在战败以后，谦信才和佐竹义重发生意见分裂。佐竹方立场的史料《常陆志料》记载说“（羽生之战）我军腹背受敌，应接不给，遂败。谦信愤败”；《续日本史·北条氏政传》记载说“关宿城将梁田氏叛，氏政自将攻之，千叶族以舟师来会。上杉谦信、佐竹义重援梁田氏，氏政励众，连战挫之”；《下总国旧事考》也记载说“谦信、佐竹义重出兵援关宿，北条氏邦、北条氏规出兵逆之，败之羽生”。这些记录，都明确记载上杉谦信在“羽生城之战”战败无疑，足以驳斥谦信在战报中为自己做的回护之词。

在羽生城之战败退下来一个月后的十二月十九日，上杉谦信剃度，法名“法印大和尚”。现在我们在游戏、电影当中常见的头裹着白布，一副出家和尚打扮的上杉谦信形象，实际上是这时候才有的事情。战国大名在打了很惨烈的败仗以后，剃发出家是非常常见的行为，例如九州的大名大友义镇，他在和安艺毛利家进行的丰前门司城大战惨败以后，就剃发出家，法名“宗麟”，也就是后人所熟知的大友宗麟。之前提到过的越后阿贺北的国众本庄繁长，他在谋乱失败以后向谦信投降，也是剃发出家，号“云林斋”。这些情况都说明，谦信在羽生城之战后剃发，事实上承认了自己败北。

羽生、关宿救援失败以后，与上杉谦信有诸多恩怨纠葛的横濑成繁对谦信大为轻视。天正三年（1575）九月五日，横濑成繁先发制人，主动出击上杉方的上野沼田众管辖的桐生领黑川谷，攻破了几个军事据点；随后夺回并修筑了之前被上杉军废弃的桐生领五览田城，配置家臣藤生纪伊守留守，作为一个与沼田众抗衡的据点。之后，横濑成繁又于九月八日在五览田城之下击败来袭的上野沼田众，杀敌三百多人。怒不可遏的上杉谦信为了展开报复，再度出马关东，在九月二十一日攻击横濑氏的上野新田领。十月，上杉谦信转而进攻横濑氏的桐生领谷山城，他在将此城攻破后，为发泄郁愤而主导了一次屠城，将城内的男女屠杀净尽，致使谷山城内尸骸堆积如山、遍地血红。之后，上杉谦信又攻破了横濑氏的桐生领猿洼城，再度在此城大肆杀戮，也将城内的男女老幼一人不留悉数给杀死了，让猿洼城血流成河、积尸成丘。横濑氏的两个属城遭到上杉军血洗屠城，这让横濑成繁、横濑国繁父子忍无可忍，他们在两天后发起反击作战，在“赤殖合战”疯狂反击上杉谦信军，致使上杉谦信退却。古河公方足利义氏在事后向横濑成繁父子颁发感状，慰劳他们在“赤殖合战”中立下的军功。

一年后的天正四年（1576）二月，横濑成繁又在上野发起主动攻击，攻打上杉方将领河田九三郎镇守的上野前线据点善城，结果这一行动又招致了上杉谦信的报复。四月，上杉谦信卷土重来，再临关东，向横濑成繁的上野新田领以及长尾显长的下野足利领发起攻击。另一方面，听闻谦信袭来的北条氏政也亲自出阵，与横濑氏的铁炮众一同反击，最终遏制住了上杉军的攻势，无所进展的上杉谦信只能在月末回师越后，结束了这次征讨。这是上杉谦信一生当中的最后一次越山，自此以后，他再未涉足过关东。在上杉谦信败去以后，关东反北条氏阵营的盟主，就转移到了常陆的佐竹义重身上，上杉谦信的地位连过去都不如了。到上杉谦信时期落幕时，越后上杉氏在关东的势力范围，局限于东上野的部分城池，也就是沼田城、厩桥城、女渊城、善城、今村城、赤堀城、山上城、深泽城、大胡城、大室城，无法再突破横濑成繁控制的东上野桐生领、新田领。

从永禄三年（1560）开始的关东侵攻，一直到天正四年（1576）结束，整整历时十六年之久。上杉谦信从最初时的踌躇满志、意气风发，几乎有吞并整个关

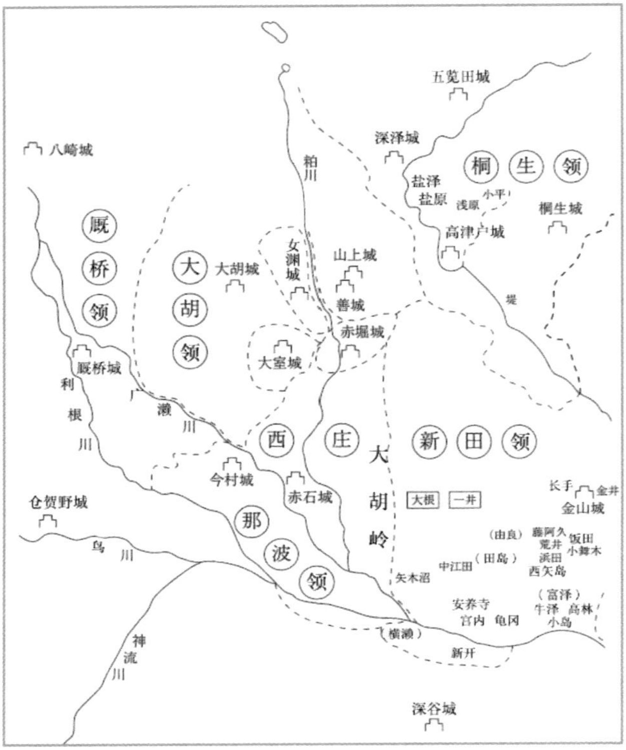

○ 东上野地图

东之势，到最后的意气渐颓，势力几乎完全退出关东，历经了极大的变化。这些境况，不禁令人想起苏轼在《前赤壁赋》里所说的话：“西望夏口，东望武昌，山川相缪，郁乎苍苍，此非孟德之困于周郎者乎？方其破荆州，下江陵，顺流而东也，舳舻千里，旌旗蔽空，酾酒临江，横槊赋诗，固一世之雄也，而今安在哉！”上杉谦信毕生愿望终成梦幻泡影，同样如同《前赤壁赋》中所说的：“哀吾生之须臾，羡长江之无穷。……且夫天地之间，物各有主，苟非吾之所有，虽一毫而莫取。”

此后一直到天正十八年（1590），丰臣秀吉灭亡了盘踞关东五代的相模后北条氏，才让整个关东大地趋于平静，结束了自享德之乱以来一百五十多年的战乱。自享德之乱以来，整个关东陷入混战，从山内上杉氏与镰仓公方的抗争，转变为山内上杉氏、扇谷上杉氏、古河公方间的抗争，又转变为北条氏与山内上杉氏、扇谷上杉氏、古河公方、小弓公方、甲斐武田氏的抗争，再转变为北条氏、越后上杉氏、甲斐武田氏在关东逐鹿争霸。百多年来诸侯混战不休，北条氏五代未能完成统一关东的大业，上杉谦信也未能完成，直到在丰臣秀吉手中，关东才结束了纷纷扰扰上百年的战乱，重新回到了和平时期。

第六章

北陆战国史

上杉谦信对决武田信玄、织田信长

上洛之路的阻断

除了平定越后内乱是成功的，上杉谦信发动的北信浓战争、关东战争，到最后都是以平手或者失败收场。而他这一生当中发动的最为成功的地方性长期战争，是常为人所忽略的北陆战争。所谓的北陆，是指日本北部的若狭、越前、加贺、能登、越后、越中、佐渡这七个分国。上杉谦信发动的北陆战争，主要针对的是越中、能登、加贺三国。而越登贺三国战争的发端，从根源上来说，也是北信浓战争、关东战争的衍生。

天文二十一年（1552），关东管领上杉宪政受到关东大名北条氏康的攻击，被驱逐出本据上野平井城，逃窜至越后，乞求上杉谦信发兵相助。到了次年（1553），信浓大名村上义清也因为受到甲斐大名武田信玄的侵略，被迫放弃了领地，逃亡至越后，请求谦信代为出兵，收复失地。而同一时期的越后，内乱频发，自上杉谦信开始征战历程以来，先后有黑田秀忠之乱、长尾晴景内讧、长尾政景之乱，而且当时东日本发生了严重

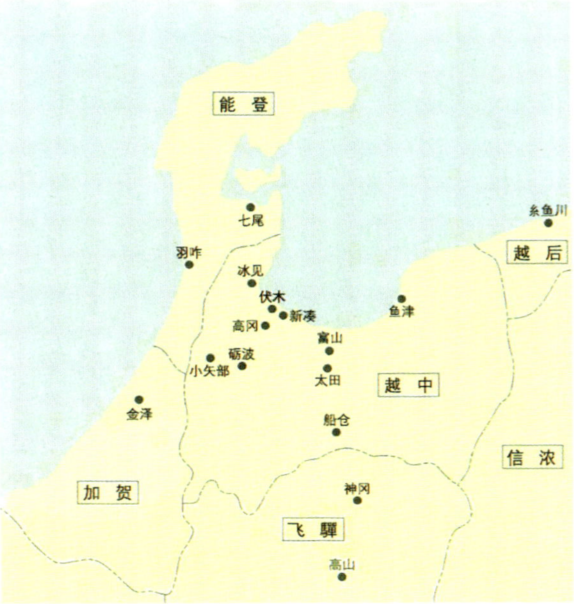

○ 越登贺三国地图

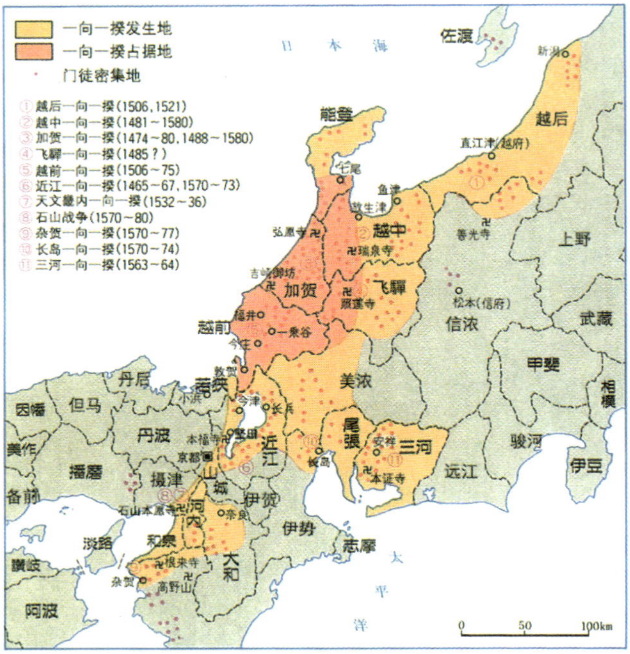

○　一向宗势力盘踞地图

的饥馑灾情，也波及越后。这时候越后国内的形势并不安定，但来自关东的上杉宪政、来自信浓的村上义清的求援，给了谦信一个很好的机会。上杉谦信打算借由不断的对外战争转移内部矛盾，让越后不同的派系能为共同的目标奋战，以此凝聚越后国众们的人心，并逐渐将越后的统治结构单一化，集权到自己手中。此外，还能借助侵略他国，割取他国的粮食以度过越后国内的饥馑危机。这样一来，既能够安抚越后内部，使得谦信在越后的统治权力真正单一化，又能够解决当时蔓延到越后的饥荒问题，可谓是一举两得。

但是与武田、北条两家的情况不同，由于越后政治权力的松散性，上杉谦信发动对外战争的权威并非来自自己，而是要依靠代表最高权力机构的室町幕府、朝廷的官方授权。这个时候，谦信就有上洛参见幕府将军、天皇的迫切需要，与最高的两个权力机构交涉，以获得两方面的权威授予，让自己发动的战争取得官方认可，也就是所谓的“大义名分”。这样一来，谦信对内可以强调自己统治权力的正当性，对外可以强调发动战争的正义性，对内敌和外寇都起到震慑作用。而谦信如果要上洛，从越后出发，则势必要经过不属于其势力范围的越中、加贺、越前、近江，为此不得不展开多方外交。

越中毗邻越后，位于越后西面，一共可以分为三大势力。一是与越后接壤，在越中神通川以东，支配上、中、下新川郡的椎名氏，其本城是松仓城；二是在越中神通川以西，支配西砺波郡、西射水郡的越中一向一揆，主要有瑞泉寺、胜兴寺、善德寺、得成寺等一向宗寺社势力；三是处于两者中间，支配妇负郡、东砺波郡、东射水郡的神保氏，以富山城作为本城。

其中，越中椎名氏本身便是越后上杉家的从属国众，是上杉家委任的越中新川郡的代官，在此摄行政务的椎名家家主是椎名康胤，他收养了谦信的族弟长尾小四郎景直作为养子，是亲谦信一派。谦信要上洛，从他这里通过自然是没有问题。至于神保氏，过去曾与谦信的祖父长尾能景为敌，家主神保庆宗伙同加贺的一向一揆，在越中般若野之战杀死了能景。此事让长尾能景的儿子，也就是谦信的父亲长尾为景大感愤懑，屡次提兵杀入越中，最后将神保庆宗杀死，报了杀父之仇。从这以后神保氏衰落，元气很久没能复苏，这个时候神保家由神保庆宗的儿子神保长职当政，他也不敢贸然反抗谦信。因此，谦信上洛，经过神保家的领地，问题也不大。剩下的就是越中西砺波郡、西射水郡的一向一揆，这些寺社势力与谦信并不友好。自谦信的祖父长尾能景、父亲长尾为景以来，为防止一向宗的宗教势力坐大，威胁到越后本土的政权，一直严厉禁止一向宗在越后领内传教，对于一向宗一律取缔或驱逐，并没收他们的寺院。原先越后境内的一向宗门徒，都逃亡到了越中、能登、加贺三国，融入当地的一向宗势力当中。旧仇犹未洗刷，他们对谦信自然也不抱持好意。越中一向一揆方面的原因，让谦信通过越中成了一大问题。

越中西面是加贺国，加贺方面的情况也是如此。加贺是整个由一向宗门徒占据的分国，势力极盛，能包容一向宗门徒，却不能包容传统大名。加贺的一向宗门徒们以尾山御坊为大本营，作为其在加贺的总据点。过去因为长尾能景在越后取缔一向宗的政策，许多越后一向一揆便逃亡到加贺另立山头，与本土的加贺一向一揆合流。在后来的越中般若野之战，加贺一向一揆与谦信的祖父长尾能景交战，直接将其杀死。这些情况使得加贺一向一揆与越后上杉家关系极其不睦，处于敌视状态，自然不可能轻易让谦信通过。由于过去其祖父、父亲都和越中、加贺一向一揆为敌，导致如今谦信上洛，光是通过越中西部、加贺都成了问题。

但是天无绝人之路，与上杉谦信有亲戚关系的北信浓国众高梨政赖、逃亡到越后避难的信浓本誓寺僧人超贤，这两人都与一向宗有一定程度的紧密关系，也不可避免地成为谦信利用的对象。天文二十二年（1553）正月，谦信拉拢高梨政赖，派出高梨一族的岩井民部大辅作为使者，赶赴摄津国的大坂本愿寺送礼，以示好意。大坂本愿寺是全日本一向宗的总据点，可以说是一向宗门徒的“耶路撒冷”。谦信这次给本愿寺的法主，也就是全日本一向宗门徒的首脑本愿寺证如上人送上的是一把太刀、十贯钱，作为初次会晤的见面礼。高梨政赖一介北信浓豪族，之所以有能力去和远在摄津国的大坂本愿寺交涉，是因为他在北信浓保护了众多的一向宗寺院，受到当地一向宗门徒的拥戴。大坂本愿寺也就顺水推舟，卖了他一个人情。但光是让高梨政赖与本愿寺交涉，要达到谦信的目的还远远不够。真正推动谦信成功上洛的，是流亡在越后的井上本誓寺。

井上本誓寺原本是信浓笠原的一向宗寺社，因为天文年间信浓大乱，从而逃亡到了越后避难，居住在春日山城东方的福岛村。上杉家虽然先前在越后有取缔、驱逐一向宗的政策，但是本誓寺的当家和尚超贤具有敏捷的辩才，同时因为他的一向宗出身，可以和敌视谦信的一向宗势力直接交涉，因此不仅没有遭谦信驱逐，反而被谦信当作贵宾对待。谦信派家臣庄田定贤、本庄宗缓（原名本庄实乃）去和本誓寺超贤谈判，请他居中斡旋，去说服越中、加贺的一向一揆让开上洛的通路。本誓寺超贤被庄田、本庄说服，答应了谦信的要求。

天文二十二年四月，本誓寺超贤亲自赶赴加贺，向加贺尾山御坊的一向一揆们说明了来意，与对方进行交涉。超贤巧舌如簧，在他不断说服下，加贺一向一揆终于被打动，暂时放弃了过去的仇隙，同意放行，让谦信通过。加贺方面的工作做通了，还有越中的一向一揆，他们对谦信依然不抱持好意。八月，本誓寺超贤得知本愿寺证如上人此时正身在越前吉崎御坊，便又奔赴此地，向证如献上太刀、黄金、布匹等礼物，不断向他游说。本愿寺证如知道本誓寺超贤的来意后，正式介入这一事件，向越中、加贺的一向一揆下发御书，下令他们统统让开道路，让谦信上洛。至此，上杉谦信与大坂本愿寺达成和解。本誓寺超贤不辱使命，顺利完成了谦信交代的任务。谦信为此大悦，向本誓寺超贤馈赠了厚礼以表示谢意。

越中、加贺能够通行后，剩下的就是越前和近江。此时，越前的守护大名是朝仓义景，但实权掌握在义景的叔父朝仓宗滴身上。在过去，因为共同军事打击加贺一向一揆的关系，谦信的父亲长尾为景和朝仓宗滴分别在越中、越前两线出兵作战，在当时结下了深厚的情谊，《谦信公御年谱》甚至记载说朝仓家与上杉家有“累世旧好”，可见两家关系确实不一般。这次，上杉谦信特意向朝仓宗滴送上一只苍鹰和鸟笼，这在当时是非常隆重的外交厚礼，并写信向他说：“我们两家在我父亲为景时代，就是非常好的关系，只是后来很久没有联系，现在应该重拾旧好。”向宗滴重申旧好，并提出同盟、借路上洛的要求。上杉谦信这一招可谓是投其所好，据《续本朝通鉴》的记载，朝仓宗滴“军旅之外，亦多奇巧，性好养鹰，养雌雄于家”，这份礼物算是对了他的胃口。如此一来，在朝仓宗滴掌控下的朝仓家，自然同意谦信的要求。相同的外交策略，谦信又施展到了近江国守护六角定赖身上，向他赠送了太刀和一只苍鹰，作为请求借路通行的厚礼。最终，在谦信出色的外交手段作用下，越前的朝仓家、近江的六角家都同意放行，并与谦信缔结了同盟，为谦信打开上洛的通路。

消除了种种阻碍，一切打点完毕，上杉谦信在天文二十二年十月，率领两千人，带着上呈给幕府、朝廷的贡品，从越后出发，经由越中、加贺、越前、近江一线的陆路，正式上洛。之前为谦信立下大功的本誓寺超贤也随团出发，护送谦信通过了加贺，到达越前三国凑。值得一提的是，关于这一次谦信的上洛路线，有种说法认为走的是海路，而非陆路。具体来讲，是说谦信从越后直江津乘船下海，绕过能登半岛，在越前敦贺登陆，最后再南下京都，避开了越中、加贺两地。但这一种说法出现的时间非常晚，最

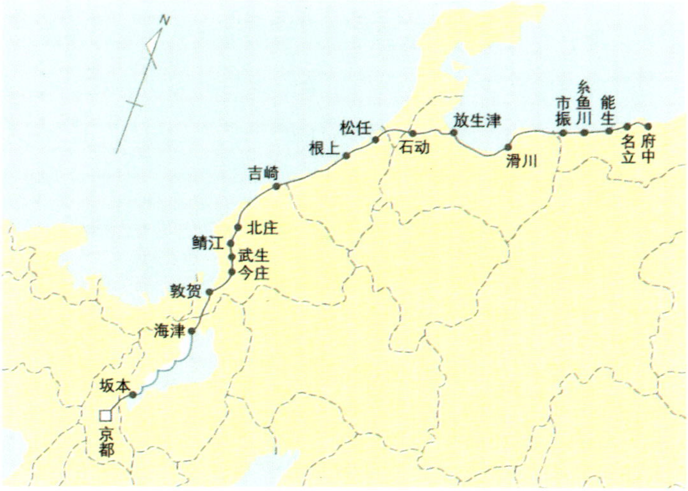

○ 上杉谦信上洛路线推测图

○ 三好长庆

早来源于20世纪初的《枞轩丛谈》一书，没有任何有力史料能够证明这一观点。所谓的谦信海路上洛、在越前敦贺登陆的说法没有任何实际依据。之所以出现所谓的海路上洛说，实际上只是谦信身故几百年后的一些近现代历史作家，想不通为何与谦信敌对的越中、加贺一向一揆会在陆路放行，认为这是不可能的事情，故而捏造了此说。其实，经过高梨政赖、本誓寺超贤的奔走，越中、加贺一向一揆都暂时性停止了与谦信的敌对，谦信在陆路通行是没有任何问题的，这在《本誓寺记》《本誓寺文书》中都有明文记载。

十月，谦信成功到达京都，并谒见了后奈良天皇，向他献上了从越后带来的礼物。后奈良天皇感到很宽慰，赏赐给谦信“天杯”和“无铭丰后瓜实御剑”，并给谦信下发了允许讨伐国内与邻国“插敌心之辈”的纶旨，赋予了谦信发动战争的“大义名分”。天皇的这一纶旨，实际上便是谦信这一次无论经历多少艰难险阻，都决心要上洛的重要目的。取得了这一认可，谦信无论对内压制叛乱，还是对外发动侵略战争，都获得了最高权力机构赋予的权威，对内对外都可以显示自己统治地位的正当性、战争行为的正义性，没有了任何外力的施压与阻碍。但是这次谦信却没有见到室町幕府将军足利义辉，原来足利义辉受到室町幕府权臣三好长庆的攻击，而逃到近江朽木谷避难去了。虽然没能见到足利义辉，可谦信还另有目的，他非常现实地通过执掌京都实权的三好长庆的斡旋，得以向摄津国的大坂本愿寺进发，去面见本愿寺证如上人。与传统说法中谦信上洛是应足利义辉之请，诛讨与之敌对的三好长庆、三好三人众不同，此时谦信对被驱逐出京都的足利义辉完全置若罔闻，甚至还与三好长庆进行互动，求他为自己办事。从这一点看，至少在天文二十二年，谦信对于幕府还谈不上忠诚，或者有扶持幕府的心理，他上洛完全是另有目的。

十一月十三日，上杉谦信率领一行人赶赴摄津国的大坂本愿寺，当面与本愿寺证如上人会晤，向他献上太刀、马、黄金等重礼，本愿寺证如上人也向谦信回赠了礼物。这一举动让谦信与本愿寺的关系得到稳固与加强。而谦信如此向本愿寺示好，几次三番送礼，甚至亲自拜见证如上人，有两个目的。一是通过与本愿寺证如的交好，让加贺、越中等地的一向一揆在根本上放弃与谦信敌对的立场，让谦信上洛的道路一直能够畅通无阻。二是谦信当时有内忧外患的战争风险，通过与本愿寺和好，可以让谦信的外患少去一向宗势力，免去一层掣肘。与后来谦信和一向宗势力敌对的情况不同，这个时候谦信与一向宗还是处于相对和平的蜜月期，从中也可见谦信灵活的外交方式。只是这短暂的和睦，随着后来很快到来的破裂，而被后人所忽视了。在与本愿寺证如上人会面之后，谦信又一路南下，到和泉国的堺港参观，他看到了当时刚兴起的一种新武器——从葡萄牙传入日本的铁炮，也就是火绳枪。在堺港停留一段时间后，谦信又继续南下，一直赶到纪伊国的高野山和大德寺，拜访了当地的佛教势力，并在大德寺得到了“宗心”的法号。在这之后，谦信率领一行人原路折回，离开京都，返回越后，结束了这一次的上洛之行。

上洛关系地图

之后，室町幕府将军足利义辉在永禄元年（1558）与攻击他的三好长庆达成和睦，从近江朽木谷返回了京都。但三好一党仍然掌控霸权，凌驾于义辉之上。足利义辉在这个时候想起了谦信，非常希望能够得到他的帮助，希望谦信能够率领大军进入京都，来为自己诛讨敌对的三好一党。于是足利义辉派遣使者和谦信联络，希望他能再次上洛。谦信也有自己的打算，足利义辉在永禄

○ 足利义辉

元年将“信浓守护”的官职授予了武田信玄，等于承认武田统治信浓的合法性，这与后奈良天皇下发给谦信，允许他讨伐邻国“插敌心之辈”的纶旨背道而驰。这样一来，谦信对武田发动战争的名分丧失，则第一次上洛的成果就只能流失，谦信自然不得不再次上洛，请求足利义辉解决这个问题。此外，为取得讨伐北条氏的大义名分，扶持流亡在越后的关东管领上杉宪政回归关东，谦信也需要得到幕府的进一步权威授予。

就这样，双方出于相互利用的考虑，确定了上杉谦信在永禄二年（1559）第二次上洛。但谦信顾虑到后方有武田信玄的威胁，一时还未能成行。同年，足利义辉派出幕府臣僚大馆藤安，调解武田信玄与谦信之间的冲突。在将军使者的不断游说下，越甲双方暂时停止了战争，谦信没有了后顾之忧，便在同年四月三日兴师动众，大摇大摆上洛，往京都进发。上杉谦信第二次上洛，规模比第一次宏大许多，足足有五千兵卒的规模。这在当时的越后来说，是比较庞大的数字，因此后世有些人怀疑这一数字的真实性，也怀疑越前朝仓家会借路让谦信通过。

但是，奥野高广的《武田信玄》一书明确记载，上杉谦信和越前朝仓家在弘治元年（1555）因为共同对抗北陆一向一揆的关系，结成了攻守同盟。至于五千兵卒上洛这个数字，也有诸多历史文献资料以及最前沿的上杉谦信研究著作的印证，是可以采信的。

谦信这一次的上洛路线，也与第一次相同，都是走的陆路，而非海路。在《谦信公御年谱》当中记载道：“知晓谦信公将要上洛，越中松仓城主椎名康胤连忙修补越中的道路、桥梁、旅店，奔走甚为勤勉。加贺国的本愿寺门徒们，这时候也非常配合地让开了道路，表示响应。越前的朝仓义景也修补越前的断桥，打扫清理好旅店，并准备了美味佳肴款待谦信。等谦信到达越前之后，义景亲自去拜见他，与谦信对谈畅饮，讨论兵事。离开越前后，谦信率军进入近江，近江守护六角义贤也派人招待了谦信。”

四月二十日，上杉谦信率领的五千越后精兵抵达邻近京都的近江坂本，等待幕府将军足利义辉的安排。次日，义辉的使者大馆藤安赶到坂本，向谦信传达将军的御内书，慰劳谦信千里迢迢赶过来，并敦促他速速上洛。二十七日，天气放晴，五千上杉军将士们聚集在谦信身边，前呼后拥，护卫他进入京都，一路上队伍整齐，秩序井然。京都的男女老少群集街头，眼神充满好奇地看着上杉军，因为人数过多，以至于道路都堵塞了。谦信此次上洛，携带了大量的贡品，有金、银、青铜、骏马、衣服、棉等，令人目眩。在亲自谒见足利义辉后，谦信先向他献上了太刀、黄金三百两，又向义辉的母亲庆寿院献上了蜡烛五百挺、棉三百捆、白银千两。足利义辉为此大感喜悦，对谦信大加慰劳称赞。

这个时候后奈良天皇已经驾崩，在位的是正亲町天皇。谦信在谒见足利义辉之后，紧接着又在五月一日参见了正亲町天皇，天皇也感到非常喜悦，再次赏赐给谦信“天杯”“御剑”。可是这一次上洛，滞留到六月，谦信还是没有能得到他想要的东西，也就是让幕府承认他有讨伐武田、北条的名分。怏怏不乐的谦信干脆连为将军保驾护航的样子也不肯做了，想在六月中旬返回越后。这一下可急坏了足利义辉，好说歹说，总算是把谦信留了下来，并一连赐给谦信多项待遇与官职，殷勤地笼络他。足利义辉下发御内书，承认上杉谦信有处置上杉宪政进退的权力和过问信浓国内事务的权力，这相当于赋予了其讨伐北条、武田的权力。此外，又赐给谦信里书御免、涂舆使用的特权。除了以上特权外，足利义辉还赐给谦信“相伴众”的官职。所谓“相伴众”，是幕府家格中最高的一层，有与将军共同进餐的资格，从中也可见足利义辉对谦信的重视。通过两次上洛，上杉谦信取得了对外发动战争的“大义名分”，为此大悦，答应先留下来，为将军保驾护航，震慑敢与将军敌对的势力。从这些情况可见，上杉谦信上洛的目的，并不是传说当中的“诛讨三好三人众”，“兴复室町幕府、恢复旧统治秩序”，而是出于纯粹的利己主义考虑。就本质上而言，足利义辉和上杉谦信都是在做利益交换，在互相利用，但谦信从足利义辉处得到的，治了他的“本”；而足利义辉从谦信那里得到的，却只能治好一时的“标”。

谦信这一留，就是足足两个月。而他长时间停滞在京都，流连于乱世的花之都，整天游走在腐败的上流阶级之间，与公卿们觥筹交错，也让他染上了一些不良的习气，不再严格检点自己的行为。某日，谦信再次动身拜访将军足利义辉的府邸，并邀请了公卿近卫稙家、近卫前嗣与他一同前去。这一天晚上，众人聚集在一起，置酒高会，大饮畅谈。谦信兴致极高，拍手示意，叫来一大群若众，围绕在他身边斟酒助兴，谈笑嬉戏。若众均为年龄在十二岁到二十岁之间的少年，专门为当时社会的上层阶级提供性服务。

宴罢，谦信意犹未尽，接连在之后许多天的夜晚，于京都的住宅中召集容貌出众的若众们，纵情声色。近卫前嗣知道了这一情形，感到非常诧异，记录道："一个又一个的晚上，谦信召集了众多的美少年，痛快地喝着酒，他对这些少年们很喜爱。"据井上锐夫《上杉谦信传》以及《别册历史读本·上杉谦信》两书推测，因为和美貌的若众们频繁接触，将这些美少年逐一"御幸"，谦信为此感染上了淋病，这在当时是难以治愈的性病，足利义辉为谦信请来京都最好的医生也未能治好。

八月末，上杉谦信终于启程离开京都。进入京都时的五千上杉军，在足利义辉看来，无疑是拯救他于水火、诛讨三好一党、兴复幕府的五千救兵。但是从最后的结果来看，这五千越后锐卒，倒不如说是谦信靠着声势浩大，借保护将军之名，实则威逼利诱幕府赐给他特权的护身盾罢了。从利益交换的结局看，谦信赢了，满载而归，回到了越后。在这之后，谦信仍然有向幕府、朝廷提出政治上的诉求的必要，而身为幕府将军的足利义辉，也很希望谦信能够不断帮助他，扫除近畿的三好势力，使得幕府的统治权力能够复兴。对双方来说，谦信上洛仍然是必要的。但是上洛的路途，却因为与谦信亲善的本愿寺证如上人圆寂而被阻断。在谦信完成第一次上洛后的第二年，即天文二十三年（1554），本愿寺证如上人就身故了，之后由他的儿子本愿寺显如继承大坂本愿寺的法主，领导全日本的一向宗门徒。与父亲本愿寺证如上人不同，本愿寺显如的手腕强硬，主张使用武力手段

○ 和歌山县持明院所藏武田信玄画像

扩张一向宗势力，而他和谦信的宿敌武田信玄还有千丝万缕的关系。公卿三条公赖的二女嫁给了武田信玄，三女嫁给了本愿寺显如，本愿寺显如的妻子也就是武田信玄的妻妹。因而，武田信玄与本愿寺显如就有这一层的连襟关系。

在永禄三年（1560），也就是上杉谦信第二次上洛后第二年，武田信玄抛弃了足利义辉先前的“调停令”，继续与谦信为敌，并不断怂恿本愿寺显如，让他也加入自己这一方当中来。在武田信玄的极力游说下，本愿寺显如放弃了父亲证如时代与谦信的友好关系，本愿寺与上杉家的友好关系宣告瓦解，也站到了武田信玄这一方，对谦信采取敌视的态度。不仅如此，本愿寺显如还授意越中、加贺等地的一向一揆也采取相同立场，在北陆一向宗势力范围内不得让谦信涉足。如此一来，上杉谦信上洛的必经之路，也就是越中、加贺，就被阻断了，以后谦信要上洛，就不能轻易成行，除非使用武力让越中、加贺的一向一揆屈服。

与此同时，武田信玄勾结了与谦信有累世之仇的越中国众神保长职，唆使他进攻从属于上杉家的越中国众椎名康胤。这相当于在加贺一向一揆主宰的加贺、越中一向一揆主宰的越中西射水郡、西砺波郡前多设了一道防线，让神保长职统治的越中妇负郡、东射水郡、东砺波郡成了阻碍谦信上洛的第一道关卡。椎名康胤不敌神保长职，节节败退，只能向在越后的上杉谦信请求救兵。这之后，为了打通被阻碍的上洛道路，再次实现上洛，以救援受到神保长职攻击的越中从属国众椎名康胤为契机，谦信开始了他持续时间长达十七年的北陆战争。

神保椎名讨伐战

神保长职开始对椎名康胤动武以后，上杉谦信在一开始是从中调解，但是调解失败，神保长职继续攻击椎名康胤。永禄三年（1560）三月二十六日，已经无法再袖手旁观的上杉谦信亲自率军进入越中，支援从属国众椎名康胤，开启了他首次的越中出阵。三月末，上杉军逼近神保长职的主城富山城，欺软怕硬的长职根本不敢做任何抵抗，仓皇弃城，拔腿就跑，上杉军兵不血刃就将富山城占领。从富山城出逃之后，神保长职逃亡到了东砺波郡南面的支城增山城（别名和田城）。此城是神保氏的第二大城，与椎名康胤的新川郡松仓城、越中一向一揆的西射水郡守山城号称越中三大山城。上杉军对神保长职仍然紧追不舍，直追到增山城下，并再次发起了进攻。可是，增山城地势险峻，没有富山城那么容易打，上杉军第一次进攻以失利告终，暂时败下阵来。

原本神保长职以为谦信会就此退兵，但初战失利的谦信打算对增山城进行长期围困，下令上杉军将其包围。这一举动让神保长职的心理防线崩溃，又在夜间趁上杉军不备逃走，之后便失去了踪影。神保长职既已逃走，城内守军的士气便土崩瓦解，无心抵抗，作为坚城的增山城也被上杉军拿下。紧接着，上杉谦信又进军打下神保长职部将南部源左卫门尉尚吉的隐尾城，南部尚吉将其子南部源右卫门托付给侧近小原作藏，让他带着自己儿子从山后逃走，自己则正面迎击上杉军，壮烈战死。不到十天的工夫，上杉谦信就将神保长职平定，并且拿下了神保氏最重要的富山城与增山城，可谓神速。流亡在越后的关东管领上杉宪政，也写信向越中在阵的谦信祝贺。谦信感到目的既已完成，便收兵返回了越后。

○ 新潟县保坂润治所绘上杉谦信画像

镇压西部战线的越中神保长职之乱以后，上杉谦信在同年八月开始首次入侵关东，用兵于东部战线，与北条家干戈相见。作为北条氏康盟友的武田信玄，遣使至大坂本愿寺，请求本愿寺指使加贺、越中两地的一向一揆趁机侵入越后，以袭击上杉军之背后，分担北条军的压力，但是没有下文。到了第二年六月，上杉谦信从关东撤兵，退回越后。北条家担心上杉军还会再度袭来，也派遣使者赶到加贺，请求加贺的一向一揆与越中瑞泉寺、胜兴寺这两家一向宗寺社一同协力，出兵扰乱越后。但由于上杉谦信下令诸将在越中、越后边境严加防备，使得北陆一向一揆无机可乘，这也让谦信在此期间免去了困扰，得以专注于与武田、北条作战。

另一方面，自上杉谦信撤离越中以后，感到已经没有外在威胁的神保长职再次现身，重新占据了守备薄弱的富山城、增山城，并继续与椎名康胤交战。永禄五年（1562）七月，谦信为解救椎名康胤而再次出兵越中，神保长职再次战败。但等谦信一走，神保长职又恢复了对椎名康胤的攻击，在九月的神通川之战中，椎名康胤惨败于神保长职，手下的家臣多人战死。为此，上杉谦信不得不在十月份重整旗鼓，第三次出兵越中，此次动用总兵力约八千人。与之相比，神保长职只能拿出两千人，兵力悬殊，因此下令全军全部退入增山城内坚守，并在城内广囤粮食，利用增山城的险峻地势做好防御，不轻易出城与上杉军作战。

而上杉谦信这一边，还是沿用上一次的老套路，让上杉军士卒们将增山城重重包围，意图耗死神保军。但是这一老套路这一次却未能奏效，上杉军将增山城围困了数十日，原本是想不断消耗城内的粮食，使对方不能果腹，饿杀神保军，但增山城的神保军却一直精神抖擞，始终不像是缺乏粮食的模样。谦信对这一情况感到非常奇怪，百思不得其解，迫于增山城的险峻，又不能迅速将其攻克，为此甚为苦恼。这个时候，有一个叫作妙净的老尼姑来到上杉军阵前，说有非常重要的事情要告诉谦信。谦信出于好奇，接见了她。妙净告诉谦信，增山城的城下有条密道，一直通到城东的山林之中，而增山城内的兵粮，正是由城东的山林中源源不断输送进去的。只要将山林中的密道占据，切断山林与增山城的联系，城内的粮食输送就能够断绝，不日城内就会饿殍遍野，攻下城池也就不需要多长时间了。谦信听罢大喜，按照妙净的消息，果然找到了增山城东的山林密道。躲避在这里暗暗给增山城内输送粮食的神保军不由得大惧，无论如何也想不明白上杉军为何会找到这一隐秘的地方，但他们还来不及逃命，就被搜寻到这里的上杉军士卒们全歼。上杉军杀死这些山林中的神保军后，将密道占据，阻断了粮食输送进增山城内，并试图借由这条密道，从后方杀进增山城内。但察觉到异常的神保军很快就反应了过来，在增山城地下狭窄的密道内与上杉军士卒搏斗，并成功将其击退。

虽然从后方攻入增山城的计划失败，但既然已经断绝敌军粮道，便没有了后顾之忧，上杉军对增山城再次展开长时间的围困，意图将城内守军耗死。但神保守军依旧不屈不挠，继续顽强抵抗上杉军。即便粮道已经被切断多日，但神保军还是毫无惧色，眼神内布满杀气，令上杉军一时间难以近城。见断了粮道不行，上杉谦信这时候才迟钝地反应过来，下令将增山城外的汲道也予以切断，断了城内的水源，这果然使神保军陷入窘境。但增山城内的神保守军仍然想坚持抵抗，他们牵着军中的马匹高高立于城头之上，在马匹身上不断浇米，即所谓的“白米洗马”战术，想使用这一障眼法，让城外的上杉军误以为增山城内还有大量的储备，以至于给马匹洗身都没有问题。但是，“白米洗马”这一战术过于传统，过去已经有许多人在不同的战斗当中使用过了，上杉军中的老练之士一眼就识破了神保军的这一计策。眼见增山城内的神保军已经黔驴技穷，上杉谦信一声令下，上杉军士卒们一拥而上，攀上险峻的增山城，对城内因缺粮断水而疲惫不堪的神保守军挥动屠刀，终于一举将增山城攻克。神保长职的夫人宁死不屈，不愿意投降上杉军，和她手底下的侍女们拿起薙刀，以巾帼不让须眉的勇气向作为侵略者的上杉军发起死斗。在用尽了全力，与侍女们杀死了若干上杉军士卒后，神保夫人携带着家传的宝物，投井自杀了。神保夫人此一殉城之举，被后来的石川县乡土史家盐照夫称为“增山城落城哀史”，为之叹惋。

神保长职失去了所有的退路后，通过能登守护畠山义纲的斡旋，最后投降了上杉谦信，免于被杀戮。战后，上杉谦信将神保长职统治下的越中妇负郡领土全部没收，东砺波郡、东射水郡的领地也收归上杉家直辖，只给长职保留了东射水郡的日宫城一城作为居城。日宫城是眼下上杉家接收神保家领地后，在越中设置的最前沿基地，位于上杉家所统辖越中地区的最西面，与越中一向一揆的势力相邻。谦信这一手安排，等于是让神保长职替他在越中看家护院，这就是谦信给予战败者的惩罚。至此，越中的神保长职之乱，被上杉谦信成功平定。

神保长职在越中生事，是谦信的死敌武田信玄一手挑唆的，信玄是利用神保长职在越中替自己打代理人战争。如此一来，武田信玄自己从北信浓出兵，在信越边境与谦信作战时，可以利用神保长职在谦信背后的越中一线扰乱，使武田、神保两军同时在北信浓和越中两线对谦信形成钳形攻势。但是这一战略构想，因神保长职之乱被上杉谦信平定而宣告失败。随着永禄五年（1562）的越中之乱被镇压，越中进入了长达六年的短暂和平时期，一直到永禄十一年（1568），没有发生什么大的乱事。但是在永禄八年（1565）时，力邀谦信上洛的室町幕府将军足利义辉，被敌对的三好义继（三好长庆的养子）、三好三人众、松永久通所弑杀。这一次弑杀将军的政变，被称为“永禄之变”。足利义辉的弟弟，也就是后来的末代室町幕府将军足利义昭，通过越前朝仓家出面斡旋，被松永久秀放行，出逃到了有重山险阻围绕的甲贺盆地，后又流亡近江，依靠近江六角家（注释：足利义昭在永禄十一年被织田信长拥立，回到京都继承了室町幕府将军的位置，但后来与信长渐生嫌隙而导致对立，最终在天正元年被流放，室町幕府在事实上宣告灭亡）。

出逃在外的足利义昭急迫地写信向谦信求援，乞求他能够为幕府出兵，诛讨三好一党。与谦信有同盟关系的越前朝仓家，也写信邀请谦信出兵。但是，上杉家与大坂本愿寺的关系已经破裂，在本愿寺显如的授意之下，谦信上洛的必经之路越中、加贺这两地的一向一揆，阻挡了谦信上洛的路途。上杉谦信当时如果要上洛，则必须使用武力先让越中、加贺两地的一向一揆屈服，但这也需要非常大的代价，不是一日之功。

主流说法认为，当时除了越中、加贺的一向一揆与谦信敌对外，信浓、关东两线的战争也在威胁着他，故而在权衡现实的情况之下，谦信没有理会足利义昭、越前朝仓家的请求，最后并没有为了室町幕府出兵上洛，只是象征性地抚慰了足利义昭一番。不过，也有不同的说法，在江户时代中期成书的《谦信公御年谱》和在江户时代末期成书的《皇朝编年史》，分别声称上杉谦信在永禄八年（1565）七月和永禄十年（1567）四月，两次出兵加贺，攻打加贺一向一揆的大本营尾山御坊，试图打开上洛的通路，但最后都没有成功。可是这两种说法缺乏有力的佐证，而且按照当时的情况，谦信连越中西部都很难通过，更别说进入加贺，因此对待这些说法还是需要保留意见。不过，第一手史料《显如上人御案札》的记录显示，当时本愿寺显如写信给武田信玄，感谢他提醒上杉谦信将有入侵加贺的可能，其时间是在永禄九年（1566），这也表明那个时候谦信是想展开对加贺的进攻，意图很可能就是打通上洛道路，恢复到永禄三年（1560）前的情况。但无论如何，当时上杉谦信出兵加贺的文字铁证，确实没有流传下来，因此只能认定所谓的加贺出兵说是不实的。那一时期的越中也因此没遭兵祸，维持了数年时间的和平时光。

但和平时光很短暂。永禄十一年（1568），在物色神保长职替自己打代理人战争失败后，武田信玄又通过各种阴谋阳谋和纵横捭阖的手段，策反了从属于上杉谦信的越中国众椎名康胤，使统治越中新川郡的椎名氏也站到了武田家这一边，对谦信竖起了反旗。同时，武田信玄利用连襟本愿寺显如的关系，也授意越中西部的一向一揆，让他们在这个时候与椎名康胤联合，共同对谦信发难。于是，在武田信玄的阴谋之下，越中再次陷入战乱，统治越中东部新川郡的椎名康胤与统治越中西射水郡、西砺波郡的一向一揆，从东西两个方向夹攻处于中间位置的越中上杉领。越中在历经六年的短暂和平后，又再次掀起了大乱。

收到这一消息的上杉谦信，对于椎名康胤的背叛感到震怒，在同年三月十六日亲自提点兵马，又一次杀入越中，迫近椎名氏所属的金山城。椎名军虽然敢趁谦信不在的时候作乱，但等谦信杀到城下，便纷纷变成了毫无胆色的鼠辈，集体退入城中坚守。震慑住了椎名康胤，上杉谦信又率军一路向西进发，进入越中一向一揆控制的地盘，攻打西射水郡的守山城。但这个时候，谦信又收到急报，在越后阿贺野川以北的本庄城，越后国众本庄繁长受到武田信玄挑拨背叛了谦信，起兵造反；同时，陆奥会津的国众小田切氏受到武田信玄唆使，也对越后虎视眈眈。谦信闻讯大惊，也顾不得越中的局势，这时候保住越后本土的地盘要紧，立马收兵撤回越后。在撤军途中，谦信经过椎名康胤的主城松仓城，又咽不下这一口气，再次对其发动进攻。但松仓城作为椎名氏的主城，自然在城防方面是最为坚固的，并不是一时半会儿就能轻易将其拿下。谦信在一番耀武扬威之后，也就放弃了对松仓城的攻击，加快速度赶回越后，以求尽快平定内乱。这时候在上杉谦信周围，北方有本庄繁长，东方有会津芦名氏，南方有武田北条氏，西方有越中椎名氏、一向一揆，层层包围了越后，可以说是陷入了四面楚歌的境地。

到上杉谦信平定本庄繁长之乱，突破武田信玄组织起的包围网，已是永禄十二年（1569）初的事情。这时，因为武田信玄无视“甲相骏三国同盟”而发起骏河侵攻，导致武田家与北条家的同盟关系破裂，北条家转而与上杉家成立同盟，是为“越相同盟”。北条家要求上杉谦信出兵信浓或者上野，以牵制武田信玄，但上杉谦信不愿受其拘束，从本庄繁长之乱缓过来以后，再次展开对越中的进攻，准备狠狠教训背叛自己的椎名康胤。八月二十日，上杉谦信越过境川进入越中，同月二十三日打下金山城，九月间又攻下新庄城、鱼津城。在这期间，毗邻越中的能登石动山天平寺僧徒众担心谦信会趁势侵入能登，因此为他祈求战胜，还赠送了数卷经书，以示好意。

在打下金山城、新庄城、鱼津城后，上杉谦信以鱼津城作为抗衡椎名氏主城松仓城的战略要冲，并任命其爱将河田长亲坐镇。随后，椎名康胤亲自举兵来攻鱼津城，河田长亲故意闭门不出，这让椎名康胤大为轻视，于是举全军而来。河田长亲侦察到椎名康胤已经松懈，于是设下埋伏，引诱其深入，终于大败椎名康胤。河田长亲在鱼津城之战击败椎名康胤大军后，上杉谦信率军进围椎名康胤的主城松仓城。

上杉军攻打松仓城的过程异常困难。椎名康胤勇悍善战，他利用松仓城城池四周被断崖保护的天险，顽强抵御上杉军，加上越中一向一揆的支援，硬是和上杉谦信对峙了非常久，使得松仓城之战陷入长期对峙，令上杉军人马疲劳。背后支持椎名康胤作乱的武田信玄，也在此期间施展浑身解数试图解决椎名氏的危难。首先，武田信玄自己亲率一军从西上野侵入北条家领下的武藏，以围魏救赵，欲通过打击上杉家盟友的形式逼迫谦信从越中退兵；此外，他又通过阴谋阳谋的手段，让从属于上杉谦信的越中神保家出现内乱，神保家中分裂出了亲上杉派和亲武田派，围绕应当附从哪一家而争论不休。果不其然，遭受武田信玄入侵的北条氏康大惧，写信急告身在越中的谦信，请求他暂时先别管椎名康胤，目前先致力于对付武田信玄为好，以解救自己的燃眉之急。但上杉谦信不为所动，他与北条家的同盟关系本就不牢固，所以并不听从北条氏康的劝告，仍然执意攻打松仓城。

在上杉谦信强烈意志的驱使下，坚城松仓城最终还是被攻陷。按照越中战国史学者久保尚文的研究，松仓城陷落的具体时间是在十月六日至十月二十七日之间。上杉谦信念及过去与椎名康胤的旧谊，没有取他的性命，可还是将椎名氏一党全部驱逐出了松仓城，让他们去自求生路。随着松仓城的陷落，椎名家统治下的越中新川郡，被收归上杉家直辖。无处容身的椎名康胤只好带领其家臣，逃窜至越中西部，投靠当地的越中一向一揆，与其联合在一起，伺机复仇，夺回被上杉军侵占的领地。

在上杉谦信讨伐椎名康胤的战事中，历来的争议之处在于椎名氏的主城松仓城是何时被上杉军攻陷的，这在过去一直是缠绕日本史学界的一个难题。过去的一些旧说，认为越中重镇松仓城陷落是在元龟二年（注释：《越登贺三州志》正文支持这一说法），或者元龟三年（注释：《富山史坛》支持这一说法），再或者是天正元年（注释：《富山县史》支持这一说法）。但是以上这些说法都是错误的，直到近年出版的久保尚文《战国期越中的攻防》一书才澄清了这一问题，证明了松仓城陷落是发生在永禄十二年（1569）的事情。可以说直到最近，才有一个准确的说法。这也说明了越中地区的历史复杂。

驱逐椎名氏以后，上杉谦信又迅速平定了神保家内乱，使神保家再次归附。到了这个时候，除了越中一向一揆统治的西射水郡、西砺波郡以外的大半越中地区，都已经被上杉军所平定。但尽管上杉谦信平定了椎名氏、神保氏，却未能斩草除根，将椎名康胤杀死，而又纵虎归山，这让越中掀起了一次更大规模的动乱。一时的心生恻隐，带来了更大的危机与麻烦。对兴复椎名家旧领不死心的椎名康胤，在两年后的元龟二年（1571），联合越中一向一揆，对上杉家统治之下的越中领展开进攻，首先拿来开刀的是已经降服在谦信麾下的东射水郡日宫城城主神保长职。生死存亡之际，神保长职不得不向上杉谦信请求援军。

而在越中一向一揆、椎名康胤联军开始出兵进攻神保长职的同时，与越中相邻的飞驒也发生了变乱。原先，上杉谦信在永禄七年（1564）遣军平定了飞驒一国，飞驒的豪族白川乡蛤城城主盐屋秋贞从属于上杉谦信。但是，趁着现在越中出现混乱，盐屋秋贞舍弃了旧盟，选择趁火打劫，侵入上杉家统治下的越中上杉领争抢地盘。同年三月二日起，盐屋秋贞先是和其长子盐屋监物、次子盐屋三平在紧邻飞驒的越中津毛城南面筑造了拇尾、猿仓二城，作为进出越中的据点。之后以此为起点，进军北上，攻陷了越中福泽、今泉二城，又在这两城附近筑造岩木城，安排部下杉政三郎留守，以图步步为营。紧接着，盐屋秋贞父子又对越中地方豪族斋藤次郎右卫门的城生城发动攻势。事发仓促，斋藤次郎右卫门毫无章法，也跟随神保长职的脚步，匆忙派遣使者向上杉谦信告急，恳请他能够出阵越中，将盐屋秋贞赶走。

越中的形势岌岌可危，危及上杉家的统治。在收到神保长职、斋藤次郎右卫门求援后，上杉谦信亲自率领两万八千锐甲精兵，从越后春日山城启程，浩浩荡荡出师越中，准备对越中反上杉派进行镇压。三月十七日，谦信率军渡过越中神通川，解了日宫城之围，椎名、越中一向一揆联军不敢与谦信交战，望风逃窜。在之后的几天时间里，谦信进军越中西砺波郡，一连攻克了掌握在越中一向一揆、椎名康胤联军手中的十余座城池，此举大大打击了越中的反谦信派势力。之后，谦信打算趁着连连获胜的余威，进逼越中一向一揆的西射水郡守山城、汤山城，意图将越中西北部地区纳入自己的掌控之中。但在谦信前进的途中，前方六道寺川的河水泛滥，因而只能作罢。上杉谦信攻打守山城、汤山城的目的，是为了打开前往能登的通路，扶持被畠山氏家臣流放的前家督畠山义续、畠山义纲回归能登（详见本章“能登畠山衰亡史”一节）。此举引起能登诸将的震恐，为此派遣使者赶至谦信阵营之中，与其修好。

谦信的这一次越中攻势，本来到此为止就能结束，但这个时候盐屋秋贞父子三人仍然滞留在越中，攻略上杉氏所属诸城。盐屋秋贞的这一举动，踩到了谦信的底线。被激怒的谦信随即展开对盐屋秋贞父子三人的进攻，盐屋父子连战连败，丢弃了自三月份以来在越中攻下的全部地盘，狼狈地往飞驒方向逃窜。但谦信并未善罢甘休，一口气追击盐屋秋贞到越中、飞驒交界的西猪谷，堵死了盐屋父子三人的退路，再次展开正面交战。盐屋军没有回天之力，最终不敌战败，但他还是得到了谦信的宽宥，免于被杀。在这之后，盐屋秋贞重新投靠谦信，降服在上杉家旗下。为讨好谦信，身为败军之将的盐屋秋贞又陆续派出家臣后藤内记、和耳藤兵卫参见上杉谦信，向他献上熊皮十张、铅十斤作为贡物。

关于元龟二年的越中征战，还有另外一个版本。据《大日本编年史》记载，第一阶段是上杉谦信讨伐越中神通川以东的椎名康胤，攻陷其主城松仓城、支城金山城，最终将其平定。武田信玄本想出兵救援椎名康胤，但已经来不及。编年史对此记载说：“神保氏张、椎名泰种分领越中，氏张在西，泰种在东。氏张纳款于织田氏，而泰种通谋于武田氏。上杉辉虎击越中，信玄辄出兵信浓之饭山，或侵上野，以扰其后。又与大坂本愿寺通谋，使加贺一向徒助椎名氏，以故辉虎数入越中而不得志。至是，辉虎闻晴信南伐，率两万八千人入越中，取松仓城。遂攻泰种于金山城，陷之，泰种走莲池。辉虎进济神通川，取十余城，以松仓之地加赐河田长亲，而后还。晴信闻金山急，遣兵赴救，又牒上田石见守，使出兵援泰种，不及。”

第二阶段则是上杉谦信讨伐越中神通川以西的神保氏张，后又降伏越中的土屋、土肥、斋藤等豪族，将越中反对势力全部击平。《大日本编年史》记载说：“辉虎遂率兵入越中，攻拇尾城，拔之，又取小出城，使长尾景隆守之。转攻神保氏张于增山城，氏张族总次郎民部大辅及唐人丹波守、寺岛平九郎、池田九郎左卫门等皆送款于辉虎，氏张弃城，夜走富山城。城兵水越、若林、舟木、有泽以下因总次郎等乞降，辉虎赦之，尽复其邑，修拇尾、增山二城，又构二砦于飞驒口。遣兵攻汤山城，降之。辉虎自增山还军，遂进至西表，土屋某、土肥美作守、斋藤次郎右卫门等皆降。”

但这两条记录的时间点都有误，上杉谦信早在之前的永禄十二年就已经驱逐椎名康胤，攻陷其松仓城、金山城，平定了越中神通川以东；至于讨伐神保氏张，则是迟至天正四年的事情。因此，《大日本编年史》记载的元龟二年越中征讨战，并不正确。

富山城激烈血战

武田信玄接连策反神保长职、椎名康胤作乱，却都以失败告终，他对谦信在越中的得志极度不满，便趁着谦信出阵越中的空当，出兵信浓饭山城、上野，袭击其后方。知道后方失火，在平定盐屋秋贞后，谦信立即在四月初回师越后，稳定了后方局势。到了这年的十二月底，替谦信在越中看家护院的神保长职因病去世，由同族的神保觉广接替了越中日宫城城主的位置。

越中的局势又一次稳定下来，但作为谦信死敌的武田信玄依然不死心，越中在他的影响之下，再次发生了变乱。先前，在永禄十一年（1568）时，武田、北条两家的同盟曾经一度破裂，北条家转而与过去的死敌上杉家结成同盟关系。但到了元龟三年（1572），北条氏康去世，其子北条氏政改变了其父的外交路线，上杉、北条两家的“越相同盟”在这一时期宣告瓦解，北条家再次和武田家达成了同盟，恢复了“甲相同盟”。武田信玄打算改为利用北条家和北陆一向一揆势力，对谦信首尾搏击，形成包围的态势。在这样的情况下，武田信玄又一次给大坂本愿寺的显如上人写信，请求他鼓动加贺、越中的一向一揆，协助椎名康胤对付上杉谦信，在越中大举暴动。结果信玄的这一政策大为奏效，一直与谦信不和的越中瑞泉寺、胜兴寺这两家一向宗寺社势力突然起兵，加贺的一向一揆也蠢蠢欲动。谦信对此很不安，在越后的神社奉上祈愿文，向神明祈求帮助，希望“加贺、越中之凶徒悉数退散，杂意消失，在谦信的分国，即越中、信浓、关东、越后，能安全无事，长治久安”。

但谦信的祈愿文并未取得预想的效果，越中的局势反而更加混乱，变乱愈演愈烈。五月，在武田信玄的不断唆使和怂恿之下，作为加贺一向一揆首领之一的杉浦玄任，集结加贺石川、河北两郡的门徒众，大张旗鼓地进入越中川上、五位庄，与越中瑞泉寺、胜兴寺、椎名康胤这几股势力合流，总军势达到四万余人之多，兵锋直指神保觉广所在的东射水郡日宫城，也就是上杉家在越中最前沿的基地。武田信玄多次在越中物色代言人，替自己打代理人战争，在越中战线牵制上杉谦信，这一次发挥得最为淋漓尽致，也最为成功。

日宫城遭到加贺一向一揆、越中一向一揆、椎名康胤联军四万人的重重包围，这让神保觉广胆战心惊，连忙与神保家的家臣小岛职镇等人联名写信向上杉家留守在越中新川郡新庄城的将领鲹坂长实求援。鲹坂长实收到神保觉广的信件后，下令上杉军加强在他负责戍守的新庄城、太田城的防守。但鉴于贺越一揆众与自己兵力悬殊，鲹坂长实没有贸然出兵赴救，而是先与越中天神山城的守将长尾小四郎景直（上杉谦信的族弟、椎名康胤的养子）一起将日宫城受围的消息写信报告给了越后，希望得到足够兵力的支援。鲹坂长实为加强防御，又写信给在越后的上杉家家臣直江实纲（原名直江政纲，在永禄七年改名为直江实纲）、山吉丰守，希望能够提供足够的铁炮弹药补给，他表示目前迫切需要。

上杉谦信闻讯后，指示直江实纲先行率军从越后出发，救援日宫城。但是贺越一揆众日益紧逼日宫城，攻城甚急，神保觉广倍感无力，等不及直江实纲的援军，频频向上杉家乞求援兵。为此，上杉家留守在越中方面的几位大将，不得不先行赴救。六月十五日，河田长亲从鱼津城出发，鲹坂长实、山本寺定长自新庄城出发，同时往日宫城方向奔赴救援，与贺越一揆众在吴服山展开交战。但贺越一揆人多势众，寡不敌众的上杉军因而大败，山本寺定长也在此战当中阵亡。这是越后上杉军与加贺一向一揆军首次正面交锋，结果上杉军战败，这一结果导致贺越一揆众趁势攻陷了日宫城，神保觉广、小岛职镇等人害怕有杀身之祸，相继逃亡到了能登的石动山天平寺。攻陷日宫城以后，贺越一揆众连同椎名康胤，又将上杉家支配下的新川郡富山城攻陷，之后他们便以富山城为大本营安营扎寨。趁着初战告捷，八月四日，贺越一揆众又对上杉家将领村上国清在越中的阵营展开袭击，但这次在河田长亲的援助之下，一揆众被击退，数十人被杀死，攻势总算暂时被遏制住。

八月十日，无法坐视不管的上杉谦信终于决定亲自出阵越中。但顾虑到北条、武田趁着谦信不在的时候，又会对后方进行袭击，谦信特意让养子长尾显景留守在越后春日山城，警惕北条氏政和武田信玄的动向，以防

○ 上杉谦信绘像

二人有所动作。谦信嘱咐显景，一有风吹草动，就遣使向他报告。之后，上杉谦信率兵进入越中，在鱼津城进行短暂的休整后，会合长尾景直、河田长亲、鲹坂长实、村上国清等越中方面的将领，总兵力达到一万人，进驻越中新庄城，与贺越一揆主力所在的富山城对峙，两地相隔仅仅一里余，战斗可谓一触即发。需要一提的是，在近世的军记《肯构泉达录》中，记载了上杉谦信在出兵越中的过程中，在高原野一地被越中新川郡的豪族上野彦次郎用“火牛计”打败，最后狼狈逃窜回了越后的事情，是为“越中高原野之战”，但这一个说法完全不是事实。

面对上杉谦信的亲自出马，杉浦玄任也没有十足的把握能够取胜，因此写信给留守在加贺的其他一向一揆首领，包括坪坂伯耆入道、宇津吕丹波入道、川那新左卫门次郎、岸田新右卫门等人，希望他们能够发动南加贺江沼、能美二郡的一揆众，进入越中支援。但这一希望却落了空，阻挠此计划实施的是尾张大名织田信长。

织田信长在永禄三年（1560）五月的“桶狭间之战”击杀骏河大名今川义元后迅速崛起，他历经七年时间平定美浓，后又不断扩张势力，致力于“天下布武”。永禄十一年（1568），实力大增的织田信长举兵上洛，将流亡在外的足利义昭护送到京都，助其继承了室町幕府将军的位置。至元龟三年（1572），上杉谦信与贺越一向一揆、椎名康胤联军在越中展开激烈会战时，织田信长正与越前大名朝仓氏、近江大名浅井氏交战。而近江浅井氏的家督浅井长政与大坂本愿寺是同盟关系，本愿寺为了支援浅井氏，指派南加贺江沼、能美二郡的一向一揆众进入近江作战。因此，在织田信长的牵制之下，南加贺两郡的一向一揆分身乏术，根本不可能抽身进入加贺支援杉浦玄任，无法起到打击上杉谦信的作用。

虽然没能请来南加贺江沼、能美二郡的一向一揆众，但武田信玄、北条氏政又送来及时雨，和杉浦玄任抱起团来，联合攻击谦信。北条氏政在这个时候，非常配合地出兵攻打上杉家在关东的据点武藏羽生城。收到北条军袭击后方消息的谦信，向上野沼田城的守将河田重亲下达指令，让他加强戒备，并转告羽生城等待救援。武田信玄在八月二十九日致信越中瑞泉寺的坊官上田石见守，也表达他有意趁谦信进兵越中，越后守备空虚的空当，提兵从信浓杀入越后。如果这些计划全部实施，谦信将面临在越中、信浓、关东同时开辟三条战线的危险。

受到这些消息激励的贺越一揆众大受鼓舞，从富山城倾巢出动，在八月三十一日夜晚和上杉谦信军在城外展开极其激烈的会战。在战斗中，一揆众使用大量铁炮，对铁炮装备数目相对较少的上杉军频频展开攻击。这一战的具体战况并不明确，但在越中战线作战的贺越一揆众与留守在加贺的一揆众有许多内部交流信件，可以从中一窥实情。在瑞泉寺显秀写给坪坂伯耆入道的信件中提到“昨日出兵敌阵，今夜我军频频使用铁炮投入战事”，在后来九月六日长福寺教员写给坪坂新五郎的信件中，则提到“在越中的战斗中，我方取得大利，实在是可喜可贺”。可见在八月三十一日到九月六日这段时间，贺越一揆众在与上杉军的对峙中占据优势。

之后在九月八日午时，贺越一揆众再次与上杉军交战，其细节同样不明，但高木甚介写给坪坂新五郎的信件中提到一揆众“于八日午时之战，取得大利”。对八月三十一日到九月八日期间的战斗，在越中战线作战的贺越一揆众，都在通信中纷纷表示自己取得胜利，战胜了上杉军。而在上杉家的文书记录中，有在此之前或之后的战事记录，详细说明当时的情势，但唯独对于这段时间，却是出人

○ 《石山军记》中使用铁炮作战的一向宗门徒

意料保持了集体缄默，绝口不提，令人颇感怪异。而江户时代由军学者宇佐美定佑撰写的《北越太平记》一书，对上杉谦信做了许多的人为美化，许多谦信输过的战斗都被一笔带过，给掩盖住了，但唯独对于这一场元龟三年的富山城之战，宇佐美定佑非常罕见地使用了“日夜防战，互有胜败”这一句话来形容。可以说，连军学者都不敢为谦信撒谎。从这些情况可以推测出，上杉军在八月三十一日到九月八日这一段时间当中，与贺越一揆众几次交手，但是都遭受了挫败，这应当是事实。几次交锋下来，谦信也表现出了对战事的忧虑，写信给越后的将领栗林政赖，让他率领越后上田众进入越中增兵支援，并一再叮嘱他要万分小心贺越一揆众的铁炮攻击。同一时期，由于上杉谦信倾力出阵越中，导致上杉家在关东战线的兵力薄弱，因此又下令在关东征用农兵。

在紧张的局势之下，上杉谦信向上杉家势力下的飞驒豪族江马辉盛发出求援，在九月十七日又命令直江实纲、山吉丰守率领一部分兵力先回师越后，进入春日山城严守。收到这一消息的杉浦玄任，误以为谦信本人率领主力部队撤回了越后，为此感到很喜悦，当日写信给坪坂伯耆入道说：“辉虎已经退走，终于可以安心无事了。”在这样的误判下，贺越一揆众在当天夜晚向上杉军所在的新庄城发动攻击。而另一方面，支援上杉谦信的飞驒豪族江马辉盛，这时候也率军北上，往越中新庄城进发。但江马辉盛出兵支援的消息也被贺越一揆众侦察到了，他们决定暂舍新庄城之攻，先打退这一波上杉的援军，孤立新庄城内的上杉军，便对已经进入越中境内的江马辉盛援军进行袭击。上杉谦信闻讯，也立即派出爱将河田长亲支援江马辉盛。上杉、江马联军与贺越一揆众在富山城与新庄城之间的地带展开厮杀，贺越一揆众战死十几人，上杉军的死伤情况不明，最后双方各自退军。

此战结束后，随着越后的上杉援军进入越中，杉浦玄任对战胜上杉谦信没有把握，虽然他屡次要求南加贺一向一揆出动援军，但迟迟得不到响应。无奈之下，杉浦玄任决定带领加贺一向一揆众从越中富山城撤军，回师加贺。富山城内只留下了越中瑞泉寺、胜兴寺的一向一揆众和椎名康胤，这一变局令上杉军顿时军心大振。而在加贺江沼郡的一向一揆首领之一愿成寺连寿，这时候对这一情况还浑然不觉，他收到的还是杉浦玄任在九月十七日的误报，误会了上杉谦信此时已经撤出越中，故而特意写信向坪坂伯耆入道恭贺道“辉虎已经退走，实在值得大肆庆祝”。而背后挑起战乱的武田信玄，在收到杉浦玄任退回加贺的消息后，连忙写信给滞留在富山城内的一向一揆，让他们抓紧时间修筑富山城，巩固富山城的城防。

从八月十八日上杉军进驻越中新庄城，到九月十八日加贺一向一揆从富山城退军，局势逐渐向有利于上杉谦信的方向发展。而双方在这段时间正面交战的，实际上就只有几次战斗，且在最初的对峙过程中，上杉军一度失利。但是进入昭和时代（1926—1989）以后，却出现了一种说法，说上杉谦信与加贺、越中一向一揆众在新庄城旁边的尻垂坂展开激战，杀死许多一揆众，鲜血将战场周围的河水都染红了；战败的一揆众逃回富山城，从此以后丧失了斗志，得胜的谦信命令上杉军士卒们割取战场上一揆众的首级，进行清点。在日文维基百科上，更有这一场“尻垂坂之战”的专门词条，甚至醒目地标出一揆众在此战当中战死了四千人之多。但是这些说法实际上都是错误的，“尻垂坂之战”并不见于上杉谦信、杉浦玄任或其他当事人的记录，甚至连一个确切的发生日期都没有。这一说法在20世纪80年代才出现，记载于日本石川县的乡土历史研究者盐照夫所著的《战国合战大事典》《点缀北陆的武将们》这两本书当中。盐照夫或是为了讴歌颂扬故乡的历史，或是根据来源并不严谨的地方传说，才在他笔下创作出了这一战，而实际上“尻垂坂之战”并没有任何史料可以证明。真实存在于历史上的只有元龟三年（1572）九月十七日晚上的战斗，是上杉家将领河田长亲、飞驒豪族江马辉盛与贺越一揆众交战，最终杀死敌方十几个人，并将对方驱逐，并不是什么大规模的会战。

由于杉浦玄任率领的加贺一向一揆大军撤退，富山城中的兵力从原来的四万减少到只有三四千人，城内只残留下越中胜兴寺、瑞泉寺的一向一揆众以及椎名康胤。与上杉军僵持到十月份，越中一向一揆众感到局势将进入非常险恶的境地，会对自己不利，于是通过越前大名朝仓义景斡旋，向谦信表达求和的意愿。原先，越中一向一揆与越前朝仓家不睦，但如今关系已经和睦，还结为姻亲。而越前朝仓家与越后上杉家有旧好，在上杉谦信上洛时帮了大忙，碍于这一层情面，谦信最终同意了越中一向一揆众的请求，答应饶恕他们。越中一向一揆众在得到谦信允许后，从富山城内撤离，逃回自己的领地，富山城内只剩下椎名氏一族。而另一方面，椎名康胤也害怕祸及自身，通过谦信爱将河田长亲，向谦信表达求和的意愿，向谦信乞求饶恕，恳请他能够饶过自己的性命。但谦信对椎名康胤的反复无常深恶痛绝，这时已不愿顾及旧谊，拒绝了这一请求。没有办法，椎名康胤只好率领椎名氏的家臣，加强富山城的防卫，与上杉谦信进行长期对峙。到了次年即天正元年（1573）正月，椎名康胤已经支撑不住了，再次通过谦信的养子长尾显景进行斡旋，希望谦信能够饶他一命，但这一要求再次遭到谦信的拒绝，椎名氏的希望破灭了。已经窥探到椎名军虚实的上杉军，对富山城发动最后的猛攻，颓弱的椎名军哪里是上杉军的对手，椎名一族在此战当中战死两千多人，椎名康胤也死于乱军之中。至此，越中国众椎名氏真正宣告覆灭。谦信在战后顺利接收了富山城，成功平定越中神通川以东的地区。战事结束，谦信便在三月份启程，回师越后。

上杉谦信出阵越中期间的元龟三年（1572）十一月，还发生了一件重要的外交事件。越中的上杉谦信派遣家臣长景连作为使者赶赴尾张，请求与织田信长缔结同盟，一致对付武田信玄。织田信长在永禄八年（1565）时，曾与武田信玄结成同盟关系，但如今两家也已反目成仇，便欣然同意谦信的要求。而在元龟元年（1570）十月，曾与武田信玄结成同盟的三河大名德川家康，也放弃了与武田氏的同盟，转而与上杉谦信结成了同盟。加上这时候信长的加入，便形成了一致对付武田信玄的“越尾三同盟”。织田信长写信对谦信说：“卿久在越中阵中，宜出一军以向信浓、上野，予则出兵信浓伊奈口，另使家康自远江出兵，以三面齐击，一举剪灭信玄。信玄既灭，卿所忧之加越一向一揆便不足为虑，如摧枯拉朽之势，一击可破。”至此，上杉、织田、德川三家，通过结盟关系，一致对付武田信玄，互为犄角。但不久后，德川、织田联军在远江三方原之战中惨败给了武田、北条联军，上杉谦信也未能及时援助织田、德川两家，织田信长设想的三线夹击武田信玄的计划最终落空。

死信玄走活谦信

在上杉谦信消灭椎名氏，从越中撤兵后，武田信玄就又施展了他的手段，写信唆使越中一向一揆兴兵作乱。结果，听从信玄指示的越中一向一揆，在谦信回师后，对富山城展开突然袭击，再次攻陷了富山城。回师途中的谦信听到越中一向一揆再次作乱的消息，倍感愤怒，回过头来杀向富山城，但是这一次无论如何强攻，富山城却始终未能拿下。谦信只好在富山城周边筑砦，对其形成围困之势，以图耗死对手。而过了没多久，在天正元年（1573）四月十二日，上杉谦信一生最大的对手，一直在背后给贺越一向一揆、椎名康胤撑腰的武田信玄，在进行远江、三河方面作战，攻打德川家康的途中身患重病，在回兵信浓驹场后因病溘然长逝。之后由武田信玄的第四子武田胜赖继承了武田家家督，成为甲斐、信浓、骏河、西上野之主。但是由于当时交通的不便、消息的滞后，出兵越中的上杉谦信并没有收到这个消息。

就在谦信滞留越中的当口，在上杉家老巢越后的深山中，突然传来一阵铁炮的轰鸣声，这令留守在越后大本营的上杉军将领们皆十分恐惧，为此感到震怖，以为武田信玄亲自率领大军杀入了越后。上杉家将领小野主计助为此急忙给谦信写信，让他速速撤回越后。收到消息后的谦信在四月十八日启程回师越后，让河田长亲坐镇越中松仓城，继续加强对富山城的攻势。到了二十日，谦信到达越后的系鱼川，才收到准确消息，原来在越后山中传出的那一阵铁炮声，其实只是一个猎人在捕猎的时候放炮发出的，并不是武田军杀进了越后，是上杉军将士们因为畏惧信玄，产生了“杯弓蛇影”式的误会。这让谦信颇感无奈，为此写信向上条政繁、琵琶岛弥七郎、柿崎景家、新津大膳亮、平贺左京亮等家臣抱怨，指责因为越后方面的误报，让他错失了收复越中富山城最有利的时机。

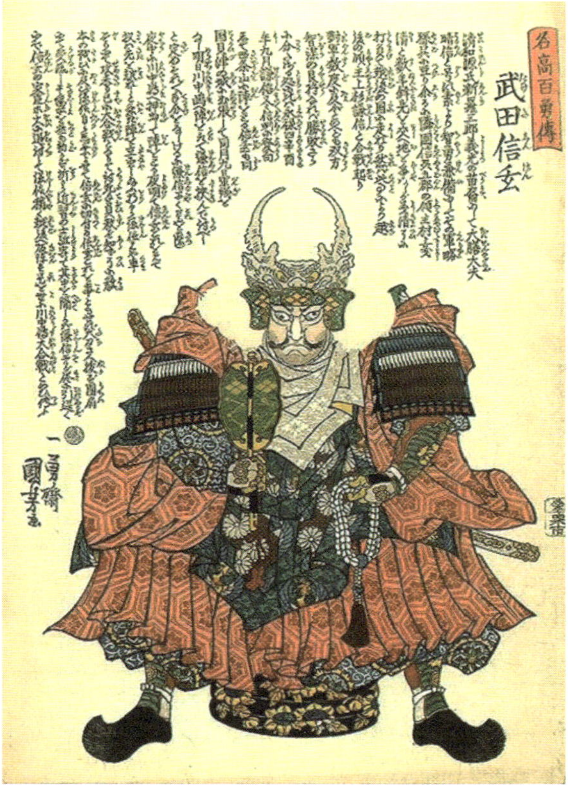

○ 武田信玄绘像

但是，武田信玄的死亡，毕竟为上杉谦信除去了一个顽固的强敌。永禄九年（1566），上杉谦信曾对越后神社奉上祈愿文，祈求神明能够诛伐武田信玄，并让武田家统治下的甲斐、信浓寸草不生，全部被上杉军一把火烧干净。谦信的这个夙愿，如今可以说是实现了一半。

而在谦信撤军回越后之后，椎名氏的浪人们也乘着船，袭击上杉家统治下的越中、越后沿海地带，并大肆烧杀抢掠，替亡主椎名康胤报仇雪恨。原来，在天正元年（1573）上杉军刚攻陷富山城时，虽然椎名康胤死于乱军之中，椎名氏的精锐也丧失殆尽，一共两千多人被上杉军所杀，但仍然有一部分椎名氏的家臣在残酷的激战中逃了出来，成为浪人，化身为海贼，流亡在两越国境之间，不断对上杉家统治下的越中、越后沿海地带发动袭击，烧杀抢掠。谦信得到这个消息后，指示越中宫崎城的守将河隅三郎左卫门、庄田隼人加强沿海地带的防卫，训练国境内的农兵应战，并派遣直江实纲、山吉丰守二将加以辅佐。由于在过去与贺越一向一揆、椎名康胤联军交战的过程中受到敌军铁炮打击，导致上杉军多次吃亏，谦信特意嘱托越中守军对付椎名浪人时自身也要注意投入铁炮。但上杉军持有铁炮不多，越中守军拿出来对付椎名浪人的铁炮，到最后仅仅只有十五挺，非常少。而希冀为亡主复仇的椎名浪人们，之后便突然没有了踪迹，很可能在之后为越中的上杉军所镇压。椎名浪人在谦信时代退出越中的历史舞台，标志着越中椎名氏真正意义上走向了灭亡。同一时期，织田信长将室町幕府将军足利义昭流放，室町幕府宣告灭亡，狭义上的战国时代到此宣告结束。同时近江浅井氏、越前朝仓氏也被织田氏灭亡，织田信长又控制了近江、越前两国。

天正元年（1573）七月，上杉谦信率军三万，再一次杀入越中。此期间的具体经过不明，依照上杉谦信自己的文书记录，则声称“这次越中出马，值得大肆庆祝，越中的情势全部变了”，并提到在之后趁势杀入了加贺放火。由此来揣测，谦信的这一次越中出兵，应该是压制了越中的一向一揆势力，自然也收复了之前陷落在一向一揆手中的富山城，并初步平定了整个越中。无论过程如何，在七月份的越中出兵中，越中一向一揆无法挡住谦信，这是无可置疑的事实，如果没有摆平越中的话，上杉谦信在这之后不可能趁势攻入加贺。

七月二十八日，上杉谦信在制服了越中的一向一揆后，以越中的水岛（现富山县小矢部氏水岛）为后方据点，勒马进军加贺，欲直扑加贺一向一揆的大本营尾山御坊。这是自本愿寺与上杉家的关系破裂十四年来，上杉谦信首次进入加贺境内。加贺一向一揆门徒若林雅乐助、若林甚八郎两兄弟闻讯立即出兵，在加贺边境的朝日山堡垒阻击谦信。交战过程中，加贺一向一揆投入了大量铁炮，并且利用居高临下的有利地形，疯狂扫射上杉军。铁炮弹丸如同倾盆大雨一般，不断击打着上杉军，令其死伤极其惨重。

上杉军中有一员叫作吉江景泰的十六岁小将（后过继给中条氏，改名为中条景泰），是上杉谦信旗本众吉江景资的次子，血气方刚，不顾前方铳丸乱射的危险，硬是冲上前去，在最前线奋战。正因为吉江景泰是谦信旗本众的儿子，所以谦信加意保护他，唯恐他受伤，通过家臣小岛氏对他严厉呵斥，强令其退下，不要参与战斗。对于上杉谦信刻意庇护吉江景泰的原因，《上越市史·通史编二·中世》有另外一种解读，认为这是上杉谦信对吉江景泰的“爱情表现”，也就是上杉谦信很可能与他有暧昧关系。但不管怎么样，其他的上杉军诸将，就享受不到这一种特殊待遇了。参与此战的另一员上杉军将领柿崎源三，也冲在队伍前面奋不顾身，却没有受到谦信这般眷顾，因而受到一向一揆军铁炮的攻击，导致腿部受伤。还有一名叫作孙次郎的部将，直接被加贺一向一揆的铁炮射杀了。

这个时候，加贺一向一揆又对朝日山堡垒加派援军，宇津吕丹后守、下山对马守、宇津吕藤右左卫门尉、岸田常陆介、岸田主水、岸田新四郎、广濑四郎、坪坂新五郎、蜷川新七郎、高桥新左卫门、山本若狭守、荒川市介、久保田大炊介、长山九郎兵卫、奥下野守、长谷川营七郎、漆田小太郎、铃木出羽守、三桥主税助、墨濑左近等加贺一向一揆门徒众相继出动，与若林雅乐助、若林甚八郎两兄弟联起手来攻击上杉军。随着加贺一向一揆不断投入援军，从七月二十八日僵持到八月底，上杉军死伤无数，却始终无法取得进展。在事实上已经战败的上杉谦信，这时候正好收到北条氏政出兵袭击关东后方的消息，有了体面撤军的借口，于是宣称加贺一向一揆主动向他提出议和，他答应了这一要求，随后便下令全军收兵返回越后，结束了不光彩的朝日山之战。上杉谦信的第一次加贺入侵战，就以这样的结局狼狈收场。对于这一战，《石川县史》《加贺能登的战争》《松陵夜话》《谦信公御书集》等书都认为谦信吃了大苦头，或打了败仗。

细究上杉谦信失利的原因，除了加贺一向一揆占据有利地势外，实际上是因为上杉军没能足够重视铁炮。根据上杉家在后来天正三年（1575）的军役账，上杉家所拥有的铁炮一共才三百六十八挺，远远落后于加贺一向一揆所拥有的数目。甚至早在永禄七年（1564）三月的上野和田城之战中，上杉谦信同样因为不够重视铁炮，而遭到守城的武田军频频使用铁炮攻击，最后战败逃走。元龟三年（1572）八月的越中富山城之战，上杉谦信也由于没有充足的铁炮，而在开始的几次战斗中失利于贺越一向一揆众。此外，在激烈的朝日山之战中，上杉军将领柿崎源三腿部被加贺一向一揆的铁炮弹丸击中，战斗结束后，在上杉军撤退到后方的据点越中水岛时因为创伤过重而死去。这一位柿崎源三，正是上杉家猛将柿崎景家的长子。由于谦信在此战中发挥失常，最终导致了他的死亡。

织田信长的北进

当上杉谦信从越后南下，致力于扫讨越中、加贺一向一揆的时候，其盟友织田信长也北上进入越前作战，大力剿杀越前的一向一揆，并对越前朝仓氏的残党进行清剿。虽然越前大名朝仓氏已经被织田氏灭亡，但国内仍有一向一揆势力及朝仓氏残余势力，因此织田信长势必要铲除这些后患。为了避免信长的杀戮，朝仓氏的遗臣大藏能胜等人逃入加贺，致信越中鱼津城的上杉家守将河田长亲，请求他代为转告上杉谦信，请谦信务必出兵越前，替朝仓氏收复故土、驱逐信长。但由于织田、上杉目前仍然是同盟关系，所以谦信暂时并没有理会大藏能胜提出的要求。而拿下了越前的织田信长，则将越前朝仓家的降臣桂田播磨守长俊委任为越前守护代，令其居住在一乘谷城，委托其代替织田家治理越前的政务。同样投降于织田军的朝仓氏旧臣，还有一位居住在府中城的富田弥六郎长繁，正是由于他的关系，导致越前被织田军征服以后，又发生了极其大的变乱，并且影响到后来织田、上杉两家的关系。

桂田长俊与富田长繁素来不睦，且在降服织田军以后，被信长委任为越前守护代，权倾一时，从此便更加嚣张跋扈、颐指气使，不把富田长繁放在眼里。这令富田长繁感到非常嫉恨，心里盘算着借机发难，除去桂田长俊。到了天正二年（1574），富田长繁纠合朝仓氏灭亡后流亡各地的朝仓家浪人，对桂田长俊的一乘谷城展开袭击，将桂田一族悉数杀死。大乱之中，留守在越前北庄城的织田信长家臣也难抗大势，逃回了织田家的主城美浓岐阜城。自此变乱以后，织田信长好不容易拿下的越前一国，在事实上为富田长繁一人所掌控。但富田长繁并不想招致信长的讨伐，对外放出风声，声称信长委任他为新的越前守护代，以此向织田家示好。富田长繁的意图是即便自己不能“裂土称霸”，至少也要做独立于织田家的“宗藩国”。

不过，富田长繁在越中的支配权并不牢固，原因出在越前的土著身上。越前本身也是个一向宗大国，虽然越前的一向一揆势力被信长压制，但其根未绝。越前的土著，本身都是一向宗的门徒，其天生的属性就决定了对与一向宗为敌的织田家统治非常反感，无论当下富田长繁统治的越前是织田家的领国，还是织田家的“宗藩国”，越前的土著对富田长繁的越前领主地位都不认可。另一方面，自越前朝仓家的始祖英林孝景往后，一直到末代家督朝仓义景，与北陆一向一揆斗争了相当长的时间，但到了朝仓义景时代，经由足利义昭斡旋和谈后，朝仓家与一向一揆缔结了姻戚关系。朝仓义景的长女嫁给了越中一向一揆首领之一胜兴寺显胜的嫡子显幸，次女嫁给了大坂本愿寺的法主显如的嫡子教如。在越前的土著看来，两者既然有这一层关系，那由一向一揆领导越前，便与以前朝仓氏治理越前毫无二致。正是基于这些考虑，越前的土著执着地反抗信长的统治，宁可接受邻国加贺一向一揆的领导。为此，越前的土著们特意奔赴加贺，恳请本愿寺在加贺委派的两大代官下间赖照和杉浦玄任能够出兵越前，讨伐富田长繁。下间赖照和杉浦玄任都是加贺一向一揆中的鹰派，征服欲强烈，两人一直以来的志向就是大肆扩张本愿寺的势力。尤其是杉浦玄任，在元龟三年（1572）的越中富山城之战中，与上杉谦信争抢越中，硬是一度让谦信大吃苦头。二人听到这个消息后大喜，报告给了加贺尾山御坊的坊官七里赖周，等待他的指示。这个时候，大坂本愿寺在加贺委派的一向宗首领是七里赖周，加贺一向一揆的行动都由他拍板决定，七里赖周也有意向趁着这个时候出兵抢占越前，于是同意了这个意见。加贺一向一揆众厉兵秣马，又一场针对越中的血腥杀戮即将到来。

○ 织田信长

天正二年（1574）二月上旬，七里赖周亲自率领加贺一向一揆众侵入越前，布阵于长崎称念寺。还没有等七里赖周发布任何号令，之前被织田信长压制的越前一向一揆就再度复活，大举蜂起作乱，响应加贺一向一揆的军事行动，一连杀败属于富田长繁一方的长崎城主黑阪与七郎、河合庄的乙部解由左卫门、三富庄的朝仓孙六郎。三月，七里赖周又进兵杀死北庄的毛屋猪之助，并在十四日直逼富田氏的行政据点府中，杀死了富田长繁，为时短暂的越前富田时代宣告结束。随后，七里赖周又派出使者，将富田长繁被诛杀的消息转告给留守在加贺的杉浦玄任、下间赖照。二人得报后大喜，随后也率领加贺一向一揆众进入越中，与七里赖周会合，又攻打金津城，将先前反叛朝仓家、内通织田信长的城主沟江大炊介长逸杀死。

加贺一向一揆之所以对越前金津城动手，是有深层原因的。加贺原本是守护大名富樫正亲的领国，但是在长享二年（1488）遭到一向一揆篡夺，最终全境沦陷于一向一揆之手，变成了加贺一向一揆的领国，而原领主富樫氏不得不四处流亡。这个时候，富樫正亲的后代富樫泰俊流亡在越前，寄食在沟江大炊介长逸的金津城。这次加贺一向一揆对金津城发动攻击，正是为了搜捕富樫正亲的遗胤富樫泰俊，以图斩草除根。一向一揆窃据加贺八十六年之久，至今还是不能放过富樫氏的后代，可见其残忍无比。富樫泰俊已经失去所有退路，在绝望之下与长子、次子纷纷自刃身亡，时年六十四岁。

出身于越前朝仓家的朝仓景镜，在之前织田信长发动的越前征讨战当中，也背叛了主家，投降了信长。但这个时候他害怕战祸殃及自己，于是逃亡至越前的平泉寺，寺主长吏实光院不忍见朝仓景镜死于兵祸，动了恻隐之心，故而将其收留藏匿，却不料因此惹来杀身之祸。杀红了眼的加贺、越前一向一揆，随即便对平泉寺发动进攻。平泉寺的寺僧顽强抵抗，令加贺、越前一向一揆短时间内难以攻克，但是挺到四月，平泉寺已经抵挡不住，最终被攻陷，全寺被焚毁一空，朝仓景镜也死于乱军之中。加贺一向一揆在一开始针对富田长繁发起的越前出兵，到了这个时候，已经彻头彻尾变成了一场没有目的性的暴动。为此，大坂本愿寺的法主显如指示加贺的另一坊正若林长门守也进入越前，监督七里赖周等人的行动。

在征服越前之后，加贺一向一揆们又开始大肆分赃。下间赖照宣布继承越前守护代一职，并接管越前坂北郡；七里赖周接管越前上七郡；杉浦玄任接管越前足羽郡；下间和泉守接管越前大羽郡。越前全国的政务，至此已全部落入加贺一向一揆的手中。但是，加贺一向一揆虽然征服了越前，却始终没能够建立稳定的统治、恢复到战前的秩序。他们反而居高临下，以征服者的姿态理所当然地烧杀抢掠，尽可能地劫掠资源，使越前处于持续的混乱之中，这招致越前土著的强烈不满。本来，越前土著簇拥加贺一向一揆进入越前，是出于同为一向宗门徒的考虑，妄想加贺一向一揆能带领越前土著进入一个理想中的社会，恢复从前的统治秩序，但现在却是适得其反。不满的越前土著又和加贺一向一揆爆发了冲突，诸多村落骚动，发生械斗，局势比富田长繁统治时还要不如。

○ 《太平记英勇传》织田信长画像

越前既陷落于加贺一向一揆，又陷入混乱之中，亟待织田信长收复。但此时，织田信长正致力于在东美浓、三河战线与继承武田家家督的武田胜赖作战，无暇顾及越前。天正三年（1575）五月二十一日，织田信长与德川家康组成三万联军，在三河长筱与武田胜赖军一万五千人发生激烈冲突。织田军在此战中构筑了防马栅，以防御武田骑兵攻入阵内。全军在防马栅内架起了数千挺铁炮，准备了大量弓箭，连续打退了武田军至少三波骑兵的攻击。在织田军铁炮手射击完一波后装填弹丸的空隙，御弓众也替补上去射击武田军。如此一来，织田军有效利用了防马栅阻挡武田骑兵攻入阵内，从头到尾都是不间断地用铁炮、弓箭扫射武田军一直驰突而来的骑兵，令武田军遭到了极其惨重的损伤。武田军一番队山县昌景、二番队武田信廉、三番队西上野小幡信真一党全部都是用骑兵冲突，但都在铁炮、弓箭的攻击下败退，紧随其后的四番队武田信丰、五番队马场信春也不敌败退。尽管武田军当中也有一定数量的铁炮，但数量上远较织田、德川军少，人数和火力上都落了下风。整场战斗下来，武田军战死一万多人，伤者更不可计数，武田胜赖仓皇逃离了战场。长筱合战获胜后，织田信长给上杉谦信写信，劝说他趁机攻入信浓，但上杉谦信未能趁机出兵，错失了一个时机。由于“越尾同盟”的协同性很差，织田信长和上杉谦信就逐渐疏远了，甚至信长暗中已对谦信有了敌意，双方终于在同年七月份中止了交流，事实上已经断盟。同样，由于和织田信长中断了交流，上杉谦信与德川家康的同盟也在事实上中止。

随后，织田信长终于将精力用于越前，决心将其收复。八月十二日，织田信长从美浓岐阜城出阵，率领大军往越前进发。加贺、越前的一向一揆闻讯大惊，再次携手合作，修筑加固越前各城，以图对抗织田军，但为时已晚。十五日，织田军大将羽柴秀吉率领水军渡海，在越前的河浦野登陆，攻陷若林长门守负责戍守的新城，杀死一揆众三百人，若林长门守吓得直接逃回加贺。新城攻陷后，羽柴秀吉又陆续攻克了杉津、木目、龙门寺等城或者据点，加贺、越前一向一揆纷纷溃窜逃亡。在这次溃退中，杉浦玄任带头先逃，回到加贺之后被七里赖周下令处死，曾在富山城之战中给上杉谦信带来极大痛苦的这位加贺一向一揆悍将，生命就以这种凄惨的方式宣告结束。二十三日，织田军收复越前全境，并将越前的本营重新设置在一乘谷城。同日，织田军将领柴田胜家、羽柴秀吉、稻叶贞通、明智光秀、永冈兵部大辅、户次右近等杀入加贺，占领了南加贺江沼、能美二郡的大部分地区。二十八日，信长亲自出阵南加贺，诸将领向信长建议此时既已拿下南加贺，不如一直提兵北上，掠取北加贺。但信长顾虑到如果拿下整个加贺，会与上杉谦信的领国过于接近，一旦失去了中间的一揆盘踞地作为缓冲地带，有与上杉家爆发战争的危险，因此拒绝了这一提议。之后，为保卫既有战果，信长下令在南加贺改修桧屋、大圣寺二城，并以户次右近广正为城主，让佐佐权左卫门、堀江中务丞景忠二人加以辅佐，随后便率军撤回越前。在信长军撤军过程中，北加贺一揆又对其展开追击，但反遭羽柴秀吉击退，并杀死一揆众二百多人。

织田信长接连取得越前、南加贺，与上杉谦信的势力范围已经相当接近，两者几乎只有北加贺这“一墙之隔”。随着势力的扩张，织田信长对上杉谦信也有了提防之心。在同年九月，信长为防止谦信将来有南下扩张的可能，将处于越前要冲的北庄城配置给家中的头号骁将柴田胜家，让北庄城作为阻挡谦信南下的一面壁垒，并让佐佐成政、前田利家、不破光治等人协助胜家。到了天正四年（1576）正月，织田信长在近江琵琶湖东岸筑造安土城，将本城从美浓岐阜城移往此处。

在织田信长平定越前、杀入南加贺、筑造近江安土城的同一时期，上杉谦信在天正三年（1575）、天正四年（1576）的主要动向还是在于扫荡越中残余的反上杉势力。他先是在天正三年八月派兵平定了越中的寺岛牛之助之乱，然后长驱杀入加贺，在各地放火。后为了彻底压制越中西部的一向一揆，上杉谦信在天正四年再次率军踏入越中，攻打西砺波郡的胜兴寺。但胜兴寺作为越中的两大一向宗寺社之一，根深蒂固，并没有那么容易拔除。天正四年二月，上杉谦信进兵直扑胜兴寺的大本营安养寺城，擒贼先擒王。但这个时候，胜兴寺的法主显幸并不在城内，戍守此城的是寓居越中的上野人沼田太郎右卫门高信。这一场安养寺城之战的具体过程并不明确，但在沼田太郎右卫门这一无名之辈的抵抗之下，谦信战败，上杉军中的足轻大将长尾新五郎为秀被杀死。上杉谦信最后非常不体面地与胜兴寺议和，从而结束了这一场战事，事后胜兴寺显幸为了感谢沼田太郎右卫门，而将越中蓑轮一带的领地赏赐给了他。这一场越中安养寺城之战记录在《越之下草》《云龙山胜兴寺系谱》两本史书中，是上杉谦信鲜为人知的一场败仗。

同一时间，与越中相邻的能登发生了内乱，能登畠山家的家主畠山义隆被其家臣毒杀，畠山氏家臣们各自树立派系相互倾轧。以温井景隆、游佐续光为首的家臣团里通上杉家作为靠山，以长续连为首的家臣团里通织田家作为靠山，相互争斗。能登畠山家内部的矛盾，深层意义上逐渐演变成为织田、上杉两家在北陆地区争霸的矛盾。同年四月，织田信长与一向宗爆发全面战争。信长本人率领明智光秀等将，亲自进攻一向宗的大本营大坂本愿寺，并大败本愿寺显如军。北加贺一向一揆眼看身为总本山的大坂本愿寺有难，自然不能坐视不管，便与本愿寺遥相呼应，进兵攻打织田家领下的南加贺江沼郡大圣寺城。织田军守将户次右近与北加贺一向一揆在敷地山交战，最终取得大胜，杀死一向一揆门徒林新六郎、富樫六郎左卫门以下二百五十余人。虽然敷地山一战挫败了北加贺一向一揆，可一向一揆还是源源不断地暴动，令户次右近疲于应付，为此不得已向织田信长请求援兵。信长在收到消息后，将户次右近召回，改以佐久间盛政代替担任防守大圣寺城的重任。佐久间盛政收买怀有异心的一向一揆，让一向一揆部将林七助、内山四郎左卫门充当内应，在御幸家之战中再次大破一向一揆军，使得战败的一向一揆逃窜回北加贺的松任城、尾山御坊，总算是稳定了南加贺的局势。大坂本愿寺、北加贺一向一揆的接连受挫，让他们不得已顺应现实，低下头来，与过去的敌人上杉谦信尽释前嫌，携起手来合作，共同对付织田信长。

在遭受织田信长疯狂攻击的四月，大坂本愿寺向越后派遣使僧常上院，向上杉谦信表达了双方和睦相处、一同对付信长的愿景，加贺尾山御坊的坊官七里赖周亦从中周旋。谦信考虑了半个月时间，承诺答应这一要求，并让家中的儒学者山崎秀仙带领随从进入加贺，将上杉家与大坂本愿寺和睦的消息转告给加贺一向一揆，让他们全部停止对上杉家的敌意，精诚合作。当月二十八日，加贺尾山御坊的坊官七里赖周、洲崎景胜等十余人也表明了自己的态度，愿意摒弃过去的仇恨，并恳请上杉谦信能够出兵加贺，帮助对付织田军。

另一方面，被织田信长流放的末代室町幕府将军足利义昭，此时流亡在备后的鞆，在毛利家的支持下成立了所谓的“鞆幕府”。他对信长的仇恨可谓是锥心刺骨，在这个时候也努力调解上杉家与武田家、北条家的矛盾，希望谦信能够放弃个人的恩怨，未来可以进兵近畿、兴复室町幕府。在足利义昭的努力调解下，上杉谦信与武田胜赖在同年十一月达成了和睦，一致对抗织田信长。此外，足利义昭又非常积极地使上杉谦信与西国的毛利家达成同盟，一致完成对织田信长的包围。到了这个时候，织田信长与上杉谦信的同盟，事实上早已经破裂。新诞生的是足利义昭、大坂本愿寺、毛利辉元、上杉谦信、武田胜赖这五个势力的包围网，目标是一致的敌人——意图号令四海、目前势力正不断发展壮大的“天下人”织田信长。

越中加贺平定战

虽然群雄联手形成了信长包围网，但织田信长是日本战国一大枭雄，岂是听任他人摆布操纵的？对织田信长来说，仍有反上杉势力持续活跃的越中，是阻碍上杉谦信南下最前沿的一道防线，只要在越中战线拖住上杉谦信，信长面临的外敌压力就能减缓很多。觉察到与谦信不可能再恢复从前和睦关系的信长，利用他的外交手段，勾结了越中豪族神保氏张，怂恿他驱逐上杉家势力，全面占据越中，意图破坏谦信这一环的包围网。

说起神保氏张，必须先厘清他的家系，避免不必要的误会。越中有两家神保家，其中一家是神保长职、神保觉广一系的越中守护系神保家，这一家与谦信祖孙三代打打闹闹许多年，最后还是从属于上杉家，为谦信在越中看家护院。另一家被称作神保右京进系神保家，先祖出自桓武平氏的神保右京进经忠，这一脉与越中守护系神保家不是同一家，原本是能登守护畠山氏的家臣。到第六代神保氏纯的时候，能登畠山氏势力衰退，氏纯进入越中，打下了越中射水郡的守山城作为居城。如今，神保右京进家的当主是神保氏张，他在上杉谦信时代从属于上杉氏势力之下，但他对谦信在越中的统治并不打心底里服从。察觉到这一情况的织田信长，就利用神保氏张的这一心理策反了他，让他对谦信竖起反旗。受到信长唆使的神保氏张，趁着谦信不在越中的空当，兴兵作乱，接连占据富山城、拇尾城、增山城，大半个越中地区又再度陷入混乱之中，这让谦信十余年进攻越中的成果几乎就要付诸东流。

上杉谦信自然不能容忍神保氏张如此作乱，决定对其膺惩。天正四年（1576）九月，谦信率领两万甲兵，再一次杀入越中。听到这一消息，神保氏张慌了手脚，干脆直接放弃了最前线的富山城，与其子神保清十郎退避到富山城南面的拇尾城，并将自己家中精锐的士卒布置在此城防守。但是谦信不依不饶，紧追不舍，督促上杉军猛攻拇尾城。《谦信公御年谱》记载此时“越府之兵皆轻死，不顾生，攻战不休”，处于守势当中的拇尾城守军难以抵挡，终究还是被上杉军攻入城。神保氏张在混乱中出城逃走，逃亡到拇尾城西面的增山城，并在增山城外构筑了下濑砦这一坚垒，阻碍上杉谦信的进兵。这一次，有坚固的砦垒防御，上杉谦信一时半会儿不能直接将增山城拿下。为此，谦信想出了笼络这一招，特意收买了神保氏张的家臣神保总次郎、唐人丹波守、寺岛平九郎、池田九郎左卫门、盐井总八郎、寺岛牛之助，让他们背叛氏张。但神保氏张也不是简单人物，发现情况不对，立即与其子神保清十郎连夜逃出增山城，逃回了最后的据点，也就是位于越中射水郡的守山城。守山城位于越中西北部地区，已经属于越中边陲地带，神保氏张从富山城一连溃退到此，可见这时候已经到了垂死挣扎的地步。而另一方面，神保氏张的叔父神保氏信，没有跟随神保氏张逃走，而是选择留在了增山城内，淡然面对最后的结果。之后，在谦信率领下的上杉军，花费了三天的时间攻破了神保氏张筑造的下濑砦这一坚固据点，随后进逼增山城。增山城内留下的神保氏张家臣，既然早已经里通谦信，根本没有心思抵抗，为神保氏张卖命，纷纷归附了谦信。而神保氏张唯一的忠臣，他的叔父神保氏信，在增山城陷落后切腹自杀，结束了自己的生命。

占据增山城后，上杉谦信分派一部分兵力留守，带领剩下的上杉军进入射水郡，进逼神保氏张最后的据点守山城。如果这一战再次失败，掀起这次越中大乱的神保氏张，只能被砍下项上人头，上呈给谦信。为此，神保氏张出动了家中全部的士卒，以性命相搏，与上杉谦信决一死战。这一次，神保、上杉两军在守山城外的关野一地展开非常激烈的会战，双方都派出了家中的精锐部队。神保氏张方面，一共出动久濑但马守、益木中务丞、游佐信浓守、小岛、仓光、鞍知、寺崎、唐人等家臣，步骑混合，一共有七千余众，使用“龙鳞虎韬”的阵型迎击上杉军。上杉谦信方面，以河田长亲为第一阵，总共两千人；斋藤三郎兵卫、色部长门守、石川助三郎、吉江织部正为第二阵，总共一千五百人；村上源五藏人、山吉玄蕃允、杉原左近将监、安田上总介、竹俣三河守为第三阵，总共一千一百人；谦信自己率领长尾一党、上条兄弟、加治、岩井、山本寺，一共八百人，坐镇中军；新发田因幡守统领后备，直江大和守负责辎重队，各自有一千人；须田右卫门尉、蓼沼扫介作为游军，总共有六百人。上杉军在关野之战中总共动用了八千人，以“龙头八尾”的阵型迎战神保军。

越中地图

这一次的两军激斗，神保氏张抱了决死之心，谦信此战并不像前几次那样轻松，第一阵的河田长亲以及第二阵的斋藤三郎兵卫、色部长门守等人，在开始阶段就直接被神保军打崩，败下阵来。上杉谦信率领的八百中军，直接暴露在神保军面前，情况非常危险。但是谦信在紧张的局势中岿然不动，安抚了紧张的士卒们，这时新发田因幡守率领的一千后备军、须田右卫门尉和蓼沼扫介率领的六百游军又从后方及时赶来支援，稳定了士气。而神保军方面，趁着初战得利，受到鼓舞的神保氏张甚至也亲自提起长刀加入战斗中，亲手砍杀上杉军士卒。胜利的天平，似乎这次倾斜到了神保一方。可是局势很快又出人意料地逆转，原先败退的上杉军两阵总共三千多人，迂回袭击神保军后方，在神保军的后方阵营大肆纵火。猛火炽烈，熊熊的火焰点燃了上杉军的斗志，也烧尽了神保军的士气。见后方形势大乱，神保军士卒们纷纷丧失了战意，慌作一团，不知所措。趁着这个机会，上杉谦信调整阵型，从正面对神保军发动疯狂进攻。结果，神保军彻底崩溃败北，总共战死两千余人。大败的局势之下，甚至没有人能统一指挥军队，以至于在溃退的路上，神保军士卒们相互残杀，争先恐后地抢着逃跑。

关野之战结束后，神保氏张自己逃回了守山城内固守，而亲自参与指挥作战的益木中务丞、游佐信浓守、小岛、仓光、鞍知、寺崎、唐人等神保氏家臣，在战斗中领略到了上杉军的厉害，畏惧于又遭对方报复，则干脆连守山城也不回了，直接逃亡到了加贺境内。但上杉谦信“宜将剩勇追穷寇”，对任何敌对的残党都不愿意放过，他准备将退避到守山城的神保氏张和逃亡到加贺的神保氏家臣们逐

○ 和歌山县清净心院所藏上杉谦信画像

一收拾，首先就近围困了神保氏张的守山城。由于守山城地处低洼的陆地上，附近不远便是湖水，神保氏张便想尽办法，让残存下来的部下以最快速度将水坝破坏，让四周的湖水引入守山城下，守山城成了孤悬于大陆之外的“水上城”。神保氏张的这一求生之计，虽然困住了上杉谦信一段时间，但最后仍然被谦信破解，守山城被攻陷。不过，谦信非常宽大地没有处治神保氏张，而是接受了他的投降，使他成为自己的家臣。

越中的叛乱，并未因神保氏张的降服而告终。在守山城南面的木舟城，其城主石黑左近也对谦信打起了反旗。石黑氏，也是扎根在越中的当地豪族，继神保氏张之后掀起了叛乱。于是谦信在平定守山城后，又出兵进攻木舟城。但石黑左近也不是简单的角色，他几次三番与上杉军交兵，上杉谦信都没有占到什么便宜，反倒是石黑左近自己亲手杀死了多名上杉军的士卒。在他的出色防卫下，木舟城一直屹立不动，上杉军难以动摇。但最后因为遭到进攻的次数实在太多，石黑左近感到筋疲力尽，难以支撑下去，不得已与谦信议和，结束了战斗。神保氏张、石黑左近先后在越中作乱，但是都被谦信平定，这个时候越中已经没有和谦信敌对的势力，谦信已经可以说大致底定了越中。但是，还有一个地处能登与越中交界的越中汤山城，此城属于能登畠山家，由畠山氏家臣汤山左卫门续甚防守。现在能登畠山家内乱，四分五裂，处于势力扩张期的上杉谦信，这时候已经有了将能登吞并的野心。如果控制地处能登、越中交界的汤山城，则是打开了一个侵入能登的门户。上杉谦信这时候也已经顾不得什么战争名分，随即又沿着木舟城、守山城一路北上，将其垂涎的汤山城一举攻克，畠山家的守将汤山左卫门续甚平白无故遭到攻击，不明所以，踉踉跄跄逃回了能登。

○ 北陆战区地图

这次出兵，上杉谦信相继平定了越中的富山城、拇尾城、增山城、守山城、木舟城、汤山城，越中西部的胜兴寺、瑞泉寺等一向宗寺社慑于谦信的兵威，也向他纳款投降，谦信终于压制了越中最后的反上杉势力。至此，从广义上来说，谦信控制了越中全境，达到了统治越中的目的。不过，像越中西部的胜兴寺、瑞泉寺等一向宗寺社势力，虽然现在与谦信是从属关系，但上杉家始终没有将一向一揆的统治地区直辖化，一向一揆与谦信还是属于若即若离的关系。打个比方的话，越中的一向一揆与谦信的关系，就类似于同时期朝鲜与明朝的宗藩国关系，两者间并没有直接的统治关系，但其中一方在政治地位上从属于另外一方。

虽然平定了越中全境，可是之前在关野之战与上杉谦信死斗的神保氏家臣益木中务丞、游佐信浓守、小岛、仓光、鞍知、寺崎、唐人等，相继逃入了加贺境内。谦信担忧这股流寇将来还会再度袭来，扰乱越中，于是准备率军进入加贺，搜捕这一伙残党。这个时候谦信与加贺一向一揆由于共同与织田信长敌对，理论上是同盟关系。而此时，加贺一向一揆方面，也非常巧合地向谦信送来了信，请求谦信立马提兵进入加贺。难道加贺一向一揆是出于和谦信同样的考虑，让他进入加贺剿灭神保氏的残党？当然不是如此。原来，虽然先前大坂本愿寺和上杉谦信缔结了同盟，并且授意加贺一向一揆也与谦信和解，停止对立状态，但是加贺一向一揆的内部却围绕此问题起了内讧，分成了两个派系。大坂本愿寺安排在加贺的代官、尾山御坊的坊主七里赖周亲近上杉谦信，力主与谦信和解，双方停止战争。但是以松任城城主镝木赖信、松根城城主洲崎兵库为首的一派，却强烈反对与谦信和解。结果两派倾轧相斗不止。反谦信派的加贺一向一揆门徒众们，如藤丸胜俊、德田重亲、广濑贞清、高桑武数、奥政尧、山本家艺、镝木赖信、石黑政长，纷纷联名写信向大坂本愿寺的法主显如弹劾七里赖周，请求罢免他的加贺代官、尾山御坊坊主职务。亲谦信派的首领七里赖周受如此羞辱，感到怒不可遏，干脆做起了“贺奸”，直接写信给上杉谦信，让他出兵加贺，解决加贺境内的反谦信派势力，这才有了上文提到的那一幕。

天正四年（1576）十一月，上杉谦信收到七里赖周的求援信后，乘着平定越中的余威，提兵两万多人杀入加贺。反谦信派的加贺一向一揆早有准备，洲崎兵库、龟田隼人、铃木出羽守、若林雅乐助等一向一揆门徒众组成联军，在越中、加贺交界的俱利伽罗峠迎击谦信，竭力阻挠他进入加贺。若林雅乐助曾在三年前的加贺朝日山之战当中，狠狠教训过谦信，因此对谦信十分轻蔑，此战当中显得信心十足。但是，反谦信派的一向一揆联军在事先都低估了上杉军的兵力，这次临时组织起来的联军，仅仅只有三千人，面对上杉谦信杀气腾腾的两万大军，无异于螳臂当车。在敌军占据明显兵力优势的情况下，加贺一向一揆军毫无悬念地战败，逃离了战场。俱利伽罗峠的战场上尸横遍野，遗留了大量加贺一向一揆的尸体，令人触目惊心。上杉谦信为了报复加贺一向一揆众的悖逆之举，命令手底下的士卒们将一向一揆尸体上的首级全部割下，并且非常残酷地用竹子贯穿这些脑袋，插在地上，一一排列。接着又让心腹爱将河田长亲在现场进行“首实检”，逐个清点一共斩获了多少颗加贺一向一揆的人头，大肆耀武扬威。

反谦信派的加贺一向一揆联军在俱利伽罗峠战败后，往不同方向逃窜，上杉谦信准备展开追击。若林雅乐助、铃木出羽守联军不知所终，而洲崎兵库、龟田隼人联军则往加贺松根城方向一路奔去。上杉谦信在进行完“首实检”后，便一路追击洲崎兵库到松根城下。松根城，在日本的南北朝时期是相当重要的战略要地，是加贺国境的要冲，到了如今，已经成为洲崎兵库在加贺的本城。上杉军追之甚急，洲崎兵库在后有追兵的紧急情况下，根本不能及时进入松根城躲避，又迫不得已和上杉谦信在城下展开激烈的白刃战。这一次谦信与洲崎兵库、龟田隼人联军交战，让手底下的士卒从敌军阵型中间纵向切入，将敌方的队伍一分为二从中间切断。洲崎、龟田联军的兵力本来就不多，目前至多不过千余人，而上杉军足足有两万人之多，所以根本没有能力反抗，只能非常被动地任由上杉军宰割。结果也很明显，这一次洲崎兵库和亀田隼人再次落败，输给了上杉谦信。幸运的是九死一生，两人还是逃过了上杉军的屠刀，带领所剩不多的残兵散卒，逃窜到了加贺东方边境的白见城苟延残喘。

上杉谦信在俱利伽罗峠、松根城先后胜利，自认为已经狠狠打击了加贺的反上杉势力，可以暂时先放下不管，对于搜捕下落不明的神保氏残党也已经没有了兴趣。这个时候，谦信的注意力已经转移到北部的能登，趁着能登畠山家如今的内乱，扩张上杉家的领地，壮大自身势力，才是当务之急。为此，谦信率军往加贺河北郡移动，向能登畠山家的本城七尾城（别名松尾城）派出使者，劝谕畠山氏的八位老臣游佐、温井、三宅、伊丹、甲斐庄、神保、平、誉田，让他们带上家主畠山春王丸来谒见自己，表明对自己的归附。这个时候，能登畠山家处于内乱之中，各自寻找靠山，以游佐续光、温井景隆为首的一派家臣党附谦信，以长续连为首的一派家臣党附织田信长，两派整日倾轧相斗，争权夺利，根本不可能有一致意见。但是，谦信提的这一要求，对所有畠山氏家臣来说都有些过分，即便对亲谦信一派的游佐续光、温井景隆来说也是如此，因而都拒绝了。其实，对于上杉谦信来说，畠山氏家臣答不答应根本不重要，他只不过是试探性的投石问路。谦信这个时候对能登的野

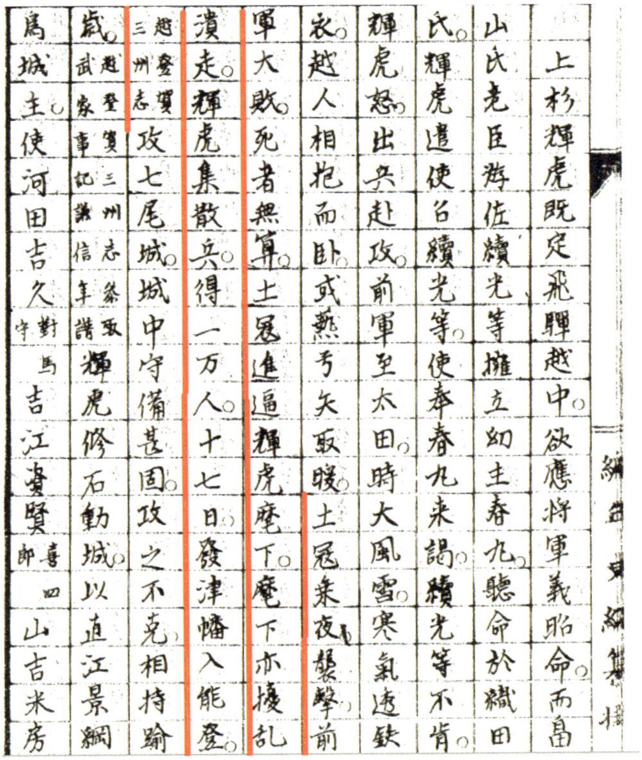
上杉輝虎既定飛驒越中。欲應將軍義昭命。而畠山氏老臣遊佐續光等擁立幼主春九。聽命於織田氏。輝虎遣使召續光等。使奉春九來謁。續光等不肯。輝虎怒。出兵赴攻。前軍至太田。時大風雪。寒氣透鉄衣。越人相抱而臥。或爇弓矢取暖。土冦乘夜襲擊。前軍大敗。死者無算。土冦進逼輝虎麾下。麾下亦擾亂潰走。輝虎集散兵。得一万人。十七日發津幡。入能登。越登賀三州志攻七尾城。城中守備甚固。攻之不克。相持踰歲。越登賀三州志參致 武家事記謙信年譜輝虎修石動城。以直江景綱爲城主。使河田吉久對馬守吉江資賢喜四郎山吉米房

○《大日本编年史》记载的加贺太田村之战

心已经心知肚明，已经顾不上什么出兵的名分、理由，得到畠山氏家臣的回复后，便立刻提点兵马，准备从加贺河北郡一路北上，侵入能登，用武力使畠山氏屈服，将能登纳入版图之中。

但时值加贺的严冬，大雪纷飞，寒风刺骨，上杉军甲胄单薄，不得不暂时停止进军，集体移往加贺河北郡太田村一带驻扎。由于实在冻得受不了，哆哆嗦嗦的上杉军士卒们相互之间簇拥取暖，甚至焚烧掉弓箭来生火，露宿在野外。这时候人困马乏，场景非常狼狈。鹰巢城的加贺一向一揆门徒平原甚右卫门，其住城距离太田村非常接近，他侦察到了这一情况，大喜过望，将上杉军受到大雪困扰的消息报告给了白见城的洲崎兵库、龟田隼人，让他们不要放过这个机会。于是，针对上杉谦信的复仇战随之而来。以洲崎兵库为首，龟田隼人、平原甚右卫门、木越光德寺、白石右近丞、河合某、船田又吉、坪坂新五郎、得田小次郎、松永丹波、铃木出羽、铃木右京、铃木采女等共计八百加贺一向一揆众，前往袭击上杉军位于太田村的本营。时已至午夜，疲惫不堪的上杉军士卒早已相拥而卧，根本没能做出任何有效的防御。

洲崎兵库等八百一向一揆徒众在月色下进发，顺利到达太田村，吵闹的鼓噪声首先惊醒了作为上杉军先阵部队的河田长亲。前不久还被自己清点首级的一向一揆败军，如今竟然毫无征兆地出现在自己眼前，这令河田长亲大吃一惊，根本来不及做出任何抵抗，直接落荒而逃，上杉军先阵崩溃。在击退河田长亲率领的上杉军先阵后，洲崎兵库率领的八百加贺一向一揆，又直接袭击上杉谦信在太田村的本阵。据《大日本编年史》记载，这个时候“土寇乘夜袭击，前军大败，死者无算。土寇进逼辉虎麾下，麾下亦扰乱溃走”，谦信在突发的险情下慌乱不知所措，无力指挥足足有两万人的上杉军对只有八百人的洲崎兵库发起反扑，只能任凭敌方纵横杀戮。最终，加贺太田村之战，上杉谦信在占据明显兵力优势的情况之下，被洲崎兵库率领的八百一向一揆军击败，战死人数在一千人到三千人之间。一向一揆军在完成复仇后，对上杉军大肆掳掠一番，满载而归。在太田村之战结束后，北陆道上也出现了民谣，讥讽上杉谦信在此战当中的失利，民谣是这么唱的：“像太阳一样照耀着关八州的辉虎，其光芒终于被加贺之利枪所遮盖。”

对于上杉谦信来说，加贺太田村之战只是一场战术上的挫败，在总体的战略上并没有造成太大的影响。太田村之战后，谦信抖了抖身上的灰，经过一番休整后，集结麾下的败兵散卒一万多人，再次向能登进发，揭开了灭亡能登畠山家的序幕。

能登畠山衰亡史

能登与上杉谦信的渊源，可追溯到谦信的父亲长尾为景时代。早在永正十七年（1520），当时的能登守护畠山义总，就曾出兵协助谦信的父亲长尾为景，一同剿杀了越中的神保庆宗。但是，长尾为景与畠山义总的关系却在随后迅速破裂，其原因不明。据《长家谱》记载，自大永年间开始，为景不断出动越后水军，渡海进攻畠山氏统治下的能登半岛。但是在能登半岛最北部的凤至郡轮岛之战中，长尾为景派遣出去的越后水军大将须田监物、须田右京，被畠山氏的重臣长英连击败并驱逐，越后水军战死数十人，作为越后水军大将之一的须田右京也在此战中战死。自此以后，长尾为景收敛了兵锋，不再贸然进攻能登。

天文十四年（1545），畠山义总去世，享年五十五岁，其三十二岁的长子畠山义续继承了能登畠山氏的家督。畠山义续继嗣以后，畠山家纲纪弛废、家臣专权，内讧相继而起。据《越登贺三州志》记载，作为畠山氏重臣的游佐续光骄横跋扈，执掌能登大权，所作所为有许多过失之处，引起其他畠山氏家臣与能登百姓的抱怨，可谓是怨声载道。游佐续光为人心胸狭隘，又想垄断专权，容不得异见，于是让亲信搜捕能登境内的反对派，尽行诛戮。接连不断的越界之举，令畠山义续不能忍受，与族弟饭川义宗密谋除掉游佐续光。而狡猾的游佐续光察觉到了异常，向越中之士鞍川清房借来六百援兵。但是在能登鹿岛郡天神河原之战中，游佐续光被畠山氏家臣长续连（畠山家重臣长英连养子）、温井总贞（别称温井绍春）击败，并连累支援他的鞍川清房在战斗中阵亡，他自己在战败后也被逐出了能登。

被逐出能登的游佐续光并不甘心，仍打算杀回能登，夺回执政大权。在从能

○ 能登地图

登败走之后，游佐续光流亡到了加贺，向松根城城主洲崎兵库讨要援军。洲崎兵库见游佐续光摇尾乞怜，十分凄惨，便动了恻隐之心，让麾下的青天小五郎率领五千兵，协助游佐续光回归能登。

游佐续光得到援兵后大喜，在天文十九年（1550）五月三日，以本部兵马连同青天小五郎的五千援军，从加贺津幡城出发，经由加贺与能登交界的高松城杀入能登。畠山氏家臣畠山将监最早发现了侵入能登的游佐、加贺一向一揆联军，便先行率领百余骑，与游佐续光在能登羽咋郡交战，但终因寡不敌众而败走。游佐续光、青天小五郎在击退畠山将监后，又向能登鹿岛郡的大槻、末广野进发，欲一路杀向畠山氏的本城七尾城。但是，七尾城方面也迅速做出了反应，畠山义续以长续连为第一阵，温井总贞为第二阵，率领总共六千人的兵力，与游佐续光、青天小五郎交战，结果游佐军大败，从能登溃走，这次变乱被称为“大槻合战”。虽然击退了游佐续光，但畠山义续对于家中变乱感到无力处置、心力交瘁，在第二年选择了出家，将家督的位置让给了儿子畠山义纲。

“大槻合战”之后，游佐续光仍然不安分，依旧妄图提兵杀回能登。到了天文二十二年（1553）十二月，游佐续光再度勾结加贺一向一揆，率领六七千人的兵力入侵能登，兵锋一直追近七尾城。温井总贞与其子温井续宗展开反击，与游佐、一向一揆联军激战，最终杀死敌将游佐弹正左卫门、游佐右近、游佐大夫、游佐孙四郎、游佐五郎兵卫、游佐千手院、加治中务丞、后藤备前守、伊丹宗右卫门、丸山出云守、丸山丹后、河野藤兵卫以下一共四千余人，并生擒游佐丰后入道秀赖、平左卫门六郎等叛军大将。六七千人的游佐、加贺一向一揆联军几乎遭到全歼，游佐续光仅以身免，逃亡到了越前境内，回归能登的作战行动再次以失败告终。不过，虽然几次作乱攻打主家，可游佐续光还是通过自己的关系，请畠山家的老臣为自己从中斡旋，向畠山义纲说好话，最后在弘治元年（1555）回归了能登畠山家。

天文年间的能登争乱，由于加贺一向一揆势力也介入其中，因而震动了身为一向宗总本山的大坂本愿寺。在本愿寺证如上人的《天文日记》和《证如上人书札案》中，都对当时的情形做了记载。提到天文十九年、天文二十年这两年间，畠山氏的两派家臣相争，畠山义续被逼到七尾城笼城。畠山氏的两派家臣，皆从加贺引入一向一揆帮助自己，畠山义续为此向本愿寺乞求约束加贺一向一揆，禁止他们进入能登。本愿寺答应了畠山义续，下令严禁加贺一向一揆帮助能登的畠山氏两党。尝到了甜头的畠山义续转而希望加贺一向一揆能够直接帮助自己，与家臣抗衡，但是被本愿寺以与前令相违为由而拒绝。在大坂本愿寺看来，能登的争乱，实际上是游佐续光、温井总贞两派畠山氏家臣争权，并不如同《越登贺三州志》所陈述的那样，是游佐续光先行发难，而后温井总贞再展开正义的还击。

在游佐续光之乱结束后，三次击退游佐军、为畠山氏立下大功的温井总贞权势开始强盛起来，垄断了能登大权。他渐渐将家督畠山义纲也不放在眼里，并且意图自立，取代家主的位置。温井总贞嚣张跋扈的姿态，比游佐续光有过之而无不及，这也引起了畠山义纲的猜忌。弘治二年（1556），畠山义纲与饭川义宗商量后，假意邀请温井总贞参加连歌会，在饭川义宗的家宅杀死了他。这也颇为类似中国的三国历史上，孙亮、孙峻借邀宴杀死诸葛恪的事情。事后，温井总贞的孙子温井景隆、三宅长盛，弟弟温井景员逃至加贺，也随游佐续光的前例，向加贺一向一揆讨要援兵，以图杀回能登。在温井余党的不断乞求下，洲崎兵库、下间寿法、黑濑觉道、镝木赖信等加贺一向一揆头目，一共向温井方派出三千援军，以帮助他们的"归国行动"。在这之后，温井余党加上三千加贺一向一揆援军，抱着复仇的满腔愤怒，裹挟着杀气踏入了能登。畠山义纲派出上条织部、神保出羽守、三宅小三郎宗隆、正门金丸、畠山将监在能登鹿岛郡小金森、犀来端迎击温井、加贺一向一揆联军，但是失利战败。获得胜利的温井军在七尾城周围筑麻嵩、石动山、槻木三城，对七尾城形成包围之势，以一千八百人的兵力分守三城。七尾城内的畠山守军虽多次出城进攻三城，但均以失败告终。

最后，还是长续连设下伏兵，杀死了戍守槻木城的温井军大将温井景员。大将一死，三城士气便土崩瓦解，遂被七尾城的畠山军相继顺利拿下。温井景隆、三宅长盛、加贺一向一揆败走至能登羽咋郡的押水，畠山义纲又派出家臣平续重、甲斐庄家繁、松百越后守进行追击，但是反遭温井景隆击退。到了同年九月，温井军再次发起反攻，将半个能登地区纳入自身控制范围。这时候作为畠山氏主城的七尾城岌岌可危，畠山义纲不得不婴城固守，苦待转机。

就在能登陷入大乱，畠山家处于生死存亡的时刻，在越后继承了家督位置的上杉谦信，也继承其父长尾为景的志向，开始了对能登的入侵。上杉谦信从越后系鱼川乘兵船下海，率领越后水军，沿着海路进发，进逼能登畠山家的主城七尾城。面对上杉水军的趁火打劫，七尾城守军在城外的道下村一带紧急构筑了坚固的砦垒，这一及时的防御措施很快就收到了效果，令上杉水军难以近城。迫近七尾城失败的上杉水军，只好避开七尾城，沿着海路北上攻打能登畠山家重臣长续连的穴水城。此时长续连正在七尾城内苦苦坚守，抵抗温井景隆叛军，留在穴水城内防守的，只有长续连的家臣山田十郎、小林彦右卫门、山本源右卫门、山本与次郎等人。其中，山田十郎素有勇名，在过去与游佐续光、温井景隆的作战中都曾立下战功，他对上杉水军毫不畏惧，与之交战于“富木松之下边海”，斩获上杉军十多颗首级，让敌方一时士气沮丧。在以山田十郎、小林彦右卫门为首的穴水城守军奋战之下，上杉水军最终被逼退，由上杉谦信本人发动的第一次入侵能登行动，便这样草草结束。

这之后，上杉谦信又派出家中的水军大将须田监物，再次侵入能登。须田监物舍弃七尾城、穴水城不攻，进攻的对象是当年长尾为景入侵能登时遭遇挫折的轮岛，当时他也亲自参与了作战，他的同族兄弟须田右京在那一战中战死。这次须田监物借着独自进兵的机会，想报昔日之仇。可是，须田监物的轮岛入侵行动，还是没能成功，山田十郎闻讯后又对轮岛展开回防，以伏兵之计击破越后水军，杀敌数十人，击沉敌船三艘，须田监物带领剩下的两艘船逃回了越后。这便是上杉谦信在弘治年间的能登侵攻，长久以来不为人所知，被埋葬在历史海底。在越后水军几次兴师入寇，沿着海路侵攻能登后，七尾城的畠山守军感到难以支撑，一方面要防御温井叛军，一方面又要提防越后水军，实在是力不从心。为此，畠山义纲向越后派出使者，主动和上杉谦信修复关系，两家恢复了自长尾为景以来中断了三十余年的关系。之后，畠山家和上杉谦信化敌为友，畠山义纲和长续连甚至在两年后的永禄元年（1558）写信给谦信，希望他能够渡海支援七尾城，并能够输送军粮。但是这一请求并未得到谦信的回应，畠山方最后还是依赖越中的椎名宫千代（注释：椎名宫千代此人，据说是越中国众椎名康胤的儿子，也有一种说法认为是椎名康胤幼时的称呼），暂时解决了七尾城内军粮不足的问题。这以后过了数年，如闹剧一般的畠山家内乱终于宣告结束，而制造此次大规模动乱的温井景隆、三宅长盛也回归了畠山家。

在相继平定游佐续光之乱、温井景隆之乱，驱逐上杉谦信后，畠山义纲便开始设法巩固自己在能登的统治权威。可是，自畠山义续时代以来已经习惯了家督权力松散的畠山氏家臣们，对于畠山义纲的权力复兴心有不满。先前作乱，但最后还是回归能登的畠山家臣游佐续光、温井景隆，也想夺回自己的权力。这一家督与家臣权力结构的冲突，终于导致在永禄九年（1566），畠山义续、畠山义纲父子被畠山氏家臣们驱逐出能登，流放到了加贺。父子二人后又辗转流亡到近江守护六角义贤处，但再也未能重回能登。被流放之后，畠山义续、畠山义纲父子想了很多办法希望能回到能登，但都无济于事。永禄十年（1567）二月，畠山义纲寄信给大坂本愿寺，希望本愿寺指使加贺一向一揆协助畠山父子归国，但被本愿寺显如冷淡处理，没有回应。同月，六角义贤也帮助畠山义纲父子向大坂本愿寺求情，但也遭到拒绝。后来，畠山义续、畠山义纲父子重新联络到上杉谦信后，畠山义续将自己的儿子畠山义春过继给上杉谦信作为养子，才算得到有力帮手。元龟二年（1571），上杉谦信为扶持被畠山氏家臣流放的前家督畠山义续、畠山义纲回归能登，进逼越中射水郡的守山城（别名森山城、二上城）、汤山城，意图打开前往能登的通路（注释：也有一种说法认为上杉谦信为扶持畠山义续、畠山义纲父子回归能登而进兵是在永禄十一年，也就是1568年），但在前进的途中，由于前方六道寺川的河水泛滥而只能作罢。虽然行动失败，但上杉谦信此举引起能登诸将的震恐，为此派遣使者赶至谦信阵营之中，与其敦睦修好。

在畠山义续、畠山义纲父子被流放后，畠山义纲的儿子畠山义隆被畠山氏家臣们拥立为新一代的畠山家家督。畠山义隆继承家督时才十岁，畠山氏家臣们只是想操纵一个傀儡家督罢了。但年幼的畠山义隆极为聪明，没有任凭畠山氏家臣们摆布。可是聪明反被聪明误，义隆因此遭到畠山氏家臣们的嫉恨。天正四年（1576），也就是义隆二十岁的时候，他被畠山氏的奸臣游佐续光毒杀（注释：有另一种说法，称畠山义纲父子被流放后，畠山义纲的长子畠山义庆被拥立为家督，但是在天正二年被家臣暗杀；随后畠山义庆之弟畠山义隆被拥立为家督，但也在天正四年被家臣暗杀）。畠山义隆不到两岁的儿子畠山春王丸被立为新的畠山家家督，成为新的傀儡。这个时候，为了争夺能登畠山家的实际统治权，先前曾经分为两大派系互相争斗，在能登制造动乱的游佐续光、温井景隆两人结成一党，与以长续连为首的另一党进行残酷的权力斗争，能登陷入持续的混乱之中。

在弘治年间以水军入侵能登失败以后，蛰伏了约二十年的上杉谦信，趁着能登再次大乱的局势，又打起了能登的主意，欲将其吞并，纳入上杉家版图之中。无论是延续之前的未竟之志，还是迫于时势的战略需要，上杉谦信在这时都比从前更有必要展开对能登的入侵。

北陆总平定战争

自永禄年间以来，上杉谦信进兵关东与北条氏康交战，又进入信浓与武田信玄互争雌雄，同时屡次入侵越中，三方转战，大肆扩张自己的势力范围。至永禄十二年（1569），上杉谦信将越中神保长职、椎名康胤悉数降伏，把越中新川郡、妇负郡、东砺波郡、东射水郡纳入了自己的版图，荡平神通川以东半个越中。天正元年（1573），谦信压制了统治越中西砺波郡、西射水郡的一向一揆，基本平定整个越中，乘着战胜的余威，向更西方的加贺扩张势力，进军攻打加贺边境的

○ 上杉谦信画像

朝日山堡垒。但谦信在此战当中受挫，因此未能深入加贺国境。到了天正四年（1576），由于织田信长的北进政策，织田家的势力范围扩张到越前、南加贺二郡，与已经控制了越中的上杉家势力相邻，在失去了中间的缓冲地带后，两家的冲突可谓一触即发。这个时候，上杉谦信就有南下出兵的战略构想，在平定不肯归顺自己的加贺一向一揆后，直入越前，与北庄城的织田家大将柴田胜家决战，之后再一路攻入近江的织田家大本营安土城。但是，谦信如果出兵加贺、越前、近江，与织田军决战，则不得不顾虑到后方的能登。此时能登尚未归顺，如果在谦信出兵时从后方扰乱，将会给深入敌境的谦信带来很大的危险。因此，无论从就近扩张势力的需要考虑，还是从战略上的需要考虑，谦信必须将能登吞并。

天正四年四月，上杉谦信派遣先遣队攻入能登边境的石动山、大吞。九月，上杉谦信决意亲自出阵能登。在同月，加贺一向一揆发生内讧，亲谦信派的七里赖周写信邀请谦信进入加贺，压制反谦信派的镝木赖信、奥政尧等人，这给了谦信一个非常好的机会。同以往率领水军从越后系鱼川出发，沿着海路侵攻能登的进攻路线不同，谦信这次打算经由加贺的陆路攻进能登。如此一来，既能够打击反谦信的加贺一向一揆势力，又能够由此北上侵吞能登，可谓一举两得。同年十一月，上杉谦信带领两万大兵进入加贺，在俱利伽罗峠、松根城两次战斗中击败了反谦信派的一向一揆军，随后往加贺河北郡移动，准备取道津幡城侵入能登。但紧接着便因为遭到寒天大雪的困扰，上杉军在太田村之战被战力复苏的一向一揆军击败。但幸好这一战的失败没让上杉军在战略上受到太大影响，随后在十一月十七日，上杉谦信率领休整好的上杉军从加贺津幡城出发，正式开启了对能登的侵攻。

阻拦上杉谦信进军的第一道关卡是处于加贺、能登边境交界处的末森城，该

○ 七尾城地形图

城甚为坚固，不容易攻克。畠山家的守将土肥但马守从末森城出兵，在城外的北川尻一地拦截上杉军，但是上杉谦信派出使者，与土肥但马守达成了和议，遂未发生战事，顺利进入了能登境内。而听到上杉谦信杀入能登消息的畠山氏家臣们，受到这一刺激，也暂时放弃了之前的争权夺利，在生死存亡之际，不得不先一致对外。但是他们一方面由于自身的恐惧，一方面也出于集中一线防卫的战略考量，集体放弃了各自的居城，退到畠山氏的主城七尾城内坚守。也有一部分畠山氏家臣没有抵抗，直接投降了上杉军，如曾在平定游佐续光之乱、温井景隆之乱中都立下过战功的畠山将监。

在这次抵抗上杉军入侵能登的战争中表现非常活跃的，是作为畠山氏重要家臣长氏一族的长纲连（长续连长子），他与能登当地的一向一揆们进行联络，希望他们能够支援七尾城，并想办法阻碍上杉军的军粮运输。由于一致的地方利益，这一要求得到能登一向一揆的大力响应，笠师村的番头、长浦村的昌德寺、瀉崎的上向寺、土川村的小森大右卫门、吉田村的蒲左卫门等能登一向一揆势力，全部蜂起作乱，扬言将出兵救援七尾城。得知此消息的谦信，派出河田长亲对四处作乱的能登一向一揆展开讨伐，最终将上向寺、小森大右卫门杀死，俘虏昌德寺，一共斩获七十余级。对于捕获的一向一揆俘虏们，谦信下令在七尾城外的赤坂口当场枭首，此举震慑了能登的一向一揆，令他们在短时间内不敢再次与谦信为敌。但是，作为畠山氏主城的七尾城非常坚固，且守城士卒顽强抗击作为侵略者的上杉军，这令谦信难以克城。没有办法的谦信只好对七尾城周边空虚的城先展开接收工作，并安排家臣留守，以对七尾城形成围困之势。在此期间，上杉军打下了畠山氏部将的城根山城、富木城、米山城、甲山城、穴水城、正院城、麻嵩城等诸多城池。谦信安排轡田肥后友纲、平子和泉守、唐人式部政春留守甲山城，斋藤带刀、七杉小传次、三宝寺平四郎、内藤久弥留守熊木城，蓝浦长门留守富木城，长泽筑前守、白小田善兵卫留守穴水城，长景连留守正院城，上条织部、畠山将监留守麻嵩城。这时畠山氏的属城，实际上只剩下孤城七尾城而已。

但由于七尾城异常难攻，一直僵持到第二年即天正五年（1577）正月，上杉军始终没能将其攻克，只是在正月十八日和畠山军在木落口发生一次小规模的交战。到了之后的三月，上杉谦信突然收到北条氏政将要侵入上杉家关东后方据点的消息，他担心后方不稳，加上一时间难以攻下七尾城，便在同月十二日回师越后。趁着谦信撤退，不服从其统治的畠山氏家臣们又开始了收复能登领地的行动。五月十六日，长纲连以平加贺守高知为先锋，率领畠山军进攻上杉军将领斋藤带刀等人据守的熊木城，并另出一军拦截穴水、甲山两城内的上杉军对熊木城进行救援。两军相战数日，上杉方的熊木城三员守将斋藤带刀、内藤久弥、三宝寺平四郎皆被畠山氏家臣甲斐庄家繁策反，放弃了抵抗，投降了畠山军，只有另一名守将七杉小传次有誓死不降的气节，愤恨于斋藤带刀等人的怯懦，怒而切腹自尽。在熊木城开城投降之后，作为降将的斋藤带刀等人亲自赶至长纲连的阵营之中，向他输诚，但估计是受到了不公正的待遇，他们几人随后也在七尾城的法幢寺自杀了。

土佐光起绘上杉谦信画像

攻陷熊木城之后，畠山军士气大振，继续进军收复失城，誉田弹正、长十郎右卫门、杉原和泉、藤原右近等将进逼上杉方的富木城。上杉军守将蓝浦长门在进行一番抵抗失败之后，也自杀身亡，城内守军逃散一空，富木城城池随之宣告陷落，被畠山军收复。此外，上杉军中有一员叫作寺崎扫部政国的足轻大将，也在同时进行的黑岛之战中输给了畠山军并战死。

五月下旬，长纲连又准备进军收复穴水城，先布阵于强盗冢。但穴水城地势险要，周围濒海，且上杉军守将长泽筑前守坚守不屈，这使畠山军难以将其攻陷。僵持到七月，长纲连始终未能有所进展。七月十八日，甲山城的上杉军守将锉田肥后友纲、平子和泉守、唐人式部政春带领士卒们乘坐渔船，渡海支援穴水城。但长纲连的弟弟长连龙发现了远处海面上袭来的上杉水军，在他们刚一准备登陆的时候就立刻展开袭击，斩杀上杉军士卒七十人，锉田肥后友纲、平子和泉守、唐人式部政春只能率领败兵逃回甲山城。与此同时，能登凤至郡的土豪时郎四国左卫门也响应畠山家号召，攻打正院城的上杉军守将长景连，使正院城亦遭受威胁。如今熊木城、富木城被畠山军收复，穴水城遭到围困，甲山城、正院城也岌岌可危，

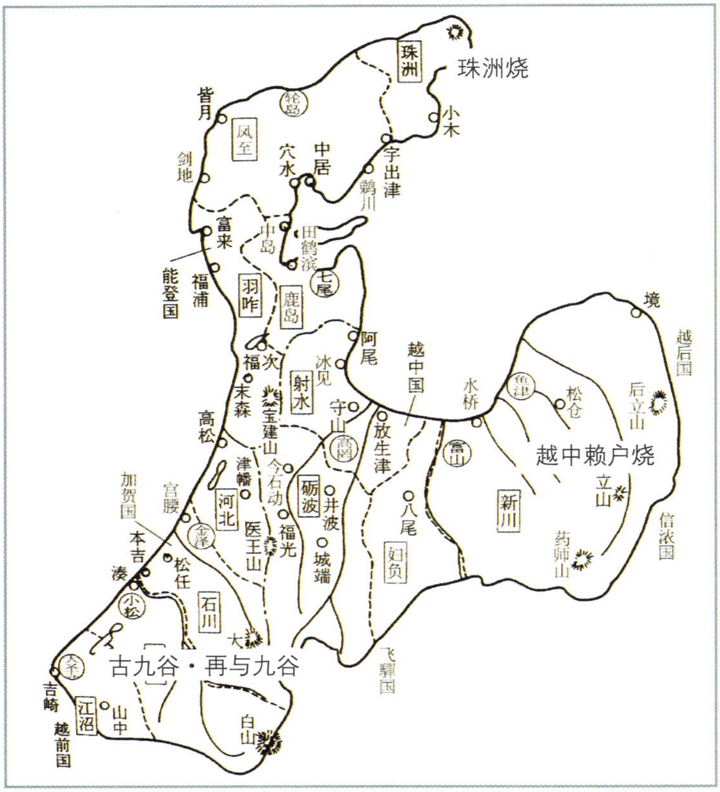

越中、能登、加贺地图

畠山家仿佛很快就能收复能登全部失土，将上杉军势力驱逐。

但是能登畠山氏收复失土的势头并未能持续太久，同年闰七月，上杉谦信在安抚了后方的局势后，再度开启能登的征程。在上杉谦信再度出阵能登的过程中，织田信长在背后施展手脚，写信唆使越后国众本庄繁长、陆奥大名伊达晴宗在背后起兵，攻击上杉谦信，但是这未能得到对方的响应，让信长的期望落了空。闰七月十五日，长纲连在收到上杉谦信再次侵入能登的消息后，解除了对穴水城的围困，撤军返回七尾城。穴水城守将长泽筑前守对长纲连进行追击，甲山城的轡田肥后友纲、平子和泉守、唐人式部政春也在长纲连的归路上拦截，但都在长纲连奋战之下被击退，上杉军战死十人，此战是为“新崎之战”。

闰七月十六日，长纲连回到七尾城，与诸将共同坚守城池。众臣经过商议，决定在七尾城分成三个不同方向抵御即将入侵而来的上杉军，长纲连、长连龙、平加贺守高知在赤坂口防御，温井景隆、三宅长盛在大石谷防御，游佐续光在木落口防御，其他诸将也皆有所配置。十七日，上杉谦信到达能登天神河原，派兵重重包围了七尾城，使城内守军不得轻易出城。到了二十三日，对能登畠山氏不利的局面开始显现，七尾城内暴发瘟疫，幼主畠山春王丸感染疫病而死，时年不过五岁，畠山春王丸的叔父二本松伊贺守也感染瘟疫去世，能登畠山氏从此绝嗣。加上城内的畠山军士卒亦有不少因病殒命，使得城内士气大为沮丧。能登长氏一族在先前与游佐续光、温井景隆的权力斗争当中，党附势力不断往北陆地区扩张的织田信长作为背后的靠山。长氏一族这个时候眼见没有了主意，便以长连龙作为使者，潜出七尾城，渡海至近江安土城，向信长乞求援军。留下来的长续连、长纲连父子则率领七尾城内的残兵死命固守，另一方面又再次策动能登的一向一揆，让他们牵制上杉军。这很快也得到了响应。能登凤至郡小伊势村的一向一揆首领八郎右卫门响应长氏的号召，带领四百余人进攻上杉军占领下的穴水城。但是上杉谦信也很快组织反击，命令穴水城的长泽筑前守和甲山城的平子和泉守对一向一揆军进行夹击，一向一揆战死三十余人后，余党全部溃逃。

虽然七尾城内暴发了瘟疫，但由于此城坚固，所以对峙僵持到九月，上杉军仍然未能攻陷此城。于是上杉谦信与七尾城内的游佐续光秘密联络，要求他充当内应，配合上杉军将七尾城攻陷，允诺他一旦事成，则将长氏一族的领地都赐给他。游佐续光与上杉谦信素有友好的关系，在过去与长氏一族争权夺利时，长氏一族拉拢织田信长做靠山，游佐续光拉的靠山便是上杉谦信。只是后来谦信要求能登畠山氏家臣一致奉家主畠山春王丸去加贺参见他，这一要求被包括游佐续光在内的所有畠山氏家臣认为太过分，因而拒绝了谦信的要求，才和谦信一时之间造成对立，能登也因此遭到了上杉军的入侵。如今上杉谦信愿意重修旧好，并答应事后予以重赏；游佐续光也想铲除掉作为政敌的长氏一族，独揽能登大权，便顺水推舟，答应了谦信的要求。与游佐续光沆瀣一气的温井景隆、三宅长盛兄弟，在与游佐续光商量后，也表示愿意一同作为内应。而与游佐、温井、三宅三人对立的长氏一族，对此事还浑然不知。

联系上游佐续光作为内应后，上杉谦信移阵至能登石动山城，把前线督战的重任交给了爱将河田长亲与鲹坂长实。九月十五日，游佐续光编造借口，将长氏一族的长续连、长连常、长连盛招到自己府邸，逼迫他们自杀了。之后，又将在赤坂口抵御上杉军的长纲连招来，于途中将其杀死。此时七尾城中受瘟疫影响，又苦守两个月时间，士卒羸弱，已经不堪一击，加上游佐续光作为上杉军内应，诛杀仍在抗战的长氏一族，终于使得此城陷落于上杉军手中。而剩下的长氏族人，亦不免被杀戮的命运。此时长纲连的弟弟杉山伯耆则直因病卧床在家，在敌军入城之际，被迫自杀。长纲连的二子竹松丸、三子井上弥三郎经由山路逃走，但是也被追兵所杀，竹松丸时年不过十四岁，井上弥三郎更是只有九岁。

在七尾城陷落之后，能登畠山氏的族人松波常陆介义亲以及神保周防长赖、河野肥前、熊木兵部等忠于畠山氏的遗臣，又往能登最北部的珠洲郡松波城逃窜，欲据城继续抵抗，但无济于事，在上杉军的穴水城守将长泽筑前守追击下，神保周防长赖、熊木兵部战死，松波常陆介义亲切腹自尽，松波城被上杉军接收。乱战之中，唯独河野肥前脱走，逃到了自己的领邑堀松，但仍然遭到长泽筑前守追杀，最后兵败身死。九月十七日，上杉谦信又接收了土肥但马守的末森城，差遣部将山浦国清、斋藤朝信留守。至此，上杉谦信终于征服了能登全境。

平定能登后，上杉谦信便部署诸将分守诸城，以为善后。鲹坂长实镇守七尾城，其下还有直江大和、松川兵部、剑见与十郎、铃木因幡、上条织部、畠山将监诸将辅佐；长泽筑前守、白小田善兵卫、长江某镇守穴水城；长景连、岛仓吉藏、熊仓伊势镇守正院城；辔田肥后友纲、平子和泉守镇守甲山城。此外，谦信亲自做媒，将畠山义隆的遗孀嫁给了上野厩桥城城将北条景广。

○ 天正五年，能登全境被上杉谦信平定

据《长家谱》记载，充当上杉军内应，帮助上杉军攻破七尾城的游佐续光、温井景隆、三宅长盛一同去谒见谦信，谦信顾虑到游佐续光是长氏一族的仇敌，担心他遭到报复，就让他暂且往越后去避难；对温井、三宅二人则给予了重赏，加封他们在能登的领地。有关这一说法，很可能只是《长家谱》的附会，长氏一族除了长连龙外，全部遭到灭绝，长连龙此时并不具备报复游佐续光的能力，况且谦信也不太可能会注意到出逃在外的长连龙。但不管怎么样，游佐续光在往后确实在能登沉寂了很长一段时间，地位远远比不上温井景隆、三宅长盛。

既得能登，上杉谦信得陇望蜀，又提兵三万杀入加贺。慑服于谦信吞并能登的兵威，之前与谦信敌对的洲崎兵库、亀田隼人、木越光德寺、平原甚右卫门、若林雅乐助等加贺一向一揆众，纷纷向谦信乞和，恳请得到他的宽恕。反谦信派的加贺一向一揆们，至此方才大致平定。但是，还剩下一个镝木赖信。以北加贺松任城为据点的镝木赖信，是反谦信派的加贺一向一揆最高领袖，他到如今还是不肯对上杉谦信低头，仍然保持敌对的态度。为了彻底压制加贺一向一揆，谦信又向松任城进发，准备让镝木赖信屈服。可是，镝木赖信坚守松任城，对上杉军展开有力的回击，谦信苦攻再三，无论如何也攻克不了松任城。眼看着城下的上杉军不管怎样强攻，始终毫无进展，立于城头之上的松任城守军，也唱起了北陆道上传诵的讥讽谦信的民谣。民谣是这么唱的：“像太阳一样照耀着关八州的辉虎，其光芒终于被加贺之利枪所遮盖。”这首民谣，是去年上杉谦信在太田村之战输给洲崎兵库以后，北陆道上的民众们编的，讽刺谦信在军事上的失利，如今又被松任城守军拿来羞辱谦信了。历史上，大将攻城不下，敌城内出现民谣以示讥讽，是时常发生的事情。例如在中国史书《说苑》中，就记载了中国战国时期的名将田单率兵十万攻翟而三月不下，结果敌城内出现了童谣对其进行嘲讽，童谣是这么唱的：“大冠如箕，长剑拄颐，攻翟不能下，垒于梧丘。”这说明守城军传唱民谣、讥讽敌人的失败，是较为普遍的现象，至少在东亚范围内是如此。

这个时候，在混战中逃出七尾城的长连龙，也已经跑到了近江安土城，向织田信长请来了援军。信长派出支援能登畠山家的援军，正在向北加贺进发，追近上杉军。谦信如果这时候仍然不能解决镝木赖信，到时候将面临织田、镝木两军一前一后的夹击，会使自己陷入险境之中。迫于现实，上杉谦信主动向镝木赖信提出议和，作为交换的条件，愿意割让自己在加贺占据的一万石领地给他，换取双方停战。镝木赖信接受了这一条件，派出家臣白石右近丞出城和上杉方面完成交接。白石右近丞，在去年的加贺太田村之战中，曾和洲崎兵库、龟田隼人等加贺一向一揆众袭击上杉军，其奋战的姿态令谦信灰头土脸。谦信认出了白石右近丞，两次屈辱的战斗，都和他碰

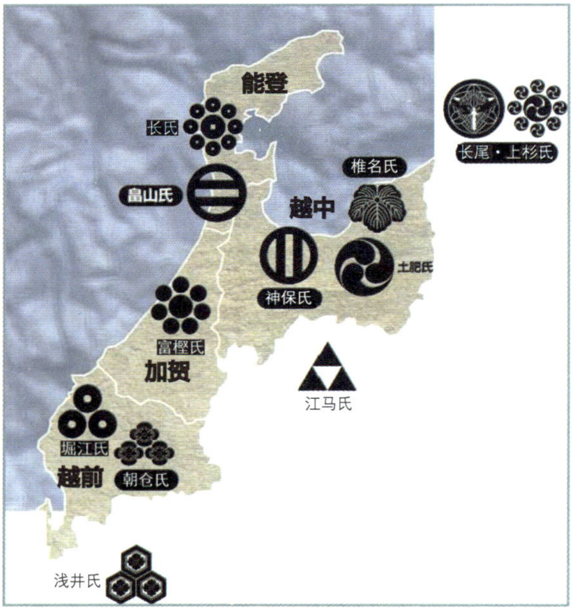

○ 北陆家纹图

近江安土城

面，因此非常尴尬，但还是假装大度地对他说：“你在去年的加贺太田村之战，击败了我军骁将河田长亲，真是勇猛至极！”并赏赐给了他一把短刀和一些金钱。镝木赖信的奋战，最终让谦信吞并北加贺的野心破灭。

在这里还需要澄清一个问题。过去的一些旧说，例如以大正六年（1917）成书的布施秀治《上杉谦信传》为例，认为谦信在天正五年（1577）时，已经统治了加贺四郡，但这种说法属于误说。当时南加贺的能美、江沼二郡，掌控在织田家手中，并不归上杉家统属；而北加贺的石川、河北二郡，仍然是加贺一向一揆的领地，也不归上杉家直辖。日置谦在《石川县史》一书当中澄清说，谦信兵锋所至，只有北加贺一地，未及南加贺，谦信在北加贺始终也没有能够建立任何直接的统治机构。因此，谦信对于加贺绝对谈不上支配。

话说回来，在松任城之战以后，与镝木赖信达成和议后的上杉军，等待的便是与织田军的决战了。当时织田军以柴田胜家为总大将，另外出动泷川一益、羽柴秀吉、丹羽长秀、斋藤新五、安藤守就、稻叶一铁、佐佐成政、原政茂、氏家直通、前田利家、不破光治、金森长近等将领，以几万人的规模，渡过了南北加贺分界的手取川，进入北加贺的水岛，准备向能登七尾城进发，救援能登畠山氏。但是，在收到七尾城已经被上杉军攻陷、能登畠山家灭亡的消息后，织田军感到救援已经毫无意义，便撤回了南加贺，没有和上杉谦信展开交战。知道织田军退兵而去，上杉谦信对此非常轻蔑，嘲笑织田军的胆怯，之后从松任城麾师南下，斩杀了织田军留守在水岛的数十个闲杂人员。在小规模的“水岛之战”（此战规模之小，甚至都不能称之为战斗）后，上杉谦信也没有继续进军南下对织田军采取进一步动作，而是一路北返，收师返回了越后。在过去的旧说当中，认为上杉谦信在灭亡能登畠山家以后，在加贺手取川和织田军爆发激烈的冲突，击败以柴田胜家为大将的数万织田军，杀死对方千余人。这一说法其实是以谣传谣的误说，在武山宪明《上杉谦信之谜·战国正义英雄传》、日置谦《石川县史》、石林文吉《加贺能登的战争》这几部历史著作当中，都明确指出事实上只有小规模的“水岛之战”，所谓的“手取川之战”是捏造出来的一场战斗，这一战在实际上并不存在。

○ 《大日本六十余将》上杉谦信绘像

“手取川之战”存在的证据，实际上仅仅只是出自《历代古案》收录的一则据说是上杉谦信本人撰写的文书。围绕这则文书所述事实的真实性，有两种反对的意见。一种意见认为，这一则能证明“手取川之战”存在的文书，本身就是后人所伪造的，因为原文当中本身就存在非常多的疑点。例如，上杉谦信竟然在文书中把织田信长的名字误写成“织田信玄”，实在是匪夷所思。再者，文书当中提到“手取川之战”发生在九月二十三日，但文书落款时间却是九月十九日，这一点也令人充满怀疑。文书当中还提到因为手取川涨洪水的原因，淹死了一大半因战败逃亡的织田军，这一点与明治时代的《加贺国手取川出水考》一书对照，就会发现明显对不上。《加贺国手取川出水考》一书记录了日本自古以来手取川发生洪水的情况，并没有发生“手取川之战”这一年发洪水的记录，甚至整个战国时代都没有，这就令人对“手取川之战”文书的真实性产生怀疑。此外，该文书还提到“手取川之战”是织田信长本人亲自出阵，但是参照《信长公记》的记录，当时织田信长正在近江安土城，不可能出阵加贺。

还有一种意见认为《历代古案》中收录的这则文书确实是谦信本人写的，但是谦信夸大了当时的情况，前面提到的武山宪明《上杉谦信之谜·战国正义英雄传》、日置谦《石川县史》、石林文吉《加贺能登的战争》这几部书就是持这一种意见。这一看法认为，当时实际上存在的只是小规模的“水岛之战”，谦信进军斩杀了数十个留守在北加贺水岛的织田军闲杂人员，织田军早在听到七尾城陷落的消息后，就撤回南加贺了，根本无意和上杉军交战。而上杉谦信出于夸大战果和对外宣传的目的，才夸口说实际发生的是“手取川之战”，并击败了织田信长亲自率领的几万织田军，杀死敌军千余人。日置谦《石川县史》不无嘲讽地评论说，上杉谦信如此大言不惭，以后被冥官拉去，不知还有何话可讲？摆明了对“手取川之战”的不信任。

除了这则有争议的文书外，“手取川之战”还有更加夸张的说法。在江户时代，出羽米泽上杉家编纂的《谦信公御年谱》，甚至记录发生了两场“手取川之战”，都是织田信长与上杉谦信的对决，连日期都一样，都是在九月二十三日，唯独年份不同，一场发生在永禄十二年（1569），一场发生在天正五年（1577）。但是在永禄十二年，织田信长连近江、越前都没能够打下，又如何能够跨越这些地方，进入加贺与谦信发生战斗？而且在永禄十二年，上杉谦信也没能平定越中，同样不可能进入加贺与织田信长决战。如果说后一战在时间上还有可能发生，那前一战在时间上是完全不可能发生的，纯属后人编造。而《历代古案》这一文书史料集，本身和《谦信公御年谱》一样，同样是出羽米泽上杉家所编纂的，这更令人怀疑“手取川之战”是后人有意伪造的记录，是米泽上杉家往他们的先祖上杉谦信脸上贴金。

根据上述分析，“手取川之战”很有可能就是后人伪造的，好事的后人捏造了谦信的文书，诡称有这一场战斗。至于这一战的原型，很可能是织田信长的河野岛之战，或者朝仓宗滴的今湊川之战。这两战与“手取川之战”的相似点在于，因为发洪水，导致敌对方大败。当然，这也可能不是后人伪造的，仅仅只是上杉谦信自己在文书中吹了牛。

天正五年（1577）是上杉谦信这一生当中最后一次北陆出兵。从最后的结果来看，历经十七年的用兵，上杉谦信将原由椎名康胤统治的越中新川郡，神保长职统治的越中妇负郡、东砺波郡、东射水郡，越中一向一揆统治的西射水郡，能登畠山家统治的能登全境，纳入了上杉家直辖版图。但是对于越中一向一揆统治的越中西砺波郡，加贺一向一揆统治的加贺石川、河北二郡，织田家统治下的加贺能美、江沼二郡，始终没能将其纳入上杉家的版图之中。越中、加贺两地的一向一揆，最后迫于谦信兵威，都对其表示归顺，但上杉家始终未能将一向一揆统治的领地完成直辖化。可以说，上杉谦信毕生都没有能够完全统治越中和加贺。正如富田景周在《越登贺三州志》当中所指出的那样，“虽如上杉谦信，有謦欬折五兵、谈笑却三军之雄，而不能并吞越中以西”，意思是说即便用兵强如谦信，在咳嗽、谈笑之间就能摧破敌军，但他在北陆的兵锋也就仅仅止步于越中，不能再突破越中以西。

天正六年（1578），谦信准备展开大规模动员，转而对关东地区再度用兵，但是还未来得及成行，就在当年三月份去世，这一计划也就无疾而终了。有种说法认为，谦信准备在压制关东以后，再次回过头来摆平北陆地区，与织田信长决一雌雄。但是这一说法，随着谦信的死而无法验证了。关于谦信的死因，历来有多种说法，越中史书《肯构泉达录》说谦信在上厕所的时候，无意中遭到家中叛臣的袭击，因而被斩杀。在这一说法基础之上，又衍生出了织田信长派出忍者，潜伏在谦信的“御厕”中三天三夜，在谦信上厕所的时候将他杀死的说法。这一说法主要记载在史料《柏崎物语》中，里面描述的情形如同身临其境，说织田家派出的忍者事先潜伏在谦信的“御厕”中，等到谦信如厕的时候，忍者用暗器刺入谦信的肛门，贯穿了谦信的直肠，导致谦信因失血过多而当场死亡。但事实上，上杉谦信是在三月九日中风倒下，在随后的十三日去世的，从发病到死亡还间隔了一段时间。

上杉谦信生前，声称自己的领国范围有越后、越中、加贺、能登、越前（一半）、信浓、甲斐、上野、下野、武藏、上总、下总、常陆、安房、伊豆、相模这十六个分国。但事实上，到他死亡为止，上杉氏的领国范围只兼及越后、越中、能登、北加贺、北信浓饭山城、东上野部分城池（沼田城、厩桥城、女渊城、善城、今村城、赤堀城、山上城、深泽城、大胡城、大室城），远远没有他自己说的那样夸张。

长连龙卧薪尝胆

上杉谦信死后，北陆的局势发生了极大的变化，他十余年的心血几乎付诸东流。能登方面，实际权力逐渐落入了背叛主家畠山氏、充当内奸协助谦信攻陷七尾城的温井景隆、三宅长盛两个人手中。当初，温井景隆、三宅长盛、游佐续光在协助上杉军攻破畠山家的主城七尾城后，将长氏一族赶尽杀绝，包括长续连、长纲连、长连常、长连盛、长竹松丸、长弥九郎在内全部被杀。事后，温井、三宅得到了上杉谦信的重赏，为他们以后在能登的势力复苏埋下了伏笔，而游佐续光在上杉家统治能登的时代就渐渐衰落了，政治地位一落千丈，被温井、三宅两个人远远甩开了。正当温井景隆、三宅长盛在能登飞扬跋扈之际，他们忘了还有一条漏网之鱼。在七尾城陷落之前，长续连的儿子、长纲连的弟弟长连龙，被家族委派去向织田信长讨要援兵，他在混乱之中逃出了城，为长氏一族留下了唯一的血脉。

长连龙历经艰辛跋涉，才终于到达近江安土城，哀求信长出兵相救，信长也慨然应允，派出柴田胜家、泷川一益、羽柴秀吉、丹羽长秀、斋藤新五、安藤守就、稻叶一铁、佐左成政、原政茂、氏家直通、前田利家、不破光治、金森长近等家臣率领数万援军前往支援，长连龙也跟在织田军队伍中一同出发。但渡过手取川，进入北加贺后，织田军听到上杉军已经将能登七尾城攻陷的消息，便认为救援已经无益，旋即撤军。而被残杀的能登长氏一族的尸体，则被上杉军在加贺石川郡仓前滨枭首示众，碧血满地。长连龙目睹了这一切，他收殓家族众人的首级，跟随织田军撤退回了近江安土。对于自己的无能为力，长连龙感到痛恨，发誓一定要为家族报仇。之后，他屡次向信长哀诉，希望能进兵能登，但信长并没有立即答应他。无奈，长连龙又去往越前北庄城，向织田家的北陆军团长柴田胜家提出这一要求，但是柴田胜家也没答应他。

求人不如求己，既然向织田军请求出兵援助失败了，长连龙便决定自己孤身奋战，即便是凭自己一人之力，也要为长氏一族复仇。在复仇的强烈信念支撑下，长连龙招募到了松平久兵卫康安、伊久留了意等五百多名浪人，他派伊久留了意潜回能登，和畠山氏旧臣池田斋荣取得联络，又招募到了潜匿在各处、不愿意投降上杉家的三百多名畠山氏旧臣。长连龙感觉时机已经成熟，便筹集了八艘船，从当年上杉谦信上洛登陆点的越前三国凑出发，渡海到达能登半岛，在羽咋郡富木登陆。但是在上岸后不久就遇到了飓风，其中有三艘船漂到了加贺河北郡。能登轮岛地方上的人士，历来对长尾为景、上杉谦信父子的入侵心怀不满，当地的住民中岛藤次非常同情长连龙的遭遇，便赠送他大船三艘，这令长连龙倍感鼓舞。天正六年（1578），长连龙一共纠集了一千余人，前往进攻上杉军占据的长氏旧城穴水城，意图恢复先祖的居城。当时能登珠洲郡正院城也兴起一向一揆暴动，反抗上杉家的统治，留守在穴水城内的上杉军守将长泽筑前守、留守在七尾城的上杉军守将鲹坂长实都出城前往与之作战了，穴水城内只留下了白小田善兵卫坐镇防守。主将外出，城内只有少数留守的兵力，这给了长连龙一个绝佳的机会。白小田善兵卫虽然殊死防守，但终究不是有强烈复仇意志的长连龙的对手，最后败下阵来，弃城逃亡，长氏一族的旧城被长连龙夺回。

另一方面，听到穴水城陷落的消息，能登的上杉氏诸将大为震怒，平子和泉守、长泽筑前守、长泽七次郎、松川兵部、剑见与十郎、游佐续光、温井景隆、三宅长盛等相继出兵，大举进攻穴水城。长连龙也及时应对，屡次出城和上杉军在月崎、强盗冢、新崎、棚木、薙川、内浦、出浦各地展开会战。虽然有强烈的复仇意志支撑着，但是既无外援，粮食亦匮乏，种种情况都对长连龙不利。长时间的对峙，让长连龙也感到难以支撑下去。于是他在表面上假装与能登上杉军将领们休战和好，表明愿意停止争斗的愿望，暗地里则趁人不备偷偷逃亡了。他越过能登与越中交界的石动山，逃出能登，一直跑到了越中，去投靠神保氏张。神保氏张在前文已经提到过，他是织田信长在越中扶持的代言人，但之后与上杉谦信交战兵败，不得已投降了上杉军，在上杉谦信死亡之后，他又投靠到了织田信长这一边，仍旧作为信长在越中地区的代言人活动。长连龙通过神保氏张给织田信长写信，希望得到他的帮助。这一次得到了信长肯定的答复。信长回信给越中神保长住以下诸将，让他们协助长连龙的行动，并且扬言明春就出马，将上杉家的势力驱逐出越中、能登。神保长住是神保长职的嫡子，在神保长职、上杉谦信相继死亡之后，他也投靠到了织田信长这一边。这时，越中守护系神保家、神保右京进系神保家，两个不同脉络的神保家，都已经舍弃上杉家，从属了织田家。

长连龙留在越中以后，娶了神保氏张的女儿，与岳父一道扫荡越中的上杉家所属诸城，希望自己的表现能够为信长瞩目，以求他早日出兵能登。在长连龙的攻势之下，掘部弥八郎的冰见城、岩仓萨摩守的岩仓城相继被攻陷，并迫使汤川城的守将河田主膳乞和。长连龙、神保氏张又再接再厉，扩大攻势，使得在上杉谦信死后仅仅一年多的时间里，大半个越中就纳入织田家的势力范围。眼见取得了一定战果，

○ 长连龙

长连龙就再次通过书信向织田信长陈情，希冀他早日出兵能登，信长也回信给予了安慰，声称一定会如约采取行动。

而在能登，温井景隆、三宅长盛这两个背叛家主畠山氏、协助上杉谦信夺取了能登的奸臣，也在打着自己的如意算盘。他们也打算将上杉氏诸将驱逐出能登，使能登半岛尽皆成为自己的地盘。温井、三宅两人戴着伪善的面具，假装亲睦七尾城的上杉家守将鲹坂长实，对他刻意逢迎，馈赠了很多金银珠宝，逐渐取得了鲹坂长实的信任，之后便挑拨他与其他能登上杉守将的关系，鼓动讨伐甲山城守将辔田肥后友纲、平子和泉守，正院城守将长景连，鲹坂长实虽然未有所表示，但默认了他们的行动。温井景隆先设下奸计，将辔田肥后友纲骗到甲山城外，使城内守将只剩下了平子和泉守一个人，随后甲山城就遭到了温井、三宅两人的进攻。平子和泉守独木难支，逃出甲山城，仍然不幸战死。

杀死平子和泉守以后，温井景隆掉转枪头，又对辔田肥后友纲展开追杀，在一个叫作“松百”的地方袭击并杀死了他，辔田肥后友纲的嫡子辔田监物闻变，急忙乘坐一艘船只逃回了越后。相继杀死辔田肥后友纲、平子和泉守，占据甲山城以后，温井景隆又率军逼迫正院城。正院城守将长景连亲自拿起刀作战，在他指挥之下，温井军屡次遭受挫败而退却，但终究由于寡不敌众，正院城还是陷落在了温井军手里。但长景连运气不错，他在混乱之中逃出了城，也乘坐船只渡海逃回了越后，算是幸免于难。

夺取甲山城、正院城以后，温井景隆、三宅长盛在能登的权势日益膨胀，能够掣肘他们的上杉家能登将领，也就只有七尾城守将鲹坂长实、穴水城守将长泽筑前守了。长泽筑前守这个时候也已经察觉到温井、三宅的心思并不单纯，向鲹坂长实建议除掉他们二人，但鲹坂长实没有听进去。无奈之下，长泽筑前守只好决定以自己孤身之力，勉强维持起上杉家在能登的统治，来一个“清君侧”，独自率军攻打心怀不轨的温井景隆、三宅长盛。但在随之而来的泷坂之战中，长泽筑前守输给了温井、三宅，自己也死于是战。碍事的绊脚石都解决了，温井景隆、三宅长盛这时候已经不需要任何伪装，他们撕破了面具，准备直接对七尾城的鲹坂长实动手。事到临头，鲹坂长实才明白大祸即将来临，他舍弃了七尾城，匆匆收拾行装逃跑，一直跑到了近江。为了赎还自己的罪孽，鲹坂长实在近江出了家，法号“休也”。至此，上杉家在能登的势力被驱逐一空，能登的统治权完全被温井、三宅这两个奸佞掌控。

但即便取得了能登的统治权，温井景隆还是有所顾虑，他知道长连龙目前在越中活动，担心对方会对自己采取什么不利的行动，便派遣家臣山庄藤兵卫、山田内藏二人赶往越中，向长连龙送上誓书，提出双方和睦的请求。长连龙觉察到这只不过是温井景隆麻痹自己的诡计，因而直截了当拒绝了。而温井景隆的这一举动也更加刺激到了长连龙，让他更加燃起了收复能登的雄心，之后又多次向信长写信，请求出兵能登，但最后都没有结果。几次三番请求下来，信长都没有任何实际行动，长连龙对信长也不抱太大希望了，他还是决定凭借一己之力展开行动。天正七年（1579）冬，长连龙率军攻入能登羽咋郡敷波，开始了他的第二次能登收复行动。温井景隆、三宅长盛这两个奸佞听闻长连龙杀进能登的消息后倍感吃惊，立即和他们的一帮手下抓紧时间在能登各地广筑砦垒，以防备长连龙。砦垒修建好后，温井景隆、八代越中守据本乡钵伏山砦防御，八代肥后守、古浦屋监助据金丸佛性寺砦防御，山庄监物据东马场砦防御，成田武安据小竹砦防御。由于这些新筑砦垒的阻碍，长连龙不能顺利突破防线，一直僵持到第二年即天正八年（1580）初，始终没能有所进展。

同年闰三月，经过长期的对峙，温井景隆、八代越中守向着长连龙屯兵驻扎的福水寺进兵，欲将他赶出能登。但长连龙正面迎击，反而在饭山之战中将温井、八代军击破。得胜后的长连龙一直追击敌方败兵到其据守的本乡钵伏山砦，并将之夺取，还在周围新筑了白濑山砦，使麾下部将铃木因幡、田边七郎左卫门留守。饭山之战后，温井景隆之势大衰，他不敢再贸然与长连龙为敌，只好派家臣三宅左兵卫出使长连龙阵中，再次重申和睦的意愿，希望双方能够停战。但是温井景隆与自己有灭族之仇，长连龙岂能够轻易答应他的要求？于是便果断拒绝了，温井景隆的和议之请没有成功。和议失败后，温井景隆一方的八代肥后守、八代越中守在五月五日再次出兵攻击长连龙，两军在菱胁这一地方交战，胜负不分，各自退兵。

八代肥后守效忠其主温井景隆，不甘心这种结果，他想夺回之前被长连龙攻陷的本乡钵伏山砦，便在六月九日从金丸佛性寺砦出发，兵分两路，一路由陆路进发，一路由水路金丸湖进发，向着本乡钵伏山砦发起攻势。但未曾料想，长连龙迅速出兵应对，又一次赶到菱胁与八代肥后守交战，最终大破八代军，温井一党的八代肥后守、八代越中守、古浦屋监助以下数十人全部死于是战。菱胁之战获胜后，长连龙追击溃退的八代方败军，一直追击到八代方的本据金丸佛性寺砦并将其拿下，之后又连续打下东马场砦、小竹砦，将敌军守将山庄监物、成田武安赶走，然后回到了在能登驻兵的大本营福水寺。另一方面，与温井景隆一同篡夺能登统治实权的三宅长盛，听到长连龙在菱胁之战获胜、金丸佛性寺砦处于险境的时候，决意亲自出马，对此砦进行支援。但这时候金丸佛性寺砦已陷落于长氏军之手，三宅长盛便改变进攻目标，向着长氏的另一据点本乡钵伏山砦进军。留守在此砦的长氏部将铃木因幡索性放了一把火，将本乡钵伏山砦焚之一空，之后就退往福水寺和长连龙会合了，这让三宅长盛扑了个空。六月二十八日，坐不住的温井景隆、三宅长盛二人联合起来，率领七尾城兵攻向金丸佛性寺砦，意图夺回此砦。长连龙闻讯，也立即偕同铃木因幡出兵迎战，击退了温井、三宅军，又一次使敌方败走。屡次交战，长连龙都占据了优势，使得温井景隆、三宅长盛节节败退，这时候他已经扫除了所有阻碍进兵的敌方砦垒，便一鼓作气，直往长氏旧城穴水城进军，这是他第二次企图收复穴水城的军事行动。这个时候，穴水城的守将是温井景隆一族的温井下总守，面对长连龙的攻势，他并不是其对手，落败后逃往了越后。承载着能登长氏一族荣誉的旧居城穴水城，在长连龙的不懈努力下，再一次被他收复，回到了长氏手中。

温井景隆、三宅长盛不想坐以待毙，偷偷派遣使者赶赴近江安土城，向织田信长输诚乞怜，表示愿意臣服织田家，可以开其主城七尾城投降。危险迫在眉睫，温井、三宅因而急求依附于织田家旗下，免于长连龙的追杀屠戮。织田信长这时候正急于平定全国，以号令四海，也就同意了温井、三宅的请求，并派家臣德山五郎则秀为能登监察使，进驻能登，揭开了织田家统治能登的序幕。

德山则秀进驻能登以后，当面向长连龙宣布了一个命令，说主君既已赦免温井、三宅，汝就不得记恨前仇，应舍弃对彼等的旧怨，与彼等一同为主君效劳。有了信长的约束，长连龙则不便对仇家温井、三宅动手，他大感愤懑，也派遣使者赶赴近江安土城，向信长提出申诉，说温井景隆、三宅长盛巧言令色，以得宽宥，但彼等实乃奸邪巨魁、言行不一，且为长氏旧仇，请直加诛戮。温井、三宅投诚在先，织田信长因而并没有同意长连龙的请求，但为了抚慰长连龙的军功，也将能登鹿岛半郡的知行地（注释：日本封建时代领主恩赐给家臣的土地）赐给了他。

尽管如此，温井景隆、三宅长盛还是心怀畏惧，依旧担心遭到长连龙的报复，此后仍然不时向织田信长讨好，以求得其欢心。天正八年（1580）岁末，温井、三宅以祝贺新年的名义，向信长的侧近菅屋长赖赠送了银子五十两，请他尽力斡旋，在信长面前多美言几句。菅屋长赖也投桃报李，回信给温井、三宅，让他们亲自赶赴近江安土城谒见信长，这样一来方可保得他们地位稳固。天正九年（1581）二月，织田信长在京都举行“大马揃”仪式，也就是阅兵，织田家的北陆军团长柴田胜家亦一同上洛参与，温井景隆又在这个时候写信给柴田胜家，也请求他在信长面前尽力斡旋，维持温井一族在能登的地位。

但好运不长，同年三月，织田信长以菅屋长赖、前田利家、福富平清三人为能登执政，命他们进驻能登，接替德山则秀，由此正式开始了能登的织田家统治时代。上杉谦信在天正五年（1577）打下的能登半岛，不过四年时间，就到了织田信长手中。温井景隆、三宅长盛卑辞厚礼地迎接菅屋长赖，将他们的主城七尾城让给了菅屋，他们自己则一连退到了能登、越中交界的石动山城，以向织田家表示一片赤诚之心。另一方面，当初和温井、三宅一起，里通上杉谦信，灭亡能登畠山氏、杀害长氏一族的，还有一个游佐续光。他在上杉家统治能登时代，政治地位一落千丈，远远落在温井、三宅两人之后，可以说已经没有什么影响力了。这次能登又江山易主，游佐续光担心织田军会对自己采取什么不利的行动，就和自己的儿子游佐四郎右卫门义房带领全家老小潜逃了，藏匿在能登凤至郡栉比庄二石村的狂言师翁新五郎家里。游佐续光没有与织田信长有过任何接触，得不到织田家的庇佑，长连龙获悉他藏匿的地点后，立即派兵进行搜捕，将游佐续光及其长子游佐义房、次子伊丹孙三郎，游佐义房的次子十松、三男鹤松，以及游佐一族的游佐长门、片山三郎兵卫、奥田带刀左卫门光宗等人全部抓获，带到七尾城池田馆，尽行枭首。在长连龙炽热的复仇怒火燃烧下，与其有不共戴天之仇的游佐续光一族终于也付出了全族灭亡的代价。

游佐续光一族被诛戮后，温井景隆、三宅长盛也自知厄运将至，迟早会遭到长连龙的报复，而织田信长这个时候对他们的态度也起了变化。二人为此惴惴不安，慌乱不知所为。但是信长委派在能登的执政官菅屋长赖受到过温井、三宅的贿赂，与他们二人的关系素来友好，提前向他们通风报信，告诉他们危机已行将迫近。自知朝不保夕的温井景隆、三宅长盛在七月二十七日乘船逃往越后，从此也退出了能登的历史舞台。到了这个时候，协助上杉谦信灭亡家主能登畠山氏并杀害长氏一族的游佐续光、温井景隆、三宅长盛三人，或死或逃，全都成为历史。长连龙悉数报了旧怨，用他自己的亲身行为，诠释了“君子报仇，十年不晚”这句话。在将温井、三宅驱逐出能登以后，长连龙又获得了能登石动山的神领一部，家门开始重新繁荣起来，他在八月份向近江安土城派出使者，感谢信长的恩惠，使自己得以一雪父祖的耻辱，并向信长进献了一匹好马。信长也给长连龙写信回应，声称务必还要捕获温井景隆、三宅长盛两人，斫下他们的首级，彻底洗刷仇辱。

同月，织田信长对能登的行政权力再行重新调整，将能登的执政权悉数委任给前田利家一人，奠定了后来江户时代加贺藩的基础。长连龙担任与力，协助利家。世事多变，当上杉谦信在天正五年（1577）依靠畠山氏内奸游佐续光、温井景隆、三宅长盛三人协助，灭亡能登畠山氏、屠杀忠于畠山家的长氏一族时，他绝对没有想到，在短短的四年以后，能登就被长氏一族的遗胤长连龙悉数夺了回去，上杉家的势力也被驱逐出了能登。中国有句古话，叫作“楚虽三户，亡秦必楚”，长连龙的复仇行为与此如出一辙，说明了东亚复仇文化的可怕，只要仇恨埋藏在了心中，复仇的意志是不会以时间为转移的。而上杉家在谦信死亡之后，在北陆地区的失势并不仅仅是丢了能登，还波及加贺、越中，甚至威胁到上杉家本身的生存。

加贺一揆的尽头

天正六年(1578)八月，在上杉谦信死去五个月之后，上杉家立即陷入了史称“御馆之乱”的内乱之中，谦信的养子上杉景胜（原名长尾显景，天正年间改名为上杉景胜）、上杉景虎围绕家督的继承权展开长时间的交战，使得北陆地区的局势风雨飘摇。织田家北陆军团长柴田胜家的养子柴田胜丰便在这个时候对上杉家势力范围内的北加贺展开攻击。北加贺虽然依附于上杉家势力之下，但主导实权的仍然是加贺的一向一揆。柴田胜丰在八月十日攻陷北加贺的志方城，翌日便撤军而归。在柴田胜丰的这次出兵之后，织田家与加贺一向一揆的总本山大坂本愿寺进入谈判议和阶段，对北加贺的攻势暂时告停。间隔了两年时间之后，织田军才又重新开启了对北加贺的军事侵攻。

○《太平记英勇传》柴田胜家画像

天正八年（1580）闰三月，柴田胜家偕同织田家诸将，部署一万五千兵力攻击加贺一向一揆，分陆路和海路两个方向，两路出击。除了柴田胜丰，柴田胜家还有另一个养子名叫柴田胜政，他负责由海路进发，一路经过北加贺的安宅、本吉、宫腰等地。织田军大将佐久间盛政沿着陆路进发，一路经过北加贺的吉野、剑岳、鞍岳、四十万、岩松等地，抵达有部分加贺一向一揆聚集的传灯寺，将该寺院及周围的堡垒坊舍焚毁一空，之后又越过加贺河北郡车山，经过竹桥，一直打到能登边境的末森城。此城地处加贺与能登的边境，守将是土肥但马守，这个人平常为人表里不一，以往游刃有余地游走在畠山氏、上杉氏两家势力之间，是一个典型的骑墙派。土肥但马守眼见佐久间盛政兵临城下，心知不妙，就弃城而去，逃亡到了加贺的弘愿寺。但佐久间盛政没有轻易放过反叛无常的土肥但马守，尾随其后，一直追击到弘愿寺，寺内的一向一揆众也抵挡不住织田军，四散奔逃，土肥但马守只好又往木越光德寺逃窜而去。

木越光德寺，也是部分加贺一向一揆聚集的一家寺社势力。这家寺社势力并不简单，寺内的门徒众们曾经在天正四年（1576）的加贺太田村之战中，联合洲崎兵库、龟田隼人等加贺一向一揆，打败过上杉谦信，令谦信遭逢奇耻大辱，如今又成为佐久间盛政难以解决的一个棘手的钉子。木越光德寺的一向一揆众纠合附近的土民，在寺院四方筑造堤坝，往其中引入河水，形成了一个人造湖，作为防御工事抵挡佐久间盛政的进攻。这样一来，木越光德寺就像一个悬于湖上的孤岛，与周边的大陆形成隔绝，使得佐久间军难以从陆路攻击。木越光德寺的同党龟田小三郎，也在河北郡森下呼应其行动，共同牵制佐久间军。这个时候长连龙从越中出兵，前来加贺会合佐久间盛政，柴田胜政的水军也在加贺宫腰登陆，与佐久间军会合。佐久间盛政顾虑别的加贺一向一揆会从背后扰乱，就分兵在加贺河北郡的中条、今町两地防御，他自己则与柴田胜政、长连龙分别从三个不同的方向围攻木越光德寺。

柴田胜政的水军在这次攻势中发挥了重要作用，他利用船只的便利，“聚渔艇，坏洲嘴，水忍涸”，找到了木越光德寺附近的大坝出水口，对其进行破坏，使得护卫寺院的人造湖逐渐干涸，木院光德寺失去了四周河水的屏障，又成为一座裸露在陆地上的孤立据点。木越光德寺的这一战术，实际上在过去上杉谦信与神保氏张的守山城之战中也被运用过，当时神保氏张利用这一战术，意图用河水阻隔上杉军，但最后仍然被谦信攻破。这一次，木越光德寺故技重施，却想不到被柴田胜政的水军破解，又陷入黔驴技穷的困境。消除了河水这一道屏障，佐久间盛政麾军对木越光德寺发起总攻，他自己和柴田胜政从正面进攻，长连龙从后面进攻，终于一举将木越光德寺攻破，拔除了一个顽固的钉子。战败的木越光德寺门徒众们，起初向佐久间盛政求饶乞和，但为其严词拒绝，不得已之下又逃入了能登境内。

至此，北加贺的传灯寺、弘愿寺、木越光德寺三个寺社，悉数被织田军攻破，其意义相当于加贺一向一揆的手足悉数遭到斩断，只剩下了被孤立的加贺一向一揆大本营尾山御坊。手足不存，其身尚能有何所为？织田军诸将决定对加贺一向一揆来个最后一击，一举覆灭贼巢，将尾山御坊屠灭。他们分别从三个不同的方向对尾山御坊形成围困之势：柴田胜政这一路从宫腰口进兵广冈的森林布阵；佐久间盛政这一路通过鸣濑越的山道，到达小立野，也就是尾山御坊的背后；剩下一路，则由德山则秀、拜乡家嘉二将从正面方向进攻尾山御坊。这个时候，加贺一向一揆的势力早已大不如前，负责戍守尾山御坊的是松永丹波守。他作为尾山御坊最后的守护者，尽了自己最后的职责，出城与织田军拼杀。但陷入三面包围的他，显然不是织田军的对手，在战斗中身亡了。尾山御坊的指挥权交到了本源寺、广济寺、慧林坊、善照坊等加贺一向宗门徒手中，这些人都很害怕织田军，没有松永丹波守那样的骨气，最后经过众人商议，还是决定开城投降，将尾山御坊交到了织田军手中，各路一向一揆众也各自解散。曾经带给上杉谦信诸多麻烦的加贺一向一揆，在他死后仅仅两年的时间，便被织田军以疾风般的速度基本平定，这不得不说是历史的造化，说明织田的强盛是无可阻挡的。从长享二年（1488）夺取加贺大名富樫正亲支配下的加贺国，到天正八年（1580）被织田军攻破本据

○ 柴田胜家

尾山御坊，一向一揆一共在加贺主政九十三年之久，至此终于迎来了末日。

但是，虽然作为加贺一向一揆大本营的尾山御坊被织田军攻陷，可加贺还有不少一向一揆残党割据，仍未归顺织田家，这些便成为柴田胜家下一步要征讨的对象。当时，残存下来负隅顽抗的加贺一向一揆头目们多曾经与上杉谦信交过手并且令其吃过败仗，他们曾经有过辉煌的战史。如若林雅乐助、若林甚八郎、坪坂新五郎、德田小次郎、铃木出羽守、铃木右京进等人，或在朝日山之战与谦信交战过，或在太田村之战与谦信交战过，都曾经在战斗中打败过“军神”，可谓是悍贼。而扎根在加贺的残存势力，除了本土的一向一揆势力外，甚至还有越前朝仓氏的遗臣。当初越前朝仓家被织田信长攻灭后，有部分遗臣侥幸逃过一劫，逃亡到了加贺境内，与加贺境内的一向一揆合为一股势力。潜匿在加贺的朝仓氏遗党，就有一个叫作吉田某的人，他和加贺一向一揆出身的岸田常德，一同在加贺江沼郡的日谷山构筑城寨，自行割据。这很快引起了柴田胜家的注意，他在天正八年八月份出兵，仅用了五天的时间，就将其消灭。吉田某的灭亡，某种意义上真正代表了越前朝仓氏退出了战国时代的舞台。在解决完这股割据自雄的朝仓氏遗党后，柴田胜家的重心就转移到了散落在加贺各处的一向一揆残党身上。

十月二日，坪坂新五郎、德田小次郎等加贺一向一揆的残党，聚集一向一揆众五六百人，在加贺江沼郡松山举兵生事，反抗织田家的统治。柴田胜家派出柴田胜政、沟口半左卫门、拜乡五左卫门三将，分成两队，对这股一向一揆乱军进行攻击，最后将其一网打尽，悉数斩首。追溯往昔，坪坂新五郎、德田小次郎两个人，曾经也参与过加贺太田村之战，打败过“军神”上杉谦信，耀武扬威于一时，却不料自己的下场竟是如此凄惨。在消灭坪坂新五郎、德田小次郎以后，剩下的较大的一向一揆割据势力，就只有若林长门守、若林雅乐助、若林甚八郎父子三人，以及龟田小三郎、铃木出羽守义明了。若林长门守盘踞在加贺石川郡，铃木出羽守盘踞在加贺能美郡别宫城，龟田小三郎盘踞在加贺河北郡森下。

其中若林父子都是顽凶悍贼，没有其他人那样好打，柴田胜家决定舍弃力攻，谋求智取。他自己先在“鸭野”这个地方安营扎寨，对若林长门守父子形成兵力上的震慑，造成其心理上的恐慌。之后让养子柴田胜政前往敌方阵营，去诓骗若林长门守，说如果他们父子三人停止抵抗的话，就可以保得他们旧领安全，地位绝对不受动摇。在织田军重兵压境的情况下，长林若门守也不敢贸然违背柴田胜家的意思，他轻信了这一番话，偕同其子若林雅乐助、若林甚八郎前往柴田胜家的大营谢恩。若林父子三人刚一进入柴田军的大营，柴田胜家安排在营内的杀手仁久藏、千熊、弥五郎就一哄而出，将这三人剁成了肉泥。曾经在加贺朝日山之战令上杉谦信吃了大败仗的若林雅乐助、若林甚八郎兄弟，生命最后也是以这种非常凄惨的结局告终，令人唏嘘。

杀死若林长门守父子三人后，柴田胜家又故技重施，将相同的伎俩施展到了盘踞在加贺能美郡别宫城的铃木出羽守义明身上，欺骗他说速速前来参觐，可保其领地安全，不会伤其分毫。铃木出羽守此时尚不知若林父子被诱骗身亡，也轻信了柴田胜家的谎话，和他的儿子铃木右京进、铃木次郎右卫门、铃木采女、铃木太郎等人，一同前往柴田胜家安排的松任城与其会见。一进入松任城境内，铃木一族就被事先埋伏的杀手们给屠杀了，落了个和若林长门守父子一样的悲惨结果。这次被诛杀的铃木出羽守义明、铃木右京进、铃木采女三人，也曾经参与过加贺太田村之战，令上杉谦信蓬头垢面惨败、落荒而逃，彼时大放光彩，如今竟也落得个身首异处的下场。在扫讨若林、铃木两党以后，柴田胜家又陆续对散落在加贺各处的一向一揆散党进行扫讨，又砍下了不少人头。十一月十七日，柴田胜家挑选出其中较为重要的一向一揆头领的首级，上呈至近江安土城，让织田信长过目，信长大喜，重赏柴田胜家，将作为重要战果的加贺一国赏赐给了他。在柴田胜家上呈的一向一揆首级旁边还附录了“颈注文”，标明这些人的身份。他们分别是：若林长门守，子若林雅乐助、子若林甚八郎；宇津吕丹波，子宇津吕藤六郎；岸田常德，子岸田新四郎；铃木出羽守，子铃木右京进、子铃木次郎右卫门、子铃木采女；洼田大炊头；坪坂新五郎；长山九郎兵卫；荒川市介；德田小次郎；三林善四郎；黑濑左近。这些人当中，有八个人与上杉谦信交过手，并且打败过他。上杉谦信自己在生前未能一雪前耻、悉报前仇的对象，在他死后，倒借了柴田胜家之手，悉数杀死了。

虽然柴田胜家在天正八年对加贺一向一揆大开杀戒，几乎扫讨一空，但加贺境内仍还有一向一揆余党在活动，那就是盘踞在加贺河北郡森下，曾经协助木越光德寺对抗柴田胜家的龟田小三郎。天正九年（1581）二月，柴田胜家开始尝试

○ 上杉景胜

与龟田小三郎议和，试图招降他。但若林、铃木两族血迹斑斑的先例才过去不久，龟田小三郎怀疑柴田胜家又是在故技重施，想设法诱杀自己，所以索性拒绝了议和的要求，并且扬言道："柴田胜家如果要兵临城下的话，我会奉陪到底，即便是我自己战死，也要为子孙后代留一个好名声！"龟田小三郎此举触怒了织田军中的佐久间盛政，他准备立刻进兵，将龟田一党的据点攻陷，但这却遭到柴田胜家的反对。令所有人都没有料到的是，柴田胜家这一次是真心打算与龟田小三郎议和，并没有耍诈的打算，他对佐久间盛政说："过去能登畠山氏遭到灭门之灾，被上杉谦信攻灭。畠山氏家臣的遗胤们，有许多人都被龟田小三郎扶养。他和寻常为非作歹的一揆不同，是一个坚持自律的人。"由于欣赏龟田小三郎的品行，所以柴田胜家坚持以和平手段解决争端，随后再次以上村六左卫门为使者，派遣他出使敌方阵中，去说服龟田小三郎。上村六左卫门这个人性情愚钝，不善言辞，柴田胜家似乎所用非人。但正是由于他的鲁钝和真诚，最后打动了龟田小三郎，愿意降服在织田家的军旗之下。这次会谈结束后，龟田小三郎便亲自率领百骑随从，赶赴谒见柴田胜家，向他表示谢意，柴田胜家也热情接见了他。

以龟田小三郎降服柴田胜家为终点，加贺一向一揆的势力终于全数被织田军所剿灭，盘踞加贺近百年的一向宗势力，至此可谓被连根拔除。虽然在之后的三月，在"御馆之乱"获胜后成为越后上杉家家督的上杉景胜策动加贺一向一揆残党再度作乱，但也很快被佐久间盛政平定，屠杀殆尽，已经不成气候了。而龟田小三郎，因为他自己先前接纳畠山氏家臣遗胤的仁义之举，得到织田军北陆军团长柴田胜家的赏识，最后幸免于难，成为少数没有遭到织田军杀戮的加贺一向一揆头目之一。至于另外一位，曾经在加贺太田村之战大放光彩、带头击败上杉谦信的加贺一向一揆洲崎兵库，其居城松根城也被柴田军攻破。洲崎兵库在这之后，历经辗转，成为前田利家的家臣，但在战场上却没有了之前的活跃，之后就埋没于历史之中，被人所遗忘了。在前田利家后代前田纲纪所写的《松云公御夜话》一书中，对洲崎兵库颇多抱怨，说："洲崎兵库这个人，曾经在加贺太田村之战打败了上杉谦信，但是成为我先祖利家公的家臣后，在战场上就毫无建树了，光领俸禄不干活，俨然一个废物。"这位曾经带头教训上杉谦信的加贺悍酋，在他生命的最后，得到的却是这种令人啼笑皆非的评价。

眼下，能登、加贺在长连龙、柴田胜家等人的奋战之下，相继被织田军接管，纳入了织田家势力范围，上杉家在越登贺三国的势力范围，萎缩到了越中一线，上杉谦信数十年来的心血几乎毁于一旦。而越中的大半地区，经过织田军的鲸吞蚕食，也早已经易手。越中这一道防线如果再全盘失守，越后将直接暴露于织田军兵锋之下，上杉家就如同要步入灭亡了。而柴田胜家的北陆军团，此刻正加紧步伐对越中展开全面进攻，令上杉家彻彻底底陷入了危急存亡之秋。上杉家的灭亡之日，为时已经不远了。

上杉家灭亡之日

织田军展开对越中的入侵，始于上杉谦信去世七个月之后的天正六年（1578）十月。可以说上杉谦信刚死后不久，织田家对越中的野心就已经昭然若揭。当月四日，织田信长命令家臣斋藤新五郎先行进入越中，攻击上杉家将领河田长亲、长尾小四郎景直戍守的今泉城，随后又陆续派出毛利河内守、坂井越中守、森长可等援军。在众人齐心协力的合作下，在城外的野战中一共杀死上杉军五百六十人，河田长亲、长尾小四郎景直从今泉城败退逃走，此城被织田军顺利接管，取得了第一阶段的胜利。在这以后，织田信长在越中扶持神保氏张、神保长住、长连龙，为自己开疆拓地。上杉谦信死后仅仅一年的时间，大半个越中就在织田军的席卷之下易主。在织田军打击下，上杉家失去了越中的砺波郡、射水郡、妇负郡，只保得神通川以东的新川郡，也就是昔日椎名康胤的旧领。

天正九年（1581）三月，织田信长在京都举办盛大的“大马揃”仪式。当时织田家北陆诸将也纷纷上洛，一同参加这一盛会。据《多闻院日记》记载，当时信长“戴南蛮笠，著赤甲，骑骢马驰骋，迅疾如飞”，非常潇洒。但是，既然织田家诸将群集洛中，则势必造成了越中地区的守备空虚。上杉景胜便趁这个机会着手反攻，亲自率领河田长亲等将攻击织田家占据下的越中小出城，并且煽动加贺的一向一揆残党作乱。织田信长收到这些情报，立即指派不破直光、前田利家、柴田胜家诸将回师越中，平定乱事。上杉景胜听说织田军反扑而来，于三月二十四日在小出城下放了一把火，讨了一些便宜后，就退兵回到了上杉家的越中松仓城，避开了织田军的锋芒，没有与其发生交战。至于被上杉景胜煽动作乱的加贺一向一揆乱党就倒霉了，他们误以为能趁这个机会夺回加贺，结果却被留守在加贺的织田军大将佐久间盛政悉数杀戮。加贺一向一揆从这以后彻底走向了没落，再也没能复苏。一个月以后，越中鱼津城城主河田长亲因病去世，上杉家又痛失一个坐镇越中的大将。在河田长亲身故后，上杉景胜将戍守鱼津城的重任交到了家臣中条景泰、山本寺定长等人手中。眼下，上杉家在越中新川郡的重镇，就只有鱼津、松仓二城了，诚可谓风雨飘摇。

与织田家如今的强盛形成强烈对比的是上杉家、武田家这两家曾经如日中天的大名急剧衰落。天正十年（1582）三月，在武田信玄死后由其四子武田胜赖挑起重担的武田家，也遭到织田大军征讨而灭亡了，甲斐、信浓、上野被尽数收入织田家的版图之中，对越后形成了包围之势，这更令上杉景胜有唇亡齿寒之感。武田胜赖在生前放弃了武田信玄时代与上杉家的敌对，与上杉家结成了攻守同盟，一致对抗织田信长。但如今武田家的灭亡，让上杉家又失去了一道有力的屏障，越后被织田军四面包围，进退失据。据《越后古实闻书》的记载，当时越后诸士听说武田氏灭亡的消息，都感到极其震骇，为之落胆。上杉景胜在当时的心境不得而知，但他并没有为此慌了手脚，反而散播假消息，图谋在越中生事。当时的交通尚不发达，越中地区的人士尚不知道武田胜赖已经遭到织田大军讨伐而灭亡，上杉景胜派遣间谍在越中散播谣言，说织田信长出兵信浓，已经被武田胜赖杀死，怂恿越中人士趁机起兵作乱。越中的土豪小野六郎左卫门、唐人式部相信了这些流言，果真起兵作乱，将织田家的富山城占据。但是没过多久，小野六郎左卫门、唐人式部就立刻遭到柴田胜家、佐佐成政、前田利家、佐久间盛政的讨伐，富山城重新回到了织田家的支配下，上杉景胜的煽风点火失败了。

三月十三日，在收复富山城以后，织田军诸将领便对尚处于上杉家支配下的越中新川郡发起总攻，包围了鱼津、松仓二城。鱼津城守将中条景泰，曾参加过天正元年的加贺朝日山城之战，当时一向一揆的铁炮疯狂扫射上杉军，时年十六岁的他奋不顾身冲在队伍最前面，冲锋陷阵，这一举动受到上杉谦信呵斥，命其退下。因为中条景泰是上杉谦信的旗本众吉江景资的儿子，出于关爱，谦信一手庇佑了他，终于使他在那一场恶战中全身而退。但如今，中条景泰已经失去了上杉谦信的庇护，作为鱼津城的守将，他必须尽到自己的职责，依靠自己的实力，与织田军将领殊死一搏。这时候，包围鱼津城的织田军将领，是柴田胜家、佐佐成政、前田利家、佐久间盛政四名宿将，统领着一万五千兵力，而鱼津城内的守军却只有区区三千八百人，实力对比实在是悬殊。面对当时如此紧张的态势，中条景泰也没有办法，他派使者火速前往越后，向上杉景胜报信，请求他立刻出动援兵进行支援。但上杉景胜因故未能出兵，他无奈地让使者先赶回越中，告诉中条景泰坚守城池，耐心等待援兵。

撑到四月二十三日，坐困愁城的鱼津城守将们已经感到支撑不住了，中条景泰、竹俣庆纲、吉江信景、寺岛长资、蓼沼泰重、藤丸胜俊、吉江织部、若林家长、石口广宗、安部政吉、吉江宗信、山本寺景长这十二名守将联名写信向上杉景胜表达了意欲决一死战的决心。这个时候织田军已经打到鱼津城的城壁之下，鱼津城守将们也已经坚守了四十多天，若再未能盼来援军，鱼津城陷落可谓是迟早之事。五月一日，上杉景胜给常陆的佐竹义重写信，披露了自己此时的心境，说：“景胜生于好时代，携带弓箭，以越后一国敌日本六十余州。纵然此次战死，亦为日本无双之英雄，为世所传为美谈！”坦言自己已经做好了牺牲的准备。翌日，上杉景胜终于亲自出马，带兵进入越中，支援鱼津城；另一方面，景胜让本誓寺僧人超贤召集越后的僧侣，在北信浓大田切布防，以防织田军侵入。本誓寺超贤，就是曾经和大坂本愿寺、加贺一向一揆进行过交涉，帮助谦信上洛的那位僧人，如今还活着。

五月十五日，上杉景胜在越中天神山布阵，与织田军发生交战。关于此战的具体情形，织田、上杉两方的史料中各持有一套说法。织田方的记录说，当时前田利家率领数骑潜入敌营，偷偷侦察天神山上的上杉军，这一举动很快便被上杉景胜知道了，便率军大举来攻。可是前田利家却丝毫没有畏惧，他大声呵斥，震慑住了上杉军，令敌方不敢有所动作，最后全身而退，毫发未伤。而上杉方的史料《景胜公御年谱》的记录却与此截然不同，里面提到说，当时前田利家、佐佐成政一共率领三千杂兵进入天神山，侦察上杉军的兵员数量。上杉景胜则命令本军严守，不得妄动，之后鼓舞士气，一举将敌军击破，赶下了天神山。上杉军在战胜后，不断用轻兵挑衅天神山下的织田军诸将，引诱他们上山决战，但柴田胜家等人闭营不应。在织田、上杉两方的记录上，于“前田利家侦察天神山”这一事件上，呈现出了较大的分歧，各自站在自己立场上说话，取对自己有利的一套言论。

正在上杉景胜亲自出马越中和织田军交战的时候，他背后的大本营越后遭到了织田军的侵袭。五月二十三日，织田军关东军团长泷川一益从上野方向出发，试图打入越后本土，他的军队一直打到了上野、越后交界的三国峠，已经迫近越后。但上杉家的清水城城主长尾伊贺守、桦泻城城主栗林政赖积极防御，在三国峠合战击败了泷川一益军，斩获敌军二百多颗首级，使得泷川军团没能突破上野防线。但是在另一方面，有“鬼武藏”之称号的织田军将领森长可，也试图从北信浓方向侵入越后。五月二十七

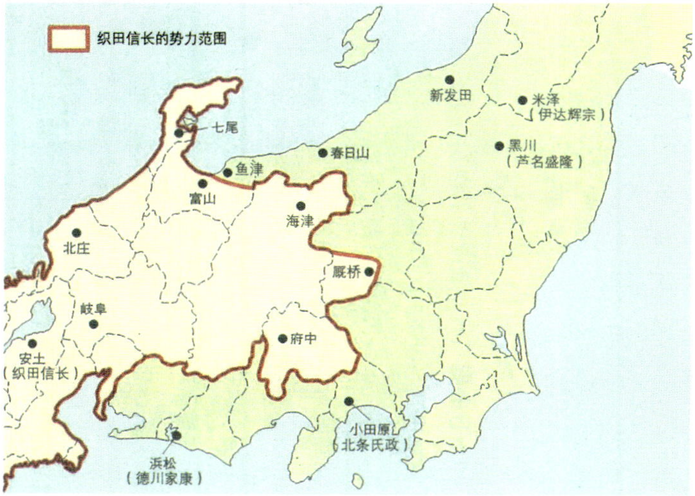

○ 本能寺之变前织田信长的势力范围

日，森长可突破了本誓寺超贤防御的北信浓大田切这一道防线，进而攻陷北信浓的芋川城，带领五千兵马杀进了越后，攻打关山、片贝、二本木等城。上杉景胜收到越后受到上野、信浓两个方向攻击的消息后大惧，这个时候已经顾不得越中了，就急忙撤兵返回了越后，弃鱼津城于不顾了。

○ 明智光秀

在撤退的路上，织田军对上杉军进行追击，一共斩获了二百多颗人头。

上杉景胜撤兵以后，织田信长又很快策反了越后阿贺野川以北的领主新发田重家、陆奥大名芦名盛隆，使得他们与自己一道共同针对上杉家，彻底堵死了上杉景胜的最后一条出路。这时候的越后，真正处于四面包围之中，西有柴田胜家，南有泷川一益与森长可，北有新发田重家，东有芦名盛隆，退无可退，完全就是笼中之鸟。上杉家灭亡之日，可谓就在眼前。六月三日，苦苦坚守两个月之久的越中鱼津城，终于被织田军所攻陷，中条景泰、竹俣庆纲、吉江信景、寺岛长资、蓼沼泰重、藤丸胜俊、吉江织部、若林家长、石口广宗、安部政吉、吉江宗信、山本寺景长这十二名鱼津城守将都誓死不屈，切腹自尽，以死殉城。越中重镇鱼津城的陷落，其意义等同于整个越中几乎都已经被织田氏所掌握。与此同时，森长可的信浓军团也已经深入越后腹地，并迫近春日山城，已经无限接近“直捣虏庭”了。如果万事皆顺的话，此后不到一个月的时间，上杉家就要紧随武田家之后，被织田家消灭了。

但是天不遂人愿，就在鱼津城被柴田胜家攻陷的前一天，发生了“本能寺之变”，又被称为“天正十年明智光秀之乱”。由于某种不明的原因和动机，织田信长的家臣明智光秀公然于这一天举兵叛变，攻打正在京都本能寺夜宿的织田信长，最终迫使信长于熊熊烈火中自杀。由于“本能寺之变”的突发影响，柴田胜家、森长可、泷川一益等，都停止了对越后上杉家的进攻，悉数返回了原来受封的旧领。而上杉景胜也借助这突如其来的变乱，避免了如同武田家一样的灭顶之灾，越后

丰臣秀吉

上杉家得以苟延残喘。明智光秀发动这一场叛乱的真实动机不明，后人至今尚在猜测。但紧随着变乱而来的，是织田家遗臣们围绕织田家的权力继承展开斗争，明智光秀、柴田胜家分别在山崎合战、贱岳合战中输给羽柴秀吉，最终兵败身亡。其余的泷川一益、前田利家、佐佐成政等织田家旧臣，也陆续向秀吉臣服。羽柴秀吉继承了织田家的权力，他在天正十一年（1583）出兵，重新征服了加贺、越中、能登三国。自永禄三年（1560）上杉谦信首次开始越中入侵以来，历经十七年的时间，始终未能将加越能三国统一。直到在羽柴秀吉手里，才首次实现了真正意义上的三国统一。而上杉谦信在关东战线的劲敌北条氏，也于天正十八年（1590）被羽柴秀吉灭亡。

羽柴秀吉，也就是后来为世人所知的丰臣秀吉，继承了织田信长的霸业，日本在他手中得以统一，是为“桃山政权”。上杉家在这一时期，领地也从越后移封到了会津。随后，丰臣秀吉因为个人野心萌动，发动了挑战东亚统治秩序的“文禄庆长之役”，最后以失败告终，怀着遗憾死去。在他死去以后，桃山政权统治日本的权力，又过渡到了德川政权手中。德川家康在取代丰臣秀吉的过程中，和丰臣秀吉的旧吏石田三成打了一场关原合战，随着此战的胜利，德川政权彻底取代了桃山政权。在关原合战同一时期，东国也发生了庆长出羽合战，上杉景胜当时也举兵对抗德川家康，站在其对立面。但大势难挡，德川家康崛起的趋势已成定局，上杉景胜最后还是不得已亲自赶往伏见城，向家康谢罪，家康又将上杉家的领地从会津移封到了出羽米泽。从这以后，越后上杉家最终成为出羽米泽上杉家，在江户时代的藩国社会，又被称为米泽藩。一直到了明治四年（1871），经过明治政府的“版籍奉还”“废藩置县”等一系列政策，代表越后上杉家存续的米泽藩才在行政上被废除。

北陆战争的总结

从永禄三年（1560）开始，一直到天正五年（1577）为止，上杉谦信出兵北陆的越中、加贺、能登三国，策马征战十七年之久。北陆战争，相对于上杉谦信的北信战争、关东战争来说，很少为人所注目，但这并不影响这一场地方性长期战争的波澜壮阔、波诡云谲。

上杉谦信在永禄到元龟年间针对越中、加贺发动的战争，从本质意义上来说，是与武田信玄进行的北信战争（俗称的“川中岛之战”）的延长。无论是永禄三年至五年的神保长职之乱、永禄十一年的椎名康胤之乱、元龟三年的越中一向一揆大乱，背后都有武田信玄暗中操纵，一手筹谋。越中、加贺的反上杉势力，无论是神保长职，还是椎名康胤、越中一向一揆、加贺一向一揆，事实上都是在替武田信玄打代理人战争。他们就如同武田信玄手中的提线木偶，按照信玄的意志滋生是非、挑起战乱。武田信玄利用这些越中、加贺的反上杉势力，在北陆一线牵制上杉谦信，他自己则在信浓、上野两线对越后边境展开进攻，从战略构想上形成钳形攻势，迫使上杉谦信拉长战线，于多个不同方向遭到军事打击。但是这一战略构想虽经多次实施，最后均被上杉谦信成功瓦解，使武田信玄的计划终究付诸东流。

在永禄三年以前，上杉谦信与大坂本愿寺的证如上人、加贺一向一揆构筑友好关系，得以借道一向宗势力范围内的越中、加贺两地，两度上洛，与室町幕府、天皇朝廷进行政治交涉，取得一定军事、政治权力上的授权。但与一向宗势力短暂的和睦，随着本愿寺证如上人的圆寂而终止。新上台的大坂本愿寺法主显如上人，是武田信玄的姻亲，他的妻子是信玄正室的妹妹。武田信玄利用这一层关系，致信本愿寺显如，请他授意加贺、越中两地的一向一揆共同站在谦信的对立面，阻挠谦信上洛。从此以后，上杉谦信上洛的必经之路，也就是越中、加贺的通路都被阻断。而他仍然有上洛向幕府、朝廷提出政治上诉求的必要，因而在此之后不断试图用武力突破越中、加贺两道防线，欲迫使两地的反上杉势力屈服，让北陆的局势重新恢复到永禄三年以前的情况。这一因素，是谦信发动北陆战争的根本动因。

瓦解上杉谦信与大坂本愿寺、加贺一向一揆的同盟后，武田信玄又在永禄三年唆使越中国众神保长职作乱，反抗上杉谦信。如此一来，就对上杉谦信构成了三道阻挠其上洛的关卡。第一道防线是位于最东面，统治越中国妇负郡、东砺波郡、东射水郡的神保长职；第二道防线是位于神保长职西面，统治越中国西砺波郡、西射水郡的越中一向一揆；第三道防线是位于越中一向一揆西面，主宰加贺国的加贺一向一揆。武田信玄设想的这三道关卡，拿到今天比，就类似美国在亚太设置的三条岛链，即所谓的第一岛链、第二岛链、第三岛链，在军事构想上完全是同一个思路。尽管武田信玄深思熟虑，但神保长职在军事上无法与上杉谦信抗衡，在永禄三年（1560）、永禄五年（1562），两次遭到上杉谦信打击，最后不得已投降了谦信。上杉谦信在战胜之后，接管了过去由神保氏统治的越中妇负郡、东砺波郡、东射水郡，全部收归直辖，只给神保长职保留了射水郡的日宫城这一据点让他居住。日宫城是上杉谦信征服神保长职以后，在越中西线设置的最前沿基地，与越中一向一揆统治的西砺波郡、西射水郡相邻。谦信此举，是让神保长职为上杉家看家护院，这是他对战败者施加的惩罚。武田信玄本来想利用神保长职，但最后的结果却适得其反，这是他战略构想的第一次失败。

在物色神保长职替自己打代理人战争失败以后，武田信玄又在永禄十一年（1568）策反了越中另一国众椎名康胤，以及越后阿贺北的国众本庄繁长，唆使他们对上杉谦信竖起反旗，同时在越中、越后两线发难，再度燃起了战火。应该说，这一次的动静闹得是比较大的，远远胜过武田信玄之前策动的神保长职之乱。越中方面，统治西砺波郡、西射水郡的越中一向一揆，与统治东部新川郡的越中国众椎名康胤联合一致，响应武田信玄的号召，共同进攻位于越中中部的上杉家领地。越后方面，骁勇善战的阿贺北国众本庄繁长在本庄城割据叛乱，让上杉谦信后方失火，疲于应付。而武田信玄也亲自出兵信越边境，攻打上杉家的北信浓饭山城、越后关山新城，可以说在多个方向对上杉家完成了包围堵截。

这一次的战略实施，和织田信长在天正十年（1582）发起的上杉家灭亡攻势如出一辙，也是从各个方向全方位围困住了上杉家。天正十年时，柴田胜家的北陆军团几乎打下整个越中，森长可、泷川一益分别从信浓、上野方向侵入越后，越后阿贺北众的新发田重家、陆奥大名芦名盛隆也响应信长，完成了对越后上杉家的全面包围，以至于让上杉景胜都做好了自杀的准备。织田信长在天正十年的军事行动，几乎让上杉家遭到灭顶之灾，但却因为本能寺之变的发生而停止了攻势，终使上杉家免于倾覆。

而上杉谦信在永禄十一年面临武田信玄发起的四面包围时，并不是依靠天时的帮助，而是以其过人的军事能力，东征西讨，逐一平定反对势力，最后成功熄灭了战火。他先出兵越中，平定了椎名康胤、越中一向一揆，随后迅速回师越后，耗费数个月的时间，成功压制本庄繁长之乱，突破了两条战线的包围。失去了反上杉势力的协助，武田信玄孤家寡人一个，不能有太大作为，也就退兵了。可以说，上杉谦信是依靠自己超强的军事能力与个人意志，粉碎了武田信玄织起的包围网。这也难怪武田信玄对上杉谦信的评价非常高，认为他是“大方于太刀者、日本无双之名大将”，“武勇日本第一”。即便作为谦信的死敌，武田信玄也不得不佩服对手的军事造诣。

进入元龟三年（1572），武田信玄针对上杉谦信发起了最大的也是最后一次包围。受到武田信玄操纵的椎名康胤、越中一向一揆、加贺一向一揆，组成声势浩大的四万联军，盘踞在越中富山城，大举作乱，让留守在越中的上杉家将领们闻风丧胆。同时，与武田信玄同盟的北条氏政，也派兵攻打上杉家在关东仅剩的几个据点，侵袭其后方。武田信玄也有意趁越中大乱，在信浓方向派兵攻打越后边境。谦信这次进入越中平乱，由于敌方人数过多，没有如之前那样顺利。在战斗过程中，上杉谦信与贺越一向一揆众互有胜败，难分高低，战局进入拉锯阶段。但是随着越后的上杉援军不断进入越中，上杉军的优势逐渐加大了，加贺一向一揆的头目杉浦玄任对打败上杉谦信也没有胜算，他写信要求南加贺江沼、能美二郡的加贺一向一揆出动援兵，一起在越中对抗上杉谦信。但是这一请求，得不到对方响应。杉浦玄任没把握，只能带领加贺一向一揆悉数撤回了加贺。越中的反上杉势力，只剩下越中一向一揆、椎名康胤，兵力大为减弱。失去了主心骨后，越中一向一揆向谦信乞和投降，椎名康胤则被谦信攻杀，这一次越中大乱又宣告平定。武田信玄仍不甘心，正当他计划再一次挑唆越中、加贺的一向一揆作乱的时候，却于次年即天正元年（1573）去世了。武田信玄针对上杉谦信发起的包围战，也就随着他的死亡而宣布失败了。这一次越中大乱，局势相对以往来说最为危急，如果最后不是因为越后的援军不断进入越中，逐渐增加了兵力上的优势，迫使在越中作战的加贺一向一揆主力回师，以及武田信玄在次年西上过程中突然死亡，上杉谦信最后是难以脱身的。

武田信玄死后，上杉谦信在天正年间又继续发动越中、加贺战争，主要是针对两地的一向一揆。不过，攻势并不太顺利，在加贺朝日山之战、越中安养寺城之战中，上杉谦信分别被加贺、越中的一向一揆击败，死伤都较为惨重。直到天正四年（1576），意识到织田信长势力的不断发展壮大会对自身构成威胁，上杉谦信和越中、加贺一向一揆才完成了议和。从这以后，越中、加贺两地的一向一揆接受上杉谦信的军事动员，在政治上从属于上杉家。

在绥服越中、加贺的一向一揆以后，上杉家与织田家的壤地相接，随时有爆发冲突的风险。当时加贺以手取川为界，分为南北两部分。北加贺的石川郡、河北郡被一向一揆支配，南加贺的能美、江沼二郡则被织田军占据。在上杉谦信的背后，还有能登畠山氏的威胁。能登地近加贺，如果谦信在加贺与织田决战时，能登方面从后方扰乱，则将会带给谦信很大危险。因此，从战略上考虑，上杉谦信也必须将能登吞并。之后，历经将近一年的时间，谦信将能登拿了下来，灭亡了能登畠山氏，消除了这一后患。在攻陷畠山氏主城七尾城之前，谦信收买了畠山氏的三个内奸即游佐续光、温井景隆、三宅长盛协助攻城，他们在混战之中杀死了忠于畠山家的能登长氏一族。但其中有一个长连龙逃出了城外，没有被杀。

在拿下能登一年以后，上杉谦信就去世了，而越后上杉家随后也陷入了“御馆之乱”的内乱之中。令上杉谦信万万没有想到的是，他历经十七年时间才大致底定的越中、能登、加贺三国，在他死后没有几年的时间，就几乎悉数易手，到了织田家手中。而在这中间发挥了重大作用的，正是在七尾城之战时逃出生天的长连龙。他在七尾城陷落后投靠了织田信长，之后屡次率兵在越中、能登转战，使得能登全境和大半个越中落入织田家势力范围，这正说明了东亚复仇文化的可怕。另一方面，经过柴田胜家军团的奋战，消灭了北加贺的一向一揆，将上杉谦信终其一生始终未能平定的加贺也一道给摆平了。天正十年（1582），织田军四面部署，对越后上杉家掀起灭亡战争。柴田胜家攻陷了上杉家在越中的重镇鱼津城，森长可、泷川一益分别从信浓、上野方向进攻越后，越后阿贺北众的新发田重家、陆奥大名芦名盛隆也站到了信长这一边，对上杉家完成包围。但随即而来的“本能寺之变”，却打破了这一计划，造成织田军的退兵，上杉家得以存续下来。

可以说，上杉谦信一生经略的三条主要战线，北信浓战线和关东战线最后都是失败的，只有北陆战线是相对成功的。虽然在他身后，在北陆取得的成果几乎都落于织田信长之手，但在他生前，至少使用军事手段取得了相当大的成就。另

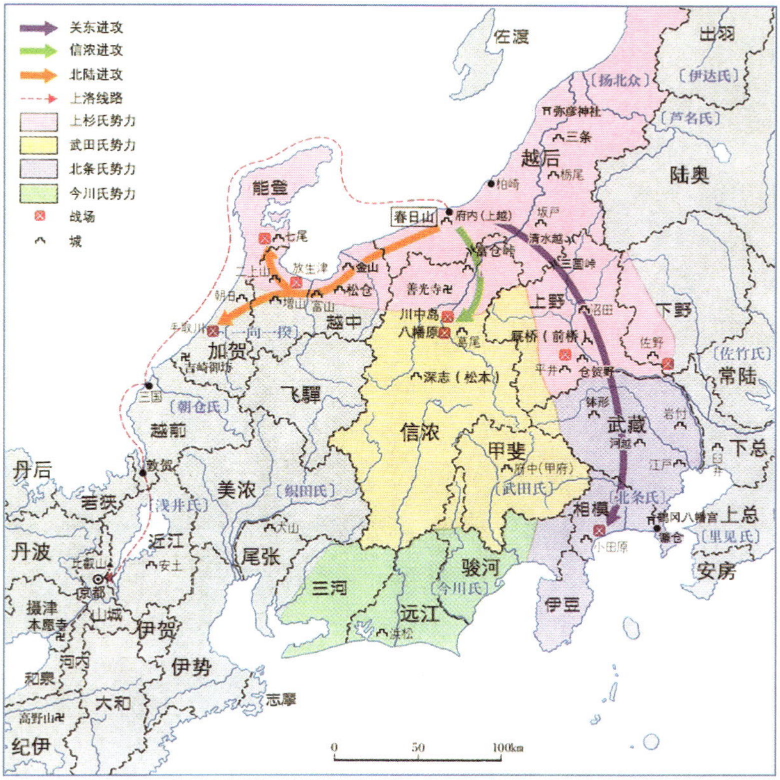

○ 上杉谦信关东、北陆、信浓三大战线的进兵方向

外两条战线，尽管上杉谦信也经略多年，但都打得一塌糊涂，最后在战略上完全都是以失败告终的。

受人瞩目的关东战线，虽然上杉谦信在永禄三年（1560）初次越山时威风了一把，一度集结十一万大军，杀向北条氏康的本城小田原城。但从永禄四年（1561）北条氏康在武藏反击作战开始，上杉谦信在关东暂时取得的霸权就已经呈现崩坏趋势，于是上杉谦信在永禄五年（1562）弃下总古河城而走，永禄十年（1567）弃下野佐野城而走，天正二年（1574）弃武藏羽生城而走，一直都是被动地收缩战线，最后只剩下与越后相接的上野沼田领了。谦信在与北条在关东平原的逐鹿中败北。他最后一次在关东负隅顽抗，试图挣扎是在天正四年越山，攻击上野新田领、下野足利领，但完全已经积重难返了。

上杉谦信在与武田信玄的争霸中，于北信浓的川中岛和关东的西上野也都是被压制的。上杉谦信在永禄四年、永禄十年的两次关东出阵，武田信玄都乘虚而入，分别打下了信越边境的割岳城、野尻城，直接逼向越后的咽喉，吓得谦信仓皇从关东退兵。自武田信玄在永禄四年十一月开始西上野侵攻以来，仓贺野氏、箕轮长野氏、白井长尾氏、惣社长尾氏这些支持上杉谦信的西上野国众无一不被武田攻灭而没落，上杉谦信在西上野的势力圈完全丧失殆尽。在箕轮城和仓贺野城未陷落时，上杉谦信为了打通两城中间的联络，攻打武田方的和田城，由他亲自出马或者北条高广的厩桥城众代劳，就失败了多次，没能有什么进展。武田的关东侵攻，对西上野的支配，所取得的成果都远在上杉谦信之上。所以，无论北信浓还是关东，上杉谦信的经营实际上到最后都是失败的，只有以往不太被人注目的北陆侵攻是相对成功的。

尽管在三条主战线之中，北陆战线是上杉谦信发挥最为顺利的战场，但我们也要注意到埋藏的隐患也是很多的，谦信未必能一直一帆风顺。首先上杉谦信对于越登贺三国的支配就是不完全的，在他死后，没几年时间，北加贺被织田军打下，越中被神保氏张、长连龙等打下大半，唯一建立起支配的能登也被长连龙夺回了。十七年辛勤劳动的北陆经略成果，为谁辛苦为谁甜，死后仅仅几年的工夫，就几乎都落到了织田政权手里。所以上杉谦信在天正六年（1578）就死了，是非常幸运的，晚上几年，很难保证会鹿死谁手。

第七章
传说与史实的分界
上杉谦信战史详考

第二次世界大战结束以后，日本进入了长期的和平年代，主流的日本学院派，对战争史毫无兴趣，以至于日本的战争史研究长期停滞不前。因此，即便有名如上杉谦信，其流传于后世的战史中充满了许多错误说法，也得不到纠正。而世间流传的关于上杉谦信的虚构战史，多数都是出自各种战记、物语。早在明治时代，近代的日本实证主义史学家重野安绎在《史征墨宝考证》一书当中就强调过，了解和掌握日本历史，必须运用古文书、古记录等第一手的原始史料，不能轻率采信战记、物语，他说："修史必有材，材莫良于文书、记录……夫战记、物语，粉饰附会，虚妄百出。至强弱易地，曲直变情，岂得当时情势哉。"因此，对于广泛流传于世间的关于上杉谦信的虚构的战史，亟待做出批判更正，必须正本清源，还原事实真相。笔者在此将对流传于世间的关于上杉谦信的虚构战史进行严密批判与更正，澄清那些虚妄不实的传说，让读者了解真实的上杉谦信战史与传说中的上杉谦信战史之间的差距。

多功原之战考证

上杉谦信被后人视作日本战国时代的“军神”，普遍认为其一生战无不胜。但是在军记史料《东国扰乱记》中，却记录了一场发生在永禄元年（1558）的下野多功原之战，说的是上杉谦信在下野打的一次败仗。据该书记载，多功原之战的经过如下：

> 永禄元年五月晦日，上杉谦信联合陆奥会津的大名芦名盛氏侵入下野，扫荡下野的各个领主，先后降伏下野小山氏当主小山高朝，攻陷壬生氏当主壬生纲雄据守的壬生城，随后便往宇都宫广纲家臣多功氏的多功城进军。多功城城主多功石见守长朝见状，会合其长孙多功左卫门房朝、梁河内守朝光、梁五郎吉朝、石崎周防守通季、上野上总守佑朝、朝见山三郎左卫门兼朝、野泽将监保辰、高木外记道重、木田淡路守、伊泽远江守、桥本若狭守、青柳丹波守、坂治部、小菅隼人、祖母井信浓守吉胤、矢板周防守长则等宇都宫家臣，合计两千余骑，奋力抵抗上杉、芦名联军，两军于多功城外的多功原发生激战。石崎通季、野泽保辰、祖母井吉胤、矢板长则、高木道重六人率先突战，阵斩上杉、芦名军先阵佐野小太郎，但在混战之中，这六人也随之战死。在一番激烈交战之后，上杉谦信、芦名盛氏联军败走，上杉军败逃到上野。宇都宫军不依不饶，对上杉军进行追击，一直追击到上野的白井城下。最后，上杉谦信依靠武藏岩付城城主太田资正的仲介，才和宇都宫氏达成了和睦，从而让对方退军，停止了追杀的步伐。据说，如今在多功原西方的下古山原中，仍然存有在此战当中战死的宇都宫家臣石崎周防守通季的墓，被人们称为周防冢。

以上，便是多功原之战的经过。尽管《东国扰乱记》对于这一场宇都宫军击败上杉谦信、芦名盛氏联军的多功原之战描写得绘声绘色，但是实际上这一战在可信度上存在不小的问题。根据《东国扰乱记》的说法，上杉谦信联合芦名盛氏入侵下野的时间发生在永禄元年五月底，可是在《新编埼玉县史》引用的《长尾景虎书状写》，以及《上杉氏年表·增补改订版》引用的《奈良原文书》《历代古案》等原始的文书史料，也就是当事人的第一手史料记录上，都明确提到上杉谦信的第一次关东出阵是在永禄三年（1560），而非两年前的永禄元年。在江户时代，由出羽米泽上杉家编撰的上杉谦信官方传记《谦信公御年谱》中，也是持这一说法。上杉谦信在永禄三年八月首次出阵关东，而不是在这之前，这是长久以来的定说。不可能单单以《东国扰乱记》这部成书年代不明的二手军记史料的孤证，就妄下结论，否定一直以来的传统说法。

从实际的地理角度看，上杉谦信进入下野，必须以通过上野为前提。而对永禄元年之时尚未兵进上野、涉足此地的上杉谦信来说，入侵下野是根本不可能的事情。从时间、地理空间看，上杉谦信都不可能像《东国扰乱记》说的那样，在永禄元年侵入下野，并被宇都宫军打败。而且从《越佐史料·卷四》引用的《栃木县厅采集文书》这一原始文书史料的记载看，上杉谦信首次进军下野，是在永禄五年（1562）三月十四日进攻佐野昌纲的下野佐野城，但最终因无法攻破此城而撤军。在谦信撤退以后，北条氏照特地写信向佐野昌纲道贺。这也就是说，上杉谦信进攻下野失败的事情确实是存在的，但是发生在永禄五年（1562）三月十四日，而非发生在永禄元年五月底，交战的对手是佐野昌纲，而非宇都宫广纲。

《东国扰乱记》说上杉谦信在永禄元年联结芦名盛氏，一同入侵下野攻打宇都宫氏。但从其他史料来看，芦名氏与宇都宫氏，谁是敌谁是友，与《东国扰乱记》的说法可谓是完全不同的。根据《越佐史料·卷四》引《山内文书》《历代古案》《上野文书》等原始史料的记载，在永禄元年两年前的弘治二年（1556），武田信玄联络了芦名盛氏的部将山内舜通、小田切安艺守，唆使他们从陆奥入侵越后，支援反叛上杉谦信的大熊朝秀，但大熊朝秀在驹归之战被上杉军给击败，这一阴谋遂无疾而终。这些记录说明上杉谦信与芦名盛氏在永禄元年前，关系应当并不和睦。又《松窓漫录》记载："永禄元年七月，谦信自津川口，侵伐会津，与其裨将猪苗代盛国战，大得利，芦名盛氏乞和亲。"说上杉谦信在永禄元年七月征讨陆奥会津，击败芦名盛氏的部将猪苗代盛国。《松窓漫录》虽然也是野史，但也提到了上杉谦信和芦名盛氏兵戎相见，关系并不和睦，而其时间正好是在《东国扰乱记》声称的上杉、芦名组成联军征讨下野宇都宫氏两个月之后。如果上杉与芦名的关系和睦，又怎么可能会在组成联军一致对敌后两个月又迅速兵戎相见呢？

在《甲阳军鉴》《信玄全集》中，则又声称上杉谦信在永禄元年五月这段时间，在信浓川中岛与武田信玄对峙。上杉谦信不可能有分身术，在短时间内分别出现在下野、陆奥、信浓，与宇都宫广纲、芦名盛氏、武田信玄同时交战。这说明野史的记录是充满矛盾的，同时存在着上杉谦信在永禄元年五月至七月期间，分别在三个不同地方作战的记录，而这些都是不可取的记录，属于稗官野史。又据《上杉辉虎公记》所收《小田切文书》《会津四家合考》《历代古案》《色部文书》等原始文书史料的记载，武田信玄在永禄十年（1567）再次联络了芦名盛氏，使芦名氏部将小田切弹正忠侵入越后菅名庄。但是在不久之后，上杉军便在菅名庄之战击败了芦名军，将其驱逐出越后。这一记载，也说明当时芦名盛氏与上杉谦信的关系并不和睦。从众多原始史料来看，从弘治二年至永禄十年，上杉家与芦名家的关系由于武田信玄的介入，在总体上较为紧张，长期处于敌对状态，不可能在这期间的永禄元年组成联军，共同入侵下野攻打宇都宫氏。而且从时间、地理空间看，这一事件也并无可能。

与军记史料《东国扰乱记》中宇都宫与上杉的紧张关系不同，从更多的原始史料上看，宇都宫氏更像是上杉谦信的盟友，因此不太可能遭到其讨伐。根据《史料稿本》引《伊藤本文书》《栃木县厅采集文书》《白川文书》等原始文书的记载，上杉谦信在永禄六年（1563）联合佐竹义昭、宇都宫广纲，共同围攻下野小山秀纲的祇园城并将其攻陷，之后又进兵攻打同国的佐野昌纲。又据《杉原谦氏所藏文书》《白川证古文书》，上杉谦信在永禄七年（1564）正月二十九日，再次联合佐竹义昭、宇都宫广纲进攻常陆小田氏治，并将敌军主城小田城攻陷。在天正二年（1574），上杉谦信又联合佐竹义重、宇都宫广纲出兵关东，准备支援其势力范围内的武藏羽生、下总关宿二城，但最后由于输给北条氏政，战败撤退。又过了三年到天正五年（1577）三月，受到北条氏政侵略的结城晴朝、宇都宫广纲、佐竹义重、里见义弘等关东大名，写信恳求谦信再次出兵关东。从这些可靠的记录看，宇都宫氏长期以来一直是上杉谦信在关东的坚定盟友，并没有发现双方倒戈相向的史料。因此，结合上述分析的几处疑点，《东国扰乱记》当中声称的那一场上杉谦信与芦名盛氏组成联军，针对下野宇都宫氏的多功原之战，可以说是根本不可能存在的。此战当是属于军记史料的捏造，不足为信。与笔者观点类似的是，在日本乡土史研究家恩田浩孝的《座禅院昌尊的生涯》一书中，也认为这一场多功原之战极有可能是后人捏造的，于事实上并不存在。

日本战国时代确实发生过一次多功原之战，但那是发生在元龟三年（1572）十二月二十九日的事情，是北条氏政与佐竹义重之间进行的合战，与上杉谦信、宇都宫广纲都没有关系。这一战北条氏政战败，输给了佐竹义重。上杉谦信在闻知此事后，幸灾乐祸，在对外宣传上说北条氏政在此战中一败涂地，整个北条军战死数千人，北条氏政只身一人逃离战场，十分狼狈。这还不够，谦信还接着吹嘘说他曾经面对北条氏康、武田信玄组成的联军，但一直未落下风，成功将对方打跑。这种情况，也是属于对外宣传上的造势，但其造假程度，实与《东国扰乱记》所记的这一段发生在永禄元年的多功原之战的野史无异。

手取川之战考证

在上杉谦信的战史当中，手取川之战一直是许多爱好者津津乐道的话题，存在诸多争议。手取川是南北加贺的分界，也是天正五年（1577）时织田、上杉两家势力的分界线，手取川以南的南加贺是织田信长的势力范围，以北的北加贺则是上杉谦信的势力范围。传说中，手取川之战正是上杉、织田两家发生激烈冲突的一次合战。

传说当中，手取川之战是织田信长、上杉谦信围绕争夺北陆霸权而发生的一次战斗。当时北陆的能登畠山家分成了两派：一派以游佐续光、温景井隆为首，党附上杉谦信；一派以长续连为首，党附织田信长。两派各拉靠山，倾轧争斗，能登大乱。从天正四年（1576）十一月起，一直到次年九月，上杉谦信连续两次对能登发起进攻，意图用武力手段直接拿下畠山家的主城七尾城。亲织田信长一派的长续连派出儿子长连龙，奔赴近江向织田信长请求援军。之后，织田军以柴田胜家为总大将，另外出动泷川一益、羽柴秀吉、丹羽长秀、斋藤新五、氏家直通、安藤守就、稻叶一铁、不破光治、前田利家、佐佐成政、原政茂、金森长近等将，总共四万余人马，渡过南北加贺分界的手取川，准备进入能登支援畠山家的七尾城。但是，羽柴秀吉因与柴田胜家意见不合，擅自脱离了战场。而柴田胜家在收到七尾城已经被上杉军攻陷的消息后，感到救援已经毫无意义，于是下令撤退。但柴田胜家刚一撤退，准备渡河退回南加贺，就立刻遭到了上杉谦信的追击。在上杉军攻击之下，来不及逃走的织田军被杀死一千余人；这时正好手取川附近山洪暴发，导致手取川河水泛滥，急于渡河逃走的织田军也有大半溺死，十分惨烈。在日本NHK电视台的一部历史纪录片中，还有手取川之战时因天降大雨而导致织田军中的铁炮不能使用，结果被上杉谦信击败的说法。

但是，这一传说中的手取川之战，尽管名声大噪，但本身在可信度上却有很大的问题。因为即便是在江户时代各种滥竽充数的军记史料中，大多都找不到有关手取川之战的一点记载。在大多数的军记史料中，当时织田军确实出动了大量兵力，准备救援遭受上杉军攻击的加贺松任城或者能登七尾城，但是在听说松任城或者七尾城被上杉军攻陷以后，就认为救援已经毫无意义，遂收兵退去，而上杉军没有与其发生正面的交战。这等于否认了这一战的存在。

确切提到发生手取川之战的，从史料源流上看，是上杉氏文书史料集《历代古案》中收录的一则据说是上杉谦信亲笔撰写的书信，在这一则书信中，上杉谦信向家臣长尾和泉守详细叙述了手取川之战的经过。该书信的原文如下：

（前略）信玄看起来完全不知道这件事情的样子，他在十八日亲自来到加贺手取川，以数以万计的兵马严阵以待的时候，越后、越中、能登的军队作为先锋军出击了。在我也乘着马出击的时候，信玄好像也知道了我要从后面攻过来，于是在二十三日深夜逃走，我进行追击，杀了上千人，把其他全部的敌人逼入了河中，正好因为洪水，河水很深，没有人能站立的浅滩，所以敌军的人和马都被水给冲走了，什么都没留下。

天正五年九月十九日

以上便是《历代古案》当中提到手取川之战的书信，但真实性上却存在许多疑问。首先，上杉谦信在信中声称与自己在手取川之战中交手的敌人是“信玄”，也就是武田信玄，而不是织田信长。但是，武田信玄早在天正元年（1573）就已经去世，此时根本不可能死而复生，在加贺手取川与谦信交战。《历代古案》原文中说“信玄”本人作为总大将，亲率数万骑，在手取川与谦信大战，但终因不敌谦信而战败，并被斩杀千余人，战败的士卒准备渡过手取川逃走，但逃走的时候赶上手取川发洪水，又淹死了不少人。这一说法简直是无稽之谈，武田信玄已经死去多年，白骨岂可化为肉身，在这个时候带领数万兵马和谦信进行会战？

即便说是上杉谦信笔误，将“信长”误写为“信玄”， 实际表达的还是与织田军决战的意思，那基于这一层意思理解，将《历代古案》中的“信玄”替换成“信长”，从细节上推敲的话，还是存在许多疑问。按照这个解释，《历代古案》中的说法就变成织田信长在天正五年亲自出兵加贺，在九月十八日渡过手取川，九月二十三日亲率数万骑与上杉谦信在此对垒，但最后败北，千余人遭上杉军杀死，剩下的织田军士卒渡河逃走的时候，又赶上手取川发洪水，结果又溺死不少人。这一说法与太田牛一《信长公记》的记录一对照，可谓漏洞百出。根据《信长公记》的记录，织田信长当时正在近江安土城压制松永久秀叛乱，根本不可能亲自赶赴加贺与上杉谦信作战。在《信长公记》当中，声称渡过加贺手取川、准备支援能登畠山家的，是柴田胜家、泷川一益、羽柴秀吉、丹羽长秀、斋藤新五、氏家直通、安藤守就、稻叶一铁、不破光治、前田利家、佐佐成政、原政茂、金森长近等织田家将领，织田信长本人并没有在阵中。而且，在《信长公记》中，织田军渡过手取川的时间是八月八日，并不是《历代古案》所说的九月十八日，连日期也没有对上。

《历代古案》提到手取川之战发生时，手取川河水泛滥，因而淹死不少织田军。这一条记录与手取川当地的洪涝灾害记录一对比，就会发现也不对。根据明治时代成书的《加贺国手取川出水考》一书考证，在日本历史上，手取川一共发过五次洪水，但战国时代则并无发洪水的相关记录，这等于是直接否定了《历代古案》当中的说法。此外，在书信原文记录当中，上杉谦信提到他与织田军的手取川之战发生在天正五年九月二十三日，但是谦信自己在信末部分，却又将书信的时间落款写成是几天之前的“九月十九日”。在九月十九日时提笔写下的信，上杉谦信怎么会预知在几天之后的二十三日，他与数万织田军在手取川爆发冲突，并斩杀敌军千余人？这也说不通。

综上所述，《历代古案》中收录的这一则据称是上杉谦信本人撰写的书信，充满了许多不可解之处与疑问。上杉谦信的交战对手到底是“信玄”还是“信长”？如果对手是织田信长无误，那么织田军的总大将到底是织田信长本人，还是柴田胜家？织田军渡过手取川的日期是在八月八日，还是在九月十八日？手取川之战发生时，手取川到底有没有发洪水？上杉谦信在书信中提到手取川之战发生在九月二十三日，为何书信的落款时间写明是“九月十九日”？种种不可思议之处，不得不让人对手取川之战的真实性表示强烈的怀疑。

尽管《历代古案》中的这则书信有许多不可解之处，但在江户时代成书的上杉谦信官方传记《谦信公御年谱》当中，却把这个记载沿用了下来，并加以修饰和改写。在《谦信公御年谱》当中记录的“手取川之战”，不但没有改去以上这些不可思议之处，反而说得愈加夸张，甚至声称“手取川之战”分别发生了两次，两次都是上杉谦信打败织田信长，令其狼狈逃窜。第一次手取川之战，《谦信公御年谱》声称发生在永禄十二年（1569）九月二十三日，上杉谦信与织田信长所亲自率领的数万骑决战，大败织田军，斩杀千余人；第二次手取川之战，发生在天正五年（1577）九月二十三日，上杉谦信再次与织田信长本人亲自率领的数万骑展开决战，并取得了与上次相同的结果，斩杀织田军千余人，而织田的溃兵残卒准备渡过手取川逃亡时，不幸赶上手取川发洪水，结果溺死了一大半人。

但是，在永禄十二年时，织田信长打下美浓也才不过两年，距离他消灭朝仓、浅井二氏，占领越前、近江的天正元年（1573），还有四年时间。而通过近江、越前，是织田信长打到加贺的必经之路，在当时连这两个地方都没能够统治的信长，又怎么可能会出现在加贺手取川，与上杉谦信军爆发冲突？至于上杉谦信方面也是同理，在永禄十二年时，越中西部的一向一揆与谦信为敌，谦信当时尚未能突破这道防线，攻入加贺，更别说在南北加贺分界的手取川与织田信长发生战斗。上杉谦信平定越中一向一揆，突破越中防线攻入加贺，和织田信长一样，在时间上同样是天正元年以后。因此，永禄十二年，无论织田信长还是上杉谦信，在时间和空间上，都不具备进入加贺并发生交战的条件，《谦信公御年谱》的说法显然有误。而且，在《谦信公御年谱》当中的第一次手取川之战和第二次手取川之战，尽管发生年份不同，发生日期却惊人地一致，都是九月二十三日，世界上哪里可能会有如此巧合的事情？显然是出于编撰者的虚构。第一次手取川之战，在时间上来说是不可能存在的；至于第二次手取川之战，从时间上看，也很可能并不存在。前文已经提到过，上杉谦信自己在书信当中声称战斗发生在九月二十三日，但在书信末尾的落款日期上，却写明是“九月十九日”。相当于说自己在九月十九日的时候写下了信，预言自己将在几天之后的二十三日与数万织田军展开决战并取得大胜，哪里可能会有这种荒诞离奇的事情发生？

事实上，江户时期的夏目军八、畠山义真、宇佐美定佑等人，不仅撰写了许多有关上杉谦信的伪书，如《北越军记》《管窥武鉴》《川中岛五箇度合战之次第》等，甚至还亲手捏造了不少伪文书，诡称是上杉谦信自己亲笔撰写的。江户时期的出羽米泽上杉家继承自越后上杉家，在上杉纲宪作为藩主的时代，家臣们编撰了《历代古案》《谦信公御年谱》等上杉家官方史料。其中，《历代古案》是收集古文书性质的史料集，本身并不展开叙事；而《谦信公御年谱》则是站在传主的立场上直接展开叙事的一部史料。而两书在编纂过程中，也很大程度上受到了夏目军八、畠山义真、宇佐美定佑等越后军学者的影响，在未加甄别清楚的情况之下，收录了许多他们捏造的伪文书、伪记录。《谦信公御年谱》本质上便是在宇佐美定佑《北越军记》的基础上加以改写而来的，虽然在一些大是大非的历史问题上做了澄清，但在具体的历史事件上，犯下的错误并不比《北越军记》少。《历代古案》则相对要好一些，虽然也收录了一些军学者捏造的伪文书，但造假文书的数量毕竟比《北越军记》这一类直接虚构事实的书籍要少，但也不可避免地受到了一定影响。而鉴于《历代古案》中收录的那则“手取川之战”文书的扑朔迷离，不得不令人怀疑那则文书本身也是出于军学者的捏造，而被《历代古案》辗转收录在其中了。

如此猜测并不是没有依据，这是有证据支撑的。前文提到过，根据《加贺国手取川出水考》一书考证，整个日本战国时代，手取川都没有发洪水的记录；而在《历代古案》收录的上杉谦信文书当中，却声称在天正五年九月二十三日的手取川之战中，手取川发洪水，导致来不及逃走的织田军溺死大半，这是与事实不符的。《历代古案》记录的手取川之战，说手取川发洪水，应该是取材于军记史料当中的桥段，经过演变而来的。

在早于《历代古案》成书的军记史料《松陵夜话》中，就记录了类似情况，但与《历代古案》的说法稍有差异。《松陵夜话》说，织田信长为了救援遭到上杉谦信攻击的加贺松任城城主长重连，派出柴田胜家、佐久间盛政、丹羽长秀、前田利家、羽柴秀吉、氏家直通、泷川一益等将士，让他们统领四万八千兵力去展开救援。但是，还未等柴田胜家等人抵达松任城，此城便已经被上杉军攻陷。感到救援已经失去意义的柴田胜家等人，便渡过大圣寺河撤军，但在撤军途中织田军自相拥挤，结果溺死了数百人之多。《松陵夜话》提到的织田军撤退时溺死之事，不是手取川，而是大圣寺河，这点与《历代古案》不同。而所谓的大圣寺河，应该就在加贺大圣寺城旁边。大圣寺城位于手取川以南，属于南加贺，当时是织田家的势力范围。但是，既然此时织田军尚留在南加贺的大圣寺城，没有渡过手取川进入北加贺，又有什么必要在自家阵地自乱阵脚？这与常理不合。可能正是基于这点，再后来的军学者改写了《松陵夜话》的相关内容，将织田军渡河逃亡但溺死一大半人的地点改写到了南北加贺分界的手取川，认为这样解释更合理，并伪造成是上杉谦信本人亲笔撰写的文书，之后又被《历代古案》辗转收录。《松陵夜话》当中的这一场柴田胜家等人不战自溃的“大圣寺河逃亡”，很可能就是后来军学者捏造的“手取川之战”的创作原型。

除去《松陵夜话》中的“大圣寺河逃亡”与《历代古案》中的“手取川之战”情节高度相似之外，朝仓宗滴在享禄四年（1531）的加贺今湊川之战、织田信长在永禄九年（1566）的美浓河野岛之战，这两战的具体情节都与“手取川之战”高度相似。江户时期的越后军学者，也极有可能参照了今湊川之战、河野岛之战的内容，而创作出了“手取川之战”。

不过，还有另外一种说法，认为《历代古案》中有关“手取川之战”的文书并不是出自军学者的捏造，而是出自上杉谦信本人的夸大其词。持这一意见的主要有武山宪明《上杉谦信之谜·战国正义英雄传》、日置谦《石川县史》两书，都认为上杉谦信刻意夸大了手取川之战的规模，其声称的敌方主将是织田信长本人、斩杀织田军千余人、织田溃军渡过手取川逃亡时又淹死了大半人马，这些言论都是不实之词，出自上杉谦信本人的刻意虚构，是当时一种很常见的对外宣传手段。日置谦引用了一个例子，上杉谦信自己在天正六年（1578）写给某将的一封书信中，吹嘘自己已经掌控了越中、能登、加贺全境，以及一半的越前。对此，日置谦对上杉谦信表达了强烈的揶揄和讽刺，认为上杉谦信虽然占据了越中、能登全境，但至死也未能在加贺设置统治机构，至于越前更是寸土未得，讥讽他是吹牛大王，厚颜无耻，以后被冥官拉到地狱去不知有何面目对质。基于相同的例子，日置谦认为上杉谦信在书信交流上吹嘘自己是常态，连自己实际掌控的地盘都敢天马行空地乱吹一通，更别说像“手取川之战”这种常态的战斗，故意夸大其词也是非常正常的事情。基于以上这些考虑，在《石川县史》《上杉谦信之谜·战国正义英雄传》两书中虽然没有完全否定“手取川之战”的存在，但都一致认为这是一场被上杉谦信本人严重夸大的战斗，实际上不过是场小规模的战斗。

综合各说，真实的“手取川合战”应该是这样的：

天正五年，上杉谦信进军攻打能登畠山氏的七尾城，织田信长向七尾城派出四万援军，以柴田胜家为总大将。织田军渡过了南北加贺分界的手取川，到达北面水岛布阵。但之后不久，柴田胜家就收到七尾城被上杉军攻陷的消息，便认为救援已经毫无意义，于是撤军南还。上杉谦信对织田军进行追击，但是并未能追赶上柴田的大部队，只能斩杀了留在水岛的几十个织田残兵。历史上真实存在的只有这场规模非常小的“水岛之战”，而没有所谓的“手取川之战”。但在战后为了炫耀，起到对外宣传的作用，上杉谦信诡称与织田信长本人亲自率领的数万人在手取川发生激战，并杀死敌军千余人，织田军渡河逃亡途中，又不幸赶上手取川发洪水，结果又溺死大半。这，应该就是充满争议的加贺手取川之战的真实面目。

越中征战史考证

在上杉谦信的战争史当中，越中征讨战争充满了传奇色彩，充斥着大量后世或虚构或谬传的情节。在各类史传、军记当中出现的虚构的越中战争，时间跨度从天文十五年（1546）开始，一直到天正五年（1577），整整有三十年时间。这些混淆视听的误说，长期以来流传于世间，影响非常久远，实在是害人不浅，亟待做出更正。

谦信的早期越中出兵

在过去的旧说中，认为上杉谦信的父亲长尾为景在天文年间的越中出阵当中，由于受到椎名康胤、神保长职、板屋政广、加贺一向一揆等势力联手伏击，最后不敌身亡。从这以后，谦信为了替亡父报仇，屡屡提兵杀入越中。这一说法广泛见于江户时代成书的《越后军记》《北越军记》《北越军谈》《春日山日记》《肯构泉达录》等军记史料。综合以上这些军记的记载，上杉谦信早年的越中侵攻过程大致如下：

天文十五年（1546），年方十七岁的上杉谦信为了践行替亡父报仇的诺言，开始了他的复仇之路。七月，谦信率领两千余骑渡过姬川，杀入越中，在杀父仇人椎名康胤领内纵火泄愤。但由于刚出山的谦信力量实在是弱小，在一番破坏之后便撤军返回越后，没有与椎名军实际发生交战，而其对越中的侵扰亦很快遭到报复。天文十六年（1547）七月二十七日，椎名康胤纠合板屋、甲斐庄、游佐、七寸五分等越中豪族，共出动六千余骑，从越中侵入越后，进阵至颈城郡的姬川附近，对谦信展开还击。谦信在家臣支持下调动五千余兵力迎战，最终将越中联军击退，取得了反击战的胜利。

天文十七年（1548）八月二十一日，矢志为父报仇的上杉谦信再度从越后出师，率领六千余骑杀入越中，与椎名康胤、神保长职联军交战，但是年轻的谦信此时尚缺乏历练，在椎名、神保的联手抵抗之下，战斗失利。作战宣告失败的谦信在九月三日收集败兵，逃窜回越后。

天文十八年（1549）六月，上杉谦信再次攻入越中，布阵于黑部川的边上。经过一番武力挞伐，谦信先后降伏了石动山城守、游佐加贺守、长泽筑前守、有坂备中守、平子和泉守等越中豪族，他们纷纷向谦信交上人质。七月，谦信撤兵回到越后，椎名就立即派出追兵，先击败了投降谦信的游佐、有坂，二人派人向谦信送上急报，请他回兵越中。谦信知晓后，又渡过姬川，杀回越中，击败了椎名军。在宫崎城留下了相应守备人员后，谦信回到越后。

天文十九年（1550）闰五月十八日，上杉谦信再入越中，与椎名、神保继续作战，但是并没有取得胜利。谦信在越中滞留，一直待到六月中旬，他在越中边境留下了长尾源七郎景久、长尾右兵卫景森等将领，自己动身返回越后。同年九月，上杉谦信再次进入越中，杀进椎名康胤的领地。当时越中的小井手城，有一个叫二宫兵库助的人，他勾结椎名，一同对谦信发难。谦信带兵讨伐他，二宫兵库助以短兵急袭，杀向谦信阵下。但谦信见状，激励士卒作战，一鼓作气打败了椎名、二宫联军，致使二宫兵库助战死，椎名则逃回了老巢。

以上这些，便是军记史料当中所记录的，从天文十五年开始，一直到天文十九年为止，上杉谦信发动的早期越中征讨战。谦信出兵的动机，是为了替战死在越中的亡父长尾为景报仇，故屡次征讨椎名、神保等杀父仇人。但是，提出长尾为景战死越中说的，多是成书于江户时期的军记，而诸书对于为景的确切阵亡时间，却没有统一的记录，充满了矛盾，大致有以下几种不同的说法：

长尾为景死亡时间	史料出处
天文五年三月十一日	《越后治乱记》
天文五年十二月二十四日	《林泉寺旧过去账并旧灵碑写》
天文五年十二月二十五日	《吉江氏藏过去账》
天文七年四月十一日	《异本长尾系图》《宇佐美系图》《北越军记》
天文七年四月二十四日	《竹股系图》
天文九年极月二十四日	《别本越后治乱记》
天文十一年四月二十四日	《转轮寺灵碑》
天文十一年十一月二十四日	《林泉寺过去账并灵碑》《长尾系图》《米泽外史》
天文十四年二月十一日	《续本朝通鉴》《椎名先祖由绪书》《越杉小记》
天文十五年五月十九日	《越中志》《千光寺灵碑》

如果连具体的阵亡时间都不能确定，长尾为景战死越中的说法又如何能让人信服呢？如果长尾为景战死越中的说法不能成立，那么上杉谦信为了“替亡父报仇”而发动的几场早期越中侵攻战，自然也不能成立。根据近年新发现的史料《越后过去名簿》，已经确认长尾为景是在天文十年（1541）自然病死的，并不是阵亡于越中。而越中椎名家也不可能是上杉谦信的“杀父仇人”，因为椎名家本身就是越后上杉家的从属国众，是长尾为景委任在越中新川郡的代官，甚至椎名家的家主椎名康胤还收养了上杉谦信的族弟长尾小四郎景直作为养子，这些事实等于否定了上杉谦信早期的越中出兵记录。

在江户时代的《越登贺三州志》一书当中，也对谦信早年的越中出兵强烈质疑，作者富田景周如此记录道：“天文十五年以下，谦信频年向越中出军之事，出自《北越军谈》《北越太平记》《春日山日记》《越后军记》等书。其文各抵牾错乱，恐有重复之讹误也，俟以后订正。”在大正六年（1917）成书的《上杉谦信传》一书当中，参考可信的文书史料，认为上杉谦信首次越中出阵应当是在永禄三年（1560），而非天文十五年那么早。布施秀治把军记史料当中所记录的谦信早期越中战争，直斥为是“野乘所记”，认为只不过是稗官野史而已。在昭和二年（1927）成书的《石川县史》，其作者日置谦也否定了军记史料当中上杉谦信早期出兵越中的记录，认为那不过是出自“野史私乘”的记录，同样认为上杉谦信的首次越中出兵是在永禄三年以后，在之前并没有侵入过越中。

总而言之，军记史料当中所记录的上杉谦信从天文十五年七月开始，到天文二十一年九月为止的早期越中征讨战，并不是事实。长尾为景是自然病死，并不是战死于越中，谦信为了“替亡父报仇”而出兵越中的说法并不能成立。上杉谦信的第一次越中出兵是在永禄三年，这是自布施秀治《上杉谦信传》以来形成的定说，其出兵动机是为了救援当时受到神保长职攻击的从属国众椎名康胤。

越中鱼津城攻防战争

在江户时代成书的军记《北越军谈》《越登贺三州志》当中，记载了上杉谦信在天文到弘治年间，与越中豪族板屋政广进行的鱼津城战争。板屋政广在军记史料的记录中，也是谦信的“杀父仇人”，伙同椎名康胤、神保长职等势力在越中杀死了谦信的父亲长尾为景。因此，在军记史料中，上杉谦信对板屋政广的鱼津城发起进攻，动机也是“为亡父报仇”。据两书记载，越中鱼津城攻防战的具体经过如下：

天文二十三年（1554）三月，上杉谦信发起第一次越中鱼津城进攻战。板屋政广眼看谦信来势汹汹，见势不利，于是纠合神保政氏、泷三郎左卫门、寺崎民部左卫门、斋藤带刀、土屋平次左卫门、游佐信浓守、土肥、仓光、唐人等越中豪族共计四千余人，以及由加贺一向一揆首领洲崎兵库、高坂大坊主派遣过来的三千僧兵，共同进入鱼津城防守，抵抗谦信的进攻。由于敌军人多势众，此次进攻鱼津城，当时年纪尚轻的谦信在板屋政广纠合的联军反击之下惨败，狼狈逃窜回了越后，以失败告终。

耻于在鱼津城下的挫败，谦信在弘治元年（1555）七月重振军势，再度攻向鱼津城。这一次板屋政广失去了外援，只能激励士卒坚守城池。顿兵坚城之下，一时半会儿上杉军也难以立即将其攻克。谦信听从谋士宇佐美定行的计策，佯装解除对鱼津城的围困，做出撤军的姿态，但同时在城外设置了伏兵，静待鱼津城内的守军中计。板屋政广不明就里，以为谦信又是怯战逃走，于是不做多想，打开城门，派出城兵对上杉军进行追击。这时候谦信埋伏在周围的伏兵突然杀出，鱼津城兵猝不及防，众多士卒惨死于上杉军的锋刀利刃之下。歼灭诱出城外的鱼津城守军之后，谦信下令在鱼津城下四周纵火，上杉军层层堵截出口，鱼津城腹背受敌，失去外援，板屋政广窘困之下，只能向谦信投降。至此，鱼津城宣告陷落。这时候，越中诸豪族才感到唇亡齿寒。神保、土屋、唐人、村田等越中国人众纷纷赶过来救援，但为时已晚，这时鱼津城已经陷落，姗姗来迟的越中豪族联军也在谦信的攻击下溃败，救援失败。

以上便是在《北越军谈》《越登贺三州志》当中所记载的，从天文二十三年到弘治元年之间，上杉谦信进行的越中鱼津城侵攻战。但是，两书对这两场战事的记录，可以说都是虚构捏造之词，很经不起推敲。上文已经提及过，长尾为景是在天文十年（1541）自然病死，在越中战死的说法是出自《越后军记》《北越军记》等军记史料的捏造，所谓上杉谦信“为亡父报仇雪恨”而出兵越中的说法自然不能成立。

至于越中鱼津城，根据可靠的原始文书记载，直到永禄十二年（1569）才确认由上杉家将领河田长亲进驻，在此之前没有任何有力证据能证明上杉谦信支配了鱼津城。在石林文吉的《加贺能登的战争》一书当中，则认为鱼津城是上杉谦信在永禄十一年（1568）拿下的，因此，《北越军谈》《越登贺三州志》当中所记载的天文二十三年、弘治元年的两次鱼津城之战，在事实上都是不存在的，属于军记史料的捏造。在当时，上杉谦信并无必要“替亡父报仇”杀向鱼津城，接管鱼津城也是迟至十多年以后的事情。

《北越军谈》《越登贺三州志》记载上杉谦信在弘治元年消灭板屋政广拿下鱼津城后，又多次出兵越中，寻觅另外两名“杀父仇人”椎名康胤、神保长职决战，而鱼津城也在此期间受到越中豪族的攻击，但是被上杉军给击退。其经过如下：

攻灭了板屋政广以后，谦信的矛头再次对向椎名康胤、神保长职两大杀父仇人。弘治三年（1557），在谦信命令下，柿崎景家、长尾小四郎、小笠原彦次郎等上杉家将领从鱼津城出发，往神保长职的富山城进军。结果神保长职联合石黑右近、益木中务丞、江波五郎等越中豪族逆击上杉军，使得柿崎景家等人败走。翌年即永禄元年（1558），上杉谦信亲自率领精兵锐甲，浩浩荡荡出师越中，在富山城、放生津城、增山城、木舟城周围的村舍民屋纵火，挑衅敌军。在割取了周边的麦田，大肆掳掠一番后，谦信满载而归，返回越后。永禄二年（1559）七月二十七日，上杉谦信分精兵为八队，再次从越后进入越中，与椎名康胤、神保长职交战，这一次取得了相当不错的战果，上杉军杀死越中士卒七百零六人，椎名、神保军大败逃窜。再之后，到了元龟元年（1570），神保长职的同族神保氏春与唐人丹波、江波平太夫、神保正武、泷三郎左卫门、寺崎民部左卫门等越中豪族组成联军，一同攻打上杉家在越中的据点鱼津城。鱼津城守将柿崎景家及时向上杉谦信告急，请求援军。谦信旋即出马，围困鱼津城的越中豪族不敌谦信，乃解围退走，撤回富山城。

但是，《北越军谈》《越登贺三州志》记载的这一期间的越中攻防战，也是不可能存在的。其中从弘治三年到永禄二年连续发动的三场合战，上杉谦信是针对椎名康胤、神保长职联军的。但前文提到过，越中椎名家本身便是长尾为景委任在越中新川郡的代官，自长尾为景时代以来，就与越后上杉家关系友好，椎名家的当主椎名康胤甚至收养了谦信的族弟长尾小四郎景直作为养子。椎名康胤直到永禄十一年被武田信玄策反，才与上杉谦信反目，在此之前一直与谦信是友好的关系，谦信没有必要在此之前对他动武。而神保长职对抗上杉谦信，也是永禄三年（1560）以后的事情。且神保长职一直与椎名康胤关系不睦，根本不可能和他组成联军对抗上杉谦信。所以，军记史料中声称的上杉谦信在永禄三年前与神保交战、在永禄十一年前与椎名交战，或者与神保、椎名联军交战的言论，全部都是无稽之谈。

至于最后一场发生在元龟元年的鱼津城防御战也是如此，在细节上存在很多疑点。虽然在永禄十二年以后，越中鱼津城能够确认为上杉家所支配，但是鱼津城的守将是河田长亲，不是柿崎景家。而组织越中豪族联军进攻鱼津城的这一位神保氏春，在历史上也根本就不存在。虚无的“神保氏春”不可能在谦信亲自出马后，不敌战败而撤回富山城。早在永禄五年（1562）之时，原属神保长职的富山城便已被谦信拿下，神保长职的地盘全部被打下，此时并不归神保家支配，“神保氏春”根本无处存身，不可能在元龟元年逃回富山城。所以，这一场元龟元年的鱼津城之战，也是不可能存在的。

总而言之，在《北越军谈》《越登贺三州志》当中所记载的从天文二十三年开始的越中鱼津城攻略战，到元龟元年落幕的鱼津城防卫战，这期间一共历经六场合战，都是属于军记史料的捏造，在事实上并不存在。

永禄六年放生津之战

在《北越军记》《北越军谈》《越登贺三州志》《肯构泉达录》《上杉家谱》等军记史料当中，记载了一场发生在永禄六年（1563）八月的越中放生津之战。这一场合战，是文字记录中谦信最为辉煌的一场胜战，取得了骄人的战果，非常值得一书。

诸军记对上杉谦信发动放生津之战动机的记载完全一致，也是前文屡次提及的“为亡父报仇”说。说是长尾为景在天文年间的越中出阵中，在栴檀野（或作千壇野）之战当中因受到神保、椎名、江波、加贺一向一揆联军的埋伏而战死，上杉谦信在继承家督位置后，不断提兵杀入越中，“为亡父报仇”。根据《越登贺三州志》《北越军记》《上杉家谱》的记录，上杉谦信在永禄六年八月率精兵锐甲一万五千向越中进发，攻打松仓、小出二城，斩首四千余级；又至放生津，与神保长职、椎名康胤、江波三河守联军展开激战，大败越中军。获得胜利后，谦信对败军展开追击，斩江波三河守一族十六人，枭其首于栴檀野，以告慰其父长尾为景在天之灵，之后在九月下旬收兵返回越后。

但是在上杉谦信的官方传记《谦信公御年谱》当中，虽然也有上杉谦信在永禄六年八月攻入越中的记录，但只提到了一场“增山城之战”，重点提及了谦信的爱将河田长亲在此战当中如何奋勇作战，并没有提到谦信攻克松仓、小出二城，斩首四千一事，也没有提到之后的放生津之战及谦信与神保长职、椎名康胤、江波三河守联军交手的事情。明治时期成书的《上杉谦信公略履历》，其说法和《谦信公御年谱》一样，也提到上杉谦信在永禄六年八月攻入越中，并发生“增山城之战”——上杉军往神保氏的增山城进军，敌军士卒在途中埋伏，但是这一动向被谦信察觉，谦信命令河田长亲反戈一击，将埋伏的敌军尽数歼灭；而且也没有提到谦信攻打松仓、小出二城，斩首四千一事，更没提到之后的放生津之战及谦信与神保长职、椎名康胤、江波三河守作战。此外，《赠从二位上杉辉虎公传记》《越佐史料》《越中史料》等以可靠文书记录为主的史料，都没有提到放生津之战，对放生津之战舍弃不取。

从史料源流上分析，放生津之战的最早出处是宇佐美定佑的《北越军记》，之后被《越登贺三州志》《上杉家谱》等书辗转引用。《北越军记》记录长尾为景在天文九年（1540）三月于越中战死，之后谦信兴兵复仇，终于在永禄六年击败了杀父仇人椎名、神保、江波组成的联军，并将江波一族十六人枭首，到为景当年战死的梅檀野祭拜，告慰其在天之灵，其出兵动机是为战死越中的亡父报仇。但近年新发现的史料《越后过去名簿》，将长尾为景的死亡时间确认为天文十年（1541），认为是自然病死，并非战死越中。正规的学者著作都采纳这一说法，这使得军记中的长尾为景战死越中一说不能成立。而且从文书记录上看，越中椎名氏在永禄十一年（1568）前一直是从属上杉家状态，在这一年因受到武田信玄策反才与上杉谦信反目，谦信在这之前的永禄六年没有对其用兵之理。诞生于军记世界中的这一场越中放生津之战，存在诸多可疑之处。尽管放生津之战非常辉煌，是文字记录中上杉谦信战果最大的一战，但是从《谦信公御年谱》开始的书，到现在的相关著作，都没有采纳此说。

《谦信公御年谱》《上杉谦信公略履历》的说法也有误，虽然没有说发生放生津之战，但却说上杉谦信在永禄六年八月出阵越中攻打增山城，这在可靠的文书记录中同样也并不存在，没有确切有力的原始史料能够佐证这一说法。米泽上杉家最后一代家臣伊佐早谦编写的《赠从二位上杉辉虎公传记》就不采此说，一并舍弃放生津之战与增山城之战。可以说，上杉谦信在永禄六年整整一年，对越中都没有任何军事行动。

永禄九年增山城之战

在《北越军记》《越登贺三州志》中，记录了一场永禄九年（1566）的越中增山城之战，此战也有许多疑点。据两书记载，上杉谦信在当年五月份从越后发向越中，亲自攻打神保越中守长氏所属的增山城，另派遣部将上杉弥五郎义春攻打同国小出城，虽未将增山城攻陷，但将小出城攻陷，随后谦信在七月撤兵返回越后。

平成元年（1989）出版的《战国合战大事典·石川县篇》，给这一场增山城之战增添了许多丰富的故事情节。根据此书的介绍，永禄九年上杉谦信入侵越中，苦攻神保长职（而非神保越中守长氏）据守的增山城数十日而不下，为此甚为苦恼。这时候一个名叫妙净的老尼姑出现在谦信面前，告诉他给增山城输送军粮的密道在城东的山中，意思让谦信阻断这条路，断绝增山城内的粮食，不日即可陷城。谦信大喜过望，按照这个老尼姑吩咐的话做，顺利找到了输送粮食的密道，并阻断了这条路，阻止粮食输送到增山城内。在这样的情况下，增山城守将顿时气沮，在巨大的兵力反差下，最终被上杉军攻陷，神保长职在重臣护卫下逃离了该城。而神保长职的夫人听到丈夫逃走的消息后，没有选择退却，还是和一干侍女与上杉军决死一搏，并杀死六十余名上杉军士卒，自己也身受多处刀伤。但这终究只是飞蛾扑火、蚍蜉撼树，最终神保夫人在回天无力的情况下携带家宝投井自杀了。这被记为增山落城的哀史。

昭和二年（1927）出版的《石川县史》，批判了军记史料中关于上杉谦信越中出阵的时间记录，认为正确的次数应该是永禄三年、永禄九年、永禄十一年、永禄十二年、元龟二年、元龟三年、天正元年（三月及七月）、天正四年这九次，认为永禄九年五月的增山城、小出城之战是存在的。

但是，根据《上越市史·上杉氏文书集》所引《上杉辉虎书状》这一可靠的文书记录来看，早在永禄五年（1562）十一月，神保长职的增山城便已经被上杉谦信攻下，此后一直稳固地掌握在其手中，没有必要在永禄九年再行攻打。《北越军记》是记载这一场增山城之战最早的史书，但其中受到谦信攻击的并不是神保长职，而是神保越中守长氏，此人的身份并不明确，怀疑是《北越军记》假托的一个人物。因此，无论从时间还是作战对象来看，这一场所谓的“增山城之战”在事实上都是不可能存在的。不过，也有一种意见认为此战是存在的，例如昭和时代初期的史料集《越佐史料》。根据《越佐史料》作者的说法，在永禄九年八月二十六日，本愿寺显如上人写给武田信玄一封信，信中提到感谢信玄向本愿寺通风报信，提醒上杉谦信将有入侵加贺的可能。这一书信，被《越佐史料》视作上杉谦信确实在永禄九年对越中发动过进攻的证据，因为要侵入加贺，必须使用武力先使得越中屈服。因此，《越佐史料》在注释中说，有关谦信在这一期间的越中攻略战，详细可参考《北越军记》《越登贺三州志》二书的记录，肯定了攻打增山城、小出城的说法。后来井上锐夫的《信玄与谦信》一书，也沿用了这一种说法。

但是《越佐史料》的观点也有误。上杉谦信要进入加贺，确实要先用武力使越中屈服。但是上文已经提到过，早在永禄五年，神保长职的增山城便已经被上杉谦信拿下，神保长职也对谦信表示降服，谦信根本没有必要在四年后的永禄九年再次对增山城展开进攻。在当时，越中的椎名康胤是谦信的从属国众，神保长职降服于谦信，谦信在越中的敌人只有统治西砺波郡、西射水郡的越中一向一揆。而根据《寸金杂录》《护国八幡宫文书》《北征遗文》这些可靠的文书记录来看，上杉谦信初次进攻越中一向一揆，时间是在永禄十一年（1568），在此之前并没有对其发动过战争。因此，无论从哪一点来看，这一场发生在永禄九年的增山城之战，实际上并不存在，源于《北越军记》的捏造。

元龟二年富山城之战

在江户时代成书，由出羽米泽上杉家编纂的上杉谦信官方传记《谦信公御年谱》中，记载了一场发生在元龟二年（1571）三月的越中富山城之战。大意是说，椎名康胤在永禄十一年（1568）前是越后上杉家的从属国众，与上杉谦信是友好关系，但在该年因受到武田信玄策反而与谦信反目，便遭到谦信的讨伐。上杉谦信在这期间发兵进入越中，以河田长亲为先阵，对椎名康胤的附庸城富山城展开猛攻。由于河田长亲的出色表现，椎名军惨败并导致富山城陷落，自椎名氏的累代家臣饭坂隼人佐以下，椎名氏的精兵锐士在这一战全部覆灭。而谦信在战后作为奖赏，将富山城赏赐给了河田长亲。

但是这一战实际上存在诸多疑点。首先，富山城向来是越中神保家的主城，而不是《谦信公御年谱》所说的那样，是椎名氏的附庸城，在常识问题上就犯下了错误。且上杉谦信早在永禄五年（1562）的越中出兵后，就已经顺利拿下神保氏的富山城，将其牢牢地掌握在手中，在之后并没有遭椎名氏所抢夺，易手于椎名氏手中。椎名康胤在永禄十一年遭到武田信玄挑拨之前，是从属于上杉谦信的关系，不可能在谦信拿下富山城的永禄五年之后，贸然与其抢占地盘。而在永禄十一年与谦信反目之后，椎名康胤在越中的主城松仓城，以及作为松仓城屏障的新庄城、金山城、鱼津城，不断受到上杉军的攻击，在次年一并被拿下。椎名康胤丧失了全部地盘，之后带领椎名家臣，投奔越中西部的一向一揆去了。这个时候椎名氏已经是自顾不暇，失去容身之所，根本没有余力去打富山城的主意。

根据上杉谦信亲笔撰写的文书记录看，他在元龟二年三月这段时间里，率军踏入越中压制反上杉势力，在三月十七日渡过神通川，十九日攻克了守山、汤山二城，但并没有提到在富山城发生交战。《谦信公御年谱》则说上杉军在三月十五日进攻富山城，到了十八日将其拿下。作为后世史料的《谦信公御年谱》的这一套说辞，与谦信本人的亲笔书信一经对照，足可证明富山城没有发生交战。富山城的位置在越中神通川以东，守山城、汤山城在神通川以西，既然上杉谦信已经在三月十七日率军渡过神通川，去进攻神通川以西的守山城、汤山城，并在十九日将两城攻陷，又怎么可能在十八日回过头拿下神通川以东的富山城？两地可是间隔了一定距离的。而且上杉谦信也没有可能在十七日渡过神通川进入越中西部时，留下一部分兵力继续进攻东部的富山城。即便是《谦信公御年谱》，虽然提到富山城之战赖河田长亲出了很多力，但也是提到上杉谦信和他一同在十八日当天拿下的，因此并不存在这一可能。

而根据高冈彻《战国期越中的攻防》一书介绍，早在永禄十二年（1569），椎名康胤在越中神通川以东的势力就已经完全崩溃，“城头变幻大王旗”，椎名的地盘全数为上杉军接手。落魄的椎名康胤带领家臣们渡过神通川，逃亡至越中西部，投靠越中当地的一向一揆，根本不可能掌握神通川以东的富山城。到了元龟二年三月，椎名康胤联合越中一向一揆，首次尝试反击，欲夺回昔日故地。椎名、一向一揆联军攻击的对象是上杉家在越中最前线的基地，也就是在神通川以西的日宫城。这个时候越中自神通川以东，包括富山城在内，都是上杉家的势力范围，又如何会发生富山城之战呢？所谓的“富山城之战”，实际上仅是《谦信公御年谱》的虚构之战，在时间、空间上都不可能存在。

长期以来的历史著作，都误信了《谦信公御年谱》的记载，导致难以自圆其说。在大正六年（1917）由布施秀治写作的《上杉谦信传》一书当中，杂糅可靠的文书史料和并不完全可靠的《谦信公御年谱》来写谦信的越中战争，写到这一战时也感到很突兀。因为根据文书记录，神保氏的富山城在永禄五年（1562）就已经被上杉军拿下，之后也没有史料交代此城在元龟二年前易手到了椎名氏手中，而《谦信公御年谱》的记录却出现了上杉军在元龟二年再次进攻富山城的记录。对此，布施秀治也感到一头雾水，他不太自信地自圆其说解释道："这大概是谦信在永禄五年撤军后，富山城又陷入敌手。"而这一说辞纯粹是无稽之谈，没有任何证据支撑，完全是布施秀治强行附会出来的。

而自大正六年布施秀治的《上杉谦信传》沿用这个说法以来，这一场诞生于《谦信公御年谱》的元龟二年三月的富山城之战，就误传了八九十年时间，让许许多多人误信。《越中史料》《越佐史料》《大日本史料》《上杉谦信公年表》等史料集性质的著作，纷纷沿用《谦信公御年谱》的说法，对此深信不疑。唯一例外的是《富山市史》一书，认为这一场富山城之战仅有《谦信公御年谱》的一家孤证，根本没有其他有力的证据能证明，故而保存了一些疑虑。但为了显得不背离通行的说法，《富山市史》还是不得已收录了《谦信公御年谱》的这一说法。直到平成十七年（2005）以后，由上杉谦信的诞生地，也就是现在的新潟县上越史所编修的《上越市史》，以及之后出版的《上杉家年表》，才逐渐弃用了《谦信公御年谱》的这一套误说，几乎历时百年之久的错误才得以纠正。

追根溯源，实际上《谦信公御年谱》中的这一场富山城之战，其原始依据还是军学者宇佐美定佑撰写的《北越军记》，而《谦信公御年谱》的编写者为了掩盖其抄袭的痕迹，故而做了大幅度的改写，使得其面目全非。《北越军记》原文记载，在元龟二年三月，被上杉军攻陷的是椎名氏所属的鱼津城，而不是富山城。鱼津城之战后，椎名康胤受到上杉军重大打击而没落，椎名氏从此以后便覆亡了，谦信将椎名氏遗领六万贯以及鱼津城一并赏赐给了河田长亲。但这一说法也不是事实，根据谦信本人撰写的文书记录，越中鱼津城最迟在永禄十二年就已经为上杉家所支配，在同年已经由河田长亲入驻。在石林文吉的《加贺能登的战争》一书中，则认为鱼津城陷落的时间是在永禄十一年，此说亦可参考。

所以，无论是《北越军记》所说的上杉谦信在元龟二年三月攻陷越中鱼津城，导致椎名家因此没落，还是《谦信公御年谱》所说的谦信在同一时期攻陷富山城，导致椎名氏家中的精兵锐卒悉数战死，这两种说法全都不是事实。鱼津城最迟在永禄十二年就已经为上杉家所支配，由河田长亲进驻；而富山城更是早在永禄五年就已经被上杉家从神保氏手中夺取。至于椎名康胤一族的没落，实际上在永禄十二年的松仓城之战输给上杉谦信以后就已经形成定局。松仓城之战后，越中神通川以东的椎名氏旧领全部沦陷，丧于上杉谦信之手，椎名康胤亡命越中西部。总之，元龟二年三月并没有在越中神通川以东发生富山城之战或者鱼津城之战，实际上存在的只有神通川以西的守山城之战和汤山城之战，《北越军记》和《谦信公御年谱》两书的说法都是错误的。

此外在《越登贺三州志》一书中，也提到在元龟二年三月期间，飞驒豪族盐屋秋贞进入越中，到处攻城略地，最后在越中、飞驒交界的西猪谷遭到上杉谦信攻击而战败，最后降服于谦信。这一记载虽出自和《北越太平记》《谦信公御年谱》一样的后出史料，但是能够得到有力史料的佐证，证明其是确实存在的。谦信的族弟长尾小四郎景直在当时这段时间曾给谦信写信，信中提到盐屋秋贞进入越中并筑城。这是第一手史料，故而能够佐证《越登贺三州志》的记载，证明当时盐屋秋贞确实侵入越中，而上杉军也有必要将其驱逐。所以虽然同样是记录元龟二年的战事，但与《北越军记》《谦信公御年谱》中的鱼津城之战、富山城之战不同，西猪谷之战有当事人记录的佐证，是可以采信的，而前者因为有足够反证则不能采信。

天正二年越中侵攻战

在军记史料《越登贺三州志》当中，记载了一场上杉谦信在天正二年（1574）针对椎名康胤、神保长职发动的越中侵攻作战。书中说，谦信在当年五月率兵两万攻入越中，与神保长职、椎名康胤交战，但神保、椎名婴城固守，谦信难以将敌城攻克。苦攻不下，因而谦信放弃了对神保、椎名的进攻，转入加贺与一向一揆作战，但是再次作战失利，遂引兵回归越后。同年七月，上杉谦信再度率领锐卒攻向越中，并将木舟城攻克。

但是，根据可靠的文书史料记载，椎名康胤在天正元年（1573）以后就下落不明，很可能已经在这一年的富山城之战当中被上杉谦信杀死，在天正二年仍然存活的可能性很小。至于神保长职也是如此，早在元龟二年（1571）时他就已经身故，不可能在三年后仍然存活。况且，神保长职在永禄五年（1562）以后就一直从属于上杉谦信，在这以后并没有反叛谦信，不可能在十余年后还与谦信兵戎相见。因此，无论从哪一个角度考虑，天正二年五月，上杉谦信都绝不可能与椎名康胤、神保长职交战，因为能够确认神保、椎名当时都已经不在人世，谦信岂能和两具白骨动武？所以，上杉谦信在天正二年五月入侵越中的说法是错误的。

除去五月份的越中出阵，《越登贺三州志》还提到了一场在七月份的木舟城之战，此战在其他史料中也有记载。在江户时期成书的另一本军记《甲越春秋》当中，对于五月份的越中入侵并没有记载，但是对随后七月份的越中木舟城之战却也有提及，记载说上杉谦信将木舟城的城主神保长纯赶走，之后又进入加贺，攻打小山城，杀死加贺一向一揆数千人。

《甲越春秋》声称当时的木舟城城主是神保长纯。但是，这个人具体身份不明，与神保长职有什么关系也不甚明确。《越登贺三州志》在“木舟城之战”一节的注文中提到了两种说法，一说当时的木舟城城主是神保长纯，一说是石黑藤兵卫。不过，在《越登贺三州志》后文的“关野之战”一节正文中提到了当时的木舟城城主是石黑左近，也就是石黑藤兵卫。在江户时代的越中史书《肯构泉达录》中，也提到了当时的木舟城城主是石黑左近，并非是神保长纯。这些都可以证明当时的木舟城城主是石黑左近，而不是身份不明的神保长纯。但这一场天正二年七月的越中木舟城之战也并非事实，文书上并没有上杉谦信在这期间出兵越中的记录，能够确认的只有在前一年的天正元年七月份时出兵越中。

在《甲越春秋》后文又声称，上杉谦信在打下越中木舟城以后，又转入加贺作战，攻打小山城的一向一揆，杀敌数千人。这一场加贺小山之战，有许多后世杜撰的成分，在第一手史料中的原貌是加贺朝日山堡垒之战，首先时间上是发生在天正元年七月，而不是天正二年七月。此外，上杉谦信本人在写给旗本众吉江景资的书信中，承认了自己在此战当中失利，受到极大挫折，并不是什么大胜仗。就连宇佐美胜兴编写的军记《松陵夜话》，都认为这是上杉谦信一生当中仅有的两次败仗之一，而不是什么大胜仗。

谦信自己在书信中对朝日山堡垒之战叫苦不迭，提到由于城内一揆的顽强抵抗并不时使用铁炮对付上杉军，令谦信大吃苦头，屡次下令让血气方刚的十六岁爱将中条景泰不要接近敌方，避免受到一向一揆铁炮弹丸的伤害，而另一将领柿崎源三也在进攻朝日山堡垒途中遭受一向一揆铁炮猛射，为此负伤。对于这一场加贺朝日山堡垒的恶战，谦信本人在文书记录中有很多悲观的言论，而后世的史家一般也对此如实记录，认为谦信吃了大苦头。在江户时代，由米泽上杉家编纂的《谦信公御书集》，也没有掩饰上杉谦信在此战当中的失利，而是如实记录了实情，声称上杉谦信打了两个月还“不陷”，“御滞阵”。

大正时期的上杉谦信研究名家布施秀治，在他的《上杉谦信传》中这么记录加贺朝日山堡垒之战：

“八月十日，谦信自将入加贺，攻同国朝日城。然城兵发铳，丸如雨下，我军死伤甚多。有吉江景泰者年甫十六，随其族景坚，冒弹丸奋战。既而敌请降，且关东传急，遂于八月二十一日班师越后。”布施秀治也提到了上杉军在此战当中的苦战，但补充道之后加贺一揆向谦信求和，而且这时候也正好关东传来急报，谦信就趁势撤军回了越后。这一记载的依据，也是出自谦信本人所撰写的文书，但是却为昭和时期的石川县乡土史家日置谦所怀疑。

日置谦在他所编写的《石川县史》中如此议论加贺朝日山堡垒之战：“七月，谦信再入越中，于二十三日遣部将河田长亲、山浦景国进击加贺。在察觉到一向一揆的意气大为消沉后，八月十日，谦信亲自进兵攻打加贺河北郡的朝日山堡垒。此时城中一揆铳丸猛射，谦信之兵为之死伤甚多，遂同意彼等求降之请，恰此时关东后方告警，谦信遂趁机收军，于同月二十一日凯旋返回越后。但越后侧的记录说一揆向谦信求降，这一记载很值得怀疑，造成谦信退兵的理由很可能仅仅是因为上杉军受损伤的程度颇为重大的缘故。”

日置谦认为一向一揆向谦信求和的记录，很可能是出于越后侧的杜撰，谦信退兵只是因为上杉军损伤太大了。而在日置谦之后的石林文吉，则在他的《加贺能登的战争》一书中，认为是由于不重视铁炮，因而导致了上杉谦信在加贺朝日山堡垒之战败北，直接理解为谦信的败仗。再之后，在花前盛明编写的新装版《上杉谦信》一书中，也附和了石林文吉的意见，认为上杉谦信之所以在加贺朝日山堡垒之战中遭到一向一揆铁炮痛击，并因此吃了亏，是由于不重视铁炮。但是花前盛明在此书当中并没有对加贺朝日山堡垒的胜负做出记录和评论，也没有提到是因为一向一揆向谦信求和，谦信才退兵。此外，在《谦信、信玄的决断与战法》一书中，也记录了加贺朝日山堡垒之战，大致过程和以上诸书都差不多，说谦信苦攻朝日山堡垒，但苦战不拔，上杉军为此死伤甚多，这个时候关东传来警报，北条家入侵上野，接到求援后的谦信停止了对朝日山堡垒的进攻，撤军归国。此书也删除了一向一揆向谦信求和，谦信方才撤军的内容。《石川县史》《加贺能登的战争》《谦信、信玄的决断与战法》三书，都不取一向一揆向谦信求和的说法，而在米泽上杉家编纂的《谦信公御书集》中也没有一揆向谦信求和的记录，甚至说谦信直到九月份还“御滞阵”，由此可见日置谦的推测应该是正确的。上杉谦信之所以在当时退军，实际上主要还是由于损兵过多，元气大伤，而当时关东传来的警报，只是给谦信一个下台阶的体面理由。

总而言之，《甲越春秋》一书当中所声称的上杉谦信屠杀加贺小山城内的数千一向一揆，绝对不是事实，属于此书的捏造，歪曲了事实。事实是当时上杉谦信受到加贺一向一揆铁炮攻击，最终不敌而败退，属于一场败仗。

天正四年莲沼城之战

在江户时代的军记《北越军记》《北越军谈》《越登贺三州志》当中，还记载了一场发生在天正四年（1576）三月的越中莲沼城之战。莲沼城位于越中西砺波郡，是越中最西部的边陲地区。此战是军记史料当中越中国众椎名康胤与上杉谦信进行的最后一次会战，椎名康胤赌上全部的身家性命，结果还是不敌上杉军，在此战中战败，自刃身亡（一说战死）。在军学者慎岛昭武编著的《北越军谈》一书当中，对于莲沼城之战的过程，记载得较为详细，有椎名康胤在战前向武田胜赖乞求援军，武田胜赖派遣家臣板垣氏及越中人神保治部赴救的情节。椎名、武田加起来一共有八千联军，在莲沼城外的鸦川和谦信军一万三千人交战，但最终仍然不敌，椎名康胤败走回莲沼城，在城内切腹自尽。《北越军记》《越登贺三州志》的记载相对较为简略，但说法与《北越军谈》相差不大。

由于有关越中国众椎名康胤的第一手史料并非太多，关于其死亡地以及死亡时间的史料更是少之又少，一般都是以《越登贺三州志》的记载为准，认为椎名康胤战死在天正四年三月的越中莲沼城之战。而《越登贺三州志》此条记录的直接史源就是《北越军记》，偏偏《北越军记》因为杜撰颇多，后人即便知道史源是此书，引用的时候也不肯提到此书的名字，故而后世著作一般都是借用《越登贺三州志》之名，来写椎名康胤败死的莲沼城之战。

但是，在可靠的文书史料当中，椎名康胤最后的活动记录是在天正元年（1573）的年初。当时椎名康胤与加贺、越中一向一揆组成联军，以越中富山城为作乱的大本营，反抗上杉谦信。加贺、越中一向一揆撤兵后，富山城面临上杉谦信重兵压迫，很快将为上杉军攻陷，失去所有退路的椎名康胤通过河田长亲、上杉景胜从中斡旋，向谦信乞降，但是为谦信所拒绝。这是存在于文书记录中，椎名康胤最后的活动记录。至于其最后的下落、生死状况并不明，在可靠的文书史料中，并没有证据显示椎名康胤直到天正四年仍然存活，并且发生了莲沼城之战。

在上杉谦信的官方传记《谦信公御年谱》中，则对上杉谦信攻杀椎名康胤的莲沼城之战进行了反驳，认为并不存在。《谦信公御年谱》中如此记录：上杉谦信在天正元年八月攻陷椎名康胤在越中的主城松仓城、支城金山城，椎名康胤失去容身之地，通过不动山的僧侣向谦信求降。这时上杉军中有人提议诛杀椎名康胤，铲除后患，但谦信念及过去曾和椎名康胤有过旧谊，不忍心痛下杀手，于是将其移往越中今泉城，而将金山城赐给了河田长亲。这种解释能够对得上椎名康胤在史书中最后出现的时间，理解为椎名康胤在天正元年就投降了上杉谦信，并没有在之后的天正四年发生莲沼城之战。在成书于江户时代的越中史书《肯构泉达录》当中，也是持同一说法，认为椎名康胤在天正元年就已投降了上杉谦信，其统治下的松仓城、金山城被上杉军接管后，椎名康胤被安置到同国今泉城，最后椎名康胤得以善终，在同一年去世，并没有在后来发生莲沼城之战。

尽管《谦信公御年谱》《肯构泉达录》指出天正四年的越中莲沼城之战并不存在，椎名康胤也早在天正元年就已经投降谦信并在同年去世，根本不可能与谦信发生冲突，但两书的说法中也充满了错误，令人怀疑是后世所伪造的。《谦信公御年谱》《肯构泉达录》都声称在天正元年，上杉谦信打下椎名康胤最后的据点松仓城、金山城后，椎名氏投降，不再作乱。但是，在可靠的文书史料《大河原辰次郎氏所藏文书》《上杉古文书》以及《战国期越中的攻防》《上越市史·通史编》两书中都明确提到椎名康胤的主城松仓城、支城金山城，早在永禄十二年（1569）就已经被上杉谦信拿下，根本不需要在天正元年再次攻打。所以说，《谦信公御年谱》《肯构泉达录》中关于椎名康胤最后下落的记载也很成问题，并不能一味采信。

《谦信公御年谱》有很大嫌疑是在为传主谦信掩饰过错，这一点是有来由的。根据《北越军记》的记载，上杉谦信先后在越后府内之战逼迫其兄长尾晴景自杀、加贺小山城之战获胜后屠杀一向一揆、飞驒之战逼迫江马辉盛切腹自尽、越中莲沼城之战逼迫椎名康胤自杀，将上杉谦信塑造成了一个残暴的形象。而《谦信公御年谱》参照《北越军记》成书，却将这些事件一一做了美化，声称：长尾晴景和平让位给谦信；谦信宽大饶恕了加贺小山城的一向一揆；谦信重新接纳了江马辉盛，并没有逼迫他自尽；谦信也没有逼迫椎名康胤自尽，而是让他得以善终。如果是一个两个记录还好，但《谦信公御年谱》中存在大量类似为主掩过、改写《北越军记》的痕迹，令人不得不怀疑其编撰意图，怀疑其内容的真实性。因此这一反驳也存在问题，不足以否定莲沼城之战的存在。

虽然《谦信公御年谱》的反驳有误，但也不代表《北越军记》中的内容就一定是正确的。追根溯源，从史料出处寻觅，所谓的越中莲沼城之战的最早出处，实际上也不是出自《北越军记》，而是出自《松陵夜话》。此书的作者宇佐美胜兴，是《北越军记》作者宇佐美定佑的父亲。根据《松陵夜话》的记载，天正元年，上杉谦信准备对越中椎名康胤动手，椎名康胤向武田胜赖求救，武田胜赖派出家臣板垣氏、神保治部统率三千人支援，和椎名军加起来一共有八千人，屯兵在越中八幡城。至三月份，上杉谦信率领一万二千大军向八幡城进发，椎名康胤出城，在鸦川和谦信军交战，结果战败，板垣众和神保的援军战死很多。椎名康胤逃窜回八幡城，但是仍然没逃过谦信魔掌，上杉军在两日之内将城攻破，杀死椎名康胤，并屠杀城中男女两千余人。从《松陵夜话》的记载可见，最早明确记录的椎名康胤死亡之战，是发生在天正元年的越中八幡城之战，而不是莲沼城之战。是宇佐美胜兴的儿子宇佐美定佑在编写《北越军记》的时候，才首次出现了“莲沼城之战”的称呼。

但《松陵夜话》的记录也不完全是事实，武田胜赖在当时不太可能派兵进入越中支援椎名康胤，这一说法过于夸张；而所谓的越中八幡城，这一地点的实际坐标并不明确，究竟是否确实存在也是一个问题。但无论如何，《松陵夜话》提到椎名康胤在天正元年败死于上杉谦信之手，这一点比较符合事实。根据可靠的文书记录看，先前联合加贺、越中一向一揆共同在富山城内反抗谦信的椎名康胤，从元龟三年（1572）底到次年初，两次通过河田长亲、上杉景胜向谦信表达求和的意愿，但是都被谦信拒绝，之后便没有了他的动向。可以明确的结果是，最后富山城被上杉军接管，重新回到上杉谦信手中。而谦信两次拒绝了椎名康胤的求和，可以想见，等待他的是上杉军残酷的屠刀。《谦信公御年谱》《肯构泉达录》中声称上杉谦信在天正元年打下椎名康胤的主城松仓城、支城金山城，将康胤移往越中今泉城，最后康胤得以在同年善终，这属于混淆事实、为主掩饰的春秋笔法。松仓城、金山城早在永禄十二年便已被上杉军攻下，此时哪里还需要多此一举？而尽管《谦信公御年谱》《肯构泉达录》用春秋笔法进行掩饰，但两书中的椎名康胤在天正元年死亡说，还是揭示了椎名康胤确确实实是在这一年死亡，当是可信的事实。综合《松陵夜话》《谦信公御年谱》《肯构泉达录》三部江户时期的史料，以及可靠的文书记录，则可以确认，椎名康胤应该是战死于天正元年初的越中富山城之战。在两次向谦信表达求和意愿失败后，椎名康胤不得不负隅顽抗，与谦信殊死搏斗，但最终仍然不敌，遂战败身亡。

在之后的文书记录中有如此记载：天正元年五月，失去了主家的越中椎名氏浪人们乘着船只，做起了海盗，渡海袭击越后、越中边境的上杉家统治地区。这更加可以证明椎名康胤在此前已经死亡，当是确凿无疑的事实。自《北越军记》以来到现在仍有人沿用的所谓越中莲沼城之战，说椎名康胤在此战中战死，纯粹属于虚说。

天正五年鱼津城之战

在现在通行的说法中，上杉谦信在天正四年（1576）平定越中，结束了为时十六年的越中征讨。但是，根据《北越军记》《北越军谈》的记载，直到天正五年（1577），上杉谦信仍然有出阵越中的记录，只是与以往不同，这次作战的敌人并不是椎名、神保，而是家臣柿崎景家。

根据《北越军记》《北越军谈》的记录，柿崎景家深受上杉谦信重用，被谦信安置在越中鱼津城，负责越中国内事务。天正五年，柿崎景家向京都的商人出售三百匹马，织田信长认为可以利用这个机会趁机离间景家和谦信，使双方发生内讧，于是以十倍的高价将马匹买下，并写信给柿崎景家，向他厚表谢意，且向景家索要老鹰作为回礼。有耳目将这个消息报告给了上杉谦信，果然引起谦信的猜疑和震怒，以为柿崎景家已经里通织田信长作乱，于是谦信便在同年十一月七日亲自率领七千人马进入越中，攻打柿崎景家所在的鱼津城。柿崎景家认为虽然中了信长圈套，但自己也解释不清楚，干脆一反到底，以死洗刷冤屈。于是出城血战，杀死谦信军数千人，之后双方暂时休兵。上杉谦信大怒，发起第二次攻势，柿崎景家已经筋疲力尽，遂命令己方停止抵抗，父子四人切腹自尽，以示清白。有一种说法认为，上杉谦信并非蒙蔽于织田信长的计策，而是冲冠一怒为红颜。根据宇佐美胜兴所撰《松陵夜话》的记载，上杉谦信在永禄三年（1560）出兵关东时曾经和上野平井城城主千叶采女的女儿伊势姬好上了，正所谓两情相悦，但是这对鸳鸯活活遭家臣柿崎景家等人拆散，而伊势姬后来也出家了。谦信因此怀恨在心，隐忍多年，终于找到一个合理的借口来除掉柿崎景家。

但是，这一场发生在天正五年的鱼津城之战，布满了疑云，不仅缺乏第一手史料的旁证，而且诸多细节与历史事实对不上。按照可靠的文书史料记录，上杉谦信安置在鱼津城的守将应该是河田长亲，并不是柿崎景家。声称柿崎景家是越中鱼津城守将的，是《北越军谈》《北越军记》《越登贺三州志》这些近世军记的记载。两种说法互相矛盾，不能共存。在文书记录中，上杉谦信安排河田长亲进驻鱼津城是在永禄十二年（1569），而在《北越军谈》《越登贺三州志》的记录中，柿崎景家作为鱼津城守将的时间比其要早很多，早在弘治三年（1557）就已经是越中鱼津城的守将，一直到天正五年为止，没有间断过。

在军记的记载中，从弘治三年到天正五年，中间包括永禄十二年，柿崎景家一直驻扎在越中鱼津城，没有河田长亲进驻。这说明，柿崎景家继河田长亲以后方才进驻越中鱼津城的说法并不能成立，军记史料当中一直是柿崎景家镇守鱼津城。但军记史料中由柿崎景家镇守鱼津城的说法，实际上也自相矛盾。如果上杉谦信会以卖马的小事或者伊势姬的事情猜疑或记恨柿崎景家，最后与其兵戎相见，又如何会委任他为鱼津城守将，担负起镇守越中地区的重任？这些细节上的问题也让这一场天正五年的鱼津城之战充满了许多疑问。

事实上，作为越后国人领主的柿崎景家与越后上杉家关系友好，他随从上杉谦信南征北战，得到谦信极大的重用，谦信并没有诛除他的动机。足以表现上杉谦信和柿崎景家信任关系的，有这么几个例子，比如永禄二年（1559），上杉谦信第二次上洛，柿崎景家就担任扈从，护卫谦信。永禄三年（1560）上杉谦信入侵关东，命柿崎景家留守越后春日山城，让他防备后方，严密防守武田军以及武田操纵下的越中一向一揆分别从信浓、越中两线袭扰越后。之后谦信取得极大进展，兵锋迫近相模小田原城后，柿崎景家也受命立即出阵关东。永禄四年（1561）夏，上杉谦信参谒镰仓鹤冈八幡宫，正式继承关东管领的时候，柿崎景家也在他身旁充当扈从，前后左右护卫谦信。永禄十年（1567）上杉谦信再次发起关东侵攻，柿崎景家也一同出阵。但是武田信玄又趁着这个机会侵袭其后方，夺下信浓野尻城，同时还联络陆奥的小田切氏，唆使其侵入越后蒲原郡。在后方失火的情况下，上杉谦信让柿崎景家立即回兵越后府内严守，柿崎景家表达了战死的觉悟。在后方非常危难的关头，上杉谦信和柿崎景家互相表达了自己的真诚。如果上杉谦信猜忌柿崎景家，和他斗来斗去，怎么可能委以他如此大的重任？柿崎景家如果和谦信不睦，怎么可能以死相誓？

所以相比较之下，今福匡《上杉景虎》一书对柿崎景家死亡原因的解释最为合理。此书引用《菩提寺楞严寺过去账》的记录，认为柿崎景家是在天正二年（1574）十一月二十二日，也就是他六十多岁的时候自然病故的，而非被上杉谦信诛杀在越中。此外，《屋代柿崎家所藏书简》也叙述柿崎景家是病故的，《考订柿崎系图》中也直接记录柿崎景家是在天正二年病逝的。如此一来，柿崎景家自然不可能在三年之后被上杉谦信在越中诛杀了。而在天正三年（1575）作成的《上杉家军役账》中，也明确记录柿崎家的当主是柿崎景家的儿子柿崎晴家，说明景家在当时已经病死，而柿崎一族仍在越后安稳扎根。史料《上杉家家中名字尽手本》，是上杉谦信在天正五年十二月亲笔记录下的家臣名单，其中柿崎晴家依然在名单之内。由此说来，所谓的鱼津城之战自然也不可能存在了。

至于柿崎一族死亡在越中的，确有其人，只不过是柿崎景家的长子柿崎祐家（源三郎），而非柿崎景家本人。那是发生在天正元年（1573）七月的事情。当时上杉谦信远征加贺，以后方的越中水岛构筑据点，在此出发攻打加贺边境的朝日山堡垒，柿崎祐家也参与了此战。当时加贺一向一揆使用铁炮猛攻上杉军，使上杉军死伤惨重，令谦信不得已退兵。柿崎祐家在一场恶战中大腿中弹，流血不止，在撤退回越中水岛的时候因为失血过多而死亡。柿崎景家随从上杉谦信南征北战，为上杉家的军事征程献出了自己儿子的生命，这是一种竭尽的忠诚，而不是谋乱生逆。真实的历史就是这样，与传说相去甚远。

综合各项史料，笔者将上杉谦信的越中出阵年表分错误的与正确的两种，分别整理如下，以供读者参考：

错误的越中战争年表

发生时间	攻略目标	史料出处
天文十五年七月	椎名康胤、神保长职	《北越军谈》
天文十六年三月、七月	椎名康胤、神保长职	《北越军谈》
天文十七年八月	椎名康胤、神保长职	《北越军谈》
天文十八年六月	椎名康胤、神保长职	《北越军谈》
天文十九年闰五月	椎名康胤、神保长职	《北越军谈》
天文十九年九月	椎名康胤、神保长职	《北越军谈》
天文二十年四月	椎名康胤、神保长职	《北越军谈》
天文二十一年九月	椎名康胤、神保长职	《北越军谈》
天文二十三年三月	板屋政广鱼津城	《北越军谈》
弘治元年某月	椎名康胤、神保长职	《享禄以来年代记》
弘治元年七月	板屋政广鱼津城	《北越军谈》
弘治三年某月	神保长衡富山城	《越登贺三州志》
永禄元年三月	神保长衡富山城	《北越军记》
永禄二年七月	椎名康胤、神保长职	《越登贺三州志》
永禄四年六月	神保长职富山城	《肯构泉达录》
永禄五年七月	神保长职富山城	《肯构泉达录》

续 表

发生时间	攻略目标	史料出处
永禄七年五月	神保长职泷山城	《肯构泉达录》
永禄九年五月	神保长氏增山城	《北越军记》
元龟元年七月	神保氏春富山城	《越登贺三州志》
元龟二年三月	椎名康胤富山城	《谦信公御年谱》
元龟三年四月	寺崎民部左卫门广濑城	《肯构泉达录》
天正二年五月	椎名康胤、神保长职	《越登贺三州志》
天正二年七月	神保长纯木舟城	《甲越春秋》
天正四年三月	守山、汤山二城	《越佐史料》
天正四年三月	椎名康胤莲沼城	《北越军记》
天正五年十一月	柿崎景家鱼津城	《北越军谈》

正确的越中战争年表

发生时间	攻略目标	史料出处
永禄三年三月	神保长职富山城、增山城	《上越市史·上杉氏文书集》
永禄五年七月	神保长职增山城	《上越市史·上杉氏文书集》
永禄五年十月	神保长职增山城	《上越市史·上杉氏文书集》
永禄十一年三月	椎名康胤松仓城、金山城	《石川县史》引《北征遗文》
永禄十二年九月	椎名康胤松仓城、金山城	《上越市史·上杉氏文书集》
元龟二年三月	椎名、越中一向一揆十余城	《上越市史·上杉氏文书集》
元龟三年八月	越中一向一揆富山城	《上越市史·上杉氏文书集》
天正元年七月	加贺一向一揆朝日山堡垒	《上越市史·上杉氏文书集》
天正三年七月	越中反上杉势力	《上越市史·上杉氏文书集》
天正四年二月	越中胜兴寺所属安养寺城	《越之下草·沼田太郎碑》
天正四年七月	栂尾、守山、汤山三城	《上越市史·上杉氏文书集》

谦信败战史考证

在过去的通行说法当中，上杉谦信是日本战国时代的“军神”，一生从无败绩。经过游戏、小说等渠道的渲染，这一形象更加被放大了，使人们更加崇拜谦信的军事能力。不过，笔者近几年通过研究，不断地梳理史料，发现谦信打过很多败仗，绝非从未战败过。虽然有些所谓的败绩，是劣质史料当中虚构的，并不真实；但在比较权威的史料中，确实存在很多上杉谦信的败绩，是大量存在的。下文将对笔者近几年研究发现的上杉谦信的战败史逐一进行介绍。

弘治元年穴水城之战

上杉谦信的第一场败仗，是发生在弘治元年（1555）的能登穴水城之战，这一战鲜为人知。起初，上杉谦信的父亲长尾为景曾经与能登守护畠山义总协力，一同剿杀了越中的神保庆宗。但是之后，长尾为景和能登畠山氏的关系突然破裂，导致为景开始以越后水军侵入能登半岛，但是最后却以失败告终。进入弘治年间，能登陷入内乱，畠山氏遭到家中叛臣们的进攻。继承家督位置的上杉谦信，也承袭其父之志，开始趁火打劫，以越后水军入侵能登。上杉水军从越后系鱼川出发，航行至对面的能登半岛，准备登陆作战。但是，畠山氏已经事先做好防御，在主城七尾城外构筑了坚固的砦垒，令谦信难以近城。在无法进攻七尾城的情况之下，谦信将目标转向了位于七尾城北面的穴水城，向其发起了进攻。此城是畠山氏家老长续连的居城，当时作为穴水城城主的长续连并不在城中，由其家臣小林彦右卫门、山田十郎负责防御。他们在“富木松之下边海”斩获了越后水军的十多颗首级，经过数度攻防，终于将上杉谦信驱逐，赶出了能登。在这次战败以后，上杉谦信下一次入侵，要等到二十一年后的天正四年（1576）了。此战是上杉谦信人生当中第一场败绩，主要被记录在《小林六右卫门家由绪书》《长家谱》《山田六郎左卫门家传》《北征遗文》等史料当中。

永禄四年生野山之战

上杉谦信的第二次败仗，是发生在永禄四年（1561）十一月二十七日的武藏国生野山之战，这一战是围绕争夺武藏国松山城，而与北条氏政军发生的战斗。上杉军在此战败北，并被北条方将领太田丰后守一直追击到武藏和上野交界的利根川畔。但对生野山之战的具体过程的描述并不详细，只留下了北条家的文书记录，渲染自己的胜利。在结束战斗之后的第二天，也就是十一月二十八日，北条氏政给樱井左近、小野藤八郎、良知弥三郎、太田丰后守等家臣下发感状，感谢他们“于武州生山，越国众追崩”的功劳。此外，上杉谦信本人是否亲自参与了生野山之战，这一点也没有确凿的证据，一直存在争议。生野山之战被记录在《新编埼玉县史·资料编六》所收录的六则北条氏政下发给家臣们的感状当中。

永禄七年和田城之战

上杉谦信的第三次败仗，是永禄七年（1564）三月的上野和田城之战。当时，上杉谦信会合上野白井城城主长尾宪景、厩桥城城主北条高广、箕轮城城主长野业盛、金山城城主横濑成繁、常陆大名佐竹义昭、下野大名宇都宫广纲等众多关东国众、大名，联手进攻武田家势力范围内的上野和田城。但是和田城的守备异常坚固，加上城内有铁炮弹丸的防御，不时从城内射出，攻击装备薄弱的上杉军，这让上杉军迟迟没有进展。一直僵持到四月份，上杉军仍然寸步不前，不能将和田城拿下。武田信玄又向和田城派来援军，作为援军大将的山宫右马允也率领一队铁炮队，携带了为数不少的铁炮，与城内守军里应外合，一同攻打暴露于城外的上杉军。这终于使得上杉谦信再次败退，逃回了越后。此战，被记录在《三州寺社古文书》当中。

永禄九年臼井城之战

两年之后的永禄九年（1566）三月，上杉谦信发兵攻打北条方势力下的下总臼井城。除了能够直接调动的越后本军、上野沼田众、上野厩桥众外，他一共动员了下野祇园城城主小山秀纲、下野佐野城城主佐野昌纲、下野小泉城城主富冈重朝、下野榎本城城主小山高朝、上野金山城城主横濑成繁、上野馆林城城主长尾景长、武藏忍城城主成田氏长、武藏羽生城城主广田直繁、武藏皿尾城城主木户忠朝、下总关宿城城主梁田晴助、下总栗桥城城主野田景范、上总土气城城主酒井胤治、常陆片野城城主太田资正、下总大名结城晴朝、常陆大名佐竹义重、下野大名宇都宫广纲、房总大名里见义尧等为数众多的关东国众和大名。

但即便如此，臼井城守将原胤贞始终坚守不屈，上杉谦信仍然无法将臼井城攻克。在原胤贞的告急之下，原胤亲、高城胤辰、酒井胤敏、松田康乡、椎津次郎、椎名兵库、松田宪秀、荫山氏广、相马内膳亮、一宫随波斋、千叶胤富等援军相继出马，对臼井城展开支援。在敌军里应外合夹击下，上杉谦信大败，从臼井城败退。这一次的损伤相当之大，联军一共有五千多人伤亡。谦信在败战以后，也失去了关东国众们的信任，他们当中的大部分人都倒向了北条家，上杉家在关东的势力大大减弱。此战是上杉谦信一生当中最惨烈的败崩，主要记载在《战国遗文·后北条氏编》《战国遗文·古河公方编》等史料中。

天正元年朝日山之战

天正元年（1573）七月二十八日，上杉谦信进兵攻打加贺边境的朝日山堡垒。加贺一向一揆迅速做了应对。作为一向一揆头目之一的若林雅乐助、若林甚八郎兄弟，率一向一揆军在朝日山堡垒布阵，并装备了大量的铁炮。凭借朝日山堡垒居高临下的地理位置，加上自身持有的大量铁炮，加贺一向一揆游刃有余地打击着上杉军。上杉谦信这一方，由于自身并不太重视铁炮，多是冷兵器，在这一战中吃了大亏，不停受到加贺一向一揆的铁炮弹丸攻击，而自身却迟迟未能有所进展。激战中，上杉军将领柿崎景家的长子柿崎源三郎冲在队伍最前面，大腿被一向一揆的铁炮击中，受了重伤，在此战结束不久就去世了。朝日山之战打了两个月，上杉谦信始终“御滞阵”，无所进展，上杉军一方伤亡惨重，最后不得已退兵。《松陵夜话》评论说，加贺朝日山之战和飞驒松仓城之战，是上杉谦信一生当中仅有的两次先阵战败记录。而在石林文吉《加贺能登的战争》中则直接将朝日山之战判定为谦信的败仗。这一战主要记录在《中条文书》《谦信公御书集》《松陵夜话》《石川县史》等史料中。

天正二年羽生城之战

天正二年（1574）十一月，上杉谦信再次进兵关东，救援被北条军围困的己方属城武藏羽生城、下总关宿城。他先是打败了横濑成繁，突破了上野防线，打开了前进的通路，后会合常陆的佐竹义重、下野的宇都宫广纲两大援军，抵达武藏羽生城下布阵。与谦信为敌的北条氏政派出其弟北条氏邦、北条氏规，率领三千骑在夜晚袭击羽生城。北条氏邦、氏规兄弟受命后，又分军为二，于深夜时分前后夹击，击败了毫无防备的上杉、佐竹、宇都宫联军。在战败之后，上杉谦信感到很愤怒，催促佐竹义重与他一同去攻击北条氏政的本阵，但遭到佐竹义重的拒绝。此举更加刺激了谦信，于是自行率军离开了羽生城，返回越后。留在城内的佐竹义重、宇都宫广纲在之后也将羽生城献给北条家，返回了各自领地。羽生、关宿救援计划的失败，显示北条氏政在关东的争霸中对上杉谦信完全占据了上风。这一战主要记录在《下总国旧事考》《常陆志料》《赐芦文库文书》《横濑文书》等史料中。

天正四年安养寺之战

关东经营失败后，上杉谦信将攻略重心又转移到了北陆地区。天正四年（1576）二月，谦信出阵越中，攻打胜兴寺所属的安养寺城。胜兴寺是越中的一向一揆寺社势力，与上杉谦信作战多年。胜兴寺的法主是胜兴寺显幸，此时并不在安养寺城中，戍守安养寺城的是沼田太郎右卫门高信。沼田高信是上野人，后来由于某种原因漂泊到了越中，投靠到胜兴寺势力之下，被胜兴寺显幸委任为安养寺城的城守，可见对他的信任。这时候上杉谦信率兵薄城，沼田高信也出城力战。据《越之下草》的记录，此战的过程是这样的："辉虎将兵掩至城下，高信率众力战，获其骁将长尾新五郎为秀，于是辉虎狼狈而去。"说得非常简单，只有一句话，但明确提到上杉谦信最后战败，狼狈逃走，上杉军将领长尾新五郎为秀也被俘虏了。在《云龙山胜兴寺系谱》当中，则明确提到长尾新五郎为秀是上杉军的足轻大将。

这一场安养寺之战，也是上杉谦信鲜为人知的一场败仗，记录在《越之下草》《云龙山胜兴寺系谱》两本史料当中。江户时期在加贺太田村发现的《沼田太郎右卫门高信碑》，也记载了这一事件。

天正四年太田村之战

天正四年（1576）十一月，上杉谦信出兵加贺，准备经由此地向能登进发。途中，因为遭逢大风雪的天气，谦信与麾下士兵们夜宿在加贺河北郡的太田村、中条村一带，士兵们甲胄单薄，手足皆冻，只能相互抱在一起烤火取暖。对谦信抱持敌意的加贺一向一揆头目洲崎兵库等人得知这个消息后，在半夜出动八百人马，袭击上杉军的阵营，首先击败了谦信的先阵河田长亲，随后又杀到谦信本阵，将其击破，使得谦信十分狼狈。此战是上杉谦信野战史上少数几次败仗之一。这一战主要记录在《松云公御夜话》《古兵谈》等史料中。

天正五年松任城之战

发生于天正五年（1577）九月的加贺松任城之战，是上杉谦信唯一割地求和的败战。原先，加贺一向一揆在朝日山堡垒之战抵抗谦信，阻挠他进入加贺。到了天正五年，加贺的反上杉势力都基本被谦信平定，但还剩下一个松任城的镝木赖信。上杉谦信在同年九月完成了能登攻略，将能登吞并后，便进兵加贺，攻打仍然负隅顽抗的松任城。但城主镝木赖信勇敢善战，多次打退了上杉谦信，使上杉军多次陷于不利的境地。恰巧这个时候，织田信长派出的军队也正准备渡过加贺手取川，与上杉军作战。谦信为了避免两面受敌，在久攻松任城不下的情况下，还是屈辱地与镝木赖信议和了，为了让对方能够答应，还不惜割地给镝木赖信。这是上杉谦信唯一的不仅战败，而且还割地求和的记录。这一战记载在《长家谱》《石川县史》当中。结合以上统计，上杉谦信可以采信的败仗记录大概是九次，如果良莠不齐全算上，则有三十多场。

谦信暴行史考证

在长期的通行说法中，上杉谦信一直被视作日本战国时代的“大义”化身，认为他是一个义将，一生只为了大义而出兵。但在史书记录中，却留下了上杉谦信屠城杀戮、贩卖人口、劫掠寺社的诸多暴行记录，这与通行说法中的上杉谦信一代义将的形象完全是大相径庭的。但在这些史书的记录中，也是真伪参半，混杂了许多不真实的记录。

在近世军记《北越军记》中，记载了上杉谦信在天正二年（1574）发起加贺侵攻作战，攻破了若林盛胜的小山城，随后便对城中“切抚”，屠戮了此城。《甲越春秋》更是据此补充，认为上杉谦信一共屠杀了小山城的人口数千人。上杉方立场的《谦信公御年谱》认为《北越军记》中的小山城屠城事件太损坏上杉谦信大义凛然的形象，于是乎就极力狡辩，认为上杉谦信当时大发慈悲，在攻破小山城后宽恕了若林盛胜，放了他一马，并没有进行屠城。但无论《北越军记》还是《谦信公御年谱》，这两种说法都不是事实。所谓的加贺小山城，其实就是指加贺一向一揆的大本营尾山御坊，而上杉谦信一生当中从未对其发动过侵攻。他攻打过的加贺一向一揆据点，历来只有朝日山堡垒、松根城、松任城等，从来不包括尾山御坊。距离天正二年最近的加贺侵攻作战，是发生在天正元年（1573）的朝日山堡垒之战，此战是上杉谦信输给了加贺一向一揆，逃窜回越后，根本不可能有屠杀加贺一向一揆的能力。所谓的加贺小山城屠城事件，是近世的军学者据上杉谦信打了败仗的朝日山堡垒之战附会改编的，并不是事实。

在《甲阳军鉴》《镰仓公方九代记》《关东管领记》中，记载了上杉谦信在永禄五年（1562）的武藏山根城屠城事件，称上杉谦信在这一年攻破小田伊贺守的武藏山根城后，将城内的三千妇女、儿童也都全部杀死了。史书《享禄年代记》

将其记录为“长尾谦信袭山根城，杀童女三千”，使人乍看以为上杉谦信屠杀了三千多女童。但武藏山根城屠杀事件也并不是事实，据上杉谦信的亲笔书信《伊藤文书》所言，山根城城主小田伊贺守在上杉军攻破外曲轮、中城，尚未攻破“实城”（本丸）之际，就通过岩付城城主太田资正的斡旋，取得了谦信的宽宥，开城投降了。按照这一说法，山根城屠杀便可能不存在了，也是属于军记史料的谬传。

军记史料《松陵夜话》对上杉谦信的暴行记载最多，至少记载了四次屠城事件。《松陵夜话》记载的上杉谦信第一次屠城发生在永禄三年（1560）三月上旬，是为木泽城、高津城屠城事件。据此书记载，上杉谦信在永禄三年三月上旬率兵一万六千进入上野，一日之内攻破了北条氏康旗下荻谷太郎左卫门的木泽城、小幡日向守的高津城，对城内展开疯狂屠杀，女人与小孩也照杀不误，总共杀死一千多人。上杉谦信随后下令在三日之内，附近的豪族若不归附自己，那就攻破他们居城，刚生下来的婴儿也无差别斩杀。这以后，远近豪族果然畏惧谦信，纷纷前来归附。但木泽城、高津城屠杀事件应该并非事实，因为上杉谦信亲自出兵关东，对上野发起大规模侵攻，最早是在永禄三年的九月份，而不是在三月上旬，时间对不上。

《松陵夜话》记载的上杉谦信第二次屠城发生在天正元年（1573），是为越中八幡城屠城事件。据该书记载，上杉谦信在这一年准备对越中椎名康胤动手，椎名康胤向武田胜赖求救，武田胜赖派出板垣、神保率领三千人支援，和椎名军加起来一共有八千人，屯兵在越中八幡城。至三月份，上杉谦信率领一万两千大军向八幡城进发，椎名康胤出城，在鸦川和谦信军交战，结果战败，板垣和神保的援军也战死很多。椎名康胤逃窜到八幡城内，但是仍然没逃过谦信魔掌，上杉军在两日之内将城攻破，杀死椎名康胤，并屠杀城中男女老少两千余人。但是八幡城屠城事件也非事实，椎名康胤应早在天正元年初的越中富山城之战就已经被杀死。

《松陵夜话》记载的上杉谦信第三次、第四次屠城发生在天正四年（1576）二月、五月，是为飞驒高原城屠城事件、加贺松任城屠城事件。据该书记载，上杉谦信在天正四年二月份以飞驒豪族白屋监物为向导，率兵一万七千攻打依附于武田胜赖的飞驒豪族江马辉盛，结果江马辉盛兵败被杀，江马一族的女人和小孩也照样没有被上杉军放过，惨死于其屠刀之下，江马一族男女老少一共两千多人被上杉谦信屠杀。然后在同年五月份，上杉谦信进军攻陷了长筑前守的加贺松任城，又对城中展开疯狂屠杀，将城内男女两千六百人全部杀死。但是这两次屠城事件也并非事实，飞驒的江马辉盛一直与上杉谦信关系友好，不可能遭到其讨伐。而上杉谦信进军攻打加贺松任城是在天正五年（1577）九月，当时的城主是镝木赖信，并不是长筑前守，而且这一次松任城之战，是上杉谦信打了败仗，并没攻陷松任城，更不可能屠城。所以，虽然《松陵夜话》中记录了至少四次上杉谦信的屠城事件，但都并非事实。

在文书上可以确认的上杉谦信屠城之事，一共有三则事例。第一次屠城，根据《芜木文书》的记载，上杉谦信在永禄七年（1564）攻陷常陆小田城之后，屠杀了城中两千余人。其余两起屠城，根据《新编埼玉县史・资料编六・834 号文件》《群马县史・资料编七・2794 号文件》的记录，上杉谦信在天正三年（1575）十月发起的上野侵攻战中，对横濑成繁领下的桐生领谷山城和猿洼城进行屠城，将两座城池内的男女老幼全部屠杀。

上杉谦信劫掠人口之事，可以确认的是发生在永禄九年（1566）二月十六日的常陆小田城之战。当时上杉谦信出阵常陆，攻破了常陆大名小田氏治的小田城，根据他的"御意"，手底下的士卒们大肆掳掠城中的人口，以二十文到三十文不等的价格对外贩卖。这一事件被记录在史书《别本和光院和汉合运》当中，是唯一可知的上杉谦信贩卖人口事件。还有一个非常著名的传说，认为上杉谦信曾在越后直江津开设过人口贩卖市场。事实上直江津确实作为一个贩卖人口的机构存在过，但那是在康应三年（1389）的时候，是上杉谦信出生一百四十多年前的事情，并没有他本人直接设立过贩卖人口机构的证据。上杉谦信在常陆小田城之战后掳掠、贩卖城内人口确实是事实，但是他并未在越后直江津开设过人口贩卖市场。

在永禄三年（1560）的关东出阵中，上杉谦信也有过暴行。在进军相模小田原城的过程中，上杉谦信领导的越后、关东联军将相模的金光山最胜寺焚毁一空，沿途的神社、佛阁、大伽蓝、小寺庵、山家、村里皆被烧毁。僧俗男女逃入深山之中避难，但仍然逃不过联军的劫掠，他们的衣服、粮食也全都被联军抢夺一空，许多人最后衣不蔽体、饥寒交迫而死。其中包括不少的女性逃难者，她们的衣服也被联军剥去，很可能遭到了奸淫。这一事件被记录在《越佐史料・卷四》第 289

页《相州文书》。

也有人说了，上杉谦信的“大义”是指“维持幕府统治秩序”，不是字面意思上的“义”，所以不能以屠城、贩卖人口、劫掠寺社这些事情来否定他的“义”。然而，事实并非如此。永禄八年（1565），室町幕府将军足利义辉为三好三人众所弑杀，足利义辉的弟弟足利义昭出逃在外，情急之下与谦信通书信，嘱托他尽快兴兵入洛，诛戮三好三人众。对于这一要求，上杉谦信在口头上做了承诺，但最后没有出兵兑现口头承诺。对于谦信的这一行为，就连吹嘘他的军记作者也感到蒙羞，因而做了不实的记载。在《北越军记》《谦信公御年谱》二书中记载说，上杉谦信在永禄八年七月正出阵加贺，攻打加贺一向一揆的小山、松任、小松诸城，意图打败加贺一向一揆，从而打通上洛的道路。但是历史上，上杉谦信在永禄八年并未出兵加贺，因此星野恒在《大日本编年史》中不无嘲讽地评论道：“二书病辉虎得义昭书而不出兵，遂以他年之事附会之，皆非事实。”编写上杉谦信传记的作者，都为谦信收到信后不出兵感到心虚，所以用后来发生的事情附会上去，捏造了事实。类似的事件到天正二年（1574）又发生过一次。这次足利义昭想要寄托上杉谦信解决的对象是织田信长，因此寄信给谦信，好言相劝，希望他与武田、北条能讲和，立点兵马西上，解决织田信长。然而，上杉谦信收到信后，依然无动于衷，再次放了足利义昭一回鸽子。永禄八年（1565）和天正二年（1574）的两个例子，上杉谦信收到足利义昭的求援信后，皆置若罔闻，不肯为其出兵。将军的两个死对头三好三人众和织田信长，祸害室町幕府甚深，但上杉谦信对此完全没有一点感觉。由此也可证明，上杉谦信心底深处根本不存在什么“维持幕府统治秩序”的理念，更多时候，他只会借点“大义”名分办自己的事情。

事实上，在上杉谦信二十岁出头成为越后守护代之际，他就架空了权力位置在其之上的越后守护上杉房能，绕过了上杉房能而直接行使越后国主的权力。可以说，他从一开始就谈不上尊奉室町幕府的统治秩序。他既能够直接架空越后守护，又能够两次无视室町幕府方面的请求，且主动主导过屠城、贩卖人口之事，与“义将”的形象可谓相去甚远。